中国宏观经济模型的研制与应用

——季度模型、向量自回归模型和多部门动态模型

张前荣／著

Research on Building and Application of China Macroeconomic Model

—Quarterly Macroeconomic Model, VAR Model and Multisectoral Dynamic Model

前言

经济模型是经济学上用定量方法研究经济问题的工具之一，经济模型作为经济分析的框架，可以抓住经济的发展规律，从而解释经济现象，预测经济发展趋势，采取政策措施控制经济发展的方向和速度。宏观经济模型是经济模型的重要组成部分，它为分析宏观经济各变量之间的联系提供了一种有力的工具，同时也是政策评价和经济预测的主要手段。从我国的宏观经济环境看，改革开放以来，我国的经济取得了突飞猛进的发展，现已成为全球第二大经济体。但我国尚处于市场经济初步建成阶段，市场机制不够完善，政府仍在经济发展中起着特别重要的作用，政府的财政政策和货币政策在促进经济发展和增加就业等方面发挥了重大作用，即我国政府非常重视宏观调控在促进经济发展中的作用。因此研究宏观经济模型，并借助模型研究宏观经济政策的数量效果，在我国经济发展中将发挥特别重要的作用。本书是作者对宏观经济模型研制及应用的探索，是在作者博士论文和工作期间研制的宏观经济模型基础上形成的。

本书共分为三篇。第一篇是中国季度宏观经济模型的研制及应用。第一，设计了季度模型的模块结构和运行机理。对模型所依据的宏观经济理论及我国的宏观经济环境进行了详细的分析，设计了模型所包括的9个模块、总体结构和计算逻辑。第二，建立了季度模型的数据库。该部分首先剖析了G软件的建模思路，建立了包括163个时间序列变量的数据库（不含滞后内生变量），其中内生变量141个，外生变量22个，对季度数据进行了季节调整，最后使用HP滤波消除宏观变量的趋势，对潜在产出进行了测算。第三，构建了季度模型的方程体系。该部分首先估计了模型的行为方程，构造了恒等式和定义方程。模型共有141个方程，其中88个行为方程、53个恒等式和定义方程，方程的设计顺序按模型的计算逻辑，通过定义方程和价格指数建立了变量的不变价和可变价之间的联系。第四，对季度模型进行了历史模拟和反历史模拟。第五，利用季度模型进行经济预测和政策模拟分析。对外生变量的值进行了预测，并将外生变量的值代入模型中得到主要宏观经济变量的预测值，利用模型分别分析了财政政策、货币政策、汇率政策对我国宏观经济的影响，每种政策都设计了不同的模拟方案，以比较不同模拟方案下经济的运行结果。

第二篇是向量自回归模型及应用。第一，介绍了向量自回归模型的建模原理、脉冲响应函数和方差分解。第二，利用向量自回归模型对我国物价波动成因进行了实证分析，并提出了相应的政策建议。第三，对改革开放以来我国经济周期波动的特点进行了系统的总结和分析，利用向量自回归模型分析了我国经济周期波动的需求因素和供给因素。

第三篇是多部门动态模型的研制及中国碳税政策应用研究。第一，对原有多部门动态模型及其数据库进行改造，延长数据区间，修改了部分行为方程的形式或变量，使之更加精确有效地反映历史运行值，并在原有模型模块的基础上嵌入碳排放模块，将其运用于碳税问题研究当中。第二，对碳排放量进行了预测，通过能源消费量得到二氧化碳排放量的估算值。第三，通过中国宏观经济多部门动态模型，就碳税征收对我国碳排放目标的实现与否、宏观经济和各产业部门的影响进行定量研究。第四，应用中国多部门动态模型进行相应的政策模拟研究，并在此基础上提出我国应对碳排放，特别是碳税政策方面的对策建议。为此进行以下三个政策模拟，分别是完成2009年国务院常务会议确立的2020年碳排放强度比2005年降低40%~45%的目标，人均碳排放达到OECD欧盟国家2009年排放标准和碳税返还模拟。

由于水平和精力有限，本书难免有错误和不足之处，恳请批评指正。

张前荣

2012年9月于北京

目　录

第一篇　中国季度宏观经济模型的研制及应用

附 录

第一篇　中国季度宏观经济模型的研制及应用

第一章　引言

本章首先阐明季度模型研制的背景、理论意义及实践价值，然后讨论季度模型的研究内容、研究方法、技术路线，最后介绍季度模型研制所要突破的难点。

第一节 研究季度模型的理论意义及实践价值

一、研究背景

从宏观经济模型的本质和用途看，用定量的方法研究经济问题更能揭示经济系统的内在联系。经济模型是经济学上用定量方法研究经济问题的工具之一，经济模型作为经济分析的框架，可以抓住经济的发展规律，从而解释经济现象，预测经济发展趋势，采取政策措施控制经济发展的方向和速度。宏观经济模型是经济模型的重要组成部分，它为分析宏观经济各变量之间的联系提供了一种有力的工具，同时也是政策评价和经济预测的主要手段。

从我国的宏观经济环境看，改革开放以来，我国的经济取得了突飞猛进的发展，现已成为全球第二大经济体。随着经济体制改革的不断深化和发展，我国的经济体制结构发生了较大的变化，市场机制逐步完善，产品生产总量基本不受生产能力限制，而是由社会需求所决定，即经济基本进入了需求导向时代。但是我国尚处于市场经济初步建成阶段，市场机制不够完善，政府仍在经济发展中起着特别重要的作用，政府的财政政策和货币政策在促进经济发展和增加就业等方面发挥了重大的作用，即我国政府非常重视宏观调控在促进经济发展中的作用。因此研究宏观经济模型，并借助模型研究财政政策和货币政策的数量效果，在我国经济发展中将发挥特别重要的作用。我国经济虽然处于高速发展阶段，但是我国经济在发展过程中也存在着很多问题。例如，投资问题、消费问题、进出口问题、能源消耗问题以及国际经济波动对我国宏观经济发展的影响等，对这些问题进行定量分析，有助于制定解决这些问题的措施和政策。建立宏观经济模型是研究这些问题的基本方法之一，可以为解决这些问题提供政策建议。因此这些都成为研制宏观经济模型的现实宏观经济背景。

从我国国民经济核算体系的发展看，随着我国经济的不断发展，国民经济核算体系也在不断地发展和完善，逐步与世界接轨，这为建立宏观经济模型提供了现实的数据基础。我国 1985 年开始了 SNA 体系的国内生产总值核算，1992 年开始逐步公布了宏观经济指标的季度数据，这为建立 SNA 体系下需求导向的季度宏观经济模型提供了现实的数据环境。

二、研究的理论意义及实践价值

20 世纪末以来，随着市场经济的发展和科学技术的不断进步，世界已经进入了经济全球化发展阶段，经济全球化的基本特点是各国的经济联系不断增强和资本跨国流动不断加剧。由于经济全球化的深入发展，各国的经济联系更加紧密，因此，一个国家的经济政策和经济波动势必对其他国家的经济发展产生重要影响，尤其表现为经济强国的经济政策和经济波动能够影响世界的经济发展形势，2008 年起源于美国的金融危机深深地影响了世界经济走势，凸显了当今世界经济全球化的重要特征。在这种经济发展的背景下，如何评价和预测别国的经济政策与经济波动对本国经济的影响？当别国经济波动时，本国应该采取何种反周期的经济政策以应对这种经济波动？这些问题都是各国政府决策部门和学术界研究的重要课题。宏观经济模型为解决这些问题提供了新思路，成为解决这些问题的重要依托，因此，各国政府部门和科研单位纷纷研制自己的宏观经济模型。特别是随着宏观经济理论的不断完善，计量经济建模理论的发展和计算机科学技术的进步，宏观经济模型的研制取得了重大的发展，成为各国制定经济政策和进行经济预测的重要工具。

20 世纪 80 年代以来，随着计量经济理论在我国的发展，决策部门和学者都认识到对宏观经济模型的研制能推动我国宏观经济理论和计量经济方法的发展，因此，宏观经济模型的研制和开发在我国取得了重大进展，并对我国的政策评价和经济预测提供了科学的参考依据。随着我国统计制度的逐步发展和统计数据的完善，我国已经研制出了一些能运用于实际的宏观经济模型，如中国社会科学院数量经济与技术经济研究所研制的“中国宏观经济年度模型”和中国人民银行的“中国人民银行季度宏观计量经济模型”等。这些模型在政策模拟和经济预测方面发挥了重大的作用，对指导我国制定宏观经济政策有重要的借鉴意义。但是与欧美等西方发达国家相比，我国的宏观时间序列数据不够完善，而且我国对宏观经济模型的研究起步较晚，模型的研究和应用远远落后于世界先进水平，存在较大的差距。我国大部分宏观经济模型在研制完成以后，由于各种原因都没有得到较好的维护，实际能用于经济政策评价和预测的模型并不多，缺乏实用价值。另外，我国宏观经济模型的类型比较单一，大部分宏观经济模型为年度模型，缺乏高频率数据的模型，例如季度模型。年度宏观经济模型的缺点是难以对我国宏观经济的运行进行短期预测，难以评价宏观经济政策的短期效果。随着我国经济的不断发展，综合国力的增强，市场经济体制的不断完善，经济变量之间的关系变得更加复杂，多数经济变量反应更加迅速，一项经济政策推出后，对各经济变量产生的影响在很短的时间内即可显现，多数经济变量的相应调整也多在一年内完成，因而年度模型用于短期的政策分析和经济预测具有一定的局限性，因此，研制季度宏观经济模型不仅能弥补国内年度宏观经济模型难以有效进行短期预测和政策评价的不足，而且能够把握和刻画中国经济结构在较短时期内有较大转变的事实，将为政府机构、研究机构及企业进行宏观经济分析和预测提供重要依据。

用定量的方法研究经济问题更能揭示经济系统的内在联系，宏观经济模型是用定量的方法研究宏观经济变量之间关系的重要工具。宏观经济模型在宏观总量水平上描述和反映经济运行的全面特征，研究主要宏观经济指标之间的相互依存关系，描述国民经济和社会再生产过程各环节之间的联系。宏观经济模型以宏观经济理论为指导，建立描述各宏观经济指标之间关系的行为方程和恒等式，以统计数据为支撑，估计各行为方程的参数。宏观经济模型的主要用途是经济结构分析、政策评价和经济预测。因此，宏观经济模型能为政策制定和经济预测提供科学的依据。

随着我国市场经济体制的不断完善和国际化程度的提高，经济变量之间的关系变得更加复杂，多数经济变量反应更加迅速，一项经济政策推出后，对各经济变量产生的影响在很短的时间内即可显现，多数经济变量的相应调整也多在一年内完成，因而年度宏观经济模型用于短期的政策分析和经济预测具有一定的局限性。季度宏观经济模型的主要应用就是短期的经济预测和政策评价，因此，研制季度宏观经济模型可以弥补年度宏观经济模型难以有效地进行短期预测和政策评价的不足。

1992 年以来，我国逐渐公布了宏观经济指标的季度数据，季度数据的逐步完善为季度宏观模型的研制提供了一定的数据基础。因此，季度宏观模型的研制与开发在我国也取得了一定的进展，这些季度模型在进行短期政策评价和经济预测方面发挥了一定的作用，对我国制定财政政策和货币政策具有一定的指导和借鉴意义，例如，中国人民银行开发的“中国人民银行季度计量经济模型”，为央行制定和评价货币政策提供定量支持。然而在过去的 20 多年中，由于我国的国民经济核算体系经历了物质产品平衡表体系向国名账户体系的转变，经济发展经历了由供给导向向需求导向的转变，宏观经济季度模型的研制受到数据资料的限制，为季度模型的研制带来了困难。近几年来，中国虽然开发了一些季度模型，例如国家统计局的"中国季度宏观计量经济模型"，但是由于多方面的原因，该模型已经放弃维护；中国社会科学院世界经济与政治研究所开发的"中国宏观经济季度模型"只以政策分析为目的，预测效果如何作者没有介绍。所以，目前我国对季度宏观经济模型的研制尚处于起步阶段，不够完善。因此对中国季度宏观经济模型的研制具有重要的理论意义和实践价值。

第二节　研究方案

一、研究内容

本篇在国内外已有研究成果的基础上，运用国际上较为流行的计量经济学方法建立我国的季度宏观经济模型，命名为 CUFEQ 模型，主要用于宏观经济政策分析和短期经济预测，以揭示我国宏观经济的运行规律。宏观经济模型是对宏观经济运行的高度概述，反映了各主要宏观经济指标之间的相互作用关系，是经济分析和制定政策的重要参考工具。目前，利用宏观经济模型研究经济问题，不仅是学术机构经常采用的方式，同时也得到了政府部门的广泛认同，目前许多的政府政策、规划和计划，都是在宏观经济模型分析的基础上完成的。事实表明，宏观经济模型的运用有助于提高政府的决策水平，而宏观经济模型的建立与不断完善也加强了经济研究机构与政府的合作。模型主要以新凯恩斯主义和新古典综合派的宏观经济理论为指导，结合中国的现实宏观经济环境，借鉴国内外先进的季度宏观经济模型的建模经验，建立了一个基于需求导向的季度宏观经济模型（简称为 CUFEQ），模型以赛德尔迭代算法求解，在样本期内进行了历史模拟和反历史模拟，并应用模型在预测期内进行了政策评价和短期经济预测，取得了较好的效果。本模型的研究内容主要包括以下三个方面：

1. 建立 CUFEQ 模型前的理论准备

本部分内容主要包括对国内外著名宏观经济模型的比较研究、CUFEQ 模型导向类型的设定和模型主要依据的宏观经济理论。

任何的研究成果都是在前人研究的基础上不断地提高和完善，本书首先研究了国内外比较著名的宏观经济模型，研究了这些模型的模块结构、方程设定以及存在的一些问题，以便从中吸收先进的建模理念和经验，在此基础上讨论了宏观经济模型面临的困境以及宏观经济模型的最新研究进展。

在建立宏观经济模型前，必须根据当时的现实宏观经济环境确定模型的导向类型。模型的导向类型分为两种，即需求导向和供给导向，模型的导向类型不同，行为方程解释变量的选择也存在很大的差异。在供给不足的宏观经济环境下，供给成为经济增长的主要制约因素，此时的各种宏观经济政策主要以刺激生产和扩大供给为目标，在这种宏观经济形势下应建立供给导向的宏观经济模型，主要行为方程解释变量的选择主要从供给方面考虑。在需求不足的宏观经济环境下，需求成为经济增长的首要制约因素，此时的各种宏观经济政策主要以扩大需求为目标，在这种宏观经济背景下应建立需求导向的宏观经济模型，主要行为方程解释变量的选择主要从需求方面考虑。自改革开放以来，我国的经济迅猛发展，特别是进入 20 世纪 90 年代以后，我国经济的增长速度令世界瞩目。我国现在也摆脱了供给不足的局面，进入了需求不足的状态，因此本书要建立需求导向的季度宏观经济模型。

宏观经济模型必须建立在宏观经济理论的基础上，没有宏观经济理论支撑的宏观经济模型就像空中楼阁，经不起实践的检验。我国虽然已经进入了社会主义现代化建设阶段，但目前尚处于向市场经济过渡的阶段，政府在经济发展和改革过程中扮演着重要角色，政府的财政政策和货币政策在促进经济增长方面发挥了不可替代的作用。由于新凯恩斯主义和新古典综合派重视政府干预在弥补市场失灵和经济发展过程中的作用，这比较符合我国经济发展的现实，可以在我国宏观经济分析中借鉴和使用，因此本书选择新凯恩斯主义和新古典综合宏观经济理论作为模型的理论基础。

2. CUFEQ 模型的研制

本部分内容主要包括模型模块和总体结构的设计、模型数据库的研制、恒等式和定义方程的设定、行为方程体系的构建以及模型的历史模拟和反历史模拟等。

（1）设计了 CUFEQ 模型的模块结构和运行机理。该部分首先对模型所依据的宏观经济理论及我国的宏观经济环境进行了详细的分析，设计了包含 9 个模块的需求导向的季度宏观经济模型，9 个模块分别为：GDP 生产、就业与收入、消费、投资、进出口、价格、财政、金融和能源等。在此基础上阐明了模型的总体结构和计算逻辑。

（2）建立了 CUFEQ 模型的数据库。统计数据是宏观经济模型方程估计及应用的重要前提，因此数据库的准备与完善是研制季度宏观经济模型的基础。该部分首先剖析了 G 软件的建模思路，接着以 1992 年第一季度至 2008 年第四季度为样本区间，建立了模型的数据库，数据库中共包括 163 个时间序列变量

（不含滞后内生变量），其中内生变量 141 个，外生变量 22 个，外生变量中包括时间趋势变量 1 个，季节虚拟变量 3 个。并利用 X12 方法对季度数据进行了季节调整，最后使用 HP 滤波消除宏观变量的趋势，对潜在产出进行了测算。

（3）构建了 CUFEQ 模型的方程体系。方程是变量之间关系的一种表达形式。该部分首先估计了模型的行为方程，构造了恒等式和定义方程。模型共有 141 个方程，其中 88 个行为方程、53 个恒等式和定义方程，方程的设计顺序按模型的计算逻辑，通过定义方程和价格指数建立了变量的不变价和可变价之间的联系；接着利用行为方程分析了我国当前的经济结构。

（4）对 CUFEQ 模型进行了历史模拟和反历史模拟。单个方程都拟合得好并不表示模型是一个好模型，该部分在样本区间内运行了模型，并对模型进行了历史模拟和反历史模拟，以便检验模型的模拟效果。

3. CUFEQ 模型的应用

建立宏观经济模型的主要目的就是运用宏观经济模型进行政策模拟和经济预测。在政策模拟和评价方面，对财政政策、货币政策和汇率政策等分别进行了模拟分析和评价，在此基础上模拟了世界经济波动对我国主要宏观经济指标的影响。通过政策模拟：一是可以检验模型能否准确地模拟经济的运行状况，模型运行机制是否合理；二是通过分析宏观经济政策的效应，为制定宏观经济政策提供参考。

（1）利用 CUFEQ 模型进行经济预测。该部分对外生变量的值进行了预测，并将外生变量的值代入模型中得到主要宏观经济变量的预测值。

（2）利用 CUFEQ 模型进行了政策模拟分析。在 2009 年第一季度至 2012 年第四季度内，利用模型分别分析了财政政策、货币政策、汇率政策对我国宏观经济的影响，每种政策都设计了不同的模拟方案，以比较不同模拟方案下经济的运行结果。

二、研究方法及技术路线

1. 研究方法

由于 CUFEQ 模型为季度模型，模型中使用的数据为季度数据，而我国公开出版的各种季度数据都未经过季节调整，因此在利用季度数据对模型方程进行估计前必须进行季节调整。所谓季节调整，就是将某一统计指标的时间序列中的季节性因素和偶然性因素剔除，从而使经过季节调整的时间序列能够较为准确地反映出社会经济运行基本态势。早在 20 世纪的上半叶人们就开始了从时间序列中分解季节因素、调整季节变动的尝试。季节调整的问题首先是由美国经济学家1919年提出的，此后，有关季节调整的方法不断地出现和改进。1931年麦考利提出了用移动平均比率法进行季节调整，成为季节调整方法的基础。本书采用X12法作为模型季度数据的季节调整方法。

在宏观经济分析中，分析时间序列的长期趋势十分重要。为了研究通货膨胀率，CUFEQ模型引入了潜在产出，潜在产出无法通过公开的统计资料获得，本书采用HP滤波法求潜在产出。HP滤波法通过构造最小化损失函数，分离出长期趋势与波动成分。

预测是宏观经济模型的主要功能和应用之一，但是在进行主要宏观经济指标的预测前必须先获得外生变量的预测值，即必须对外生变量进行预测。各种时间序列模型被广泛地运用于外生变量的预测，其中以ARIMA模型最为流行。这些时间序列模型通常采取线性参数化形式，大多采用最大似然估计法，要求预测指变量服从正态分布的假定，而且观察期足够得长。然而实际经济现象中，宏观经济和金融时间序列并不具有线性特征，而且其波动性具有聚类效应，并不能满足正态分布的假定，这就使得利用该方法估计的时间序列模型不具有很好的样本外预测表现。因此，非参数的预测技术开始被研究和运用。因此，本书采用非参数自回归预测方法来预测模型的外生变量值，通过建立外生变量的非参数自回归预测模型，得出了非政策外生变量的预测值，为模型主要宏观经济指标序列的预测提供了数据基础。

2. 技术路线

首先，根据相关经济理论和中国当前的宏观经济现实环境，阐明CUFEQ模型的运行机理，设计模型的模块和总体结构；其次，构建模型运行所需的数据库，设定模型的计算逻辑和求解算法；再次，设计模型的方程体系，形成计算机可编译的MASTER文件程序，并对模型进行了历史模拟和反历史模拟的检验；最后，模型的应用，即利用模型进行经济结构分析、政策评价和经济短期预测并得出相关结论。具体技术路线如图1-1所示。

三、研究的难点

建立季度模型过程中所要突破的难点有：

1. 选择适合我国实际的宏观经济理论作为CUFEQ模型的经济基础

虽然目前我国已成为世界第二大经济体，但是我国全面进入社会主义市场经济建设的时间较短，市场机制不够完善，没有形成自己独特的体系，我国经

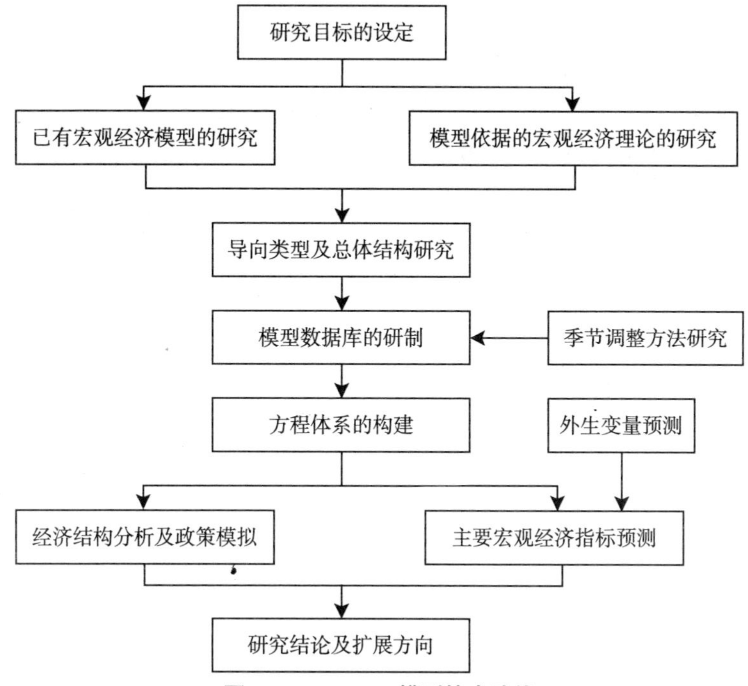

图 1-1 CUFEQ 模型技术路线

济仍处于计划经济和市场经济并存的状态，国有企业的改革还没有全面完成，各种经济体制改革正在进行之中。一方面市场经济的作用已相当明显，另一方面许多经济行为还不够规范，这就为模型适用经济理论的选择带来了困难。在建立模型时，不能完全参考西方的宏观经济理论，又不能脱离宏观经济理论，因此如何将宏观经济理论用于建立我国的季度宏观经济模型是本文要突破的一个难点。

2. CUFEQ 模型行为方程的设计

建立经济模型时必须确定模型的类型，即确定模型是需求导向还是供给导向，根据模型类型设计模型的行为方程。与西方发达国家相比，我国的经济处于转型阶段，20 世纪 90 年代以前，我国经济处于供给全面不足的状况，进入 20 世纪 90 年代以后，经济迅速发展，供给不足的短缺经济状况得到了解决。经济开始向需求导向转变，特别是进入 2000 年后，部分行业甚至出现了产能过剩的现象，需求严重不足。因此，产能过剩与需求不足在我国并存，这为模型方程的设计带来了困难。

3. 数据的获得与加工处理

由于我国经济体制改革等多方面的原因，我国的统计制度处于不断的发展和完善过程中。20 世纪 90 年代以前我国采用的是 MPS 核算体系，1992 年以后我国采用的是 SNA 核算体系。由于多种原因，使得统计数据存在指标不够全面和统计口径多变等诸多问题，因此数据的获得和处理是建立模型要突破的另一难点。

第二章　国内外宏观经济模型研究现状综述

自丁伯根1937年建立美国宏观经济模型开始，宏观经济模型逐渐被各国政府采用，20世纪50年代和60年代是以克莱因为代表的宏观经济模型发展的黄金时期。然而20世纪70年代宏观经济模型预测的失误，使宏观经济模型面临重大的危机，后来又出现了向量自回归模型（VAR模型）、可计算的一般均衡模型（CGE模型）和动态建模理论等。但经典宏观经济模型仍然是目前各国政府和商业部门广泛使用的政策评价和经济预测的工具。本章首先分析了西方宏观经济模型的早期研究成果，然后对宏观经济模型的最新研究进展进行了讨论，最后总结了宏观经济模型研究在我国取得的进展。

第一节　西方宏观经济模型早期研究成果

一、宏观经济模型概述及其理论渊源

宏观经济模型在宏观总量水平上描述和反映经济运行的全面特征，研究主要宏观经济指标之间的相互依存关系，描述国民经济和社会再生产过程各环节之间的联系。宏观经济模型主要用于宏观经济的结构分析，分析当前的经济结构和产业结构布局是否合理；利用宏观经济模型进行政策模拟，以便对各种财政政策和货币政策进行评价；同时利用宏观经济模型进行经济预测，为经济决策提供科学的依据。因此，宏观经济模型的主要用途是进行经济结构分析、政策评价和经济预测。宏观经济模型以宏观经济理论为指导，建立描述各个宏观经济指标之间关系的行为方程和恒等式，以统计数据为支撑，估计各个行为方程的参数，为政策分析和经济预测提供科学可靠的保证。

根据克莱因和伯德金的观点，宏观经济模型的研制有四个重要渊源，这四个渊源为宏观经济模型的研制奠定了基础。第一个渊源是由里昂·瓦尔拉斯在1874年提出的一般均衡模型，该模型是一个抽象系统，后来帕累托对此模型进行了扩展，使得利用一般均衡模型进行经验分析成为可能。第二个渊源是20世纪30年代由弗里希和卡拉斯基开发的两个关于经济周期的数学模型，这两个模型为计量经济学方法的诞生奠定了基础。第三个主要渊源是凯恩斯的《就业、利息和货币通论》以及在该理论的基础上形成的一系列宏观经济理论，为建立宏观经济模型奠定了理论基础，很多著名的模型都以凯恩斯体系为基础。第四个渊源是有关凯恩斯宏观经济的经验文献，特别是消费函数文献和丁伯根的《美国的经济周期：1919~1932年》。由于丁伯根对宏观经济模型的研究作出了开创性贡献，获

得了 1969 年的诺贝尔经济学奖，因此认为丁伯根是宏观经济模型的奠基人。

二、典型的宏观经济模型

1926 年挪威著名经济学家弗里希提出计量经济学一词，1930 年世界计量经济学会成立，1933 年《计量经济学》杂志正式出版，标志着计量经济学的正式诞生。经过了几十年的发展，计量经济学已成为一门独立的学科，这为建立宏观经济模型奠定了坚实的方法论基础。20 世纪 40 年代开始，考尔斯经济学研究委员会为宏观经济模型的研制创造了良好的条件，在该委员会的资助下出版了一系列专著及论文，其中最有影响的是《美国的经济周期，1919~1932 年》、《动态经济学中的统计推论》、《经济计量方法研究》、《凯恩斯革命》和《美国经济波动，1921~1941 年》等，为以后研究宏观经济模型奠定了基础。下面重点介绍国外有代表性的宏观经济模型。

(一)《美国的经济周期，1919~1932 年》——丁伯根模型

丁伯根于 1939 年出版的《美国的经济周期，1919~1932 年》一书，在宏观经济模型的研究中占有重要地位，该书被认为是宏观经济模型研究领域中的开创性著作。丁伯根的这个模型是一个美国宏观经济的年度模型，模型共有 48 个方程，其中 31 个行为方程，17 个恒等式，模型分为 4 个部门。第一个部门为最终需求部门，有 3 个消费函数和 3 个投资函数，8 个恒等式，共 14 个方程；第二个部门为价格工资部门，有 5 个行为方程和 1 个恒等式；第三个部门为金融部门，有 10 个行为方程和 5 个恒等式；第四个部门为收入分配部门，有 10 个表示工资、利润和利息等的行为方程，3 个恒等式。该模型的方程全部为线性方程，利用普通最小二乘法进行估计，数据区间为 1919~1931 年的美国年度数据。丁伯根利用该模型进行了以下几个方面的应用研究，分别是：分析了利润收益和利息收益的稳定性和不稳定性；分析经济稳定性和不稳定性的影响因素；研究与凯恩斯乘数相对应的经验乘数；对回归系数进行了敏感性分析；将模型作为评价经济周期的基础。但是由于时代和计算机技术的局限性，该模型也有一些不足之处，例如，模型所有的关系都是线性的，即使是非线性的关系也作线性化处理；对财政政策的论述极为简单，因此不能利用该模型进行财政政策方面的模拟和研究；对内生变量和外生变量的研究极为粗略，甚至将进口也当作外生变量；没有对模型进行历史模拟和反历史模拟，没有利用模型进行经济预测。虽然该模型的缺陷较多，但该模型是宏观经济模型领域的开创性成果，为宏观经济模型的研制开拓了道路，奠定了基础。

(二)《美国的经济波动，1921~1941年》——克莱因模型

1950年克莱因在《美国的经济波动，1921~1941年》一书中建立了3个美国宏观经济模型，分别简称为模型1、模型2和模型3。模型1被广泛地应用于实际教学中，该模型由3个行为方程和3个恒等式构成。其中3个行为方程分别是：消费函数、投资函数和劳动力需求函数。在消费函数中，因变量是总消费量，自变量为工资和实际的总财产收入；在投资函数中，因变量是净投资，自变量是财产收入和初始的资本存量，在劳动力需求函数中，自变量是私营部门工资总额，因变量是私营部门国民生产净值和时间趋势变量。3个恒等式分别是国民生产总值、国民收入和资本存量。模型的内生变量有消费水平、净投资、工资总额、实际国民收入、财产收入和股本，模型的外生变量基本上是反映财政政策方面的变量，有政府支出、净出口、政府部门工资总额和间接税收，另外模型还包括一个时间趋势变量。模型中变量的关系均采用严格的线性形式，3个行为方程都能识别，分别用完全信息最大似然法、有限信息最大似然法和普通最小二乘法进行了估计，估计结果非常接近。该模型用于分析美国经济的稳定性，得出的结论是如果外来冲击不太严重，该系统是稳定的，并利用该模型计算了国民生产总值的长期动态均衡乘数，计算结果为1.9，克莱因认为这个数值比凯恩斯体系的早期研究成果要合理。

模型2含有1个行为方程和2个恒等式，这些关系式把按美元现价计算的国民生产总值与各项支出的总和及可支配收入联系起来。行为方程为消费函数，在该函数中因变量为人均消费，自变量为实际人均可支配收入及其滞后值和实际人均货币存量，利用间接最小二乘法进行估计，并得出了长期动态均衡乘数。

模型3由12个行为方程和4个恒等式构成。3个描述货币市场的行为方程，这是对模型1的重大改进；4个描述住房市场的行为方程，其中包括2个描述住房建设需求的方程，1个简单的消费函数方程，1个劳动力需求方程（该方程与模型1的劳动力需求方程完全相同）1个存货需求方程。模型3是非线性的，因为该模型中含有较多的外生变量，因此克莱因认为模型的所有行为方程都是可识别的，并利用有限信息最大似然法和普通最小二乘法对模型进行了估计，估计结果相似。模型3的重大意义在于后来对该模型进行了改进，在该模型的基础上研制出了著名的克莱因—戈德伯格模型。

克莱因认为宏观经济模型的最终目标是进行经济预测和政策分析，但上述3个模型都没有用来进行经济预测和政策分析。上述3个模型主要用于假设检验、描述经济、分析经济周期和计算支出乘数。

（三）克莱因—戈德伯格模型

该模型建于 1955 年，最初是密歇根大学数量经济学研讨班的一个项目，属于中型模型，是对克莱因模型 3 的继承和发展。模型的特点是要不断定更新数据，进行外推。模型由 20 个方程构成，其中包括 15 个行为方程和 5 个恒等式。模型共包括 63 个变量，其中 20 个内生变量，19 个外生变量，24 个滞后外生变量，模型的样本期间为 1929~1941 年和 1946~1952 年，数据类型为年度数据，因此属于年度模型，利用有限信息最大似然法进行估计。

该模型共分为 8 个模块。第一个模块为消费模块，消费函数对克莱因模型 3 的消费函数进行了重大的修改，克莱因—戈德伯格模型将收入分配、税收和转移支付、财富和人口统计趋势等因素纳入模型中，因此，消费函数包括 6 个解释变量，分别为：工资薪金收入、实际可支配的农业收入、实际可支配的非农业财产收入、流动资产、总人口和滞后消费支出，滞后消费支出主要用于度量过去的消费习惯对现在消费的影响，构成了模型的重要动态分支。其中有 3 个边际倾向不是自由估计的，而是利用某种信息约束这些参数的估计值。第二个模块为投资模块，以总额的形式描述，包括商业固定投资、住房建设和存货投资。解释变量为过去非工资财产收入、资本存量和流动资产。剩下的模块分别为：公司利润、公司收入和折旧模块，生产函数和劳动需求模块，劳动市场调整模块，进口需求模块，农业部门收入和相对价格模块和货币模块。

模型完成以后，利用模型进行了经济预测和政策模拟等方面的应用。利用模型进行了 1953 年和 1954 年的事后预测，预测结果表明，1953 年对就业的预期非常准确，主要误差是高估了通货膨胀；1954 年的事后预测结果表明，模型准确地预测了经济的转折点，主要变量的预测值与真实值非常接近，但稍微低估了衰退。1955 年的事前预测都准确预测了每一个经济变量的变化方向，这在当时来说是非常难得的。模型以凯恩斯理论为指导，以需求为导向。模型忽略了对生产的处理。另外在货币金融方面，如对价格利率的处理也不合适，但该模型在宏观经济模型发展史上的贡献和借鉴意义是巨大的。克莱因的战后季度模型、沃顿季度模型、沃顿 MARK3 模型、经济分析局模型等很多模型都是对该模型的继承和发展，美国以外其他工业化国家的模型设计者也从该模型中吸取了丰富的经验和建模灵感，而且还向发展中国家推广。

（四）战后季度模型——克莱因季度模型

战后季度模型是对克莱因—戈德伯格模型的继承和发展，同时也是沃顿季度模型的先驱。有人认为年度模型不适用于经济周期分析的研究，也不适用于短期预测，因此发展季度模型是必须的。季度模型为经济运行的方式提供了经验支持，同时也是检验经济政策效果的一种手段。该模型由 29 个行为方程和 8 个恒等式构成，样本区间为 1948~1958 年的季度数据，利用两阶段最小二乘法和有限信息最大似然法估计。该模型主要有以下特点：加总性较少；建立了预期数据和实现函数，把实际行为表示成预期的函数；建立了生产函数产出的概念及其利用率；行为方程多数以实物计算，名义价格构成核算恒等式；进出口都是内生的，假定货币当局直接控制准备金和折现率，而不是现金存量。模型建立后就用于 1961 年前 3 个季度的事前预测，预测结果非常令人满意，另外模型还用于检验 1953~1954 年和 1957~1958 年的衰退在多大程度上可以认为是存货过多的经济衰退，最后得出的结论是这两次衰退都属于存货过多的经济衰退。该模型为季度模型的建设迈出了重要的一步，因此被商业部门和政府机构利用，用于进行短期预测和政策评价。但模型的重要结构缺陷表现为，表示政府部门的变量基本上都认为是外生变量，货币市场在短期内的作用非常小。

（五）布鲁金斯模型

布鲁金斯模型是 20 世纪 60 年代最大和最高度分解的美国经济模型，是宏观经济模型建模史上的一个里程碑，多个大学和研究机构的 30 多位经济学家参加了该模型的研制工作。模型的最初版本包含 200 多个方程，后来的完整版本包括 400 多个内生变量，样本区间是 1949~1960 年经季节调整的季度数据。模型的部门分类比较详细，最初分为 7 个生产部门，后来扩展到 32 个生产部门，最突出的特点是投入产出系统和宏观经济模型方法论的结合，将 GNP 的分量转换成产业产出，将产业价格转换成 GNP 分量的折算系数，所有的参数估计出来后，就确定了国民收入核算变量和投入产出变量。布鲁金斯模型最突出的贡献是对求解技术和方法论的研究，很多求解技术都是在当时开发出来的。由于模型涉及 200 多个方程，但是样本数据只是 1949~1960 的季度数据，因此对自由度的处理时一个非常关键的问题，布鲁金斯模型利用模型结构的分块递归性来处理自由度的问题。由于模型方程数量较多，存在较多的非线性问题，因此求解非常复杂，布鲁金斯模型利用分块线性分段的方法来解决非线性的问题。因此，虽然模型结构复杂，方程数量膨大，但其结构有明显的模块递推形式。各主要模块分别使用二阶段最小二乘法和有限信息最大似然法估计。利用 1961 年第一季度至 1964 年第四季度的事后预测对模型进行了检验，事后预测表明，预测结果非常精确。同时也利用模型进行了一系列的经济政策分析和有关经济乘数的计算。

构建布鲁金斯模型的最初目的是利用该模型来分析经济周期和短期政策的稳定性。虽然布鲁金斯模型的最初目的没有完全实现，但该模型成了宏观经济模型构造过程中的理论和方法论研究中心，该模型的求解技术和方法论是其最突出的贡献。

（六）沃顿模型——WEFA 模型

沃顿模型是 20 世纪 60 年代开始研究的模型序列，现在成为 WEFA 模型。沃顿模型的先驱主要包括克莱因战后季度模型、布鲁金斯模型和迈克尔埃文斯模型等。沃顿模型广泛地应用于短期预测，特别侧重于国民收入各要素和就业方面。沃顿模型也是一个中等规模的季度计量经济模型，最初的埃文斯—克莱因版本包括 76 个方程，其中 47 个随机方程，29 个定义式，有 118 个变量，其中 42 个是外生变量。样本区间为 1948 年第一季度到 1964 年第一季度的季度数据，模型参数利用两阶段最小二乘法估计。后来模型发展到麦卡锡版本即 MARK3 模型，该版本约有 200 个方程和 100 多个外生变量，到 20 世纪 80 年代，模型约包括 1000 多个内生变量。后来出现了沃顿年度与产业预测模型，该模型被认为是 WEFA 模型的胞弟，该模型在 1972 年有不到 400 个方程，到 80 年代已经超过 3000 个方程。

沃顿模型的应用主要包括：预测、乘数研究、政策模型以及在 LINK 项目中沃顿季度模型的应用。预测是沃顿模型的主要应用，沃顿模型成功地预测了 1969 年和 1974 年开始的衰退，证明了沃顿模型良好的预测性能，有研究指出，沃顿模型对 1979 年 GNP 的预测非常接近世纪 GNP 的增长，并且成功预测了 GNP 的季度变化趋势。对于动态乘数值的水平，沃顿年度模型低于季度模型，但都证明了动态乘数的倒 U 形模式。利用沃顿模型进行的政策分析和模拟也非常接近实际，尤其是对 1971 年末和 1972 年的政策模拟非常成功。沃顿模型是 LINK 项目中美国经济的代表模型。

（七）MPS 模型

MPS 模型的前身是 FMP 模型，FMP 模型由联邦储备委员会、麻省理工学院和宾夕法尼亚大学共同研制，后来联邦储备委员会退出了该项目的研究，社会科学研究委员会加入了该项目的研究，共同研究了 MPS 模型。MPS 模型有 6 个主要模块，包括 67 个随机方程和 103 个非随机方程，属于季度模型，广泛使用分块模拟技术，利用普通最小二乘法进行估计。模型的重要特点是建立了金融部门，因此该模型的主要目的是为联邦储备委员会制定和评价货币政策。

经过 20 世纪 60 年代的发展，在 70 年代宏观经济模型的发展更具活力。许多企业家参与到宏观经济模型的研制工作中来，出现各种计量经济咨询公司，最具代表性的是DRI和WEFA。由于竞争更加激励，模型的研制成本降低和预测性能越来越高。下面重点介绍20世界70年代有代表性的模型。

（八）BEA模型

BEA是美国经济计划局的模型，是对克莱因战后季度模型的继承和发展，该模型着重强调经济预测和结构分析。模型最初有36个行为方程和13个恒等式，49个内生变量和40个外生变量，后来模型进行了扩展，扩展到117个内生变量，外生变量有所减少。模型以新凯恩斯理论为指导，可以分为7个部门。

（九）DRI模型

DRI模型是一个大型的季度模型，由数据资源公司开发研制，被认为是成功地经受了市场检验的模型，它是DRI信息系统的中心模块，该信息系统包含了约20000个时间序列。DRI模型的参数每年都定期进行估计和更新。1976年版的模型由718个方程组成，其中包括379个随机方程及339个非随机方程，约180个外生变量。模型分为7个部门，分别是最终GNP需求部门，收入部门部门，金融部门，供给部门，就业部门、失业和劳动力部门，价格、工资和生产率，产业部门，其中最大的3个部门是产业部门、最终GNP需求部门和金融部门。DRI模型主要有以下几个特点：建立了与收入支出系统相应的资金流模块；建立了通货膨胀过程的阶段模块，可对经济环境变化引起的各种价格变化的情况进行跟踪；包括了人口以及人口对长期潜在产出和就业状况的影响等内容。

DRI模型主要有三个方面的应用：第一个应用是经济的季度预测，这是DRI模型最重要的应用，预测结果非常准确；第二个应用是乘数分析，DRI模型动态乘数的数值往往偏小，但DRI模型验证了动态乘数具有倒U型特征的性质；第三个应用是检验1973~1975年的衰退。

国外著名的模型还有很多，这里不能一一详细介绍。例如美国阿尔蒙教授领导研制的INFORUM模型、LBS模型（伦敦商学院模型，为季度模型，有600多个方程）、英国的NIESR模型（国家经济社会研究所模型，季度模型，有300多个方程）、HMT模型（英国财政部模型，季度模型，有700多个方程）、BE模型（英格兰中央银行模型，季度模型，有近400个方程）、MDM模型（剑桥多部门动态模型，将投入产出模型和计量经济模型相结合的年度模型，有5000多个方程，其前身是剑桥增长模型）、LPL模型（利物浦大学模型，全面采用理性预期理论，是一个“新古典”模型，有30多个方程）、OEF模型（牛津经济预测模型，为季度模型）等。

三、宏观经济模型面临的挑战

在西方国家，早期的宏观经济模型研究以结构性宏观经济模型为主，结构性宏观经济模型以经济理论尤其是凯恩斯理论为基础，首先形成模型框架，然后以实际数据对模型中的参数进行估计，以参数值呼应理论预期值作为估计准确与否的主要标志。20 世纪 70 年代，宏观经济模型受到了前所未有的挑战，主要有以下几个方面的原因：①20 世纪 70 年代，由于布雷顿森林国际货币体系的崩溃以及 1973 年和 1978 年的两次石油危机的严重冲击，西方主要资本主义国家经济出现了以高失业和高通货膨胀为特征的“滞胀”现象，凯恩斯主义已经难以解释此时出现在资本主义国家的经济现实，由于当时的宏观经济模型大都以凯恩斯的宏观经济理论为指导，因此宏观经济模型也面临着重大的挑战。②当时宏观经济模型在进行预测时出现了较大的失误，因此，在这种情况下，有的学者指出，现存的凯恩斯学派宏观经济模型不可能为货币、财政或其他类型政策的制定提供可靠的依据。③宏观经济模型的商业化，商业化经济计量公司的大量出现改变了模型的研究重心，研究重心由基础研究让位于数据和模型的更新，或是主观上调整预测结果使之合理化，以满足客户的特殊需要。

在这些批判中，最为著名的是 1976 年的“卢卡斯批评”。卢卡斯的观点主要有两个：第一，模型在短期预测中取得成功的特点与定量的政策分析无关，因而采用主要是为经济预测建立的经济模型去做政策分析不能提供任何有价值的信息；第二，模型中的稳定参数结构不能反映经济现实的特点，决策会发生变化，随着时间的推移参数也会发生变动，因而用参数固定的经济模型所做的政策分析是有很大的误差的。卢卡斯的分析有一定的道理，他的确抓住了经济模型中存在的某些严重弱点。不过，郁启生指出“卢卡斯批评”在理论上成立，然而缺乏定量的分析，同时，最好的经济模型也只能是对真实经济的近似反映，非常精确的模型是不存在的。

第二节　宏观经济模型的最新研究进展

一、向量自回归模型

西姆斯提出一种处理宏观经济非稳定数据的向量自回归（VAR）模型方法，主要用于替代联立方程结构模型，提高经济预测的准确性。西姆斯从三个不同的侧面，反驳了宏观经济模型在建模方法论的核心内容中关于行为方程模型识别的基本过程：首先，经济理论提出了识别约束，这种约束比宏观经济模型中传统采用的方法要复杂许多，理论上通常要求采用复杂的联立方程求解，这要求采用系统估计方法，而不是单方程估计方法；其次，传统的识别条件只是因为模型存在动态性而很容易满足，这种识别是虚假的且在技术上是不正确的；最后，期望影响的重要性和政策制定者和当事人期望之间的相互影响使识别问题复杂化。

VAR 模型是用模型中所有当期变量对所有变量的若干滞后变量进行回归，尽可能避免使用理论，因而消除了基于不正确理论导致错误结果的可能性。传统的联立方程组的结构性方法是用经济理论来建立变量之间关系的模型。但是，经济理论通常并不足以为变量之间的动态联系提供一个严密的说明。并且，内生变量既可以出现在等式的左端又可以出现在等式的右端使得估计和推断更加复杂。向量自回归是基于数据的统计性质建立模型，VAR 模型把系统中每一个内生变量作为系统中所有内生变量的滞后值的函数来构造模型，从而将单变量自回归模型推广到由多元时间序列变量组成的向量自回归模型。VAR 模型是处理多个相关经济指标的分析与预测最容易操作的模型之一，并且在一定的条件下，多元 MA 和 ARMA 模型也可转化成 VAR 模型。VAR 模型是一种非结构化的多方程模型。它不带有任何事先约束条件，将每个变量均视为内生变量，避开了结构建模方法中需要对系统中每个内生变量关于所有变量滞后值函数的建模问题，因此，VAR 模型本身不带有事先约束条件的特点，表明这个模型不需要所谓的理论论证。

VAR 模型并没有给出变量之间当期相关关系的确切形式，即在模型的右端不含有当期的内生变量，而这些当期相关关系隐藏在误差项的相关结构之中，是无法解释的，另外 VAR 模型不考虑经济理论，因而无法做政策分析，后来 VAR 模型发展到了结构向量自回归模型，最后恩格尔和格兰杰将协整与误差修正模型结合起来，建立了向量误差修正模型（VEC），这种方法既有明显的经济理论基础，同时又有明显的动态性，能够将历史数据拟合得很好，因而比 VAR 模型应用更广泛。

二、可计算的一般均衡模型

另外有一些研究学者寻找其他的解决方法，其中最著名的是在政策评价中起重要作用的可计算的一般均衡模型，即 CGE 模型。CGE 模型始于瓦尔拉斯的一般均衡理论。1874 年，瓦尔拉斯提出了一般均衡的理论模型，用抽象的数学语言表述了一般均衡的思想。不过，这些理论一般均衡模型的解的存在性在当时没有解决，直到50年代才由阿罗和德布罗给予证明。尽管理论一般均衡模型的研究取得了如此的进步，但是，要将其应用于实际问题，还需解决相应模型解的算法问题。约翰森于1960年构建了一个包括20个成本最小化的产业部门和一个效用最大化的家庭部门的实际一般均衡模型，并给出了相应的均衡价格的具体算法。由于约翰森模型的可计算性质，人们普遍把约翰森模型看作第一个CGE模型。1967年，斯卡夫研制了一种开创性算法，用于对数字设定的CGE进行求解。在此之后，对CGE模型的研究几乎中断，但20世纪70年代的石油危机以及结构性宏观经济模型预测的失灵，又使CGE模型成为研究的重点。

CGE模型主要有以下特点：第一，CGE模型按照惯常的新古典微观经济理论方式明确设定所有经济主体的行为都是优化的，因而是关于一般而非局部经济主体行为的模型。第二，它使用了市场均衡而非市场不均衡的假设，所有市场同时得到结清。CGE模型刻画了不同经济主体的供给和需求决策对一些商品和要素价格的作用机制。在一般均衡条件下，所有商品和要素的数量和价格都同时内生决定。因此，CGE模型按一致方式考虑了整个经济的相互作用。第三，CGE模型使用数据描述某基准年度的经济，通过变更某组成要素而冲击经济并改变模型中所有数据项的值。CGE模型的核心数据是投入—产出账户，CGE模型的基准实际上是某观察年度经济数据解的复制。CGE模型可以受到来自政策变动的冲击；通过求解CGE模型可以得到冲击后的新的一般均衡状态。

CGE模型作为政策分析的有力工具，取得了重大的成功，CGE模型经常被用来分析税收、公共消费变动，关税和其他外贸政策，技术变动，环境政策，工资调整等政策的变动对福利、产业结构、劳动市场、环境状况、收入分配的影响。CGE模型最重要的成功在于，它在经济的各个组成部分之间建立起了数量联系，使我们能够考察来自经济某一部分的扰动对经济另一部分的影响。

CGE模型在政策分析上虽然取得了重大的成功，但也具有一定的局限性。在分析政策变动对福利影响方面也仅获得了部分成功，因为它假定了政策变化不影响失业率和资本水平、企业间的竞争形式和技术进步率；CGE模型本身并不能提供有价值的预测工具；CGE模型需要的数据甚至比投入产出分析要远为复杂而难以找到，因为它不仅分析产业或工业，也分析个人、政府决策，这些都是投入产出分析力所不能及的。

三、多部门动态经济模型

宏观经济多部门动态模型是一种将投入产出模型与总量计量经济模型有机

地结合在一起的模型。在此类模型中，按产业部门估计行为方程，用投入产出方程使每个产业部门的活动与国民经济的其他部分相联系。模型运行中，既确定分产业的各类变量值，同时也确定所有宏观经济变量的值，模型的因果关系是从部门分量到宏观经济总量。宏观经济多部门动态模型既可用于宏观经济分析，又能将这种分析深入到产业部门一级。这类模型采用年度经济数据，属于年度模型，特别适于宏观经济和各产业部门的中、长期预测和政策模拟。对多部门动态模型的研究始于20世纪60年代，这类模型中最著名的是英国剑桥大学的MDM模型和美国马里兰大学的INFORUM模型。

MDM模型是在诺贝尔奖金获得者理查德·斯通（R.Stone）教授领导研制的剑桥增长模型（CGP）的基础上研制的第二代剑桥模型，由特瑞·巴克尔（Terry Barker）领导研制，是目前英国最有影响的经济模型之一。INFORUM模型是在克劳帕尔·阿尔蒙（Clopper Almon）教授领导下研制完成的，该模型不仅在美国拥有包括政府机构和企业在内的众多用户，而且连接了中国、奥地利、法国、意大利、韩国、泰国、墨西哥、波兰、西班牙、日本、加拿大、俄罗斯、德国和美国等十几个国家的模型，构成了INFORUM国际系统，各国模型使用共同的软件，通过进出口方程相连接。

四、动态建模理论

传统的计量经济学在建立模型时多采用理论驱动的原则，即首先从先验的经济理论出发设定结构模型，再由数据估计模型所包含的参数。这种建模途径对先验的经济理论具有很强的依赖性。与此相对应的是统计学家所采用的数据驱动的原则，将描述数据特征作为建模的主要准则，使模型对样本数据具有很强的依赖性，而且对样本中的偶然因素与长期因素不加分辨，使模型在样本外的预测效果和政策评价效果很差，几乎无法使用。20世纪80年代初，以D.F. Hendry为代表，在误差修正模型和协整理论的基础上，提出了动态计量经济学模型的理论与方法。Hendry所倡导的动态建模理论，将上述二者兼容，交替运用经济理论和经济数据提供的信息，将建模过程认为是认识的循序渐进的过程。Hendry建模理论认为，建模过程应该是首先建立一个能够代表数据生成过程（DGP）的自回归分布滞后模型（ADL），然后逐步简化，最后得到包含变量间长期稳定关系的简单的模型。动态建模理论在模型形式确定的基础上，引入滞后解释变量，避免了伪回归，在描述长期均衡与短期波动影响等方面有明显优势。例如，美国联邦储备委员会的FRB/USA和FRB/GLOBAL模型，国际货币基金组织的 MultiMOD 模型，英格兰银行的 MM 模型等，都是以动态建模理论建立的宏观经济模型。

第三节　国内宏观经济模型研究现状

一、我国宏观经济模型的发展历程

从 20 世纪 70 年代末开始，我国开始了对宏观经济模型研究的探索，到目前为止，宏观经济模型在我国的研究已有 30 年的历史。与欧美发达国家相比，我国对宏观经济模型的研究起步较晚，存在一定的差距，但是经过 30 年的发展，我国对宏观经济模型的研究也取得了很多成就，目前已经建立的宏观经济模型种类齐全、数量众多。包括年度模型、季度模型、地区模型、国家模型、结构性模型和非结构性模型等。

20 世纪 80 年代是我国宏观经济模型研究的起步阶段。1979 年，当时的国家计委研制了我国的第一个宏观经济计量模型，它标志着我国在宏观经济计量模型研制上迈出了可喜的第一步，1980 年在颐和园举办的计量经济学讲习班推动了中国宏观经济计量模型的研制和应用。1981 年 2 月，中国社会科学院数量经济与技术经济研究所研制了国民收入生产、分配和最终使用的计量模型，该模型有 20 个方程和 27 个变量，这个模型在理论与技术上比第一个模型前进了一步，模型结构设计也较为合理，形成了一个有机体系。1984 年，上海复旦大学唐国兴教授研制了一个长期多部门经济计量模型。该模型包括社会总产值、国民收入形成、最终需求、劳动者人数、国民收入分配，物价、投资和固定资产形成、财政收入和国际收支等模块，模型共包括 77 个方程和 112 个变量。此外，为了参加由美国克莱因教授主持的世界连接模型（Project LINK），国家信息中心经济预测部与其他单位合作于 1985 年完成了一个中国宏观经济计量模型，开放性是该模型的最大特点。这一时期的模型的主要特点是：模型使用的计量方法和结构相对简单，以供给导向为主，模型主要用于经济预测。

20 世纪 90 年代以后是我国宏观经济模型高速发展的阶段。经过十几年对宏观经济模型的研制，我国的建模者已经积累了一定的经验，进入 20 世纪 90 年代以后，伴随着我国经济体制的改革，计划经济向市场经济的转变，我国的宏观经济模型的研制更加注重宏观经济理论，此外还加强了经济计量模型技术的研究，如研究了协整与动态建模理论、向量自回归模型（VAR）、可计算的一般均衡模型（CGE）等。20世纪90年代以后，宏观经济模型在我国的发展主要体现在以下几个方面：第一，核算体系经历了物质平衡表体系（MPS）向国民经济核算体系（SNA）的转变。一般以1990年为界，在此之前的模型基本上采用MPS核算体系的结构和指标体系，在此之后的模型基本上采用SNA体系的结构和指标体系。例如1992年北京大学毕吉耀的博士学位论文就是以SNA为数据基础，建立了一个能够反映和分析改革开放以来我国经济现实和国民经济运行结构的中国宏观计量模型。1994年我国完成了MPS向SNA的转变，自此以后建立的宏观经济模型的指标和数据也实现了从MPS向SNA的转变。第二，建模技术更加的成熟和多样化。进入20世纪70年代以后，国际上广泛使用VAR模型、CGE模型和动态协整理论等，使得宏观经济模型的应用范围更加广泛，预测更加准确。为了实现建模方法和技术与国际接轨，实现我国宏观经济模型建模方法上的变革，我国的建模者积极探索，吸收国外的经验。例如，国务院发展研究中心李善同等开发的中国经济的可计算一般均衡模型。2003年，中国社会科学院何新华等利用季度数据并依据协整建模理论开发了中国宏观经济季度模型。此外，我国还开发了一些VAR模型，例如，中国贝叶斯向量自回归预测模型等。第三，模型实现了由供给导向向需求导向的过渡和转变。20世纪90年代以前已经建立的宏观经济模型，基本上采用供给导向的总体结构，这是由我国当时经济发展的所处的现实环境所决定的，那时我国的经济状况基本处于供给不足的状态。90年代以后，我国经济迅速发展，克服了供给不足的状态，经济开始进入以需求为导向的时代。80年代末期和90年代初期，我国的投资需求发展迅猛，随后才是消费需求，因此我国真正进入消费需求导向时代是在90年代中期以后。例如，1993年中国科学院应用数学研究所吴明录在其博士论文中建立了一个注重需求作用的中国宏观经济计量模型。该模型对大部分内生变量都用供给和需求双向因素来解释，投资需求在模型中起基础性作用，并不是消费需求，因此该模型并不是严格意义上的以需求为导向的模型。1999年，吉林大学商学院国家财政模型与景气分析课题组研制了一个我国供给需求双导向的年度宏观经济模型。第四，进一步加强了财政、金融、对外贸易和劳动就业等方面的研究，模型更注重政策分析。90年代以后模型除了加强需求方面的研究外，还进一步加强了对财政、金融、对外贸易和劳动就业等方面的研究。90年代以前建立的宏观经济模型明显带有计划经济的色彩，对财政、金融、对外贸易和劳动就业等方面研究不足。例如Project LINK系统中的中国宏观经济计量模型1997年版加强了对财政、金融和劳动就业等方面的研究，设计了详细的模块，模型90个方程中，金融、财政、对外贸易模块的方程有28个。20世纪90年代以后，财政部和中国人民银行都制定了自己的模型，专门用于政策分析，以便制定更符合实际的财政政策和货币政策。第五，高频数据模型出现。20世纪90年代以前已经建立的宏观经济模型，绝大部分都是年度模型，只有国家综合经济管理部门有几个季度模型。例如，中国人民银行1987年建立的季度宏观经济计量模型PBCMI。这主要有以下两个方面原因：首先，由于当时的数据基本上以年度数据为准，季度数据没有对外公开，因此在当时建立季度模型缺乏数据基础；其次，当时建立模型的目的主要是中长期的预测和决策，在这方面年度模型更具有优越性。90年代以后，随着我国对外开放的进一步发展，我国经济与世界各国经济的联系进一步加强，经济的短期波动在我国有加强的趋势，为了适应这种变化，我国才逐渐加强了对季度模型的研制力度。例如，中国社会科学院数量经济与技术经济研究所1993年建立的中国季度宏观经济计量协整模型；中国社会科学院2003年建立的中国宏观经济季度模型。但到目前为止，季度模型并不多，更高数据频率的月度模型更少。

二、我国主要的宏观经济模型

目前，我国已经公开出版了不少宏观经济模型，大多数为年度模型，也有极少数的季度模型，应用的建模方法包括投入产出法、协整理论、VAR和CGE等，为我国宏观经济模型的研究奠定了基础。比较著名的模型有中国宏观经济模型（PROJECT LINK），中国年度宏观经济计量模型1999，中国宏观经济多部门动态模型MUDAN，中国经济可计算的一般均衡模型等。这些模型都为年度模型，对中国宏观经济模型的研制起到了重要的推动作用。近几年来，中国也研制了一些季度宏观经济模型。主要的季度宏观经济模型如表2-1所示。

表2-1　中国季度宏观经济模型

编号	模型名称	作者	建模时间	数据	建模方法	方程数量	应用
1	中国贝叶斯向量自回归预测模型	张思奇	1996年	1978~1993年季度数据	VAR	6	1996年4个季度主要宏观指标的预测
2	中国季度宏观经济计量协整模型	朱运法 张延群	1997年	数据来自统计局、世界银行	计量	159	1994~1998年季度预测
3	中国宏观经济季度计量模型	施发启 李强	1997年	将1987~1996年年度数据调为季度数据	计量	24	预测1997年各季度消费、投资和GDP

续表

编号	模型名称	作者	建模时间	数据	建模方法	方程数量	应用
4	中国货币需求、货币供给的建模与预测	邓述慧	1998年	1980~1997年月度和季度数据	小波变换	不详	季度货币需求预测 月度货币乘数预测
5	中国人民银行季度计量经济模型	刘斌	2001年	1992年第一季度至2001年第四季度	计量	不详	2001年第二季度以来的经济预测，为货币政策提供依据
6	中国宏观经济季度模型：CHINA_QEM	何新华 吴海英	2003年	1992年第一季度至2001年第四季度	计量 协整	70	用于人民币升值、价格波动等政策分析
7	中国季度宏观经济模型的开发与应用	厦门大学	2007年	数据来源于国家统计局网站、中经网等网站	计量	31	2007~2008年各季度经济形势预测，人民币升值的政策模拟
8	中国季度宏观经济政策分析模型—对宏观经济政策效应的模拟分析	高铁梅 梁云芳 何光剑	2007年	数据来源于《中国经济景气月报》与中经网的《宏观经济月度库》	计量	32	对2006~2007年各季度利率和汇率政策进行模拟分析
9	辽宁宏观经济计量模型的研制与应用："十一五"时期辽宁经济发展的预测分析	刘睿 白雪梅	2004年	数据来源于辽宁信息中心，1996年第一季度至2003年第四季度	计量	53	"十一五"时期辽宁主要经济指标预测

表2–2　中国年度宏观经济模型

编号	模型名称	作者	建模时间	数据	建模方法	方程数量	应用
1	中国年度宏观经济计量模型1999	沈利生	1999年	1978~1998年年度数据	计量	174	1999年以后的经济形势分析与预测
2	中国宏观经济模型(PROJECT LINK)	祝宝良 梁优彩	1997年	1979~1996年年度数据	计量	90	1996~1998年宏观经济政策效应分析
3	中国宏观经济多部门动态模型	李善同 王寅初	1997年	中国统计年鉴 1987年、1992年投入产出表	动态投入产出	不详	1994~2010中长期发展预测，价格变动对通货膨胀的影响
4	中国经济可计算的一般均衡模型	翟凡 李善同	1998年	1995年中国社会核算矩阵	CGE	15336	中国加入WTO的影响分析，经济结构与环境，收入分配等

续表

编号	模型名称	作者	建模时间	数据	建模方法	方程数量	应用
5	中国农业政策分析和预测模型	黄季焜	1998 年	1976~1995 年省级面板数据	计量	518	中长期预测、FAC 亚太农业政策分析、世界银行中国 2020 项目
6	中国宏观调控经济模型	王潼	1996 年	1986~1995 年年度数据	计量	17	1996 年宏观调控目标可行性论证
7	国际收支和货币供给模型	唐国兴	1997 年	SNA 指标、国内外出版物	计量	50	1998 年预测
8	区域水资源规划和经济系统协调发展宏观经济模型	若华 周晓纪	1997 年	不详	多目标规划投入产出	不详	1994~1995 年华北和新疆北部水资源规划研究，1990~1993 年华北水资源管理规划
9	产业劳动力结构模型	黄党贵 夏绍玮	1994 年	中国用 1979 年以来数据，国外用第二次世界大战后数据	反对称模型	不详	1995~2020 年劳动力结构变动预测
10	基础设施的系统动力学模型及其应用	王其 藩徐波	1991 年	不详	系统动力学	不详	1992~2010 年长江流域发展预测
11	北京市宏观经济与财政税收模型	李军	1997 年	北京 1978~1996 年数据，1984~1996 北京财政数据	计量	76	1997~2010 年北京市财税收入及宏观经济指标的分析与预测
12	南宁市宏观经济模型及应用	李军	1998 年	不详	计量	30	1998~2020 年南宁市经济总量模拟分析及预测
13	基于机构部门账户的中国宏观经济模型研究	刘成杰	2007 年	中国统计年鉴、国际收支平衡表、资金流量表	计量	179	2004~2010 年中国经济总体形势走势分析
14	一个大陆与中国台湾宏观经济连接模型	潘文卿 华如兴 李子奈	2001 年	不详	计量	147	贸易依存问题、资本流动对双方经济的影响问题、汇率问题
15	广东宏观经济模型及预测研究	甘涛国	2000 年	1979~2000 年年度数据	计量	15	2000~2010 年广东省宏观经预测
16	需求管理定向的小型宏观经济计量模型	郑超愚	2002 年	1981~2000 年年度数据	计量	13	1981–2000 的历史模拟、乘数计算
17	21 世纪前 20 年中国经济增长前景展望——基于供给导向与需求导向模型的对比分析	潘文卿 李子奈 张伟	2001 年	不详	计量	16	21 世纪前 20 年中国经济前景展望的对比分析

我国对宏观经济模型的研究起步较晚，加上我国社会主义市场经济建设的时间较短，在我国建立宏观经济模型面临着诸多困难，主要体现在以下几个方面：

1. 社会主义市场经济理论不完善

我国全面进入社会主义市场经济建设的时间较短，借鉴了很多西方国家的经济理论，我国的市场经济理论不够成熟，没有形成自己独特的体系，各种经济体制改革正在进行之中。我国的经济目前尚处于计划经济和市场经济并存的状态，国有企业的改革还没有全面完成，因此在我国建立宏观经济模型缺乏符合实际的经济理论，这给模型的建立带来了困难。

2. 数据不完善

数据是建立模型的基础，没有完善的数据，模型的建立就举步维艰。首先，20 世纪 90 年代以前我国采用的是 MPS 合算体系，1992 年以后我国采用的是 SNA 合算体系，因此，数据是在两种不同的核算制度下得到的，数据的质量就存在相当大的问题。其次，我国目前的统计制度不完善，统计年鉴公布的指标每年都在变化中，数据口径不一致，这样就很难获得前后一致的数据，为建模带来了困难。最后，我国可获得的数据比较少，特别是季度数据，1992 年以后才开始逐渐公布季度数据，而且指标也比较少。

3. 供给导向与需求导向不明确

建立经济模型时必须确定模型的类型，即确定模型是需求导向还是供给导向。与西方发达国家相比，我国的经济处于高速转型阶段，20 世纪 90 年代以前，我国经济处于供给全面不足的状况，进入 90 年代以后，经济迅速发展，供给不足的短缺经济状况基本得到了解决。经济开始向需求导向转变，进入 2000 年后，部分行业甚至出现了产能过剩，需求严重不足。因此，在建立我国的宏观经济模型时，很难确定模型是属于需求导向型还是供给导向型。

4. 建模队伍不规范

在我国，专业化的建模队伍不多，只有部分高校和科研机构，由于经费和人力等各种原因，建立好的模型很难继续维护下去。在欧美等发达国家，在 20 世纪 60 年代就出现了专业化的计量经济公司，专门建立和维护经济模型，例如 WEFA 和 DRI 等。在我国基本还没有这样的专业队伍。

5. 经济结构不稳定

20 世纪 90 年代以后，我国的经济迅速发展，经济结构也发生了重大的变化，包括产业结构、消费结构、出口结构、投资结构等，这就为宏观经济模型的部门分解带来困难，模型的预测功能出现偏差。

第三章　季度模型的建模原理及运行机理

本章介绍了CUFEQ模型的框架结构和设计原理，首先论述了模型的导向类型及其所依据的宏观经济理论，然后设计了模型的模块和总体结构，最后阐明了模型的计算逻辑。

第一节　模型所依据的经济理论

一、模型的导向类型

确定宏观经济模型的导向类型是建模的起点和前提，在不同的宏观经济环境背景下应建立不同的导向类型的宏观经济模型。宏观经济模型的导向类型可分为两种，即供给导向和需求导向。在供给不足的宏观经济环境下，供给成为经济增长的主要制约，刺激生产成为各种宏观经济政策的主要目标，在这种经济环境下建立的宏观经济模型必须以供给为导向。供给导向模型的基本建模思路是：生产模块包括消费资料、生产资料、服务的生产，成为第一的和最重要的模块。由生产决定就业、收入和收入分配；由收入，包括居民、企业、政府和国外各个主体的收入决定消费、投资；由投资形成的新的生产能力，决定产出的增长。由此形成模型的总体结构。从模型的个体结构上讲，主要方程的解释变量都是从投入方面来选择的。决定投资的是它的供给方，即资金来源，包括居民、企业、政府和国外各个主体的收入，而不是它的需求方产出的增长。加速模型就不能成为投资方程的理论形式；决定产出的是它的供给方——生产要素投入量，而不是它的需求方——需求量，生产函数模型就成为生产方程的主要理论形式；决定出口的是它的供给方，即国内产出量，而不是它的需求方，即国际市场的需求。在需求不足的环境下，需求成为经济增长的主要制约，刺激需求成为宏观经济政策的主要目标。需求导向模型的基本思路是，从分析国民生产入手，生产由需求决定，生产函数模型不是生产函数的主要形式；需求分为投资、消费和净出口需求，由此形成模型的总体结构。同时，生产又决定就业、收入以及收入分配形式；而收入和产出的增长又决定投资、消费和净出口，加速模型成为投资函数的主要形式，出口主要由国际市场的需求决定；价格由成本和需求两方面决定，货币需求等于货币供给，货币需求由总需求、利率决定；劳动力需求由生产决定。主要方程的解释变量都是从需求方面来选择。

20世纪90年代中期以来，我国经济迅速发展，基本摆脱了供给不足的局面，1996年以后我国经济在多个领域出现了需求不足的局面，需求成为经济增长的主要制约，刺激需求成为宏观经济政策的主要考虑目标。需求不足的出现标志着我国经济结束了供给不足的局面，中国经济不再受供给不足的约束，中国经济开始进入了以需求为导向的时代。目前，中国的很多模型都是基于供给导向的，由于目前中国的经济是需求导向的，需求导向的模型更能反映我国宏观经济运行发展的现实，另外，国外的宏观经济模型基本上是以需求导向为主的模型，因此本书建立一个需求导向的季度模型。

二、模型所依据的宏观经济理论

宏观经济模型必须建立在宏观经济理论的基础上，没有宏观经济理论支撑的宏观经济模型就像空中楼阁，经不起实践的检验。因此，宏观经济模型一定要以宏观经济理论为指导，以计量方法为依托，以统计数据为支撑。我国虽然已经进入了社会主义现代化建设阶段，但是我国的市场经济还不完善，正处于向市场经济过渡的阶段。与西方发达国家相比，我国目前还存在较多的国有企业，政府在经济发展和改革过程中扮演着重要角色，近几年的宏观管理实践证实，我国政府在宏观调控中发挥着重要作用。政府制定的财政政策和货币政策在反周期的实际操作中发挥着巨大作用。由于新凯恩斯主义经济学和新古典综合派都特别重视政府干预在弥补市场失灵和经济发展过程中的作用，这比较符合我国经济发展的现实，可以在我国宏观经济分析中借鉴使用，因此本书选择新古典综合派和新凯恩斯主义等宏观经济理论作为主要的理论基础。

（一）新古典综合派的理论和政策主张

以萨缪尔森为代表的一批经济学家，抓住凯恩斯理论是从新古典经济学演变而来之事实，努力尝试把新古典经济学与凯恩斯理论综合起来，形成了：既有微观理论，又有宏观理论；既有需求理论，又有供给理论；既有静态分析，又有动态分析的统一框架。1948 年，萨缪尔森的《经济学》出版，标志着新古典与凯恩斯的综合获得成功。其基本特点是：新古典综合派在综合新古典经济学与凯恩斯经济学的基础上，不断吸纳其他学派的观点和理论，进行更加广泛的综合，形成了新古典综合派。

1. 新古典综合派的主要理论

新古典综合派的理论体系可以总结为四个方面：首先，发展了著名的 IS–LM 模型。J. Hicks（1937 年）解释既定物价水平下总产出与利率的决定，新古典综合派推进凯恩斯理论的变革，允许总产出和利率都变化，该模型不但在解释利率决定和经济预测方面有重要作用，而且有助于更好地理解政策对经济活动的影响。其次，发展了 AD–AS 模型。在 IS–LM 模型的基础上，建立了凯恩斯主义的总需求和总供给曲线，解释了物价水平的决定因素，并对通货膨胀和经济波动作出了解释。再次，建立了菲利普斯曲线，新西兰经济学家 A.W. Phillips 从经验出发画出的曲线，反映了通胀率与失业率的交替关系。最后，索洛建立了新古典增长模型，改变了哈罗德增长模型的悲观情绪，让增长理论接近了第二次世界大战后资本主义经济发展的事实。

2. 新古典综合派的政策主张

在宏观经济政策方面，20 世纪 50 年代至 70 年代，新古典综合派的很多政策主张被西方很多资本主义国家作为国家的基本政策原则，占据了宏观经济学的正统地位。凯恩斯理论作为大危机的产物，其政策主张必然是针对经济危机的：主张实行扩张性财政与货币政策。新古典综合派继承了凯恩斯“需求创造供给”的观点，认为经济社会的主要矛盾是需求，必须对需求进行宏观管理和调控。但为了适应战后资本主义经济发展的需要，新古典综合派又对凯恩斯的需求管理政策进行了补充和修正。20 世纪 50 年代至 70 年代，新古典综合派的政策主张是根据宏观经济环境变化的。

20 世纪 50 年代，美国失业问题已不像 30 年代那样严重。在这样的背景下，新古典综合派认为宏观政策不能总是一个基调，应根据经济繁荣与萧条的更替，交替使用紧缩性政策和扩张性政策。于是，便由新古典综合派的汉森最早提出了补偿性财政政策与货币政策。汉森认为，只要事先根据经济情况变化，有意安排好各项反周期措施，就可避免经济的一盛一衰，求得稳定增长，并使国民经济实现计划化。50 年代美国政府采纳了补偿性政策主张，但结果并不令人满意，发生了 1951~1954 年和 1957~1958 年的两次危机。

20 世纪 60 年代，面对 20 世纪 50 年代的两次危机，新古典综合派的托宾和澳肯又提出增长性政策，主张不仅要在衰退和萧条时期采取扩张性政策，而且在复苏时期，只要实际产出低于潜在产出，也要实行扩张性政策以促进增长和充分就业。这一主张被当时的肯尼迪和约翰逊两届政府采纳，让美国经济在 20 世纪 60 年代前半期取得了很大成就，实现了连续 5 年的扩张，实际 GNP 增长达到了 31%，失业率降到 4%，创造了 680 万个就业机会，并且物价上涨不快，为人们所接受。然而好景不长，到 20 世纪 60 年代末，美国经济出现了生产停滞和通货膨胀并存的滞胀局面。

20 世纪 70 年代，新古典综合派对滞胀也进行了反思，并不认为出现滞胀是 60 年代执行增长性政策的失败。提出了逆风行事的政策主张，即对付经济萧条用松政策，对付经济高涨用紧政策。此外，还提出了其他许多政策主张，形成了多样化政策体系。比如，提出把财政与货币政策微观化：针对具体市场和部门的具体情况制定区别对待的财政与货币政策；提出了收入政策：要限制各种生产要素的收入增长率以使其与劳动生产率的增长率相适应，达到限制物价上涨的目的；同时还超越了凯恩斯传统，提出了关于人力资本、汇率、对外贸易、外汇、消费、能源、农业等方面的政策主张。

尽管从20世纪50年代开始，新古典综合派的政策主张成为许多资本主义国家的基本政策原则，但60年代末通胀加剧确实削弱了它的正统地位，70年代的滞胀局面又给予沉重打击，动摇了它的正统地位。虽然提出了多样化政策体系，但其正统地位再也无法稳固，不但有来自凯恩斯阵营外部的纷纷抨击，而且在凯恩斯阵营内部也出现了以新剑桥学派为核心的后凯恩斯主义对新古典综合派的猛烈批判。凯恩斯阵营破裂，新剑桥学派与新古典综合派分庭抗礼。

（二）新凯恩斯主义经济学的理论和政策主张

受到新古典主义的挑战和影响，一批仍然信奉凯恩斯主义基本思想的学者从20世纪80年代起也把重心放在构筑宏观经济学的微观基础上，重新建构凯恩斯主义的理论体系，形成了当代流行的新凯恩斯主义经济学，实现了宏观经济学的第四次综合。新凯恩斯主义经济学不同于凯恩斯理论、后凯恩斯主义和新古典综合派。新凯恩斯主义经济学认为，卢卡斯对微调性货币政策的批判是不合适的，李嘉图等价论断值得怀疑，挤出效应是有条件的，货币政策和财政政策依然有效，因而特别主张政府干预。新凯恩斯主义经济学接受和吸收了新古典主义的许多观点、假设和做法，例如，吸收了新古典主义的理性人假设和理性预期，并用于改善凯恩斯主义经济学的不足和缺陷。

1. 新凯恩斯主义经济学的主要理论

新凯恩斯主义在借鉴新古典主义和继承凯恩斯主义的双重努力下，勇于创新，形成了两个重要理论：一是关于工资与价格的黏性理论，二是经济周期与价格调整理论。工资与价格的黏性是新凯恩斯主义的关键假设。正是由于这种黏性的存在，才使得工资与价格的调整速度如此之慢，以致市场得不到出清。可见，要使新凯恩斯主义的理论能够站得住脚，就必须对工资与价格的黏性存在的理由作出合理的解释。这一问题解决得好坏，关系到新凯恩斯主义的基础是否牢靠。为此，新凯恩斯主义者花大力气研究了这个问题，他们区分了劳动市场的工资决定与产品市场的价格决定，形成了工资与价格的黏性理论。曼昆和罗默等人是工资与价格的黏性理论的主要贡献者。他们强调名义工资与名义价格的黏性，对工资与价格黏性的成因以及名义黏性和实际黏性之间的关系作出了解释，并通过名义工资与名义价格的黏性解释了失业和经济波动。

新凯恩斯主义者试图把凯恩斯主义与货币主义的需求管理同供给学派的供给管理结合起来，用总需求来解释短期波动，用总供给来解释长期趋势，并提出价格调整理论来解释从短期到长期的发展过程。总需求、总供给和价格调整处于同等重要的位置，这就改变了凯恩斯主义和货币主义单方面强调需求管理，而供给学派和新古典主义单方面强调供给管理的片面做法。在解释短期波动时，新凯恩斯主义者对短期总供给曲线的认识有两种，形成了两种不同的周期理论：不变加成周期理论和可变加成周期理论。不变加成周期理论认为短期总供给曲线是水平直线，可变加成周期理论则认为是向右上方倾斜的。在解释长期趋势时，新凯恩斯主义对长期总供给曲线的认识一致，都认为长期总供给曲线是由潜在产出决定的一条垂直直线，即认为长期中一切资源都会得到充分利用，只要社会生产技术水平一定，长期总供给曲线就相当稳定；长期中总需求的变动只能影响物价水平，而不能影响总产出水平。新凯恩斯主义的这些观点，明显是吸收了新古典主义的观点。

2. 新凯恩斯主义的政府干预理论

新凯恩斯主义经济学的政府干预理论以斯蒂格利茨的政府干预理论为代表，主要分为两个部分：市场失灵理论和政府的经济职能理论。斯蒂格利茨提出了市场失灵的普遍性、提高政府效率的途径和政府与市场相比的相对优势。

斯蒂格利茨的政府干预理论与传统观点相反。传统观点认为，市场的效率要比政府的效率高得多。斯蒂格利茨却证明，市场失灵无处不在，政府干预的可能领域极为广泛，政府效率也并不比市场效率低，不能用政府失灵作为借口来排斥政府干预。传统的市场失灵理论在承认市场竞争可以在某些条件下达到帕累托最优的同时，认为市场机制不能解决外部性、垄断、收入分配和公共品供给等问题，政府干预的范围应限制在这 4 点之内。斯蒂格利茨向这种观点提出了挑战。他不仅从各种表面现象来论证市场失灵，而且还触及了微观经济学的核心，即福利经济学基本原理，这就使他的理论有比较扎实的微观基础。

第一福利定理指出，每一个完全竞争经济都能够带来帕累托有效性；第二福利定理指出，每一种帕累托有效的资源配置都可以通过市场机制来实现。正是因为这两个定理，政府干预的范围才被局限在上述 4 点之内，市场将把大部分事情做好。可见，福利经济学基本定理为限制政府干预提供了有力论据。斯蒂格利茨则认为，福利经济学基本定理建立在了错误的假定之上，因此这两个基本定理本身就是错误的。

福利经济学基本定理的前提假设之一，是假定市场经济中的买者和卖者通过观察价格即可掌握所有有关商品交易的信息，即人们是具有完全信息的。这就是说，福利经济学基本定理假定价格传递了有关商品交易的全部信息。斯蒂格利茨论证了只有在一个极为严格的假定之下，即消费者必须具有不变的绝对风险规避倾向，价格才可以传递所有信息。一旦偏离此假定，价格就不能充分传递信息。可见，完全信息的假设不能成立。福利经济学基本定理的又一个前提是假定市场是完善的。斯蒂格利茨通过建立较复杂的数学模型，证明了当市场不完善、信息不完全和竞争不完全时，市场机制不会让经济自动达到帕累托最优状态，这就是 Greenwald–Stiglitz 定理。

该定理的深刻含义在于，由它所说明的市场失灵现象是以现实中普遍存在的不完全信息、不完全竞争、不完备市场为基础的。这样一来，市场失灵就不再局限于外部性、垄断、收入分配和公共品这 4 点狭隘的范围内，而是无处不在的。这就为政府干预提供了广阔的潜在空间。为了弥补市场失灵，政府干预应该遍布各个经济部门和领域，而不仅仅是制定法规、再分配和提供公共品。另外，该定理并没有完全否定市场在资源配置中的作用，而只是说现实中市场机制并不能引导资源配置实现帕累托最优。因此，经济学家真正应该关心的问题不是市场机制能否导致某种理想经济状态的出现，而是如何发挥市场机制的激励作用和资源配置作用。

政府本身也有失灵问题，政府干预常常无效，对此，斯蒂格利茨提出了政府的经济职能理论。斯蒂格利茨认为，政府失灵并不比市场失灵更糟，而且这种失灵是可以被缓解乃至消除的；通过采取适当的政策，政府干预可带来帕累托改进。

斯蒂格利茨认为，市场失灵无处不在，政府干预的可能领域是极为广泛的；政府的效率也并不比市场的效率更低，不能以政府失灵为借口来排斥政府干预。关键的问题是，如何通过适度改革，防范政府失灵。斯蒂格利茨提出了众多的改革建议，这些建议的核心是在公共部门中引入适当的竞争机制，实现适当的公共职能分散化，使不同的政府部门之间开展竞争。没有任何证据表明，政府就比市场缺乏效率。

斯蒂格利茨认为：政府不但不比市场效率差，而且由于政府具有强制性职能，它能做许多市场不能做的事件。这样，政府就会在纠正市场失灵方面具有明显的相对优势。这些优势可分为四种：第一，政府有征税权。政府同私营部门一样，也面临着不完全信息的约束，但政府可以通过纠正性税收来影响生产、引导消费，以增加福利收益，实现帕累托改进。比如，吸烟有害健康，政府便可以对香烟征收纠正性税收来抑制人们对香烟的消费。第二，政府有禁止权。政府凭借其强制力可以禁止某项活动，而这类禁止可带来帕累托改进。例如，当某些商品的价格高得离谱时，市场本身无法淘汰此类商品，而政府却可以禁止或限制这些商品进入市场，根据斯蒂格利茨的分析，这样做可以增进福利。第三，政府有处罚权。政府可以通过立法来对市场中的违约行为进行处罚。此外，政府还可通过处罚，轻易地解决环境污染、生态破坏等外部性问题，而私人部门就不能解决这些问题。第四，政府能节省交易费用。在没有政府的情况下，市场中的“搭便车”、信息不对称、逆向选择等问题会提高交易费用，而政府则可通过提供公共品和建立社会福利制度来节约这些费用。

如何纠正市场失灵呢？在政府直接参与的公共部门中，应积极抑制垄断，鼓励开展竞争。为了抑制垄断，鼓励竞争，政府的经济功能就要在保持集中化决策优点的同时，适当进行分散化，即要把公共服务交给不同政府团体去经营，使人们可以在不同政府团体的竞争中比较它们之间的效率优劣。而对于市场经济中普遍存在的资源配置无效率现象，斯蒂格利茨提出，政府的公共政策应主要定位于资源配置职能，通过发挥政府的再分配职能提高资源配置效率。具体做法是：对所有商品实施最优纠正性税率，最优税率应以估算的所有商品的供给弹性和需求弹性（包括所有的交叉弹性）为基础。斯蒂格利茨也承认获取这些信息有困难，所以他又指出，政府应把注意力集中在较大、较严重的市场失灵上，如资本市场、保险市场等。

本季度模型借鉴新凯恩斯主义和新古典综合派的宏观经济理论，结合我国经济发展的现实来建立需求导向的模型。模型的核心是三条曲线，即 IS 曲线、LM 曲线和菲利普斯曲线。

IS 曲线反映了产品市场的均衡总产出，反映利率和收入之间的相互关系，该曲线上任何一点都代表一定的利率和收入的组合，在这样的组合下，投资和储蓄都应该是相等的，从而产品市场是均衡的。Y 由消费 C、投资 I、政府支出 G、净出口 NX 4 部分的需求决定，即 $Y = C + I + G + NX$。其中非政府消费 C 与可支配收入 DI 及实际利率 i 有关；对于投资 I，一方面是利率 i 的函数，另一方面根据加速原理，是产出增量 ΔY 的函数，因此 $I = f(i, \Delta Y)$；政府支出 G 是外生变量，由政府的财政政策决定；出口 EX 由实际汇率 R、价格 P、国外需求 D 决定，所以出口函数为：$EX = f(R, P, D)$，进口 IM 由实际汇率 R、价格 P、国内需求 Y 决定，所以出口函数为：IM = f(R，P，Y)。

LM 曲线是一条用来描述在货币市场均衡状态下国民收入和利率之间相互关系的曲线。LM 曲线反映了货币市场的均衡货币供给，货币供给 Ms 由各国中央银行的货币政策决定，而货币需求 Md，根据凯恩斯的灵活性偏好理论由实际利率 i 和产出 Y 决定。总供给由生产函数 Y* = f（K，L）决定，其中 Y* 是潜在生产能力，也称为充分就业产量，是指经济达到充分就业，资源充分利用时所能达到的产量。它代表总供给，K 是资本存量，K = K(-1) + (1 - d)*I，此处 d 代表折旧率，L 是劳动力数量。

菲利普斯曲线将总供给与总需求通过价格机制结合起来，(Y* - Y)/Y* 反映了市场供求的矛盾，即产出缺口，通货膨胀率 π 主要由它决定，即 π = f [(Y* - Y)/ Y*]，该方程是菲利普斯曲线的一种变形，它联结经济系统的需求和供给两个方面。根据货币主义的理论，通货膨胀是一种货币现象，相关的实证研究表明我国的通货膨胀或通货紧缩与货币供应的变化有关，因此在菲利普斯曲线中加入货币供应的变化率，使价格由市场压力与货币供应的变化共同决定。即 π = f{(Y* - Y)/Y*，[Ms - Ms(-1)]/Ms(-1)}。

概括起来，模型所依据的宏观经济理论主要为以下几个函数关系式：

Y = C + I + G + NX

C = f(DI，i)

I = f(i，ΔY)

EX = f(R，P，D)

IM = f(R，P，Y)

NX = EX - IM

π = f[(Y* - Y)/Y*，ΔMs/Ms(-1)]

第二节　模型的模块设计及计算逻辑

一、模型主要模块的设计

目前，中国的宏观经济处于需求不足的状态，刺激需求是宏观经济政策的主要目标。因此，根据中国经济运行的特点和背景，本篇建立需求导向的宏观经济模型，变量的选择主要从需求方面考虑。基于以上考虑，模型的基本模块包括：GDP 生产模块、就业与收入模块、消费模块、投资模块、进出口模块、价格模块、财政模块、金融模块、能源模块9个模块。

（一）GDP生产模块

GDP生产模块是宏观经济模型的重要组成部分，根据需求导向模型的建模理论，生产模块是模型的基础和起点，它决定了就业和收入等多种宏观经济变量。具体来说，从生产方面入手，GDP分为第一产业增加值、第二产业增加值和第三产业增加值。第一产业增加值包括农、林、牧、渔及其服务业增加值，但是无法获得关于农、林、牧、渔及其服务业增加值的季度数据，所以在这里第一产业增加值不加以细分。第二产业增加值包括工业增加值和建筑业增加值，因此将第二产业增加值分为工业增加值和建筑业增加值。第三产业增加值可以细分为交通运输仓储和邮政业增加值、批发和零售业增加值、住宿和餐饮业增加值、金融业增加值、房地产业增加值和其他第三产业增加值。

在构建各增加值方程时，解释变量和被解释变量均采用不变价，各增加值的现价方程通过价格指数转换得到。本模型以需求为导向，在以需求为导向的模型中，生产主要由需求决定，即生产主要由居民消费、政府消费、投资和进出口所决定，而不是由传统的生产要素，如资本和劳动力等所决定，因此生产函数不是GDP生产模块各个方程的主要形式，解释变量的选择主要从需求方面考虑。对第一产业增加值，需求是其重要的决定因素，但是也极易受到生产条件的限制，因此将农、林、牧、渔总产值也作为其中的一个解释变量。所以，第一产业增加值选择总消费、出口和农林牧渔总产值作为解释变量；而农、林、牧、渔总产值选择第一产业固定资产投资、耕地总面积和第一产业就业人数作为解释变量。对于工业增加值，变量从需求方面考虑，选择总消费、国内增值税、出口和工业固定资产投资作为解释变量；对于建筑业增加值，主要选择总消费、出口、国内增值税和建筑业固定资产投资作为主要解释变量。交通运输仓储和邮政业增加值选择总消费、交通运输仓储和邮政业固定资产投资、国内增值税和出口作为解释变量；批发和零售业增加值选择总消费、出口、国内增值税和批发零售业固定资产投资作为解释变量；住宿和餐饮业增加值选择总消费、出口、国内增值税和住宿餐饮业固定资产投资作为解释变量；金融业增加值选择总消费、出口、国内增值税和金融业固定资产投资作为解释变量；房地产业增加值选择总消费、出口、国内增值税和房地产业固定资产投资作为解释变量；其他第三产业增加值选择总消费、出口、国内增值税和其他第三产业固定资产投资作为解释变量。为了研究通货膨胀率等问题，引入了潜在产出，潜在产出选择劳动和资本投入为解释变量。因部分宏观经济变量具有较强的季节因素，因此对上述部分方程引入季节虚拟变量和相关变量的滞后值作为解释变量。该模块分别涉及 11 个行为方程，15 个恒等式和定义方程。

（二）就业与收入模块

就业与收入是经济增长和社会稳定的基础，也是消费和投资的前提，根据需求导向的原则，就业与收入主要由生产决定。按产业类型划分，就业可划分为第一产业就业人数、第二产业就业人数和第三产业就业人数。第二产业就业人数可进一步分为工业就业人数和建筑业就业人数，第三产业就业人数可进一步分为交通运输仓储邮政业就业人数、批发和零售业就业人数、住宿餐饮业就业人数、金融业就业人数、房地产业就业人数和其他第三产业就业人数。对于收入部分，收入分城镇居民收入和农村居民收入。

以需求导向原则建立的模型，就业主要由生产所决定，同时也受工资水平的制约，因此，通常选择各产业增加值、工资和企业所得税作为解释变量，一般来说，产业增加值越大，该产业内能容纳的就业人数就越多，工资越高，就业可能减少。第一产业就业人数选择第一产业增加值、职工平均工资和企业所得税作为解释变量；工业就业人数选择工业增加值、职工平均工资和企业所得税作为解释变量；建筑业就业人数选择建筑业增加值、职工平均工资和企业所得税作为解释变量。交通运输仓储邮政业就业人数选择交通运输仓储邮政业增加值、职工平均工资和企业所得税作为解释变量；与此类似，批发和零售业就业人数、住宿和餐饮业就业人数、金融业就业人数、房地产业就业人数和其他第三产业就业人数均选用其增加值、职工平均工资和企业所得税作为解释变量。职工平均工资采用人均 GDP 和职工平均工资的滞后值作为解释变量。城镇人均收入选择职工平均工资、失业率和城镇人均收入的滞后值作为解释变量。农村总收入选择人均第一产业增加值、失业率和农村人均收入滞后值作为解释变量。城镇人均可支配收入选城镇人均收入为解释变量，农村人均可支配收入选农村人均收入为解释变量。在构建方程时，解释变量和被解释变量均采用不变价格，现价值通过价格指数转换而得到。同时对部分方程引入季节虚拟变量。该模块分别涉及 15 个行为方程、8 个定义方程和恒等式。

（三）消费模块

消费是生产的目的和进行再生产的源泉，在消费模块中，将消费分为居民消费和政府消费。对于居民消费，将居民消费进一步分为城镇居民总消费和农村居民总消费。同时引入社会消费品零售总额，而社会消费品零售总额分为农村社会消费品零售总额和城镇社会消费品零售总额。

消费主要由收入决定，同时也受税收政策的影响，对于我国居民储蓄较高的特点，将储蓄利率也作为居民消费的一个解释变量。对城镇人均居民消费，选择城镇人均可支配收入、人均消费税、长期存款利率和城镇人均消费滞后值作为解释变量。对农村人均居民消费，选择农村人均收入、人均消费税、长期存款利率和农村人均消费滞后值作为解释变量。政府消费放在财政模块中考虑。城镇社会消费品零售总额选择城镇居民消费、政府消费、营业税和第二与第三产业固定资产投资之和作为解释变量；农村社会消费品零售总额选择农村居民消费、政府消费、营业税和第一产业固定资产投资作为解释变量。在建立行为方程时相关变量均采用不变价，现价方程通过价格指数转换而得到，对部分方程引入季节虚拟变量。该模块分别涉及 8 个行为方程、9 个恒等式和定义方程。

(四) 投资及资本形成模块

投资是经济增长的动力，根据不同的划分标准，投资可有不同的分类。CUFEQ 模型的投资主要指固定资产投资，分为第一产业固定资产投资、第二产业固定资产投资和第三产业固定资产投资。第一产业固定资产投资不加以细分，第二产业固定资产投资进一步分为工业固定资产投资和建筑业固定资产投资，第三产业固定资产分为交通运输仓储邮政业固定资产投资、批发零售业固定资产投资、住宿餐饮业固定资产投资、金融业固定资产投资、房地产业固定资产投资和其他第三产业固定资产投资。近年来，我国能源生产和消费发展迅速，为了研究经济发展对能源的需求，本模块加入能源固定资产投资，能源固定资产投资分为煤炭固定资产投资、石油及天然气固定资产投资和电力固定资产投资。投资有利于促进资本的形成，因此，将资本形成总额放在该模块中研究。资本形成总额分为固定资本形成总额和存货增加。

在投资模块中，由于模型的导向类型是需求导向，加速模型成为投资函数的主要形式，通常选择利率和产业增加值作为相应的解释变量，同时为了反映投资的资金来源，还选择各种贷款作为解释变量。第一产业固定资产投资选择贷款利率、第一产业增加值和农业贷款作为解释变量；工业固定资产投资选择贷款利率、工业增加值和工业贷款作为解释变量，建筑业固定资产投资选择贷款利率、建筑业增加值和建筑业贷款作为解释变量；交通运输仓储邮政业固定资产投资选择贷款利率及其增加值和商业贷款作为解释变量，批发零售业固定资产投资选择贷款利率、批发零售业增加值和商业贷款作为解释变量，住宿餐饮业固定资产投资选择贷款利率、住宿餐饮业固定资产投资和商业贷款作为解释变量，金融业固定资产投资选择贷款利率、金融业增加值和商业贷款作为解释变量，房地产业固定资产投资选择贷款利率、房地产业增加值和商业贷款作为解释变量，其他第三产业固定资产投资选择贷款利率及其增加值和商业贷款作为解释变量。煤炭固定资产投资选择贷款利率、煤炭消费量和工业贷款作为解释变量，石油及天然气固定资产投资选择贷款利率、石油天然气消费量和工业贷款作为解释变量，电力固定资产投资选择贷款利率、电力消费量和工业贷款作为解释变量。固定资本形成总额选择全社会固定资产投资和 GDP 增加值作为解释变量，存货增加选择全社会固定资产投资和 GDP 增加值、存货增加的滞后值作为解释变量。以上各变量均采用不变价，现价方程通过价格指数得到，在部分方程中引入季节虚拟变量。该模块分别涉及 14 个行为方程、6 个恒等式和定义方程。

（五）进出口模块

出口是推动我国经济增长的重要因素，被称为推动我国经济高速增长的“三驾马车”之一，对我国的经济发展起到了直接的推动作用。进口是我国利用国外先进技术的主要渠道之一，进口分为一般贸易进口、加工贸易及其他贸易进口。出口分为一般贸易出口、加工贸易及其他贸易出口。

一般贸易进口选择国内 GDP、汇率、关税和进口相对价格作为解释变量；加工贸易和其他贸易进口也选择国内 GDP、汇率、关税和进口相对价格作为解释变量。一般贸易出口选择世界贸易总额、汇率和出口相对价格作为解释变量；加工贸易及其他贸易出口也选择世界贸易总额、汇率和出口相对价格作为解释变量。外商直接投资选择汇率和世界 GDP 作为解释变量。以上各变量均采用不变价，现价方程通过价格指数得到，在部分方程中引入季节虚拟变量。该模块分别涉及 5 个行为方程、6 个恒等式和定义方程。

（六）价格模块

价格模块是模型中主要宏观经济变量的现价和不变价进行转换的基础，在本模块中主要考虑各种价格指数，同时也研究通货膨胀率。主要包括 19 个价格指数：GDP 平减指数、第一产业增加值指数、第二产业增加值指数、工业增加值指数、建筑业增加值指数、第三产业增加值指数、农林牧渔总产值指数、职工平均工资指数、居民消费价格指数、农村居民消费价格指数、城镇居民消费价格指数、商品零售价格指数、固定资产投资价格指数、进口价格指数、国内出口价格指数、世界出口价格指数（外生）、工业品出厂价格指数、农业生产资料价格指数、原材料燃料动力价格购进指数。

GDP 平减指数选择产出缺口、进口价格指数、GDP 增加值和 GDP 平减指数滞后值作为解释变量。第一产业增加值指数选择 GDP 平减指数、农林牧渔总产值指数和固定资产投资价格指数作为解释变量。第二产业增加值指数选择 GDP 平减指数、本期第二产业增加值对前期的增量和固定资产投资价格指数作为解释变量。第三产业增加值指数选择 GDP 平减指数、本期第三产业增加值对前期的增量和固定资产投资价格指数作为解释变量。工业增加值指数选择第二产业增加值指数、本期工业增加值对前期的增量和固定资产投资价格指数作为解释变量。建筑业增加值指数选择第二产业增加值指数、本期建筑业增加值对前期的增量和固定资产投资价格指数。农、林、牧、渔总产值指数选择固定资产投资价格指数、农业生产资料价格指数和原材料燃料动力价格购进指数作为解释变量。职工平均工资指数选择工业品出厂价格指数和通货膨胀率作为解释变量。商品零售价格指数选择工业品出厂价格指数、农林牧渔总产值指数和 GDP 平减指数作为解释变量。城镇居民消费价格指数选择职工平均工资指数、社会商品零售价格指数和固定资产投资价格指数作为解释变量。农村居民消费价格指数选择社会商品零售价格指数、固定资产投资价格指数和第一产业增加值指数作为解释变量。居民消费价格指数选择城镇居民消费价格指数和农村居民消费价格指数作为解释变量。固定资产投资价格指数选择 GDP 平减指数、中长期贷款利率和 M2 增长量作为解释变量。进口价格指数选择世界出口价格指数和关税作为解释变量。国内出口价格指数选择世界出口价格指数和工业品出厂价格指数作为解释变量。工业品出厂价格指数选择农业生产资料价格指数、原材料燃料动力购进价格指数和职工工资指数作为解释变量。农业生产资料价格指数选择固定资产投资价格指数、居民消费价格指数、原材料燃料动力购进价格指数作为解释变量。原材料燃料动力价格购进指数选择固定资产投资价格指数、居民消费价格指数和农业生产资料价格指数作为解释变量通货膨胀率选择产出缺口率、M2 供应量增长率、失业率和季节虚拟变量作为解释变量。该模块共涉及 19 个行为方程。

（七）财政模块

财政模块是政府发挥宏观调控的主要模块之一，政府的财政政策在财政模块中得以体现。财政模块主要从税收收入等方面设立方程，财政支出看成外生变量。税收主要包括国内增值税、营业税、消费税、关税、个人所得税、企业所得税等。为了更加方便地研究政府税收收入，在这里自定义宏观税率，各种税收收入选择国内生产总值和宏观税率为解释变量。政府消费选择财政支出，政府前期消费和季节虚拟变量作为解释变量。该模块共涉及 8 个行为方程、4 个恒等式和定义方程。

（八）金融模块

金融模块是研究货币政策的主要途径，该模块分为货币需求和货币供给两个部分。其中，货币供应量、存款利率、贷款利率和汇率为外生变量。货币供给包括：存款总额、居民储蓄存款、外汇储备；货币需求包括：贷款总额、短期贷款、工业短期贷款、建筑业短期贷款、商业短期贷款、农业短期贷款、中长期贷款。

存款总额选择国内生产总值、长期存款利率和短期存款利率作为解释变量。城乡居民储蓄存款选择城镇总收入、农村总收入、长期存款利率和短期存款利率作为解释变量。外汇储备选择外商直接投资、进口和汇率作为解释变量。工业短期贷款选择工业增加值、短期贷款利率、货币和准货币供应量、流通中的现金和存款总额作为解释变量。建筑业短期贷款选择建筑业增加值、短期贷款利率、货币和准货币供应量、流通中的现金和存款总额作为解释变量。商业短期贷款选择第三产业增加值、短期贷款利率、货币和准货币供应量、流通中的现金和存款总额作为解释变量。农业短期贷款选择短期贷款利率、货币和准货币供应量、流通中的现金和存款总额作为解释变量。中长期贷款选择 GDP、中长期贷款利率货币和准货币供应量、流通中的现金和存款总额作为解释变量。部分方程还加入季节虚拟变量。该模块共有 8 个行为方程、2 个定义方程和恒等式。

（九）能源模块

能源是经济发展的重要支柱，我国对能源的需求不断扩大，因此，在模型中加入能源模块具有重要意义。在这里将能源分为能源生产和能源消费两部分。能源生产分为煤炭生产、石油天然气生产和电力生产。能源消费分为煤炭消费、石油天然气消费和电力消费。煤炭生产总量选择煤炭固定资产投资和煤炭消费总量为解释变量；石油天然气生产总量选择石油天然气固定资产投资和石油天然气消费总量为解释变量；电力生产总量选择电力固定资产投资和电力消费总量为解释变量。煤炭消费总量、石油天然气消费总量、电力消费总量都选择生产法国内生产总值和原材料燃料动力价格指数为解释变量。部分方程中加入季节虚拟变量。该模块分别包括 6 个行为方程和 2 个恒等式。

二、模型的总体结构

GDP 生产由需求，即投资、消费和出口决定；生产又决定就业、收入以及收入分配形式；而收入又决定消费；产出的增长决定投资；出口主要由国际市场的需求决定，进口由国内需求和生产决定；价格由成本和需求两方面决定，货币供给由生产和收入决定；货币需求由总需求和货币供给决定。财政收入主要由政府的税收政策决定，政府的支出政策影响政府消费；能源生产主要由投资和能源消费决定，能源消费主要由国内生产总值和价格决定。模型总体结构如图 3–1 所示。

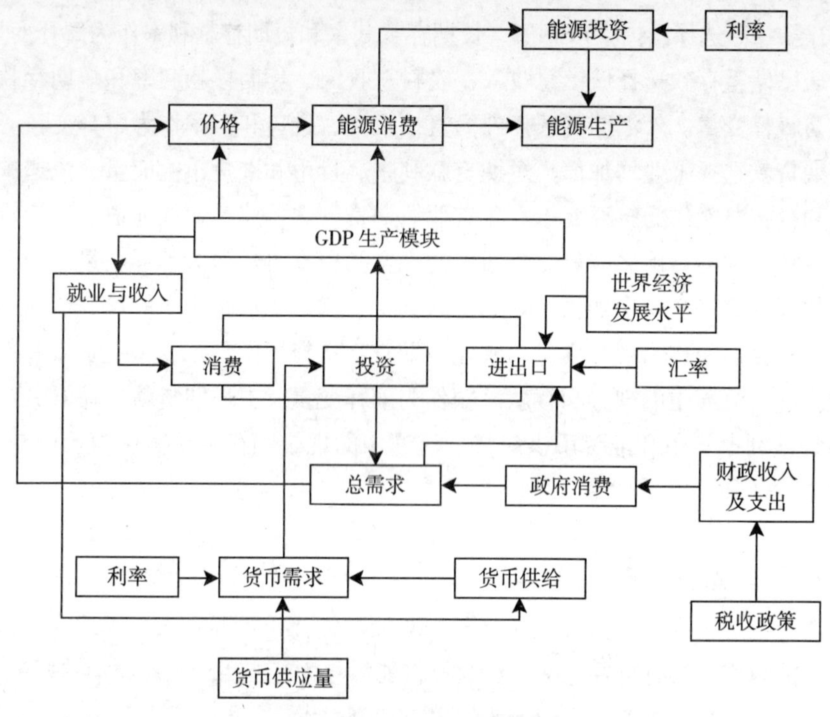

图 3–1　CUFEQ 模型总体结构

三、模型的计算逻辑

模型按季度迭代求解，迭代从 GDP 生产模块开始，到能源模块，再到 GDP 生产模块，如此循环，直到符合收敛条件，迭代收敛后进入消费模块，退出迭代。迭代过程如图 3–2 所示。

模型的求解计算过程先从 GDP 生产模块的各增加值开始，计算各产业增加值，在此基础上求解 GDP 平减指数和各产业增加值指数，以此指数为核心，求解其他价格指数，根据菲利普斯曲线，求解通货膨胀率。GDP 生产模块计算完成后，模型进入就业与收入模块，计算出职工平均工资、各产业就业人数、城

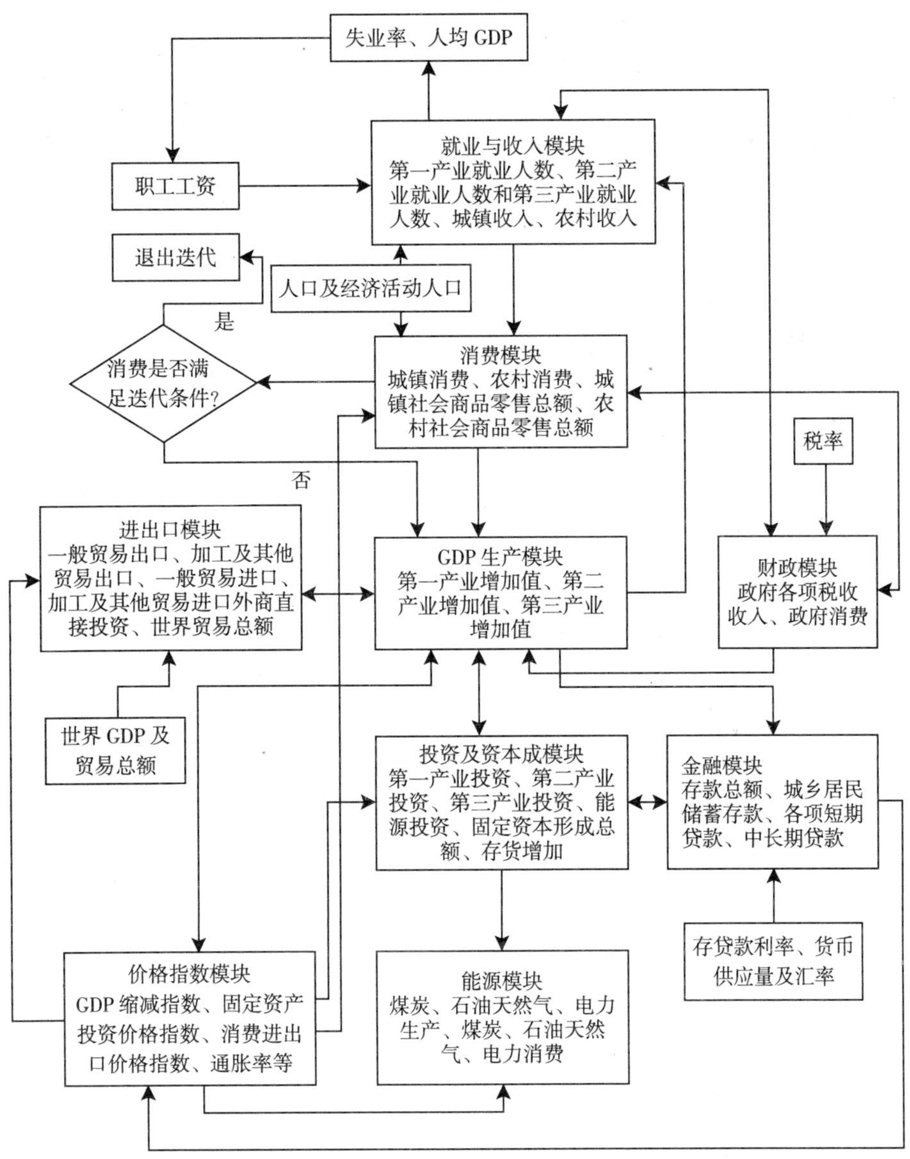

图 3-2　CUFEQ 模型计算逻辑

镇居民收入、农村居民收入和失业率，根据相应的价格指数，计算出工资和收入的名义值。就业与收入模块完成后，接着进入消费模块，利用上一模块求解计算的收入，计算城镇居民消费和农村居民消费，由此得到居民总消费，根据计算的城镇和农村居民消费，求解农村社会消费品零售总额和城镇社会消费品零售总额，根据计算的价格指数，求解相应变量的名义值。消费模块迭代完成后进入投资及资本形成模块，根据各产业增加值和贷款数额，求解各产业的固定资产投资，根据固定资产投资求解固定资本形成总额和存货增加，由此得到资本形成总额，然后根据计算得到的价格指数，求解相应变量的名义值。投资及资本形成总额完成后，进入进出口模块，根据汇率、世界贸易水平等求解一般贸易出口和加工及其他贸易出口，在此基础上得到出口总额。根据国内总需求和汇率等，求解一般贸易和加工及其他贸易进口，由此得到进口总额，在进口总额和出口总额的基础上得到净出口，根据世界经济发展水平和汇率等求得外商直接投资，根据相应的价格指数，求得相关变量的名义值。进出口模块完成后进入财政模块，根据相应的税收政策求解得到政府财政收入以及税收政策对产业增加值和消费等的影响，根据政府的支出政策，求解得到政府消费支出，根据政府消费支出和居民消费支出得到模型的总消费，然后根据投资，进出口得到模型的总需求。接着进入金融模块，根据利率及收入等求解出存款总额和城乡居民储蓄存款，根据外商投资、出口和汇率等求解我国的外汇储备，根据贷款利率，各产业增加值和存款总额等，求解工业、建筑业、商业和农业等短期贷款和中长期贷款。最后进入能源模块，根据能源投资和能源消费，求解煤炭、石油天然气和电力的生产总量，由此形成能源生产总量，根据产业增加值和相应的价格指数，求解煤炭、石油天然气和电力的消费总量。完成后看模型是否满足迭代退出条件，如果满足，则退出迭代，否则继续迭代，直到符合迭代条件。模型的迭代条件将在模型的 Master 文件中阐述。

第四章　季度模型数据库的研制及方程体系的构建

本章的内容安排如下：①模型数据库的研制，主要介绍了建立宏观经济模型的专用软件，即G软件，包括G软件的模块构成、主要命令和G软件的建模思路，模型数据样本的选择、数据库主要存放的时间序列及其经济含义、季度经济指标的季节调整和潜在产出的测算。②模型方程体系的构建。③模型的历史模拟。

第一节 季度模型数据库的研制

宏观经济模型的运行以宏观经济数据为支撑，因此数据库的准备与完善是研制宏观经济模型的基础，数据库中存放的时间序列数据质量的优劣会在很大程度上影响模型中方程的拟合效果、模型的历史模拟和反历史模拟，从而直接影响模型的应用，即经济结构分析、政策评价和经济发展预测。对于季度模型，因为模型中使用的是季度数据，所以涉及数据的价格调整和季节调整，因此，对数据的准确性要求更高。研制季度宏观经济模型数据库既需要扎实的经济统计学知识，又要对我国的国民经济核算体系、国家统计调查制度及其变迁非常熟悉，同时需要很强的恒心和耐心。研制数据库的工作是辛苦的，但这项工作对模型的研制者来说是非常有意义的，在调整数据的过程中对整个经济系统有了一定的感性认识，到了调试模型的阶段就比较容易凭经济直觉发现问题所在。

一、建模软件介绍

CUFEQ模型数据库的建立、方程的估计、模型的求解、模型的历史模拟反历史模拟、模型的政策分析及经济发展预测等主要使用G软件。G软件是一个专门用于建立宏观经济模型的综合软件包，可以用于建立总量宏观经济模型，也可用于建立多部门动态宏观经济模型，该软件由美国马里兰大学的Clopper Almon教授领导研制。

（一）软件的模块构成及主要命令

G软件包由几个程序和模块组成，即PDG模块、G程序、Build程序和Compare程序等。PDG模块是向公众提供的一个免费的主要用于方程回归、图形和数据处理的程序；G程序的完全版本包括PDG的全部功能，再加上非线性回归、SUR、ARIMA和H-L等多种功能；Build程序模块的建立由G或PDG估计的方程和恒等式组成的联立方程模型；Compare程序为造表程序，用于建立各种报表，特别是比较不同的模拟方案的报表；一批用于更新G数据库和压缩G数据库的程序。其中的G程序是一个用于建立宏观经济模型的综合软件包的核心成员，其主要功能是回归分析。它主要用于构造和使用数据库、查看数据、绘制图形、编制报表、用各种估计技术估计单个方程或方程组、建立联立方程模型以及建立包含数百个方程的多部门模型。

G数据库存放建立模型所需要的时间序列数据，是建立模型的前提。一个G数据库通常由3个文件组成，即索引文件（必须），存放所有时间序列的名字；主体文件（必须），存放实际数据；stub文件（可选），给出每个序列的名字和相应的文字说明，主要用于输出报表和G的look命令。G数据库又分为永久库和工作库，永久库的名字由用户在建立数据库时自己指定，CUFEQ模型使用的G的永久数据库名为CUFEQ，它由3个文件组成：CUFEQ.hin、CUFEQ.hbk、CUFEQ.stb。CUFEQ库主要用于存放模型的时间序列数据，其内容不会在模型运行中被修改。工作库是临时库，名为WS（Workspace的缩写），存放着本次运行时建立的时间序列。由两个文件组成：WS.ind和WS.bnk。WS库的内容随时变更。每次运行G程序时，涉及两个数据库，一个是工作库（Workspace Bank），另一个是指定库（Assigned Bank）。指定库是由用户指定的，可在g.cfg文件中设定默认值，该模型使用的默认值是CUFEQ。当调用时间序列数据时，G程序首先在工作库中查找，若无，则在指定库中查找。如仍未找到，则给出信息。

利用G软件建立宏观经济模型时，有几个命令经常使用，下面做一简单介绍，以便更好地理解和运用。

1. f命令

该命令的一般格式是：f <变量名> = <表达式>。

例如，f x=y*[z[1] + v*@log(w)]/s {1992}

该命令表示将等式右端所有变量的历史数据存入模型数据库中，计算右端表达式，其值赋给左端变量，存入数据库。并将该命令所定义的方程作为恒等式放到模型中，其功能是产生一个内生变量，并把等式放入模型。这里是用变量y、z、v、w和s计算变量x。等式右边的变量必须是已经存在的变量，其中：

（1）“+”表示加法，“-”表示减法，“*”表示乘法，“/”表示除法。

（2）z [1] 表示变量z的一期滞后值。

（3）s {1992} 表示各期都是s在1992年的值组成的变量。

（4）@log (w) 表示对变量w取自然对数。@log (x) 是G软件专用函数库中的一种函数。计算的时期范围由fdates命令在此之前指定，如fdates 1992

2004 表示在 1992~2004 年计算变量 x 的值。

2. fex 命令

该命令的一般格式是：fex <变量名> = <表达式>。

例如，模型中用到的宏观消费税率，fex CONTAXRATE=CONTAX/TOTCON

fex 命令的一般格式与 f 命令相同，但功能不同。fex 计算产生等式左边的外生变量供模型使用，而不把该方程放入模型。它主要被用于生成外生变量。

3. r 命令

该命令的一般格式是：r <变量名>=<变量名>，<变量名>，……，<变量名>。

该命令表示对等号左边的变量进行回归，解释变量是等号右边的变量，多个变量之间用“，”号隔开。等号右边可以接受变量也可以接受简单的表达式，等号左边只接受变量。

4. check 命令

该命令的一般格式是：check <变量名> <容许误差>。

该命令用来产生一种迭代机制，即检查模型是否收敛。例如 check x 0.12，表示当变量 x 前后两次迭代的差值小于 0.12 时，模型运行完毕，退出迭代。它使得在指定的容许误差范围内检查被指定变量的收敛性。模型运行时，被检查变量的值将在屏幕上显示出来。在一个模型中通常只需要检查几个变量。例如在该模型中，主要检查消费这个变量。

5. checkdup 命令

该命令的一般格式是：checkdup <选项>。

该命令用于检查变量是否重命名，这在建立宏观经济模型时特别重要，因为宏观经济模型涉及的变量比较多，人工检查有一定的局限性。选项包括 y 和 n，例如，checkdup y，表示检查变量是否重命名，checkdup n 不检查变量是否重命名。

6. gr 命令

该命令的一般格式为：gr <变量名> <变量名>……<变量名>。

在回归方程文件中，gr * 表示对因变量的历史值和拟合值进行作图。

用于画图的命令，在检查回归方程的拟合程度、主要宏观经济变量的历史模拟和预测时用到，比较方便地看拟合程度和历史模拟程度的效果。

7. add 命令

该命令的一般格式为：add <文件名>。

该命令用来运行一个已经建立的文件。例如在该模型中，add RFII.reg 表示运行 RFII.reg 文件，得到第一产业增加值的回归方程。

8. update 命令

该命令的一般格式为：update <变量名> <时间> <变量的历史值>。

例如 update x 2006.1 100，表示将变量 x 2006 年第一季度的值修改为 100。

用于修改变量的值，并存入工作库中，在进行模型的反历史模拟、政策评价和主要宏观经济变量的预测时，有时用到该命令来改变外生变量的值。

9. @cum 函数

cum 是 cumulate 的缩写。此函数由给定的变量 x 定义变量一个与 x 相关的新变量 y，公式为：$y_t = (1 - S)xy_{t-1} + x_t$ 其中 s 是一个大于 0 小于 1 的数。在 G 中，调用该函数的命令为：fy = @cum （y，x，s）。这里 y 既作为存放函数值的变量又作为自变量是有点儿不合常规的。之所以这样做的原因是，在模型运行中调用 @cum 函数时，为了计算 y 的当前值，必须知道 y 的前期值和 x 的当前值。@cum 函数的一个典型用途是从投资序列产生资本存量序列，s 表示折旧率。

（二）G 软件建模的工作思路

为了建立宏观经济模型，我们除了要用到 G 程序模块外，还要用到 Build 程序和 Borland C++编译程序等。为了更好地查看运行结果，我们还需要用 Compare 程序输出报表。用 G 中的“save”命令将回归结果（估计好的行为方程）存到文件中，供下一步建模时使用。然后用 Build 程序和一个称为 master 的文件（该文件指定模型的计算逻辑，提供定义方程和收敛性检查标准等），自动地编写一个进行模型计算的 C 语言程序，该程序名为 hearta.c，其功能是完成计算循环并报告结果是否收敛。该程序经过 C++编译程序编译，然后与一些支持程序连接，形成运行整个模型的一个可执行文件，称为 run.exe。支持程序执行的是一些例行事务，如读入初始数据，调用 hearta 执行计算，检验是否收敛，当发现收敛时，记录结果，进入下一周期计算，等等。运行程序后的结果存放在一个数据库中，要显示它们，可以通过 G 的图形功能或用比较程序 Compare 进行列表，从而对同一模型在不同假设下的运行结果进行比较。

具体来说，建模过程可分为以下 7 个步骤：

1. 估计各行为方程并将结果存入扩展名为“.sav”的文件中

在 CUFEQ 模型中，各行为方程回归的文件名均命名为：行为方程因变量名.sav。例如，在该模型中，工业增加值回归方程的相关文件为：

catch RIND.cat

```
save RIND.sav
lim 1993.1  2008.4
ti RIND - INCREASED VALUE OF  INDUSTRY
con 10000000000000 0.33907=a3
con 1000000000000000 0.12451=a4
r RIND =TOTCON，RTOEXP，FINDINV，INCVALTAX，Q1，Q2，Q3
save off
gname RIND
gr*
catch off
```

其中，save RIND.sav 表示将回归结果保留到 RIND.sav 文件中，save off 表示保持结束，gname RIND 表示对拟合图取名为 RIND。执行该回归文件后会得到工业增加值的回归方程和拟合图。

2. 建立 master 的文件

master 文件是模型进行运算和编译的基础，该文件规定方程计算的顺序，提供恒等式和收敛标准等。该模型的 master 文件见附录。

3. 运行 Build 程序

Build 的输入是“master”和所有的“.sav”文件。运行命令是选择菜单项 Model/Build。该命令的成功执行将产生如下结果：

（1）自动写出求解模型的程序 hearta.c。

（2）建立模型数据库 bws（包含所有在模型中使用的变量）。

（3）产生若干个调试模型时需要使用的文件，主要有：run.gr、run.err、exogall.reg、run.xog、skipall.fix、run.nam。run.gr 是给模型中全部变量绘图的 G 命令文件。run.err 提供的全部诊断信息记录。exogall.reg 用于给出模型中所有外生变量机械预测值的 G 命令文件，这些预测值分别放进以各变量名为名字、以 xog 为扩展名的文件中。run.xog 使用由运行 exogall.reg 得到的 xog 全部文件的文件。skipall.fix 是一个“跳过”所有通过回归方程计算的文件。run.nam 文件存放的是模型中全部变量的名字及其在 hearta .c 中被定义的次数。

（4）编译 hearta.c，得到目标码 hearta.obj。

（5）联结 hearta.obj、run.obj 和 utility.obj，形成模型运行程序 run.exe。

4. 准备“fix”文件

该文件指定外生变量的值，以及打算对行为方程的结果进行 rho 调整等。这个文件主要用于设计预测和政策模拟。

5. 运行模型

运行命令是选择菜单项：Model/Run。要求键入起始时间、终止时间、存放运行结果的数据库名和 fix 文件名等项目，完成后出现 run 程序提示符，输入必要的 run 命令就可运行模型了。

6. 用 G 程序图示运行结果

7. 用 compare 程序输出运行结果

二、数据库中的宏观经济变量及其含义

统计数据是宏观经济模型方程估计及应用的重要基础，就宏观经济模型的实际应用来说，统计数据的重要性并不亚于宏观经济理论和计量经济建模技术对宏观经济模型的作用。如果没有统计数据作支撑，宏观经济模型只能看成是一堆数学符号，并无实际应用价值。因此，统计数据在宏观经济模型的建模过程中起到了重要的支撑作用。

（一）模型样本的选择

新中国成立以来，我国的经济发展以实行改革开放的 1978 年为界限，形成了两个截然不同的发展阶段，1978 年以前是高度集中的计划经济，1978 年以后由计划经济逐步向市场经济转变和过渡，为了适应经济发展以及科学研究的需要，为了实现与国际接轨，我国的统计制度也发生了重大的转变。从 1985 年起，我国的统计体系从适应计划经济特点的物质产品体系 MPS 转向了适应市场经济的国民核算体系 SNA。与此同时，我国从 1992 年开始采用国民核算体系 SNA 开始公布 GDP 等相关指标的季度数据，这为季度宏观经济模型的建立提供了数据基础。如果选择 1992 年以前的数据，由于缺乏公开的统计资料，这样必然要过多地人工合成季度数据，为模型的估计和预测带来偏差。1992 年以后我国开始实现社会主义市场经济，经济的很多部分都脱离了计划经济的色彩，逐步开始向市场经济转变，因此本书选择 1992 年第一季度至 2008 年第四季度的季度数据作为样本区间，大部分宏观经济指标的时间序列数据都可以从公开出版物中获得，例如《中国宏观经济景气月报》、《中国人民银行统计季报》以及相关的网络数据库等，对于不能直接获得季度数据的经济指标，采用人工合成的办法从年度数据转换得到，尽量地减少数据的人工合成。

（二）数据库存放的主要时间序列数据及其经济含义

出于研制模型的需要，首先必须建立宏观经济指标的数据库。数据库中的

变量主要有两类：一类是宏观经济变量，包括各产业增加值、国内生产总值、就业与收入、消费、进出口、财政、金融、能源生产与消费变量等；另一类是时间趋势变量、季节虚拟变量和各种行为比率等。该模型的数据库中共有167个时间序列数据（不含内生变量的滞后值），部分时间序列数据没有使用，为了将来扩展模型使用。各变量的名称、含义、单位、数据来源及样本区间等列于表4-1。

数据来源：CESN——中经网

SSD——国家统计数据库

CMBMB——中国经济景气月报

CPBQB——中国人民银行统计季报

CMD——中宏数据库

MEA——根据相关资料测算

样本区间：1992.1~2008.4表示样本区间为1992年第一季度至2008年第四季度。

价格指数：各价格指数取2000年第一季度为100。

单位一列为空，表示该数据序列数据无单位，例如，存款利率等。

表4-1 数据库变量

变量序号	变量名	含义（单位）	单位	数据来源	样本区间
1	PGDP	现价国内生产总值	亿元	CESN	1992.1~2008.4
2	RPGDP	国内生产总值	亿元	MEA	1992.1~2008.4
3	FII	现价第一产业增加值	亿元	CESN	1992.1~2008.4
4	RFII	第一产业增加值	亿元	MEA	1992.1~2008.4
5	AFSFTP	现价农林牧渔总产值	亿元	CESN	1992.1~2008.4
6	RAFSFTP	农林牧渔总产值	亿元	MEA	1992.1~2008.4
7	SII	现价第二产业增加值	亿元	CESN	1992.1~2008.4
8	RSII	第二产业增加值	亿元	MEA	1992.1~2008.4
9	IND	现价工业增加值	亿元	CESN	1992.1~2008.4
10	RIND	工业增加值	亿元	MEA	1992.1~2008.4
11	CON	现价建筑业增加值	亿元	CESN	1992.1~2008.4
12	RCON	建筑业增加值	亿元	MEA	1992.1~2008.4
13	TII	现价第三产业增加值	亿元	CESN	1992.1~2008.4
14	RTII	第三产业增加值	亿元	CESN	1992.1~2008.4
15	TRASAVINC	交通运输仓储邮政增加值	亿元	CESN	1992.1~2008.4
16	WHORETINC	批发零售业增加值	亿元	CESN	1992.1~2008.4

续表

变量序号	变量名	含义（单位）	单位	数据来源	样本区间
17	ACCINC	住宿餐饮业增加值	亿元	CESN	1992.1~2008.4
18	FININC	金融业增加值	亿元	CESN	1992.1~2008.4
19	HOUINC	房地产业增加值	亿元	CESN	1992.1~2008.4
20	OTHTHIINC	其他第三产业增加值	亿元	MEA	1992.1~2008.4
21	RAGDP	人均国内生产总值	元	MEA	1992.1~2008.4
22	AGDP	现价人均国内生产总值	元	MEA	1992.1~2008.4
23	PPGDP	国内生产总值平减指数	2000.01=100	CMBMB	1992.1~2008.4
24	PFII	第一产业增加值价格指数	2000.01=100	CMBMB	1992.1~2008.4
25	PSII	第二产业增加值价格指数	2000.01=100	CMBMB	1992.1~2008.4
26	PIND	工业增加值价格指数	2000.01=100	CMBMB	1992.1~2008.4
27	PCON	建筑业增加值价格指数	2000.01=100	CMBMB	1992.1~2008.4
28	PTII	第三产业增加值价格指数	2000.01=100	CMBMB	1992.1~2008.4
29	ARABLE	耕地总面积	千公顷	MEA	1992.1~2008.4
30	POTENGDP	潜在国内生产总值	亿元	MEA	1992.1~2008.4
31	CAPSTOCK	资本存量	亿元	MEA	1992.1~2008.4
32	RATDEP	折旧率		MEA	1992.1~2008.4
33	GAPGDP	产出缺口	亿元	MEA	1992.1~2008.4
34	RATEGAPGDP	产出缺口率		MEA	1992.1~2008.4
35	PAFSFTP	农林牧渔总产值指数	2000.01=100	CESN	1992.1~2008.4
36	TPOP	总人口	万人	CMD	1992.1~2008.4
37	RPOP	城镇人口	万人	CMD	1992.1~2008.4
38	UPOP	农村人口	万人	CMD	1992.1~2008.4
39	ENPOP	经济活动人口	万人	CMD	1992.1~2008.4
40	EPOP	就业人数	万人	CMD	1992.1~2008.4
41	EFIIPOP	第一产业就业人数	万人	CESN	1992.1~2008.4
42	ESIIPOP	第二产业就业人数	万人	CESN	1992.1~2008.4
43	ETIIPOP	第三产业就业人数	万人	CESN	1992.1~2008.4
44	INDPOP	工业就业人数	万人	CESN	1992.1~2008.4
45	CONPOP	建筑业就业人数	万人	CESN	1992.1~2008.4
46	TRAPOP	交通运输仓储邮政业就业人数	万人	CESN	1992.1~2008.4

续表

变量序号	变量名	含义（单位）	单位	数据来源	样本区间
47	WHOPOP	批发和零售业就业人数	万人	CESN	1992.1~2008.4
48	ACCPOP	住宿餐饮业就业人数	万人	CESN	1992.1~2008.4
49	FINPOP	金融业就业人数	万人	CESN	1992.1~2008.4
50	ESTPOP	房地产业就业人数	万人	CESN	1992.1~2008.4
51	OTHTHIPOP	其他第三产业就业人数	万人	CESN	1992.1~2008.4
52	URBAVETOTINC	城镇人均收入	元	CESN	1992.1~2008.4
53	URBAVEDISINC	城镇人均可支配收入	元	CESN	1992.1~2008.4
54	RURAVETOTINC	农村人均收入	元	CESN	1992.1~2008.4
55	RURAVEPURINC	农村人均纯收入	元	CESN	1992.1~2008.4
56	RWORAVESAR	职工平均工资	元	CESN	1992.1~2008.4
57	WORAVESAR	现价职工平均工资	元	CESN	1992.1~2008.4
58	UMEMPRATE	失业率		CESN	1992.1~2008.4
59	URBINCE	城镇总收入	亿元	MEA	1992.1~2008.4
60	RURINC	农村总收入	亿元	MEA	1992.1~2008.4
61	TOTINCOME	总收入	亿元	MEA	1992.1~2008.4
62	PWORAVESAR	职工平均工资指数		CESN	1992.1~2008.4
63	URBAVECON	城镇居民人均消费	元	CMBMB	1992.1~2008.4
64	RURAVECON	农村居民人均消费	元	CMBMB	1992.1~2008.4
65	URBTOTCON	现价城镇居民总消费	亿元	MEA	1992.1~2008.4
66	RURTOTCON	现价农村居民总消费	亿元	MEA	1992.1~2008.4
67	RURBCON	城镇总消费	亿元	MEA	1992.1~2008.4
68	RRURCON	农村居民总消费	亿元	MEA	1992.1~2008.4
69	RCICON	居民总消费	亿元	MEA	1992.1~2008.4
70	CITITOTCON	现价居民总消费	亿元	MEA	1992.1~2008.4
71	TOTCON	现价总消费	亿元	MEA	1992.1~2008.4
72	RTOTCON	总消费	亿元	MEA	1992.1~2008.4
73	RSOCRET	社会消费品零售总额	亿元	MEA	1992.1~2008.4
74	SOCCONRET	现价社会消费品零售总额	亿元	CESN	1992.1~2008.4
75	URBRET	城镇社会消费品零售总额	亿元	CESN	1992.1~2008.4
76	RURRET	农村社会消费品零售总额	亿元	CESN	1992.1~2008.4
77	PURBCON	城镇居民消费价格指数	2000.01=100	CMBMB	1992.1~2008.4
78	PRURCON	农村居民消费价格指数	2000.01=100	CMBMB	1992.1~2008.4
79	PCICON	居民消费价格指数	2000.01=100	CMBMB	1992.1~2008.4
80	AVECONTAX	人均消费税	元	MEA	1992.1~2008.4

续表

变量序号	变量名	含义（单位）	单位	数据来源	样本区间
81	EXPGDP	支出法国内生产总值	亿元	CESN	1992.1~2008.4
82	PSOCCONRET	商品零售价格指数	2000.01=100	CMBMB	1992.1~2008.4
83	RTFINV	全社会固定资产投资	亿元	MEA	1992.1~2008.4
84	TFCINV	现价全社会固定资产投资	亿元	CMD	1992.1~2008.4
85	FIIINV	第一产业固定资产投资	亿元	CMD	1992.1~2008.4
86	SIIINV	第二产业固定资产投资	亿元	CMD	1992.1~2008.4
87	FINDINV	工业固定资产投资	亿元	CMD	1992.1~2008.4
88	FCOINV	建筑业固定资产投资	亿元	CMD	1992.1~2008.4
89	TIIINV	第三产业固定资产投资	亿元	CMD	1992.1~2008.4
90	TRANINV	交通运输仓储和邮政业固定资产投资	亿元	CMD	1992.1~2008.4
91	RETWHOINV	批发和零售业固定资产投资	亿元	CMD	1992.1~2008.4
92	ACCRESINV	住宿餐饮业固定资产投资	亿元	CMD	1992.1~2008.4
93	FINAINV	金融业固定资产投资	亿元	CMD	1992.1~2008.4
94	ESTINV	房地产业固定资产投资	亿元	CMD	1992.1~2008.4
95	OTHINV	其他第三产业固定资产投资	亿元	CMD	1992.1~2008.4
96	ENEINV	能源固定资产投资	亿元	CESN	1992.1~2008.4
97	COAMININV	煤炭开采投资	亿元	CESN	1992.1~2008.4
98	OILMININV	石油天然气投资	亿元	CESN	1992.1~2008.4
99	ELEMANINV	电力热力生产投资	亿元	CESN	1992.1~2008.4
100	CAPFOR	资本形成总额	亿元	CESN	1992.1~2008.4
101	FIFTOT	固定资本形成总额	亿元	CESN	1992.1~2008.4
102	STOINC	存货增加	亿元	CESN	1992.1~2008.4
103	PFIINV	固定资产投资价格指数	2000.01=100	CMD	1992.1~2008.4
104	GENEXP	一般贸易出口	亿元	CESN	1992.1~2008.4
105	PROEXP	加工及其他贸易出口	亿元	CESN	1992.1~2008.4
106	RTOEXP	出口总额	亿元	MEA	1992.1~2008.4
107	TOTEXP	现价出口总额	亿元	CESN	1992.1~2008.4
108	GENIMP	一般贸易进口	亿元	CESN	1992.1~2008.4
109	PROIMP	加工及其他贸易进口	亿元	CESN	1992.1~2008.4
110	RTOIMP	进口总额	亿元	MEA	1992.1~2008.4
111	TOTIMP	现价进口总额	亿元	CESN	1992.1~2008.4
112	RPUREXP	净出口	亿元	MEA	1992.1~2008.4
113	PUREXP	现价净出口	亿美元	MEA	1992.1~2008.4

续表

变量序号	变量名	含义（单位）	单位	数据来源	样本区间
114	PUREXPRMB	现价净出口	亿元	MEA	1992.1~2008.4
115	WORTOTTRA	世界贸易总额	亿元	SSD	1992.1~2008.4
116	FDI	外商直接投资	亿元	CESN	1992.1~2008.4
117	WORGDP	世界 GDP	亿元	SSD	1992.1~2008.4
118	EXCRATE	汇率	元/美元	SSD	1992.1~2008.4
119	PIMPORT	进口价格指数	2000.01=100	CESN	1992.1~2008.4
120	PINDPRO	工业品出厂价格指数	2000.01=100	CESN	1992.1~2008.4
121	PEXPORT	国内出口价格指数	2000.01=100	CESN	1992.1~2008.4
122	TAXRAT	宏观税率		MEA	1992.1~2008.4
123	INCVALTAX	增值税	亿元	CESN	1992.1~2008.4
124	RETTAX	营业税	亿元	CESN	1992.1~2008.4
125	CONTAX	消费税	亿元	CESN	1992.1~2008.4
126	IMPTAX	关税	亿元	CESN	1992.1~2008.4
127	PERGETTAX	个人所得税	亿元	CESN	1992.1~2008.4
128	ENTGETTAX	企业所得税	亿元	CESN	1992.1~2008.4
129	GOVTAX	政府税收收入	亿元	CESN	1992.1~2008.4
130	GOVNONTAX	政府非税收收入	亿元	CESN	1992.1~2008.4
131	GOVFISINC	政府财政收入	亿元	CESN	1992.1~2008.4
132	GOVFISEXP	财政支出	亿元	CESN	1992.1~2008.4
133	GOVCON	政府消费	亿元	CESN	1992.1~2008.4
134	M2	货币和准货币	亿元	CPBQB	1992.1~2008.4
135	M1	货币	亿元	CPBQB	1992.1~2008.4
136	PRECURR	准货币	亿元	CPBQB	1992.1~2008.4
137	M0	流通中的现金	亿元	CPBQB	1992.1~2008.4
138	DEPRAT	短期存款利率		CPBQB	1992.1~2008.4
139	LONDEPRAT	中长期存款利率		CPBQB	1992.1~2008.4
140	SHOLOARAT	短期贷款利率		CPBQB	1992.1~2008.4
141	LONLOARAT	中长期贷款利率		CPBQB	1992.1~2008.4
142	DEPTOT	存款总额增加额	亿元	CPBQB	1992.1~2008.4
143	RESDEP	城乡居民储蓄存款增加额	亿元	CPBQB	1992.1~2008.4
144	EXCSTO	外汇储备	亿元	CPBQB	1992.1~2008.4
145	INDLOA	工业短期贷款	亿元	CPBQB	1992.1~2008.4
146	ARCLOA	商业短期贷款	亿元	CPBQB	1992.1~2008.4
147	COMLOA	建筑业短期贷款	亿元	CPBQB	1992.1~2008.4

续表

变量序号	变量名	含义（单位）	单位	数据来源	样本区间
148	AGRLOA	农业短期贷款	亿元	CPBQB	1992.1~2008.4
149	SHOLOA	短期贷款	亿元	CPBQB	1992.1~2008.4
150	LONLOA	中长期贷款	亿元	CPBQB	1992.1~2008.4
151	LOATOT	贷款总额	亿元	CPBQB	1992.1~2008.4
152	POWMAN	能源生产总量	万吨标准煤	CESN	1992.1~2008.4
153	COALMAN	煤炭生产	万吨标准煤	CESN	1992.1~2008.4
154	OILMAN	石油天然气生产	万吨标准煤	CESN	1992.1~2008.4
155	ELECTRICITY-MAN	电力生产	万吨标准煤	CESN	1992.1~2008.4
156	POWCON	能源消费总量	万吨标准煤	CESN	1992.1~2008.4
157	COALCON	煤炭消费	万吨标准煤	CESN	1992.1~2008.4
158	OILCON	石油天然气消费	万吨标准煤	CESN	1992.1~2008.4
159	ELECTRICTIY-CON	电力消费	万吨标准煤	CESN	1992.1~2008.4
160	FUEMATIND	燃料原材料动力购进价格指数	2000.01=100	CMBMB	1992.1~2008.4
161	AGRMANIND	农业生产资料价格指数	2000.01=100	CMBMB	1992.1~2008.4
162	INFLRAT	通货膨胀率		CESN	1992.1~2008.4
163	PWOREXP	世界出口价格指数	2000.01=100	SSD	1992.1~2008.4
164	TIME	时间趋势变量		MEA	1992.1~2008.4
165	Q1	第一季度季节虚拟变量		MEA	1992.1~2008.4
166	Q2	第二季度季节虚拟变量		MEA	1992.1~2008.4
167	Q3	第三季度季节虚拟变量		MEA	1992.1~2008.4

下面对数据的处理做简要说明：对相关宏观经济变量序列，由其现价值和价格指数得到，例如，国内生产总值，由现价国内生产总值和 GDP 平减指数得到，计算方法为现价国内生产总值除以 GDP 平减指数，然后乘 100。其他宏观经济变量的序列也采用类似的方法得到。人均 GDP 通过 GDP 与总人口的比值得到。耕地面积由《中国统计年鉴》提供的年度数据转换得到，其方法是将耕地每年的增加值均匀分配到各个季度，然后根据上年的耕地面积得到下一年各季度的耕地面积。潜在 GDP 由 GDP 通过 HP 滤波法求出。农村总收入由农村人均收入乘农村总人口得到。城镇总收入由城镇平均收入乘城镇人口得到。农村总消费由农村人均消费乘农村人口得到，城镇总消费由城镇人均消费乘城镇人口得到。净出口由出口减进口得到。宏观增值税率由增值税与 GDP 的比值得到，宏

观营业税率由营业税与社会商品零售总额的比值得到。宏观税率由政府税收收入与国内生产总值的比值得到，短期贷款利率为6个月以内的贷款利率，中长期贷款利率为1~3年的贷款利率，短期存款利率为半年定期存款利率，中长期存款利率为1年定期存款利率。

(三) 季度经济指标的季节调整方法

季度和月度的宏观经济时间序列会受到定期的年内季节变动的影响，季节变动的发生，不仅是由于气候的直接影响，而且社会制度及风俗习惯也会引起季节变动。经济统计中的月度和季度数据或大或小都含有季节变动因素，以月度或季度作为时间观测单位的经济时间序列通常具有一年一度的周期性变化，这种周期性变化是由季节因素的影响造成的，称为季节波动。经济时间序列的季节波动是非常显著的，季节变动通常大得足以掩盖与当前经济发展趋势分析直接相关的数据的基本特征。因此，在进行宏观经济分析时，必须去掉季节波动的影响，将季节要素从原经济时间序列中剔除，这就是季节调整。季节调整的一个重要目的就是将季节变动因素及偶然因素从时间序列中剔除，从而使经过季节调整的时间序列能够准确地反映出经济运行的基本态势。本书建立的季度宏观经济模型用到的数据是季度数据，因此在用数据进行分析前必须消除季节因素的影响，然后将消除季节因素影响的数据存入数据库中。

进行季度和月度数据的季节调整，首先要找出影响季度数据变动的因素。在时间序列分析中，根据影响季度或月度时间序列变动的因素不同，一般可分解为趋势要素、循环要素、季节要素和不规则要素。但在季节调整分析中，绝大多数的时间序列分解，由于一般的时间序列的观察值有限，不能充分地将趋势从循环变化中加以区分，因此，长期趋势和周期变动被合并为趋势—循环要素。目前，国际上使用的季节调整方法有多种，但主要有：美国商务部的X11法、X12法、移动平均法、西班牙银行和欧盟统计办公室的TRAMO/SEATS法、结构时间序列模型、贝尔实验室的SABL法、德国中央统计局的BV4法和欧洲委员会的DAINTIES法等。其中，X12与SEATS法是目前最为先进的两种季节调整方法，各自具有不同的特点和优点。X12季节调整程序是在X11法的基础上发展而来的，包括X11季节调整法的全部功能，并对X11法进行了以下3方面的重要改进：扩展了贸易日和节假日影响的调节功能，增加了季节、趋势循环和不规则要素分解模型的选择功能；增加了新的季节调整结果稳定性诊断功能；增加了X12-ARIMA模型的建模和模型选择功能。

本书采用X12季节调整方法进行数据的季节调整，这里主要介绍X12法。

X12 季节调整方法的核心算法是扩展的 X11 季节调整程序。共包括四种季节调整的分解形式：乘法、加法、伪加法和对数加法模型。乘法、伪加法和对数加法模型进行季节调整时，时间序列中不允许有零和负数。

加法模型的一般形式为：$T = TC_t + S_t + I_t$ 其中 TC_t 表示趋势循环要素，S_t 表示季节要素，I_t 表示不规则要素。在加法模型中，趋势循环要素和季节要素的影响用绝对量表示，与所分析的宏观经济指标的计量单位相同，分析起来比较直观。其局限性是各经济变量的计量单位不同，缺乏可比性。乘法模型的一般形式是：$Y_t = TC_t \times S_t \times I_t$。乘法模型以相对数表示季节要素，可以避免计量单位的影响，增强了不同变量之间的可比性，但也带来了直观性差的问题。对数加法模型的一般形式是：$\ln Y_t = \ln TC_t + ls S_t + \ln I_t$，该模型的性质类似加法模型。伪加法模型的一般形式是：$Y_t = TC_t\ (S_t + I_t - 1)$，该模型主要对某些非时间序列数据进行季节调整。CUFEQ 模型数据库的数据主要采用加法模型的形式进行季节调整。

X12-ARIMA 以著名的 X11 以及加拿大统计局的 X11-ARIMA 和 X2112-ARIMA88 法为基础，是美国商务部和普查局关于季节调整研究的最新成果。X12-ARIMA 法在采用 X-12 法前，先使用 ARIMA 模型对序列的两端进行了延伸。该方法基本上包括了 X11-ARIMA 的所有特性。X12-ARIMA 使用信号噪声比法在固定的成套移动平均过滤器之间选择。X12-ARIMA 法的改进弥补了 X11-ARIMA88 版未能实现的不足之处，同时也改进了 X2112-ARIMA88 在建模和诊断能力方面的缺陷，最重要的改进之处在于增加了几种季节调整诊断方法。由于 X12-ARIMA 具有较强的适应性和功能的完善性，所以应用范围很广泛，在美国和加拿大的经济界已得到了广泛的应用，成为进行经济分析预测的有效工具。因此，本书采用 X12-ARIMA 法作为本模型季度数据的季节调整方法。例如，经季节调整后的 GDP 与季节调整前的 GDP 的比较如图 4-1 所示。

从图 4-1 中可以看出，季节调整前的 GDP 序列季节波动很明显，季节调整后的 GDP 序列比较平稳，波动性明显减少，基本保持一种平稳的增长趋势。因此，对季度或月度数据进行季节调整是十分必要的。

（四）潜在产出及资本存量的测算

在宏观经济分析中，分析时间序列的长期趋势十分重要，本书拟采用 HP 滤波法求潜在生产能力。同时为了求出资本存量，用 G 软件提供的 @CUM 函数求资本存量。

1. H-P 滤波法

H-P 滤波法通过构造最小化损失函数，分离出长期趋势与周期波动成分。

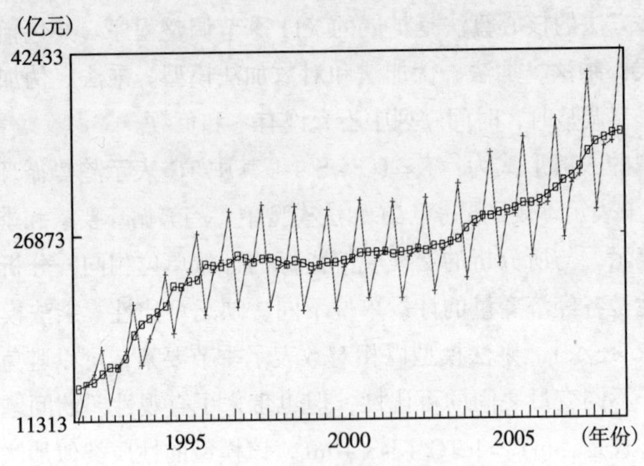

图 4-1　季节调整的 GDP 比较

注：+表示季节调整前的 GDP，▫表示季节调整后的 GDP。

H-P 滤波法用公式表示为：

$$\min_{X_t}\left\{\sum_{t=1}^{T}(Y_t-X_t)^2+\lambda\sum_{t=2}^{T-1}[(X_{t+1}-X_t)-(X_t-X_{t-1})]^2\right\}\qquad t=1,\ 2,\ \cdots,\ T$$

方程中，X_t 是时间序列 Y_t 中的趋势成分，λ 是对趋势成分 X_t 波动的惩罚因子。λ = 0 时，满足最小化问题的趋势成分 X_t 等于 Y_t；λ 增加时，估计趋势中的变化总数相对于序列中的变化减少，即 λ 越大，估计趋势越光滑，λ 趋于无穷大时，估计趋势将接近线性函数。因此，H-P 滤波方法实际存在着权衡的问题，即要在趋势成分对实际序列的跟踪程度和趋势光滑度之间作一个选择。对 H-P 滤波争论的焦点在于如何选取 λ。目前 λ 的选取，一般而言，年度数据取 λ = 100，季度数据取 λ = 1600，月度数据取 λ = 14400。此外，郭庆旺、贾俊雪（2004 年）验证了对于我国宏观经济的年度数据而言，取 λ = 25 是最优选择；汤铎铎（2007 年）的研究表明，在中国宏观年度数据 2~8 年频段的滤波中，推荐使用 λ = 6.25 的 H-P 滤波。

2. B-K 滤波法

B-K 滤波主要利用了时间序列时域分析与频域分析（谱分析），其基本做法是利用移动平均滤波将宏观经济数据中的周期成分分离出来。

其具体做法是，首先设计出一个 Low-Pass 滤波，假设其最佳形式为：

$$b(L)=\sum_{h=-\infty}^{\infty}b_hL^h$$

其中 $b_h=\frac{1}{2\pi}\int_{-\pi}^{\pi}\beta(\omega)e^{i\omega h}d\omega$。为了求出滤波的最佳形式，我们可以通过对滤波权重 a_h 的选择，以达到：

$$\min\frac{1}{2\pi}\int_{-\pi}^{\pi}|\beta(\omega)-a_h(\omega)|^2d\omega$$

其中，$\beta(\omega)\begin{cases}1 & \omega_1\leqslant|\omega|\leqslant\omega_2\\0 & \text{其他}\end{cases}$，$a_h(\omega)=\sum_{h=-k}^{k}a_he^{-i\omega h}$。

由此得到大致最佳的 Low-Pass 滤波 $LP_k(p)$。

其次，同理可以设计出一个 High-Pass 滤波 $LP_k(p)$。Low-Pass 滤波是为了过滤掉高频率波动成分，而 High-Pass 是为了过滤掉低频率波动成分。

与 H-P 滤波相比，B-K 滤波的最大优点是比较容易应用于季度类型以外的其他时间类型数据，避免了 λ 选取的随意性，而且研究者可以根据对观测数据周期频率的认识，自主选择周期频率的带宽。然而这种方法的最大缺点是，一旦选定了 K 值，就不得不损失样本两端共 2K 个观测值，这对于样本量通常有限的宏观时间序列而言，是个比较大的损失。

3. 生产函数法

生产函数法的原理就是认为总产出取决于生产过程中的 3 个因素，资本存量、劳动力投入和技术水平，总产出可以表示成为这 3 个变量的一个函数关系。由于生产函数法背后有经济理论作为强有力的依据，因而国外官方组织一般都采用这类方法对一国的潜在产出进行估计，比如国际货币基金组织（IMF）采用的是分段趋势估计法，而经济合作与发展组织（OECD）采用的是两阶段估计法。

我们这里的生产函数取标准的 Cobb-Douglas 方程：

$$Y_t=A_tK_t^{\alpha}L_t^{\beta}$$

其中，Y_t、A_t、K_t、L_t 分别代表 GDP、技术、资本存量和劳动力，α 和 β 分别代表资本和劳动力对于 GDP 的贡献程度，取对数后可以推出：

$$\ln Y_t=\ln A_t+\alpha\ln K_t+\beta\ln L_t+\varepsilon_t$$

由于 Cobb-Douglas 函数的一个假设就是 $\alpha+\beta=1$，即规模报酬不变，$\ln A_t$ 可分解为 a_0 和 a_1trend，于是有：

$$\varepsilon_t^*=\ln\frac{Y_t}{L_t}-\alpha\ln\frac{K_t}{L_t}-(a_0+a_1trend)$$

式中的 ε_t^* 即为实际产出的周期部分。

HP 滤波法在实际中广泛使用，因此选择 HP 滤波法。应用 HP 滤波法时存在着权衡的问题，即要在趋势成分对实际序列的跟踪程度和趋势光滑度之间作一个选择，根据一般经验，年度数据取 λ = 100，季度数据取 λ = 1600，月度数据取 λ = 14400。根据上面的论述，GDP 与潜在 GDP 的比较如图 4-2 所示。

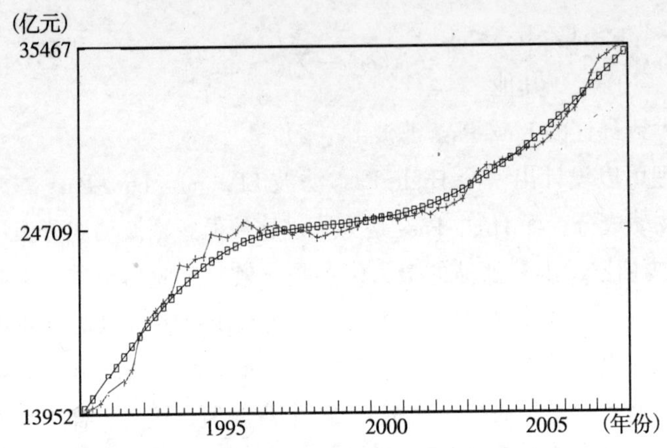

图 4-2 GDP 与潜在 GDP 比较

注：+表示季节调整前的 GDP，□表示季节调整后的 GDP。

从图 4-2 中可以看出，1992 年第一季度至 1994 年第四季度，潜在 GDP 大于实际 GDP，1995 年第一季度至 1998 年第二季度，潜在 GDP 小于实际 GDP，1998 年第三季度至 2004 年第四季度，潜在 GDP 略大于实际 GDP，2005 年第一季度至 2005 年第四季度，潜在 GDP 几乎等于实际 GDP。2006 年第一季度至 2007 年第四季度，潜在 GDP 大于实际 GDP，2008 年第一季度至 2008 年第四季度，潜在 GDP 小于实际 GDP。

要得到潜在产出的行为方程，还需要资本存量的数据。对于资本存量，通过下面的公式计算：

$$CAPSTOCK_t = CAPSTOCK_{t-1} \times (1 - RATDEP) + CAPFORTOT_t$$

其中，CAPSTOCK 表示资本存量，RATDEP 表示折旧率，CAPFOR 表示资本形成总额。在 G 软件中通过 @cum 函数来实现上述计算。

即 f CAPSTOCK = @cum（CAPSTOCK，CAPFOR，RATDEP），参考中国人民大学刘晓越的博士论文《中国年度宏观计量经济模型与模拟分析研究》，资本存量的初始值取当时 GDP 数据的 50%，折旧率取 5%。根据上述数据，资本存量数据如图 4-3 所示。

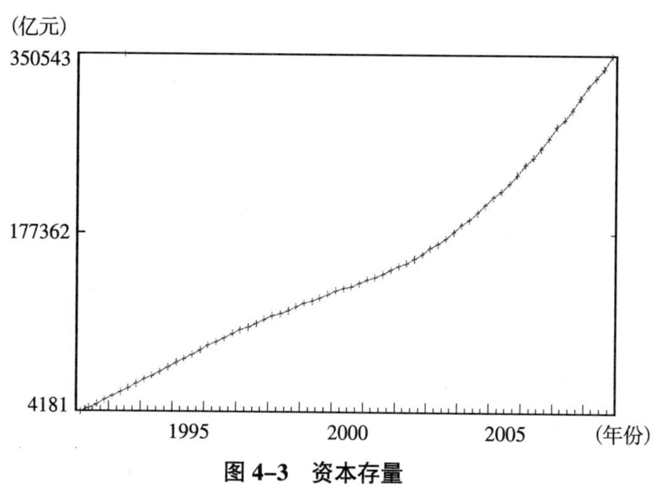

图 4-3　资本存量

第二节　季度模型方程体系的构建

在建立完模型数据库和理解模型的运行机理后，就能更好地把握和构建各时间序列之间的关系。本章的主要内容为：首先介绍了模型的方程体系，即模型所包含的行为方程、恒等式和定义方程。然后对模型进行了历史模拟和反历史模拟。

一、模型的方程体系

模型共使用 163 个变量，其中内生变量 141 个，外生变量 22 个，外生变量中包括时间趋势变量 1 个，季节虚拟变量 3 个。模型共有 141 个方程，其中 88 个行为方程、53 个恒等式和定义方程。

行为方程、恒等式和定义方程的设计按照模型的计算逻辑，即按变量在模型中的求解顺序，不按模型的模块顺序设计，这样更能体现模型的设计思路。行为方程、恒等式和定义方程都是变量之间关系的一种表达式，但也有不同之处，行为方程主要根据计量经济学方法估计的随机方程，而恒等式和定义方程一般是根据核算关系得到的，不用计量经济学方法估计。因此，这里分别介绍行为方程、恒等式和定义方程。方程的编号根据模型的求解顺序，即方程在 master 文件中的顺序。方程下面的第一行数字表示 t 值，第二行数字表示弹性。模型数据的样本区间为 1992 年第一季度至 2008 年第四季度，但是估计方程时用到有关变量的滞后值，所以，回归区间选择 1993 年第一季度至 2008 年第四季度。Q1、Q2 和 Q3 分别表示第一季度、第二季度和第三季度季节虚拟变量。

1. 农林牧渔总产值方程

$$RAFSFTP = 17740.63 + 0.06111*ARABLE - 0.55654*EFIIPOP$$

(t) (1.832) (−11.831)

(elas) (1.17) (−2.43)

$$+ 1.40739\times FIIINV - 436.11634*Q1 - 338.29676*Q2 - 162.28703*Q3$$

(1.927) (−2.27) (−1.780) (−1.859)

(0.05)

$R^2 = 0.8668$ $\bar{R}^2 = 0.8527$ DW = 1.51

其中，RAFSFTP 为农林牧渔总产值，ARABLE 为耕地面积，EFIIPOP 为第一产业就业人数，FIIINV 为第一产业固定资产投资。

2. 第一产业增加值方程

$$RFII = 15.72 + 0.02059*RTOTCON + 0.01839*RTOEXP + 0.52409*RAFSFTP$$

(t) (5.060) (28236.208) (16.208)

(elas) (0.08) (0.03) (0.88)

$R^2 = 0.9764$ $\bar{R}^2 = 0.9752$ DW = 2.30

其中，RFII 为第一产业增加值，RTOTCON 为总消费，RTOEXP 为出口，RAFSFTP 为农林牧渔总产值。

3. 工业增加值方程

$$RIND = 7518.32 + 0.22532*RTOTCON + 0.13507*RTOEXP + 0.09143*FINDINV$$

(t) (4.991) (6327.676) (135448.469)

(elas) (0.42) (0.11) (0.05)

$$- 1.61477*INCVALTAX - 127.90592*Q1 - 129.99375*Q2$$

(−4.767) (−1.668) (−1.680)

(−0.32)

$$-50.79343*Q3$$

(−1.266)

$R^2 = 0.8659$ $\bar{R}^2 = 0.8457$ DW = 2.40

其中，RIND 为工业增加值，RTOTCON 为总消费，RTOEXP 为出口，FINDINV 为工业固定资产投资，INCVALTAX 为增值税。

4. 建筑业增加值方程

$$
\begin{aligned}
RCON = {} & 873.32 + \underset{\substack{(1.915)\\(0.27)}}{0.02006*RTOTCON} + \underset{\substack{(425.663)\\(0.13)}}{0.02108*RTOEXP} + \underset{\substack{(8862.898)\\(0.05)}}{0.43890*FCOINV} \\
& - \underset{\substack{(-3.189)\\(-0.37)}}{0.25060*INCVALTAX} + \underset{\substack{(68403.883)\\(0.30)}}{0.107120*CONPOP} - \underset{(-1.703)}{31.22129*Q1} \\
& - \underset{(-1.586)}{25.99058*Q2} - \underset{(-1.312)}{13.81824*Q3}
\end{aligned}
$$

(t)

(elas)

$R^2 = 0.7127$　　$\bar{R}^2 = 0.6392$　　DW = 1.22

其中，RCON 为建筑业增加值，RTOTCON 为总消费，RTOEXP 为出口，FCOINV 为建筑业固定资产投资，INCVALTAX 为增值税。

5. 第二产业增加值方程

RSII = RIND+RCON

其中，RSII 为第二产业增加值，RIND 为工业增加值，RCON 为建筑业增加值。

6. 交通运输邮政仓储业增加值

$$
\begin{aligned}
TRASAVINC = {} & 1092.60 + \underset{\substack{(4.954)\\(0.38)}}{0.03015*RTOTCON} + \underset{\substack{(1.827)\\(0.03)}}{0.00567*RTOEXP} \\
& + \underset{\substack{(991458.312)\\(0.11)}}{0.08705*TRANINV} - \underset{\substack{(-3.251)\\(-0.27)}}{0.194475*INCVALTAX} + \underset{(1.473)}{11.785225*Q1} \\
& - \underset{(-1.416)}{10.367819*Q2} - \underset{(-1.702)}{17.466542*Q3}
\end{aligned}
$$

(t)

(elas)

$R^2 = 0.9866$　　$\bar{R}^2 = 0.9837$　　DW = 1.52

其中，TRASAVINC 为交通运输邮政仓储业增加值，RTOTCON 为总消费，RTOEXP 为出口，TRANINV 为交通运输邮政仓储业固定资产投资，INCVALTAX 为增值税。

7. 批发零售业增加值方程

$$
WHORETINC = 1441.97 + \underset{\substack{(8.295)\\(0.77)}}{0.08281*RTOTCON} + \underset{\substack{(8641.724)\\(0.05)}}{0.01290*RTOEXP}
$$

(t)

(elas)

$$+ 0.03971*RETWHOINV - 0.54414*INCVALTAX$$

(841221.812) (−7.264)

(0.01) (−0.54)

$$+ 34.271647*Q1 - 15.615944*Q2 - 11.847260*Q3$$

(1.810) (−1.37) (−1.28)

$R^2 = 0.7971$ $\bar{R}^2 = 7717$ DW = 2.75

其中，WHORETINC 为批发零售业增加值，RTOTCON 为总消费，RTOEXP 为出口、RETWHOINV 为批发零售业固定资产投资，INCVALTAX 为增值税。

8. 住宿餐饮业增加值方程

$$ACCINC = 370.01 + 0.01767*RTOTCON + 0.00701*RTOEXP$$

(t) (6.546) (2.303)

(elas) (0.60) (0.11)

$$+ 0.10360*ACCRESINV - 0.10909*INCVALTAX + 4.95925*Q1$$

(26598.000) (−4.110) (1.449)

(0.02) (−0.40)

$$-5.60640*Q2 - 6.78929*Q3$$

(−1.508) (−1.615)

$R^2 = 0.9040$ $\bar{R}^2 = 0.8920$ DW = 0.63

其中，ACCINC 为住宿餐饮业增加值，RTOTCON 为总消费，RTOEXP 为出口，ACCRESINV 为住宿餐饮业固定资产投资，INCVALTAX 为增值税。

9. 金融业增加值方程

$$FININC = 43.26 + 0.08704*RTOTCON + 0.02710*RTOEXP + 0.13469*FINAINV$$

(t) (33273.148) (327.595) (162820.984)

(elas) (1.48) (0.20) (0.04)

$$-0.67233*INCVALTAX + 0.54156*LAGFININC + 10.13175*Q1$$

(−30.857) (3.299) (1.137)

(−1.23) (0.51)

$$-16.35564*Q2 + 1.04723*Q3$$

(−2.221) (2.014)

$R^2 = 0.8314$ $\bar{R}^2 = 0.7911$ DW = 2.31

其中，FININC 为金融业增加值，RTOTCON 为总消费，RTOEXP 为出口，FINAINV 为金融业固定资产投资，INCVALTAX 为增值税，LAGFININC 为金融业增加值滞后值。

10. 房地产业增加值方程

HOUINC = 744.86 + 0.01292*RTOTCON + 0.00169*RTOEXP

(t) (2.245) (6.260)

(elas) (0.22) (0.01)

+ 0.11097*ESTINV − 0.12776*INCVALTAX + 6.72933*Q1

(1336336.375) (−2.258) (2.286)

(0.34) (−0.24)

− 6.77778*Q2 − 10.88207*Q3

(−3.888) (−1.463)

$R^2 = 0.9095$ $\bar{R}^2 = 0.8982$ DW = 2.56

其中，HOUINC 为房地产业增加值，RTOTCON 为总消费，RTOEXP 为出口，ESTINV 为房地产业固定资产投资，INCVALTAX 为增值税。

11. 其他第三产业增加值方程

OTHTHIINC = 1626.35 + 0.040634*RTOTCON + 0.124093*RTOEXP

(t) (6.652) (1.325)

(elas) (0.62) (0.30)

+ 1.35934*OTHINV − 0.61160*INCVALTAX + 36.27119*Q1

(3.209) (−2.366) (2.499)

(0.96) (−0.35)

+ 3.75265*Q2 + 2.88583*Q3

(0.726) (1.020)

$R^2 = 0.8678$ $\bar{R}^2 = 0.8513$ DW = 1.23

其中，OTHTHIINC 为其他第三产业增加值，RTOTCON 为总消费，RTOEXP 为出口，OTHINV 为其他第三产业固定资产投资，INCVALTAX 为增值税。

12. 第三产业增加值方程

RTII = TRASAVINC + WHORETINC + ACCINC + FININC + HOUINC + OTHTHIINC

其中，RTII 为第三产业增加值，TRASAVINC 为交通运输邮政仓储业增加值，WHORETINC 为批发零售业增加值，ACCINC 为住宿餐饮业增加值，FININC 为金融业增加值，HOUINC 为房地产业增加值，OTHTHIINC 为其他第三产业增加值。

13. 生产法国内生产总值方程

RPGDP = RFII + RSII + RTII

其中，RPGDP 为国内生产总值，RFII 为第一产业增加值，RSII 为第二产业增加值，RTII 为第三产业增加值。

14. 人均国内生产总值方程

RAGDP = RPGDP/TPOP*10000

其中，RAGDP 为人均国内生产总值，RPGDP 为国内生产总值，TPOP 为总人口。

15. 国内生产总值平减指数方程

PPGDP = −8.65 + 0.00266*GAPGDP + 0.23013*PIMPORT + 0.00087*DRPGDP

(t) (2.360) (2.326) (1.469)

(elas) (0.33) (0.21) (0.01)

+ 0.92775*LAGPPGDP

(8.275)

(0.85)

R^2 = 0.9900　　$\overline{R}^2$ = 0.9893　　DW = 1.72

其中，PPGDP 为国内生产总值平减指数，GAPGDP 为产出缺口，PIMPORT 为进口价格指数，DRPGDP 为本期国内生产总值对前期的增量，LAGPPGDP 为国内生产总值平减指数滞后值。

16. 农林牧渔总产值价格指数方程

PAFSFTP = −1.37 + 0.02689*PFIINV + 0.00723*AGRMANIND

(t) (2.212) (5.157)

(elas) (0.03) (0.01)

+ 0.07288*FUEMATIND + 0.94186*LAGPAFSFTP

(1.517) (21.306)

(0.09) (0.89)

R^2 = 0.9963　　$\overline{R}^2$ = 0.9960　　DW = 0.97

其中，PAFSFTP 为农林牧渔总产值价格指数，PFIINV 为固定资产投资价格指数，AGRMANIND 为农业生产资料价格指数，FUEMATIND 为原材料燃料动力购进价格指数，LAGPAFSFTP 为农林牧渔总产值价格指数滞后值。

17. 第一产业增加值价格指数方程

PFII = 36.31 + 0.13103*PPGDP + 0.51823*PAFSFTP + 0.05844*PFIINV

(t)	(7.147)	(12.509)	(1.601)
(elas)	(0.15)	(0.45)	(0.06)

$R^2 = 0.9953$ $\bar{R}^2 = 0.9951$ DW = 1.58

其中，PFII 为第一产业增加值价格指数，PPGDP 为国内生产总值平减指数，PAFSFTP 为农林牧渔总产值价格指数，PFIINV 为固定资产投资价格指数。

18. 第二产业增加值价格指数方程

PSII = −59.44 + 1.16862*PPGDP + 0.43132*PFIINV + 0.0025*DRSII

(t)	(24.072)	(2.238)	(2.234)
(elas)	(1.11)	(0.36)	(0.01)

$R^2 = 0.9932$ $\bar{R}^2 = 0.9929$ DW = 1.08

其中，PSII 为第二产业增加值价格指数，PPGDP 为国内生产总值平减指数，PFIINV 为固定资产投资价格指数，DRSII 为本期第二产业增加值对前期的增量。

19. 第三产业增加值价格指数方程

PTII = −30.95 + 1.14334*PPGDP + 0.16661*PFIINV + 0.00186*DRTII

(t)	(23.150)	(1.850)	(1.634)
(elas)	(1.11)	(0.14)	(0.01)

$R^2 = 0.9919$ $\bar{R}^2 = 0.9915$ DW = 2.86

其中，PTII 为第三产业增加值价格指数，PPGDP 为国内生产总值平减指数，PFIINV 为固定资产投资价格指数，DTTII 为本期第三产业增加值对前期的增量。

20. 工业增加值价格指数方程

PIND = −1.72 + 0.99226*PSII + 0.02401*PFIINV + 0.00731*DRIND

(t)	(595.039)	(2.843)	(2.169)
(elas)	(0.99)	(0.02)	(0.64)

$R^2 = 0.9999$ $\bar{R}^2 = 0.9999$ DW = 1.66

其中，PIND 为工业增加值价格指数，PSII 为第二产业增加值价格指数，PFIINV 为固定资产投资价格指数，DRIND 为本期工业增加值对前期的增量。

21. 建筑业增加值价格指数方程

PCON = −10.14 + 1.01831*PSII + 0.10268*PFIINV + 0.00379*DRCON

(t)	(198.938)	(345133.500)	(12739.151)
(elas)	(0.99)	(0.08)	(0.23)

$R^2 = 0.9985$　　$\bar{R}^2 = 0.9985$　　$DW = 3.47$

其中，PCON 为建筑业增加值价格指数，PSII 为第二产业增加值价格指数，PFIINV 为固定资产投资价格指数，DRCON 为本期建筑业增加值对前期的增量。

22. 现价生产法国内生产总值方程

PGDP = RPGDP*PPGDP/100

其中，PGDP 为现价国内生产总值，RPGDP 为国内生产总值，PPGDP 为国内生产总值平减指数。

23. 现价人均国内生产总值方程

AGDP = PGDP/TPOP*10000

其中，AGDP 为现价人均国内生产总值，PGDP 为现价国内生产总值，TPOP 为总人口。

24. 现价第一产业增加值方程

FII = RFII*PFII/100

其中，FII 为现价第一产业增加值，RFII 为第一产业增加值，PFII 为第一产业增加值价格指数。

25. 现价农林牧渔总产值方程

AFSFTP = RAFSFTP*PAFSFTP/100

其中，AFSFTP 为现价农林牧渔总产值，RAFSFTP 为农林牧渔总产值，PAFSFTP 为农林牧渔总产值价格指数。

26. 现价工业增加值方程

IND = RIND*PIND/100

其中，IND 为现价工业增加值，RIND 为工业增加值，PIND 为工业增加值价格指数。

27. 现价建筑业增加值方程

CON = RCON*PCON/100

其中，CON 为现价建筑业增加值，RCON 为建筑业增加值，PCON 为建筑业增加值价格指数。

28. 现价第二产业增加值方程

SII = RSII*PSII/100

其中，SII 为现价第二产业增加值，RSII 为第二产业增加值，PSII 为第二产业增加值价格指数。

29. 现价第三产业增加值方程

TII = RTII*PTII/100

其中，TII 为现价第三产业增加值，RTII 为第三产业增加值，PTII 为第三产业增加值价格指数。

30. 资本存量方程

CAPSTOCK = @cum（CAPSTOCK，CAPFOR，0.05）

其中，CAPSTOCK 为资本存量，@cum 为 G 软件中的函数，用以生成资本存量，CAPFOR 为资本形成总额。

31. 潜在国内生产总值方程

LOGPOTENGDP = –4.28 + 0. 506028*LOGEPOP + 0.633859*LOGCAPSTOCK

(t)	(4.348)	(8.676)
(elas)	(0.88)	(0.64)

R^2 = 0.9985　　$\bar{R}^2$ = 0.9985　　DW = 0.47

其中，LOGPOTENGDP 为潜在国内生产总值的自然对数，LOGEPOP 为就业人数的自然对数，LOGCAPSTOCK 为资本存量的自然对数。

32. 产出缺口方程

GAPGDP = POTENGDP–RPGDP

其中，GAPGDP 为产出缺口，POTENGDP 为潜在国内生产总值，RPGDP 为国内生产总值。

33. 产出缺口率方程

RATEGAPGDP = GAPGDP/POTENGDP

其中，RATEGAPGDP 为产出缺口率，GAPGDP 为产出缺口，POTENGDP 为潜在国内生产总值。

34. 职工工资方程

RWORAVESAR = –572.61 + 0.380700*RAGDP – 1654.174072*UMEMPRATE

(t)	(8225.995)	(–3574.101)
(elas)	(0.27)	(–0.02)

+1.060555*LAGRWORAVESAR

(8853.16)

(0.95)

R^2 = 0.9940　　$\bar{R}^2$ = 0.9937　　DW = 2.39

其中，RWORAVESAR 为职工平均工资，RAGDP 为人均国内生产总值，

UMEMPRATE 为失业率，LAGRWORAVESAR 为职工平均工资滞后值。

35. 职工工资价格指数方程

PWORAVESAR = –6.04 + 12.58037*INFLRAT + 1.03478*PINDPRO

(t) (12798.125) (37.728)

(elas) (0.01) (1.05)

$R^2 = 0.9578$ $\bar{R}^2 = 0.9564$ DW = 1.17

其中，PWORAVESAR 为职工工资价格指数，INFLRAT 为通货膨胀率，PINDPRO 为工业品出厂价格指数。

36. 现价职工工资方程

WORAVESAR = RWORAVESAR*PWORAVESAR/100

其中，WORAVESAR 为现价职工平均工资，RWORAVESAR 为职工平均工资，PWORAVESAR 为职工工资价格指数。

37. 第一产业就业人数方程

EFIIPOP = 7020.51 + 0.11558*RFII – 0.18958*RWORAVESAR – 74.67146*Q1

(t) (47.119) (1.160) (–2.331)

(elas) (0.12) (–0.03)

–1.02178*ENTGETTAX + 0.78372*LAGEFIIPOP + 17.95696*Q2

(–3.659) (11.615) (9.008)

(–0.08) (0.80)

–3.80926*Q3

(–1.017)

$R^2 = 0.9099$ $\bar{R}^2 = 0.8986$ DW = 1.33

其中，EFIIPOP 为第一产业就业人数，RFII 为第一产业增加值，RWORAVESAR 为职工平均工资，ENTGETTAX 为企业所得税，LAGEFIIPOP 为第一产业就业人数滞后值。

38. 工业就业人数方程

INDPOP = 3092.65 + 1.06974*RIND – 0.28170*RWORAVESAR

(t) (17.910) (–3473.313)

(elas) (0.83) (–0.06)

– 0.09016*ENTGETTAX + 78.58327*Q1 + 72.31781*Q2

(–1111.705) (0.341) (1.315)

(–0.27)

$$+ 45.19341*Q3$$
$$(1.971)$$

$R^2 = 0.7212$ $\bar{R}^2 = 0.6919$ DW = 2.74

其中，INDPOP 为工业就业人数，RIND 为工业增加值，RWORAVESAR 为职工平均工资，ENTGETTAX 为企业所得税。

39. 建筑业就业人数方程

$$CONPOP = 1561.29 + 0.73608*RCON - 0.14881*RWORAVESAR$$

(t) (6.876) (-46.949)

(elas) (0.26) (0.34)

$$+ 55.15609*Q2 - 0.07016*ENTGETTAX + 74.77073*Q1$$

(1.690) (-6099.933) (2.284)

(-0.22)

$$+ 28.87112*Q3$$

(1.886)

$R^2 = 0.9824$ $\bar{R}^2 = 0.9806$ DW = 1.62

其中，CONPOP 为建筑业就业人数，RCON 为建筑业增加值，RWORAVESAR 为职工平均工资，ENTGETTAX 为企业所得税。

40. 第二产业就业人数方程

$$ESIIPOP = INDPOP + CONPOP$$

其中，ESIIPOP 为第二产业就业人数，INDPOP 为工业就业人数，CONPOP 为建筑业就业人数。

41. 交通运输邮政仓储业就业人数方程

$$TRAPOP = 886.55 + 0.81011*TRASAVINC - 0.00619*RWORAVESAR$$

(t) (24.526) (-290.501)

(elas) (0.58) (-0.01)

$$- 0.00742*ENTGETTAX - 16.86763*Q1 + 1.67329*Q2$$

(-348.285) (-1.884) (1.088)

(0.23)

$$+ 14.67556*Q3$$

(0.769)

$R^2 = 0.8982$ $\bar{R}^2 = 0.8875$ DW = 1.45

其中，TRAPOP 为交通运输邮政仓储业就业人数，TRASAVINC 为交通运输邮政仓储业增加值，RWORAVESAR 为职工平均工资，ENTGETTAX 为企业所得税。

42. 批发零售业就业人数方程

WHOPOP = 102.89 + 0.10512*WHORETINC − 0.28355*Q3

(t) (1.558) (−2.005)

(elas) (0.06)

− 0.02972*RWORAVESAR − 0.01815*ENTGETTAX

(−517.259) (−315.936)

(−0.02) (−0.37)

+ 0.98166*LAGWHOPOP − 11.51844*Q1 − 3.54687*Q2

(11.401) (−2.224) (−1.609)

(0.95)

$R^2 = 0.9311$　$\bar{R}^2 = 0.9225$　DW = 2.26

其中，WHOPOP 为批发零售业就业人数，WHORETINC 为批发零售业增加值，RWORAVESAR 为职工平均工资，ENTGETTAX 为企业所得税。

43. 住宿餐饮业就业人数方程

ACCPOP = − 346.86 + 2.71138*ACCINC − 0.03170*RWORAVESAR

(t) (26.464) (−1042.156)

(elas) (1.42) (−0.09)

− 0.01288*ENTGETTAX + 3.62462*Q1 + 20.89093*Q2

(−423.374) (1.333) (7.679)

(−0.17)

+26.90312*Q3

(9.881)

$R^2 = 0.8796$　$\bar{R}^2 = 0.8669$　DW = 1.34

其中，ACCPOP 为住宿餐饮业就业人数，ACCINC 为住宿餐饮业增加值，RWORAVESAR 为职工平均工资，ENTGETTAX 为企业所得税。

44. 金融业就业人数方程

FINPOP = 207.42 + 0.01032*FININC − 0.04487*RWORAVESAR

(t) (2.349) (−15.657)

(elas) (0.13) (−0.37)

− 0.00442*ENTGETTAX + 5.35464*Q1 + 4.10149*Q2 + 2.08774*Q3

(−2.855) (1.428) (1.084) (7.564)

(−0.42)

$R^2 = 0.9765$　$\bar{R}^2 = 0.9740$　DW = 3.28

其中，FINPOP 为金融业就业人数，FININC 为金融业增加值，RWORAVESAR 为职工平均工资，ENTGETTAX 为企业所得税。

45. 房地产业就业人数方程

ESTPOP = −204.71 + 0.32905*HOUINC − 0.00829*RWORAVESAR

(t) (18.428) (−71.209)

(elas) (2.77) (−0.19)

− 0.00259*ENTGETTAX + 3.68254*Q1 + 6.131579*Q2

(−222.648) (3.543) (1.588)

(−0.12)

+ 6.823461*Q3

(0.655)

R^2 = 0.7799 $\bar{R}^2$ = 0.7568 DW = 2.37

其中，ESTPOP 为房地产业就业人数，HOUINC 为房地产业增加值，RWORAVESAR 为职工平均工资，ENTGETTAX 为企业所得税。

46. 其他第三产业就业人数方程

OTHTHIPOP = 5152.33 + 2.17278*OTHTHIINC − 0.00164*RWORAVESAR

(t) (51.161) (−3.652)

(elas) (0.59) (−0.11)

− 0.00038*ENTGETTAX + 77.94311*Q1 + 113.37185*Q2

(−8.404) (6.140) (0.893)

(−0.27) (0.01)

+ 97.03491*Q3

(7.652)

R^2 = 0.7799 $\bar{R}^2$ = 0.7568 DW = 3.14

其中，OTHTHIPOP 为其他第三产业就业人数，OTHTHIINC 为其他第三产业增加值，RWORAVESAR 为职工平均工资，ENTGETTAX 为企业所得税。

47. 第三产业就业人数方程

ETIIPOP = TRAPOP + WHOPOP + ACCPOP + FINPOP + ESTPOP + OTHTHIPOP

其中，ETIIPOP 为第三产业就业人数，TRAPOP 为交通运输邮政仓储业就业人数，WHOPOP 为批发零售业就业人数，ACCPOP 为住宿餐饮业就业人数，FINPOP 为金融业就业人数，ESTPOP 为房地产业就业人数，OTHTHIINC 为其他第三产业就业人数。

48. 就业人数方程

EPOP = EFIIPOP + ESIIPOP + ETIIPOP

其中，EPOP 为就业人数，EFIIPOP 为第一产业就业人数，ESIIPOP 为第二产业就业人数，ETIIPOP 为第三产业就业人数。

49. 失业率方程

UMEMPRATE =（ENPOP – EPOP）/ENPOP

其中，UMEMPRATE 为失业率，ENPOP 为经济活动人口，EPOP 为就业人数。

50. 城镇人均收入方程

URBAVETOTINC = –163.28 + 0.25764*RWORAVESAR

（t）　　（3.194）

（elas）　　（0.35）

– 1082.77942*UMEMPRATE

（–1219.225）

（–0.72）

+ 0.86808*LAGURBAVETOTINC

（7.561）

（0.74）

R^2 = 0.7799　　$\bar{R}^2$ = 0.7568　　DW = 2.12

其中，URBAVETOTINC 为城镇人均收入，RWORAVESAR 为职工平均工资，UMEMPRATE 为失业率，LAGURBAVETOTINC 为城镇人均收入滞后值。

51. 城镇人均可支配收入方程

URBAVEDISINC = 382.89 + 0.723859*URBAVETOTINC

（t）　　（45.655）

（elas）　　（0.80）

R^2 = 0.9711　　$\bar{R}^2$ = 0.9706　　DW = 3.08

其中，URBAVEDISINC 为城镇人均可支配收入，URBAVETOTINC 为城镇人均收入。

52. 城镇总收入方程

URBINCE = URBAVETOTINC*RPOP/10000

其中，URBINCE 为城镇总收入，URBAVETOTINC 为城镇人均收入，RPOP 为城镇人口。

53. 农村人均收入方程

RURAVETOTINC = –200.91 + 1.21605*AVERFII – 861.04511*UMEMPRATE

(t) (7.719) (–4049.867)

(elas) (0.82) (–0.14)

+ 0.49447*LAGRURAVETOTINC

(5.844)

(0.45)

$R^2 = 0.9711$ $\bar{R}^2 = 0.9706$ DW = 2.19

其中，RURAVETOTINC 为农村人均收入，AVERFII 为人均第一产业增加值，UMEMPRATE 为失业率，LAGURBAVETOTINC 为农村人均收入滞后值。

54. 农村人均纯收入方程

RURAVEPURINC = –9.95 + 0.722451*RURAVETOTINC

(t) (166.890)

(elas) (0.92)

$R^2 = 0.9978$ $\bar{R}^2 = 0.9977$ DW = 1.27

其中，RURAVEPURINC 为农村人均纯收入，RURAVETOTINC 为农村人均收入。

55. 农村总收入方程

RURINC = RURAVETOTINC*UPOP/10000

其中，RURINC 为农村总收入，RURAVETOTINC 为农村人均收入，UPOP 为农村总人口。

56. 总收入方程

TOTINCOME = URBINCE+RURINC

其中，TOTINCOME 为总收入，URBINCE 为城镇总收入，RURINC 为农村总收入。

57. 人均消费税方程

AVECONTAX = CONTAX/TPOP*10000

其中，AVECONTAX 为人均消费税，CONTAX 为消费税，TPOP 为总人口。

58. 城镇人均消费

URBAVECON = 414.86 + 0.49969*URBAVEDISINC – 0.103970*AVECONTAX

(t) (11.104) (–1171.610)

(elas) (0.51) (–0.13)

– 991.156982*LONDEPRAT + 0.320446*LAGURBAVECON

(–122.899)　　(4.828)

(–0.61)　　(0.29)

$R^2 = 0.9911$　　$\bar{R}^2 = 0.9905$　　DW = 1.73

其中，URBAVECON 为城镇人均消费，URBAVEDISINC 为城镇人均可支配收入，AVECONTAX 为人均消费税，LONDEPRAT 为长期存款利率，LAGURBAVECON 为城镇人均消费滞后值。

59. 农村人均消费方程

RURAVECON = 228.16 + 0.57191*RURAVEPURINC – 0.13058*AVECONTAX

(t)　　(2583.803)　　(–186.557)

(elas)　　(0.71)　　(–0.12)

– 1768.1569*LONDEPRAT + 0.02214*LAGRURAVECON

(–2526144.751)　　(5.441)

(–0.17)　　(0.02)

$R^2 = 0.9196$　　$\bar{R}^2 = 0.9142$　　DW = 2.64

其中，RURAVECON 为农村人均消费，RURAVEPURINC 为农村人均纯收入，AVECONTAX 为人均消费税，LONDEPRAT 为长期存款利率，LAGRURAVECON 为农村人均消费滞后值。

60. 城镇总消费方程

RURBCON = URBAVECON*RPOP/10000

其中，RURBCON 为城镇总消费，URBAVECON 为城镇人均消费，RPOP 为城镇人口。

61. 农村总消费方程

RRURCON = RURAVECON*UPOP/10000

其中，RRURCON 为农村总消费，RURAVECON 为农村人均消费，UPOP 为农村人口。

62. 社会消费品零售总额价格指数方程

PSOCCONRET = 21.95 + 0.00319*PAFSFTP + 0.37371*PINDPRO

(t)　　(930.057)　　(8.283)

(elas)　　(0.11)　　(0.39)

+ 0.402608*LAGPSOCCONRET

(9.155)

(0.39)

$R^2 = 0.9084$ $\bar{R}^2 = 0.9038$ DW = 1.32

其中，PSOCCONRET 为社会消费品零售总额价格指数，PAFSFTP 为农林牧渔总产值价格指数，PINDPRO 为工业品出厂价格指数，LAGPSOCCONRET 为社会消费品零售总额价格指数滞后值。

63. 城镇居民消费价格指数方程

PURBCON = −16.65 + 0.41323*PSOCCONRET + 0.15793*PWORAVESAR

(t) (4.909) (1.829)

(elas) (0.42) (0.16)

+ 0.26762*PFIINV + 0.32361*LAGPURBCON

(3.560) (15.973)

(0.28) (0.31)

$R^2 = 0.9931$ $\bar{R}^2 = 0.9926$ DW = 2.58

其中，PURBCON 为城镇居民消费价格指数，PSOCCONRET 为社会消费品零售总额价格指数，PWORAVESAR 为职工工资价格指数，PFIINV 为固定资产投资价格指数，LAGPURBCON 为城镇居民消费价格指数滞后值。

64. 农村居民消费价格指数方程

PRURCON = −31.01 + 0.70921*PSOCCONRET + 0.17378*PFII

(t) (15.435) (3.725)

(elas) (0.70) (0.18)

+ 0.28212*PFIINV + 0.14436*LAGPRURCON

(3.478) (6.013)

(0.29) (0.14)

$R^2 = 0.9949$ $\bar{R}^2 = 0.9946$ DW = 2.61

其中，PRURCON 为农村居民消费价格指数，PSOCCONRET 为社会消费品零售总额价格指数，PFII 为第一产业增加值价格指数，PFIINV 为固定资产投资价格指数，LAGPRURCON 为农村居民消费价格指数滞后值。

65. 消费价格指数方程

PCICON = 4.49 + 0.48358*PURBCON + 0.47057*PRURCON

(t) (16.902) (17.328)

(elas) (0.48) (0.48)

$R^2 = 0.9993$ $\bar{R}^2 = 0.9993$ DW = 1.77

其中，PCICON 为消费价格指数，PURBCON 为城镇居民消费价格指数，

PRURCON 为农村居民消费价格指数。

66. 现价城镇居民总消费方程

URBTOTCON = RURBCON*PURBCON/100

其中，URBTOTCON 为现价城镇居民总消费，RURBCON 为城镇居民总消费，PURBCON 为城镇居民消费价格指数。

67. 现价农村居民总消费方程

RURTOTCON = RRURCON *PRURCON/100

其中，RURTOTCON 为现价农村居民总消费，RRURCON 为农村居民总消费，PRURCON 为农村居民消费价格指数。

68. 居民总消费方程

RCICON = RURBCON + RRURCON

其中，RCICON 为居民总消费，RURBCON 为城镇居民总消费，RRURCON 为农村居民总消费。

69. 现价居民总消费方程

CITITOTCON = RCICON*PCICON/100

其中，CITITOTCON 为现价居民总消费，RCICON 为居民总消费，PCICON 为居民消费价格指数。

70. 城镇社会消费品零售总额方程

URBRET = –175.71 + 0.58145*RURBCON + 0.31734*GOVCON

(t) (301.407) (164.490)

(elas) (0.64) (0.18)

– 0.07691*RETTAX + 0.12507*SECTHIFIXINV

(–39.865) (18.402)

(–0.12) (0.21)

$R^2 = 0.9904$ $\bar{R}^2 = 0.9898$ DW = 3.25

其中，URBRET 为城镇社会消费品零售总额，RURBCON 为城镇总消费，GOVCON 为政府消费，RETTAX 为营业税，SECTHIFIXINV 为第二产业与第三产业固定资产投资之和。

71. 农村社会消费品零售总额方程

RURRET = –112.66 + 0.261960*RRURCON + 0.35912*GOVCON

(t) (14828.718) (50.543)

(elas) (0.42) (0.66)

$$- 0.138120*RETTAX + 0.102740*FIIINV$$
(−7818.532)　　(183911.203)
(−0.05)　　(0.11)

$R^2 = 0.9960$　　$\bar{R}^2 = 0.9850$　　$DW = 0.96$

其中，RURRET 为农村社会消费品零售总额，RRURCON 为农村总消费，GOVCON 为政府消费，RETTAX 为营业税，FIIINV 为第一产业固定资产投资。

72. 社会消费品零售总额方程

RSOCRET = URBRET + RURRET

其中，RSOCRET 为社会消费品零售总额，URBRET 为城镇社会消费品零售总额，RURRET 为农村社会消费品零售总额。

73. 现价社会消费品零售总额方程

SOCCONRET = RSOCRET*PSOCCONRET/100

其中，SOCCONRET 为现价社会消费品零售总额，RSOCRET 为社会消费品零售总额，PSOCCONRET 为社会消费品零售总额价格指数。

74. 第一产业固定资产投资方程

$$FIIINV = 286.61 + 0.05493*RFII - 4462.62912*SHOLOARAT$$
(t)　　(9.918)　　(−20.093)
(elas)　　(0.85)　　(−0.98)

$$+ 0.16178*AGRLOA$$
(7.312)
(0.20)

$R^2 = 0.9739$　　$\bar{R}^2 = 0.9726$　　$DW = 1.03$

其中，FIIINV 为第一产业固定资产投资，RFII 为第一产业增加值，SHOLOARAT 为短期贷款利率，AGRLOA 为农业短期贷款。

75. 工业固定资产投资方程

$$FINDINV = -11268.47 + 1.86709*RIND - 49584.57004*SHOLOARAT$$
(t)　　(10.922)　　(−4.946)
(elas)　　(3.15)　　(−0.56)

$$+ 2.26779*INDLOA + 465.39956*Q1 + 515.02816*Q2$$
(2.993)　　(2.015)　　(1.114)
(0.24)

$$+ 384.02738*Q3$$
(0.845)

$R^2 = 0.8919 \quad \bar{R}^2 = 0.8805 \quad DW = 2.87$

其中，FINDINV 为工业固定资产投资，RIND 为工业增加值，SHOLOARAT 为短期贷款利率，INDLOA 为工业短期贷款。

76. 建筑业固定资产投资方程

FCOINV = –138.33 + 0.34972*RCON – 3352.38989*SHOLOARAT

(t) (9.946) (–10.897)

(elas) (3.07) (–1.43)

+ 0.37193*COMLOA + 10.16979*Q1 + 10.64508*Q2 + 10.34644*Q3

(3.255) (1.896) (1.938) (1.915)

(0.19)

$R^2 = 0.8926 \quad \bar{R}^2 = 0.8813 \quad DW = 2.29$

其中，FCOINV 为建筑业固定资产投资，RCON 为建筑业增加值，SHOLOARAT 为短期贷款利率，COMLOA 为建筑业短期贷款。

77. 第二产业固定资产投资方程

SIIINV = FINDINV+FCOINV

其中，SIIINV 为第二产业固定资产投资，FINDINV 为工业固定资产投资，FCOINV 为建筑业固定资产投资。

78. 交通运输邮政仓储业固定资产投资方程

TRANINV = –2201.36 + 2.28971*TRASAVINC – 3905.32309*SHOLOARAT

(t) (5.686) (–2.373)

(elas) (1.78) (–0.14)

+ 2.70722*ARCLOA – 104.47874*Q1 + 50.64074*Q2

(10.614) (–1.069) (1.518)

(0.51)

+ 100.77823*Q3

(1.030)

$R^2 = 0.9559 \quad \bar{R}^2 = 0.9513 \quad DW = 1.36$

其中，TRANINV 为交通运输邮政仓储业固定资产投资，TRASAVINC 为交通运输邮政仓储业增加值，SHOLOARAT 为短期贷款利率，ARCLOA 为商业短期贷款。

79. 批发零售业固定资产投资方程

$$
\begin{aligned}
RETWHOINV = & -89.83 + 0.11906*WHORETINC - 1132.95689*SHOLOARAT \\
(t) \quad & \qquad (2.866) \qquad (-2.378) \\
(elas) \quad & \qquad (0.85) \qquad (-0.27) \\
& + 0.57736*ARCLOA - 22.88178*Q1 + 6.68088*Q2 \\
& \quad (15.094) \qquad (-1.192) \qquad (1.348) \\
& \quad (0.74) \\
& + 14.20454*Q3 \\
& \quad (1.740)
\end{aligned}
$$

$R^2 = 0.9342 \qquad \bar{R}^2 = 0.9273 \qquad DW = 1.34$

其中，RETWHOINV 为批发零售业固定资产投资，WHORETINC 为批发零售业增加值，SHOLOARAT 为短期贷款利率，ARCLOA 为商业短期贷款。

80. 住宿餐饮业固定资产投资方程

$$
\begin{aligned}
ACCRESINV = & \, 5.84 + 0.05802*ACCINC - 601.03095*SHOLOARAT \\
(t) \quad & \qquad (4.478) \qquad (-3623.051) \\
(elas) \quad & \qquad (0.27) \qquad (-0.34) \\
& + 0.33283*ARCLOA - 10.83047*Q1 + 4.38511*Q2 \\
& \quad (7.994) \qquad (-0.729) \qquad (2.095) \\
& \quad (1.02) \\
& + 6.99657*Q3 \\
& \quad (2.471)
\end{aligned}
$$

$R^2 = 0.8660 \qquad \bar{R}^2 = 0.8519 \qquad DW = 0.76$

其中，ACCRESINV 为住宿餐饮业固定资产投资，ACCINC 为住宿餐饮业增加值，SHOLOARAT 为短期贷款利率，ARCLOA 为商业短期贷款。

81. 金融业固定资产投资方程

$$
\begin{aligned}
FINAINV = & -14.88 + 0.03405*FININC - 173.23931*SHOLOARAT \\
(t) \quad & \qquad (9.045) \qquad (-3.571) \\
(elas) \quad & \qquad (1.56) \qquad (-0.48) \\
& + 0.03616*ARCLOA \\
& \quad (8.605) \\
& \quad (0.54)
\end{aligned}
$$

$R^2 = 0.9464 \qquad \bar{R}^2 = 0.9437 \qquad DW = 1.95$

其中，FINAINV 为金融业固定资产投资，FININC 为金融业增加值，

SHOLOARAT 为短期贷款利率，ARCLOA 为商业短期贷款。

82. 房地产业固定资产投资方程

ESTINV = –2927.57 + 4.12372*HOUINC – 309.22189*SHOLOARAT

(t) (7.267) (–1513.757)

(elas) (1.38) (–0.11)

+ 5.01612*ARCLOA – 133.39411*Q1 + 82.55082*Q2

(10.418) (–7.301) (4.451)

(0.55)

+ 149.27566*Q3

(1.816)

$R^2 = 0.9522$ $\bar{R}^2 = 0.9475$ DW = 1.26

其中，ESTINV 为房地产业固定资产投资，HOUINC 为房地产业增加值，SHOLOARAT 为短期贷款利率，ARCLOA 为商业短期贷款。

83. 其他第三产业固定资产投资方程

OTHINV = –688.85 + 0.53858*OTHTHIINC – 1145.70276*SHOLOARAT

(t) (5.773) (–6923.036)

(elas) (0.76) (–0.03)

+ 3.70798*ARCLOA – 95.58242*Q1 + 66.61501*Q2 + 98.71878*Q3

(10.305) (–0.645) (4.449) (2.661)

(0.54)

$R^2 = 0.9384$ $\bar{R}^2 = 0.9319$ DW = 0.98

其中，OTHINV 为其他第三产业固定资产投资，OTHTHIINC 为其他第三产业增加值，SHOLOARAT 为短期贷款利率，ARCLOA 为商业短期贷款。

84. 第三产业固定资产投资方程

TIIINV = TRANINV + RETWHOINV + ACCRESINV + FINAINV + ESTINV + OTHINV

其中，TIIINV 为第三产业固定资产投资，TRANINV 为交通运输邮政仓储业固定资产投资，RETWHOINV 为批发零售业固定资产投资，ACCRESINV 为住宿餐饮业固定资产投资，FINAINV 为金融业固定资产投资，ESTINV 为房地产业固定资产投资，OTHINV 为其他第三产业固定资产投资。

85. 全社会固定资产投资方程

RTFINV = FIIINV + SIIINV + TIIINV

其中，RTFINV 为全社会固定资产投资，FIIINV 为第一产业固定资产投资，SIIINV 为第二产业固定资产投资，TIIINV 为第三产业固定资产投资。

86. 固定资产投资价格指数方程

PFIINV = 82.39 + 0.07053*PPGDP + 1.18520*LONLOARAT + 0.00047*DM2

(t) (3.359) (2245.301) (9.739)

(elas) (0.08) (0.22) (0.13)

$R^2 = 0.8722$ $\bar{R}^2 = 0.8658$ DW = 2.28

其中，PFIINV 为固定资产投资价格指数，PPGDP 为国内生产总值平减指数，LONLOARAT 为长期贷款利率，DM2 为本期货币和准货币供应量对前期的增量。

87. 现价全社会固定资产投资

TFCINV = RTFINV*PFIINV/100

其中，TFCINV 为现价全社会固定资产投资，RTFINV 为全社会固定资产投资，PFIINV 为固定资产投资价格指数。

88. 煤炭开采投资方程

COAMININV = –265.09 – 1058.28186*SHOLOARAT + 0.01534*COALCON

(t) (–5373.899) (16.436)

(elas) (–0.43) (2.75)

+ 0.06998*INDLOA

(2.504)

(0.27)

$R^2 = 0.9139$ $\bar{R}^2 = 0.9096$ DW = 2.24

其中，COAMININV 为煤炭开采投资，SHOLOARAT 为短期贷款利率，COALCON 为煤炭消费，INDLOA 为工业短期贷款。

89. 石油天然气投资方程

OILMININV = –369.39 – 818.71521*SHOLOARAT + 0.06771*OILCON

(t) (–2135.685) (14.612)

(elas) (–0.14) (0.73)

+ 0.22187*INDLOA

(4.257)

(0.36)

$R^2 = 0.8982$ $\bar{R}^2 = 0.8931$ DW = 1.44

其中，OILMININV 为石油天然气开采投资，SHOLOARAT 为短期贷款利率，OILCON 为石油天然气消费，INDLOA 为工业短期贷款。

90. 电力热力生产方程

ELEMANINV = –457.44 – 1149.337402*SHOLOARAT

(t) (–2163.418)

(elas) (–0.08)

+ 0.49894*ELECTRICTIYCON + 0.01087*INDLOA

(27.411) (10.139)

(1.54) (0.01)

$R^2 = 0.9614$ $\bar{R}^2 = 0.9595$ DW = 2.22

其中，ELEMANINV 为电力热力生产投资，SHOLOARAT 为短期贷款利率，ELECTRICTIYCON 为电力热力消费，INDLOA 为工业短期贷款。

91. 能源投资方程

ENEINV = COAMININV + OILMININV+ELEMANINV

其中，ENEINV 为能源投资，COAMININV 为煤炭开采投资，OILMININV 为石油天然气投资，ELEMANINV 为电力热力生产投资。

92. 固定资本形成总额方程

FIFTOT = 257.51 + 0.12446*RTFINV + 0.03996*DRPGDP

(t) (7.718) (1.721)

(elas) (0.16) (0.03)

+ 0.92541*LAGFIFTOT

(3.275)

(0.82)

$R^2 = 0.9951$ $\bar{R}^2 = 0.9948$ DW = 1.79

其中，FIFTOT 为固定资本形成总额，RTFINV 为全社会固定资产投资，DRPGDP 为本期国内生产总值对前期的增量，LAGFIFTOT 为固定资本形成总额滞后值。

93. 存货增加方程

STOINC = –746.42 + 0.02697*RTFINV + 0.00587*DRPGDP

(t) (11.963) (2.497)

(elas) (0.47) (0.01)

+0.196512*LAGSTOINC+15454.797482*SHOLOARAT

(2.685) (9.722)

(0.19) (1.25)

$R^2 = 0.9513$ $\bar{R}^2 = 0.9480$ DW = 1.18

其中，STOINC 为存货增加，RTFINV 为全社会固定资产投资，DRPGDP 为本期国内生产总值对前期的增量，LAGSTOINC 为存货增加滞后值，SHOLOARAT 为短期贷款利率。

94. 资本形成总额方程

CAPFOR = FIFTOT+STOINC

其中，CAPFOR 为资本形成总额，FIFTOT 为固定资本形成总额，STOINC 为存货增加。

95. 农业生产资料价格指数方程

AGRMANIND = −20.42 + 0.17391*PFIINV + 0.37491*PCICON

(t) (81141.251) (3.349)

(elas) (0.16) (0.34)

+ 0.69154*FUEMATIND

(9.545)

(0.68)

$R^2 = 0.9344$ $\bar{R}^2 = 0.9311$ DW = 2.39

其中，AGRMANIND 为农业生产资料价格指数，PFIINV 为固定资产投资价格指数，PCICON 为消费价格指数，FUEMATIND 为燃料原材料动力购进价格指数。

96. 燃料原材料动力购进价格指数方程

FUEMATIND = −34.86 + 0.68756*PFIINV + 0.26143*PCICON

(t) (4.941) (1372.875)

(elas) (0.66) (0.24)

+ 0.41852*AGRMANIND

(5.390)

(0.42)

$R^2 = 0.9436$ $\bar{R}^2 = 0.9407$ DW = 3.25

其中，FUEMATIND 为燃料原材料动力购进价格指数，PFIINV 为固定资产投资价格指数，PCICON 为消费价格指数，AGRMANIND 为农业生产资料价格指数。

97. 工业品出厂价格指数方程

PINDPRO = 20.91 + 0.14372*AGRMANIND + 0.09607*FUEMATIND

(t) (3.029) (2.337)

(elas) (0.15) (0.10)

+ 0.55404*PWORAVESAR

(8.812)

(0.54)

$R^2 = 0.9772$ $\bar{R}^2 = 0.9761$ DW = 1.40

其中，PINDPRO 为工业品出厂价格指数，AGRMANIND 为农业生产资料价格指数，FUEMATIND 为燃料原材料动力购进价格指数，PWORAVESAR 为职工工资价格指数。

98. 进口价格指数方程

PIMPORT = –28.59 + 1.12372*PWOREXP + 0.08745*IMPTAX

(t) (13.207) (10.009)

(elas) (1.08) (0.18)

$R^2 = 0.9775$ $\bar{R}^2 = 0.9767$ DW = 1.06

其中，PIMPORT 为进口价格指数，PWOREXP 为世界出口价格指数，IMP-TAX 为关税。

99. 国内出口价格指数方程

PEXPORT = 29.13 + 0.08412*PWOREXP + 0.64969*PINDPRO

(t) (2.929) (5.826)

(elas) (0.08) (0.64)

$R^2 = 0.8639$ $\bar{R}^2 = 0.8554$ DW = 1.19

其中，PEXPORT 为出口价格指数，PWOREXP 为世界出口价格指数，PINDPRO 为工业品出厂价格指数。

100. 通货膨胀率方程

INFLRAT = 0.028 – 0.19973*UMEMPRATE + 0.12506*RATEGAPGDP

(t) (–2.108) (2.905)

(elas) (–0.14) (0.01)

+ 0.12840*RATDM2 + 0.17932*LAGINFLRAT

(3.613) (1.526)

(0.46) (0.19)

$R^2 = 0.7540$ $\bar{R}^2 = 0.7373$ DW = 1.22

其中，INFLRAT 为通货膨胀率，UMEMPRATE 为失业率，RATEGAPGDP 为产出缺口率，RATDM2 为货币和准货币供应量增长率，LAGINFLRAT 为通货膨胀率滞后值。

101. 一般贸易出口方程

GENEXP = –2696.36 + 0.12741*WORTOTTRA + 31.26709*EXCRATE

(t) (42.434) (48847.980)

(elas) (1.69) (0.07)

– 13.18737*RELPEXPORT

(–20602.371)

(–0.01)

R^2 = 0.9677 $\bar{R}^2$ = 0.9660 DW = 1.31

其中，GENEXP 为一般贸易出口，WORTOTTRA 为世界贸易总额，EXCRATE 为汇率，RELPEXPORT 为出口相对价格。

102. 加工及其他贸易出口方程

PROEXP = –2966.12 + 0.15786*WORTOTTRA + 27.33191*EXCRATE

(t) (29.573) (24015.761)

(elas) (1.59) (0.05)

– 21.11450*RELPEXPORT

(–185.527)

(–0.02)

R^2 = 0.9357 $\bar{R}^2$ = 0.9325 DW = 1.41

其中，PROEXP 为加工及其他贸易出口，WORTOTTRA 为世界贸易总额，EXCRATE 为汇率，RELPEXPORT 为出口相对价格。

103. 出口总额方程

RTOEXP = GENEXP + PROEXP

其中，RTOEXP 为出口总额，GENEXP 为一般贸易出口，PROEXP 为加工及其他贸易出口。

104. 现价出口总额方程

TOTEXP = RTOEXP*PEXPORT/100

其中，TOTEXP 为现价出口总额，RTOEXP 为出口总额，PEXPORT 为出口价格指数。

105. 一般贸易进口方程

GENIMP = –1983.14 + 0.09857*RPGDP – 9.96429*IMPTAX

(t) (3.078) (–9.801)

(elas) (0.13) (–0.29)

–3.18391*EXCRATE –12.16951*RELPIMPORT

(–154.827) (–591.783)

(–0.01) (–0.01)

$R^2 = 0.9242$ $\bar{R}^2 = 0.9190$ DW = 2.73

其中，GENIMP 为一般贸易进口，RPGDP 为国内生产总值，IMPTAX 为关税，EXCRATE 为汇率，RELPIMPORT 为进口相对价格。

106. 加工及其他贸易进口方程

PROIMP = –2599.57 + 0.17290*RPGDP + 0.66261*LAGPROIMP

(t) (8095.519) (8.232)

(elas) (0.19) (0.61)

– 1.59946*IMPTAX – 7.91570*EXCRATE

(–5.122) (–3706.287)

(–0.45) (–0.02)

– 57.721246*RELPIMPORT

(–6.014)

(–0.06)

$R^2 = 0.9221$ $\bar{R}^2 = 0.9153$ DW = 1.51

其中，PROIMP 为加工及其他贸易进口，RPGDP 为国内生产总值，IMPTAX 为关税，EXCRATE 为汇率，RELPIMPORT 为进口相对价格，LAGPROIMP 为加工及其他贸易进口滞后值。

107. 进口总额方程

RTOIMP = GENIMP + PROIMP

其中，RTOIMP 为进口总额，GENIMP 为一般贸易进口，PROIMP 为加工及其他贸易进口。

108. 现价进口总额方程

TOTIMP = RTOIMP*PIMPORT/100

其中，TOTIMP 为现价进口总额，RTOIMP 为进口总额，PIMPORT 为进口价格指数。

109. 净出口方程

RPUREXP = RTOEXP – RTOIMP

其中，RPUREXP 为净出口，RTOEXP 为出口，RTOIMP 为进口。

110. 现价净出口方程

PUREXP = TOTEXP – TOTIMP

其中，PUREXP 为现价净出口，TOTEXP 为现价出口，TOTIMP 为现价进口。

111. 外商直接投资方程

FDI = –79.32 + 0.00176*WORGDP + 7.39292*EXCRATE

(t)　　(27.255)　　(3.178)

(elas)　　(1.14)　　(0.42)

$R^2 = 0.9246$　　$\bar{R}^2 = 0.9221$　　DW = 1.78

其中，FDI 为外商直接投资，WORGDP 为世界 GDP，EXCRATE 为汇率。

112. 政府消费方程

GOVCON = 390.64 + 0.18643*GOVFISEXP + 0.78971*LAGGOVCON

(t)　　(6.599)　　(15.124)

(elas)　　(0.22)　　(0.69)

+ 18.59581*Q1 + 28.23199*Q2 + 4.47367*Q3

(0.349)　　(2.531)　　(2.84)

$R^2 = 0.9967$　　$\bar{R}^2 = 0.9964$　　DW = 3.01

其中，GOVCON 为政府消费，GOVFISEXP 为政府财政支出，LAGGOVCON 为政府消费滞后值。

113. 总消费方程

RTOTCON = RCICON + GOVCON

其中，RTOTCON 为总消费，RCICON 为居民消费，GOVCON 为政府消费。

114. 现价总消费方程

TOTCON = RTOTCON*PCICON/100

其中，TOTCON 为现价总消费，RTOTCON 为总消费，PCICON 为消费价格指数。

115. 支出法国内生产总值

EXPGDP = RTOTCON + CAPFOR+PUREXP

其中，EXPGDP 为支出法国内生产总值，RTOTCON 为总消费，CAPFOR 为资本形成总额，PUREXP 为净出口。

116. 增值税方程

$$INCVALTAX = 118.24357 + 0.40006*GOVTAX$$

(t) (105.445)

(elas) (0.96)

$R^2 = 0.9924$ $\bar{R}^2 = 0.9922$ DW = 1.51

其中，INCVALTAX 为增值税，GOVTAX 为政府税收收入。

117. 营业税方程

$$RETTAX = 28.18599 + 0.16777*GOVTAX$$

(t) (77.617)

(elas) (0.97)

$R^2 = 0.9874$ $\bar{R}^2 = 0.9870$ DW = 1.66

其中，RETTAX 为营业税，GOVTAX 为政府税收收入。

118. 消费税方程

$$CONTAX = 102.11185 + 0.05204*GOVTAX$$

(t) (46.245)

(elas) (0.70)

$R^2 = 0.9886$ $\bar{R}^2 = 0.9882$ DW = 1.45

其中，CONTAX 为消费税，GOVTAX 为政府税收收入。

119. 关税方程

$$IMPTAX = 52.48718 + 0.03574*GOVTAX$$

(t) (25.511)

(elas) (0.91)

$R^2 = 0.9658$ $\bar{R}^2 = 0.9647$ DW = 1.64

其中，IMPTAX 为关税，GOVTAX 为政府税收收入。

120. 个人所得税方程

$$PERGETTAX = -79.27881 + 0.09731*GOVTAX$$

(t) (37.269)

(elas) (1.21)

$R^2 = 0.9764$ $\bar{R}^2 = 9756$ DW = 1.88

其中，PERGETTAX 为个人所得税，GOVTAX 为政府税收收入。

121. 企业所得税方程

$$ENTGETTAX = -221.74780 + 0.24888 * GOVTAX$$

(t) (42.835)

(elas) (1.23)

$R^2 = 0.9703$ $\bar{R}^2 = 0.9694$ $DW = 1.74$

其中，ENTGETTAX 为企业所得税，GOVTAX 为政府税收收入。

122. 政府税收收入方程

$$GOVTAX = -2914.22811 + 0.18342PGDP + 13365.41848\ TAXRAT$$

其中，GOVTAX 为政府税收收入，PGDP 为现价国内生产总值，TAXRAT 为宏观税率。

123. 政府财政收入方程

$$GOVFISINC = GOVTAX + GOVNONTAX$$

其中，GOVFISINC 为政府财政收入，GOVTAX 为政府税收收入，GOV-NONTAX 为政府非税收收入。

124. 存款总额增加额方程

$$DEPTOT = -19671.57 + 1.02839*RPGDP + 3142.76074*LONDEPRAT$$

(t) (15.059) (3371.754)

(elas) (1.74) (0.18)

$$+ 481.33749*DEPRAT$$

(163.303)

(0.02)

$R^2 = 0.7861$ $\bar{R}^2 = 0.7754$ $DW = 1.62$

其中，DEPTOT 为存款总额增加额，RPGDP 为国内生产总值，LONDEPRAT 为长期存款利率，DEPRAT 为短期存款利率。

125. 居民储蓄存款增加额方程

$$RESDEP = -2909.81 + 0.27337*URBINC + 218.19501*DEPRAT$$

(t) (18098.418) (456.808)

(elas) (0.88) (0.02)

$$+ 0.32471*RURINC + 21256.40896*LONDEPRAT$$

(21497.373) (4.767)

(0.66) (0.31)

$R^2 = 0.7378$ $\bar{R}^2 = 0.7200$ $DW = 1.42$

其中，RESDEP 为居民储蓄存款增加额，URBINC 为城镇总收入，RURINC 为农村总收入，LONDEPRAT 为长期存款利率，DEPRAT 为短期存款利率。

126. 外汇储备方程

$$EXCSTO = 5332.68 + 48.41394{*}FDI + 0.42424{*}RTOEXP$$

(t)　　(4.612)　　(5.403)

(elas)　　(1.56)　　(0.80)

$$+ 1415.91249{*}EXCRATE$$

(5.66)

(0.57)

$R^2 = 0.9366$　　$\bar{R}^2 = 0.9334$　　DW = 2.22

其中，EXCSTO 为外汇储备，FDI 为外商直接投资，RTOEXP 为出口总额，EXCRATE 为汇率。

127. 工业短期贷款方程

$$INDLOA = 435.87 + 0.06906{*}RIND - 1039.80261{*}SHOLOARAT$$

(t)　　(174.709)　　(-263.051)

(elas)　　(1.10)　　(-0.11)

$$+ 0.03278{*}DEPTOT + 0.006560{*}M2 + 0.110519{*}M0$$

(466.52)　　(165.375)　　(2499.767)

(0.03)　　(0.01)　　(0.01)

$$- 132.748783{*}Q1 - 171.621023{*}Q2 - 130.695324{*}Q3$$

(-374.708)　　(-482.981)　　(-365.131)

$R^2 = 0.5963$　　$\bar{R}^2 = 0.5376$　　DW = 1.90

其中，INDLOA 为工业短期贷款，RIND 为工业增加值，SHOLOARAT 为短期贷款利率，DEPTOT 为存款总额，M2 为货币和准货币供应量，M0 为流通中的现金。

128. 商业短期贷款方程

$$COMLOA = 77.76 + 0.00961{*}RTII - 768.41941{*}SHOLOARAT$$

(t)　　(1.65)　　(-1.769)

(elas)　　(0.16)　　(-0.64)

$$+ 0.00138{*}DEPTOT + 0.00017{*}M2 + 0.00015{*}M0$$

(3203.672)　　(2.163)　　(355.705)

(0.12)　　(0.37)　　(0.03)

$R^2 = 0.5766$　　$\bar{R}^2 = 0.5401$　　DW = 1.66

其中，COMLOA 为商业短期贷款，RTII 为第三产业增加值，SHOLOARAT 为短期贷款利率，DEPTOT 为存款总额，M2 为货币和准货币供应量，M0 为流通中的现金。

129. 建筑业短期贷款方程

ARCLOA = –6.79 + 0.03575*RCON –387.08222*SHOLOARAT

(t) (1.49) (–3.076)

(elas) (0.96) (–0.07)

+ 0.00612*DEPTOT + 0.00474*M2 + 0.05392*M0

(1.884) (2.582) (1.655)

(0.12) (2.33) (0.82)

$R^2 = 0.9237$ $\bar{R}^2 = 0.9172$ DW = 1.91

其中，ARCLOA 为建筑业短期贷款，RCON 为建筑业增加值，SHOLOARAT 为短期贷款利率，DEPTOT 为存款总额，M2 为货币和准货币供应量，M0 为流通中的现金。

130. 农业短期贷款方程

AGRLOA = –139.12 + 0.06472*RFII – 972.75884*SHOLOARAT

(t) (4785.988) (–2.901)

(elas) (0.81) (–0.17)

+ 0.02574*DEPTOT + 0.00038*M2 + 0.00167*M0

(2.800) (1.934) (123.504)

(0.48) (0.18) (0.07)

$R^2 = 0.8571$ $\bar{R}^2 = 0.8447$ DW = 1.69

其中，AGRLOA 为农业短期贷款，RFII 为第一产业增加值，SHOLOARAT 为短期贷款利率，DEPTOT 为存款总额，M2 为货币和准货币供应量，M0 为流通中的现金。

131. 中长期贷款方程

LONLOA = 309.15 + 0.01428*RPGDP – 3987.41089*LONLOARAT

(t) (5013.441) (–139.909)

(elas) (0.11) (–0.10)

+ 0.20669*DEPTOT + 0.00773*M2 + 0.00143*M0

(3.663) (3.432) (500.993)

(0.46) (0.43) (0.01)

$R^2 = 0.9007$ $\bar{R}^2 = 0.8922$ DW = 1.17

其中，LONLOA 为中长期贷款，RPGDP 为国内生产总值，LONLOARAT 为长期贷款利率，DEPTOT 为存款总额，M2 为货币和准货币供应量，M0 为流通中的现金。

132. 短期贷款方程

SHOLOA = INDLOA + COMLOA + ARCLOA + AGRLOA

其中，SHOLOA 为短期贷款，INDLOA 为工业短期贷款，COMLOA 为商业短期贷款，ARCLOA 为建筑业短期贷款，AGRLOA 为农业短期贷款。

133. 贷款总额方程

LOATOT = LONLOA + SHOLOA

其中，LOATOT 为贷款总额，LONLOA 为长期贷款，SHOLOA 为短期贷款。

134. 煤炭生产方程

$$COALMAN = 4836.58 + 5.53153*COAMININV + 0.85571*COALCON$$

(t) (1.732) (14.407)

(elas) (0.23) (0.77)

$R^2 = 0.9862$ $\bar{R}^2 = 0.9857$ DW = 1.70

其中，COALMAN 为煤炭生产总量，COAMININV 为煤炭开采投资，COAL-CON 为煤炭消费。

135. 石油天然气生产方程

$$OILMAN = 3913.33+0.21492*OILMININV +0.31599*OILCON$$

(t) (120.497) (59.122)

(elas) (0.07) (0.44)

$R^2 = 0.9847$ $\bar{R}^2 = 0.9842$ DW = 1.57

其中，OILMAN 为石油天然气生产总量，OILMININV 为石油天然气开采投资，OILCON 为石油天然气消费。

136. 电力生产方程

$$ELECTRICITYMAN = 401.59 + 0.13761*ELEMANINV$$

(t) (729.861)

(elas) (0.04)

$$+ 0.820204*ELECTRICTIYCON$$

(55.554)

(0.82)

$R^2 = 0.9835$ $\bar{R}^2 = 0.9830$ DW = 1.78

其中，ELECTRICITYMAN 为电力生产总量，ELEMANINV 为电力生产投资，ELECTRICTIYCON 为电力消费。

137. 能源生产方程

POWMAN = OILMAN + ELECTRICITYMAN + COALMAN

其中，POWMAN 为能源生产总量，OILMAN 为石油天然气生产总量，ELECTRICITYMAN 为电力生产总量，COALMAN 为煤炭生产总量。

138. 煤炭消费方程

COALCON = −2303.27 + 0.02894*RPGDP − 14.36091*FUEMATIND

(t) (3.071) (−3395.683)

(elas) (0.33) (−0.05)

+ 1.17471*LAGCOALCON

(26.617)

(0.81)

$R^2 = 0.9864$ $\bar{R}^2 = 0.9857$ DW = 2.31

其中，COALCON 为煤炭消费总量，RPGDP 为国内生产总值，FUEMATIND 为原材料燃料动力购进价格指数，LAGCOALCON 为煤炭消费总量滞后值。

139. 石油天然气消费方程

OILCON = −167.44+0.02301*RPGDP −2.90006*FUEMATIND

(t) (4.784) (−0.902)

(elas) (0.26) (−0.03)

+ 1.061796*LAGOILCON

(24.918)

(0.74)

$R^2 = 0.9888$ $\bar{R}^2 = 0.9883$ DW = 3.01

其中，OILCON 为石油天然气消费总量，RPGDP 为国内生产总值，FUEMATIND 为原材料燃料动力购进价格指数，LAGOILCON 为石油天然气消费总量滞后值。

140. 电力消费方程

ELECTRICTIYCON = −1680.15 + 0.10271*RPGDP − 3.32497*FUEMATIND

(t) (310.163) (−100.407)

(elas) (0.88) (−0.12)

+ 0.88686*LAGELECTRICTIYCON

(27.112)

(0.80)

$R^2 = 0.9597$ $\bar{R}^2 = 0.9576$ DW = 1.87

其中，ELECTRICTIYCON 为电力消费总量，RPGDP 为国内生产总值，FUEMATIND 为原材料燃料动力购进价格指数，LAGELECTRICTIYCON 为电力消费总量滞后值。

141. 能源生产方程

POWCON = COALCON + OILCON + ELECTRICTIYCON

其中，POWCON 为能源消费总量，COALCON 为煤炭消费总量，OILCON 为石油天然气消费总量，ELECTRICTIYCON 为电力消费总量。

二、模型方程变量表

为了更好地理解模型的逻辑结构和计算顺序，将模型的行为方程、恒等式和定义方程列于表 4–2，模型中使用的外生变量列于表 4–3。

表 4–2　模型方程及内生变量

变量名	含义	方程序号	方程类型
RAFSFTP	农林牧渔总产值	1	行为方程
RFII	第一产业增加值	2	行为方程
RIND	工业增加值	3	行为方程
RCON	建筑业增加值	4	行为方程
RSII	第二产业增加值	5	恒等式
TRASAVINC	交通运输邮政业增加值	6	行为方程
WHORETINC	批发零售业增加值	7	行为方程
ACCINC	住宿餐饮业增加值	8	行为方程
FININC	金融业增加值	9	行为方程
HOUINC	房地产业增加值	10	行为方程
OTHTHIINC	其他第三产业增加值	11	行为方程
RTII	第三产业增加值	12	恒等式
RPGDP	生产法国内生产总值	13	恒等式
RAGDP	人均国内生产总值	14	定义方程
PPGDP	国内生产总值平减指数	15	行为方程
PAFSFTP	农林牧渔总产值价格指数	16	行为方程
PFII	第一产业增加值价格指数	17	行为方程
PSII	第二产业增加值价格指数	18	定义方程

续表

变量名	含义	方程序号	方程类型
PTII	第三产业增加值价格指数	19	行为方程
PIND	工业增加值价格指数	20	行为方程
PCON	建筑业增加值价格指数	21	行为方程
PGDP	现价国内生产总值	22	定义方程
AGDP	现价人均国内生产总值	23	定义方程
FII	现价第一产业增加值	24	定义方程
AFSFTP	现价农林牧渔总产值	25	定义方程
IND	现价工业增加值	26	定义方程
CON	现价建筑业增加值	27	定义方程
SII	现价第二产业增加值	28	定义方程
TII	现价第三产业增加值	29	定义方程
CAPSTOCK	资本存量	30	定义方程
LOGPOTENGDP	潜在国内生产总值对数值	31	行为方程
GAPGDP	产出缺口	32	定义方程
RATEGAPGDP	产出缺口率	33	定义方程
RWORAVESAR	职工平均工资	34	行为方程
PWORAVESAR	职工平均工资价格指数	35	行为方程
WORAVESAR	现价职工平均工资	36	定义方程
EFIIPOP	第一产业就业人数	37	行为方程
INDPOP	工业就业人数	38	行为方程
CONPOP	建筑业就业人数	39	行为方程
ESIIPOP	第二产业就业人数	40	恒等式
TRAPOP	交通运输邮政业就业人数	41	行为方程
WHOPOP	批发零售业就业人数	42	定义方程
ACCPOP	住宿餐饮业就业人数	43	行为方程
FINPOP	金融业就业人数	44	行为方程
ESTPOP	房地产业就业人数	45	行为方程
OTHTHIPOP	其他第三产业就业人数	46	行为方程
ETIIPOP	第三产业就业人数	47	恒等式
EPOP	就业人数	48	恒等式
UMEMPRATE	失业率	49	定义式
URBAVETOTINC	城镇人均收入	50	行为方程
URBAVEDISINC	城镇人均可支配收入	51	行为方程
URBINCE	城镇总收入	52	定义式
RURAVETOTINC	农村人均收入	53	行为方程
RURAVEPURINC	农村人均纯收入	54	行为方程
RURINC	农村总收入	55	定义方程

续表

变量名	含义	方程序号	方程类型
TOTINCOME	总收入	56	恒等式
AVECONTAX	人均消费税	57	定义方程
URBAVECON	城镇人均消费	58	行为方程
RURAVECON	农村人均消费	59	行为方程
RURBCON	城镇总消费	60	定义方程
RRURCON	农村总消费	61	定义方程
PSOCCONRET	社会消费品零售价格指数	62	行为方程
PURBCON	城镇居民消费价格指数	63	行为方程
PRURCON	农村居民消费价格指数	64	行为方程
PCICON	消费价格指数	65	行为方程
URBTOTCON	现价城镇总消费	66	定义方程
RURTOTCON	现价农村总消费	67	定义方程
RCICON	居民总消费	68	恒等式
CITITOTCON	现价居民总消费	69	定义方程
URBRET	城镇社会消费品零售总额	70	行为方程
RURRET	农村社会消费品零售总额	71	行为方程
RSOCRET	社会消费品零售总额	72	恒等式
SOCCONRET	现价社会消费品零售总额	73	定义方程
FIIINV	第一产业固定资产投资	74	行为方程
FINDINV	工业固定资产投资	75	行为方程
FCOINV	建筑业固定资产投资	76	行为方程
SIIINV	第二产业固定资产投资	77	恒等式
TRANINV	交通运输邮政固定资产投资	78	行为方程
RETWHOINV	批发零售业固定资产投资	79	行为方程
ACCRESINV	住宿餐饮业固定资产投资	80	行为方程
FINAINV	金融业固定资产投资	81	行为方程
ESTINV	房地产业固定资产投资	82	行为方程
OTHINV	其他第三产业固定资产投资	83	行为方程
TIIINV	第三产业固定资产投资	84	恒等式
RTFINV	全社会固定资产投资	85	恒等式
PFIINV	固定资产投资价格指数	86	行为方程
TFCINV	现价全社会固定资产投资	87	定义方程
COAMININV	煤炭开采投资	88	行为方程
OILMININV	石油天然气投资	89	行为方程
ELEMANINV	电力热力生产投资	90	行为方程
ENEINV	能源固定资产投资	91	恒等式
FIFTOT	固定资本形成总额	92	行为方程

续表

变量名	含义	方程序号	方程类型
TOINC	存货增加	93	行为方程
CAPFOR	资本形成总额	94	恒等式
AGRMANIND	农业生产资料价格指数	95	行为方程
FUEMATIND	燃料原材料动力购进价格指数	96	定义方程
PINDPRO	工业品出厂价格指数	97	行为方程
PIMPORT	进口价格指数	98	行为方程
PEXPORT	国内出口价格指数	99	行为方程
INFLRAT	通货膨胀率	100	行为方程
GENEXP	一般贸易出口	101	行为方程
PROEXP	加工及其他贸易出口	102	行为方程
RTOEXP	出口总额	103	恒等式
TOTEXP	现价出口总额	104	定义方程
GENIMP	一般贸易进口	105	行为方程
PROIMP	加工及其他贸易进口	106	行为方程
RTOIMP	进口总额	107	恒等式
TOTIMP	现价进口总额	108	定义方程
RPUREXP	净出口	109	恒等式
PUREXP	现价净出口	110	定义方程
FDI	外商直接投资	111	行为方程
GOVCON	政府消费	112	行为方程
RTOTCON	总消费	113	恒等式
TOTCON	现价总消费	114	定义方程
EXPGDP	支出法国内生产总值	115	恒等式
INCVALTAX	增值税	116	行为方程
RETTAX	营业税	117	行为方程
CONTAX	消费税	118	行为方程
IMPTAX	关税	119	行为方程
PERGETTAX	个人所得税	120	行为方程
ENTGETTAX	企业所得税	121	行为方程
GOVTAX	政府税收收入	122	行为方程
GOVFISINC	政府财政收入	123	恒等式
DEPTOT	存款总额增加额	124	行为方程
RESDEP	城乡居民储蓄存款增加额	125	行为方程
EXCSTO	外汇储备	126	行为方程
INDLOA	工业短期贷款	127	行为方程
COMLOA	商业短期贷款	128	行为方程
ACLOA	建筑业短期贷款	129	行为方程

续表

变量名	含义	方程序号	方程类型
AGRLOA	农业短期贷款	130	行为方程
LONLOA	中长期贷款	131	行为方程
SHOLOA	短期贷款	132	恒等式
LOATOT	贷款总额	133	恒等式
OILMAN	煤炭生产	134	行为方程
ELECTRICITYMAN	石油天然气生产	135	行为方程
COALMAN	电力生产	136	行为方程
POWMAN	能源生产总量	137	恒等式
COALCON	煤炭消费	138	行为方程
OILCON	石油天然气消费	139	行为方程
ELECTRICTIYCON	电力消费	140	行为方程
POWCON	能源消费总量	141	恒等式

模型除内生变量外，模型运行还要用到22个外生变量。模型外生变量及其含义如表4–3所示。

表4–3 模型外生变量

序号	变量名	含义	序号	变量名	含义
1	ARABLE	耕地面积	12	M0	流通中现金
2	Q1	第一季度季节虚拟变量	13	PWOREXP	世界出口价格指数
3	Q2	第二季度季节虚拟变量	14	WORTOTTRA	世界贸易总额
4	Q3	第三季度季节虚拟变量	15	TIME	时间趋势变量
5	TPOP	总人口	16	EXCRATE	汇率
6	RPOP	城镇人口	17	WORGDP	世界GDP
7	UPOP	农村人口	18	GOVFISEXP	政府财政支出
8	ENPOP	经济活动人口	19	TAXRAT	宏观税率
9	LONDEPRAT	中长期存款利率	20	M2	货币和准货币
10	SHOLOARAT	短期贷款利率	21	GOVNONTAX	政府非税收收入
11	LONLOARAT	中长期贷款利率	22	DEPRAT	短期存款利率

为了更形象地表示方程的拟合效果，本书附录给出了主要回归方程中被解释变量的拟合图。

第三节　模型的历史模拟和反历史模拟

模型单个方程都拟合得好，并不表示模型就是一个好模型，因此，模型建立完成后应对模型进行历史模拟。任何经济模型都是现实性和可操作性之间的一种折中。现实性要求它必须是实际经济系统的一种“合理的”表达，也就是说，它应该抓住所描述的经济系统的主要脉络，包括系统的主要元素，能比较准确地刻画这些元素之间的相互关系和作用。可操作性则要求它必须是充分简化，易于理解，易于用它对现实经济现象进行分析，得出有关实际经济系统的结论。成功的模型应该既是相当现实的，又是可操作的。这是检验和改进模型的两个基本点。

一、模型的历史模拟

模型的历史模拟就是在样本期内运行模型，检验模型中各宏观经济变量与历史值之间的关系。历史模拟是检验一个模型的重要手段，历史模拟好是检验一个模型是好模型的必要条件，如果一个模型历史模拟不好，那么这个模型肯定不是好模型。

模型方程的估计区间为 1993 年第一季度至 2008 年第四季度，所以模型历史模拟的区间也为 1993 年第一季度至 2008 年第四季度。下面给出一些主要宏观经济变量的历史模拟结果，历史模拟结果列于表 4-4 和表 4-5。表中的每个变量都对应两行数字，第一行数字表示该变量的历史值，第二行数字表示模拟值偏离历史值的百分比误差，即第二行数字的计算公式为：（模拟值-历史值）/历史值。限于篇幅，没有列出所有季度的历史模拟值，其中 1994.1 表示 1994 年第一季度，其余季度依此类推。

表 4-4　1994~2006 年模型历史模拟结果

时间	1994.1	1996.1	1998.1	2000.1	2002.1	2004.1	2006.1	2006.3
第一产业增加值	3005.3	4352.8	4627.9	4462.6	4598.8	5114.8	5350.4	5479.1
	8.0	−1.9	−4.2	−2.3	−6.2	−6.1	1.0	2.1
工业增加值	8081.4	9987.1	9804.2	9419.0	9398.0	10167.7	11293.2	11579.8.1
	1.9	−9.6	−3.5	3.5	6.1	−0.4	2.1	0.9
建筑业增加值	1225.5	1492.7	1391.7	1310.1	1254.3	1356.0	1403.6	1430.7
	−0.3	−3.5	−5.4	2.9	5.6	1.4	4.1	8.3

续表

时间	1994.1	1996.1	1998.1	2000.1	2002.1	2004.1	2006.1	2006.3
第三产业增加值	7103.2 -8.6	8598.0 -3.5	9115.2 0.2	9325.8 2.2	10107.4 -1.0	10687.1 -2.6	11387.4 6.9	11624.0 3.6
国内生产总值	19415.4 0.4	24430.6 -6.3	24939.1 -2.4	24517.5 1.9	25358.5 0.8	27325.6 -2.2	29434.6 5.9	30113.6 4.3
现价国内生产总值	11691.9 -0.5	18147.0 -4.5	21559.8 -8.9	24517.5 -2.0	29370.2 -2.1	38029.0 -5.1	49697.4 3.1	52828.3 5.6
国内生产总值平减指数	60.2 -1.0	74.3 -8.8	86.4 -8.8	100.0 -3.8	115.8 -2.8	139.2 -3.0	168.8 -2.6	175.4 1.3
第一产业就业人数	35972.4 0.6	34174.1 0.3	34529.6 -0.9	35533.3 -1.7	36430.6 0.0	34697.2 0.0	32030.1 0.6	32440.2 -0.3
工业就业人数	11907.0 1.7	12557.6 0.0	13028.7 -4.6	12487.9 0.0	11745.3 2.6	12580.7 0.0	14234.1 0.0	14416.3 0.0
建筑业就业人数	3130.9 0.0	3344.8 -0.8	3265.8 7.8	3501.8 6.8	3846.6 4.3	4065.0 4.0	4677.5 0.6	4737.4 3.4
第三产业就业人数	15237.3 -1.6	17594.4 0.3	18512.9 2.5	19542.7 0.5	20838.6 -1.4	22637.9 -2.6	24212.7 0.6	24522.7 -1.7
就业人数	66247.7 0.2	67670.9 0.2	69337.0 -0.3	71065.7 -0.4	72861.1 0.2	73980.7 -0.6	75154.3 0.5	76116.7 -0.5
城镇收入	2381.5 -1.5	3766.3 -1.0	5370.2 -1.7	6800.0 3.7	9435.2 -1.0	13001.7 -1.2	18929.4 -0.9	16923.5 -0.3
农村收入	3407.5 1.4	5864.8 -3.3	6131.5 4.7	6081.5 7.3	6436.8 -1.3	7368.9 -3.9	8920.3 4.9	9114.2 5.6
城镇消费	2949.0 -7.5	4643.6 -16.9	5891.7 -7.1	7380.0 0.8	8734.8 3.8	11100.1 -0.7	14239.6 -0.5	15017.0 -9.9
农村消费	2051.6 -1.8	3322.4 -2.7	3517.5 6.2	4162.5 2.2	3898.0 1.2	4238.2 4.2	5089.4 3.9	5322.8 0.9
居民消费	5000.6 -10.5	7965.9 -18.9	9409.2 -2.1	11542.5 1.3	12632.8 4.8	15338.3 0.7	19329.0 0.7	20339.8 -7.1
总消费	6721.3 -8.9	10323.0 -1.7	12349.1 -1.3	15443.6 -0.4	17195.6 4.1	20890.6 1.3	26513.3 0.3	27980.8 -5.5
现价总消费	4962.4 -1.2	9964.7 -19.1	12447.9 -3.7	15443.6 -1.8	17310.8 3.1	21801.4 1.4	28708.6 2.6	30577.4 -2.0
消费价格指数	73.8 -2.5	96.5 -5.2	100.8 -2.4	100.0 -1.4	100.7 -1.0	104.4 0.0	108.3 2.3	109.3 3.7
社会消费品零售总额	4281.1 -3.6	5472.0 -6.2	6723.1 1.8	8272.3 8.7	10206.2 4.8	12687.2 2.3	17806.5 -4.6	18958.3 -9.4
支出法 GDP	12399.5 -5.1	17320.4 -3.4	21199.7 4.7	25089.0 0.6	28514.2 3.6	34787.0 6.4	49119.5 2.4	52642.0 -2.3
第一产业固定资产投资	86.7 4.2	107.4 -13.8	202.3 34.9	299.8 0.5	357.4 -2.4	412.0 1.9	471.8 2.3	481.8 -1.5

续表

时间	1994.1	1996.1	1998.1	2000.1	2002.1	2004.1	2006.1	2006.3
工业固定资产投资	2081.6 3.3	2964.3 -5.7	3709.7 1.0	4431.8 2.9	5278.7 3.9	6601.0 2.8	9715.8 4.5	10987.0 -5.3
建筑业固定资产投资	35.0 1.6	60.5 -5.7	93.2 -1.3	132.9 2.9	174.9 3.0	206.8 8.6	249.9 2.4	265.7 1.2
第三产业固定资产投资	1747.4 -8.2	3212.6 -2.6	4382.7 7.9	5716.7 -19.5	7588.2 3.3	10230.8 13.9	14264.0 -2.9	15157.5 -6.8
全社会固定资产投资	3950.8 12.8	6344.8 -9.8	8387.8 5.0	10581.1 0.6	13399.1 11.7	17450.6 9.4	24701.5 0.4	26892.1 -6.0
固定资产投资价格指数	86.2 0.1	96.1 -3.3	98.4 -4.9	100.0 -4.1	102.6 -0.2	111.0 -1.4	111.1 4.0	114.7 1.1
能源投资	467.7 -4.1	676.8 -8.3	797.2 0.5	975.9 1.5	1182.2 5.9	1712.3 1.5	2826.4 -4.0	3007.4 -5.7
固定资本形成总额	4715.7 1.3	6034.7 3.7	7103.5 1.7	8652.5 6.6	10208.2 1.9	14013.0 3.1	19461.0 0.3	20435.0 -1.2
存货增加	836.5 6.2	1268.0 -1.9	763.9 3.0	570.3 -2.2	449.9 0.5	543.0 1.6	887.6 -0.7	974.3 -5.5
资本形成总额	5552.2 2.1	7302.7 1.5	7867.4 1.9	9222.8 1.1	10658.2 1.8	14556.0 2.5	20348.6 0.2	21409.3 -1.4
一般贸易出口	1367.6 -15.1	995.7 13.8	1539.3 16.0	2132.0 18.8	2641.8 -16.5	4295.7 5.1	6938.9 -9.5	7780.9 -10.2
加工贸易出口	1444.7 -14.1	1647.3 16.2	2172.9 12.0	2920.9 16.9	3721.5 -19.1	6376.7 -7.9	9584.9 -15.9	10196.9 -12.4
出口总额	2812.3 -14.3	2643.0 14.6	3712.2 13.7	5052.9 17.7	6363.3 -17.0	10672.4 -1.7	16523.8 -13.2	17977.8 -11.5
一般贸易进口	1042.3 7.7	1124.5 14.3	896.7 12.6	2039.1 12.1	2320.9 1.2	4288.4 -0.1	4891.5 -16.1	5129.5 -14.4
加工贸易进口	2201.0 -10.1	2416.3 12.2	2498.4 16.2	2591.1 13.3	3058.4 12.4	5023.9 -11.2	6837.5 -14.0	6944.8 -10.9
进口总额	3243.3 -1.9	3540.8 13.0	3395.0 14.3	4630.2 12.0	5379.3 6.7	9312.3 -6.1	11729.1 -14.8	12074.3 -12.3
外商直接投资	78.2 2.9	98.9 15.2	115.8 -1.2	129.0 -6.0	143.7 -3.1	165.1 -3.8	180.9 3.7	183.4 6.3
政府税收收入	1102.3 -4.5	1602.3 -2.8	2113.1 -5.1	3101.5 3.4	3722.3 5.3	6326.5 -4.5	8141.4 6.1	9088.0 3.0
政府消费	1720.7 -4.1	2357.0 -0.4	2939.9 1.3	3901.1 -5.3	4562.8 2.1	5552.3 3.2	7184.3 -0.5	7641.0 -1.3
居民储蓄存款	1297.8 -1.0	3278.0 -3.1	1312.9 2.8	1444.7 2.7	2443.5 -2.8	4134.5 -1.5	5734.0 0.1	4599.2 1.3
外汇储备	281.6 -6.6	802.1 8.6	1403.4 -4.9	1563.3 7.9	2263.1 -7.5	4374.5 3.4	8703.1 4.8	9884.8 4.1

续表

时间	1994.1	1996.1	1998.1	2000.1	2002.1	2004.1	2006.1	2006.3
短期贷款	640.4 −3.7	769.8 1.7	1469.8 −2.5	737.5 4.8	1350.6 −6.1	1840.4 −3.5	2424.4 −2.1	2301.3 1.5
长期贷款	1219.2 −4.4	1724.1 −3.9	1352.7 5.5	2007.2 3.3	2272.7 7.5	3695.2 5.9	4038.9 6.8	4728.4 1.4
能源生产	29379.1 6.3	33329.6 −2.0	34727.3 −1.2	36552.4 −1.9	38809.5 −2.8	44693.6 1.7	53273.9 1.8	55180.5 2.1
能源消费	29142.9 −1.2	31583.2 0.6	33828.0 0.8	35919.1 2.6	38471.7 4.1	48470.7 6.3	58849.8 2.5	61438.4 3.1

表 4–5 2006~2008 年模型历史模拟结果

时间	2006.4	2007.1	2007.2	2007.3	2007.4	2008.1	2008.2	2008.4
第一产业增加值	5543.2 4.1	5994.8 6.7	6033.9 6.6	6368.9 2.9	6496.2 2.4	7487.9 −2.7	7273.6 −3.9	6702.1 5.8
工业增加值	11999.6 1.3	11833.0 2.4	11923.7 −0.1	12098.9 −1.0	12847.1 −7.0	12679.0 −3.6	12964.1 −0.8	13329.5 2.6
建筑业增加值	1494.8 5.8	1495.6 3.3	1508.1 0.1	1526.3 −2.8	1634.7 −1.6	1646.0 −2.6	1683.8 −1.1	1742.2 −5.6
第三产业增加值	11657.6 5.3	12035.9 3.9	12285.7 −2.5	12551.0 −5.2	12810.9 −6.6	12820.5 1.8	13026.9 4.7	13693.5 2.0
国内生产总值	30695.3 4.5	31359.3 3.8	31751.3 0.2	32545.2 −1.9	33788.9 −5.2	34633.4 −2.9	34948.4 0.2	35467.4 6.4
现价国内生产总值	55662.8 3.5	59614.0 −2.3	62388.2 −5.7	64787.7 −5.8	66831.1 −5.0	72740.6 0.4	75023.8 −5.0	66100.6 9.9
国内生产总值平减指数	181.3 −1.0	190.1 −6.0	196.5 −5.9	199.1 −3.9	197.8 −2.9	210.0 −7.8	214.7 −5.2	186.4 2.6
第一产业就业人数	32561.0 −0.6	30830.3 2.9	31012.3 3.8	31227.8 3.8	31444.0 2.9	30020.7 2.7	30220.4 1.3	30654.0 −2.4
工业就业人数	4470.0 0.7	15336.7 0.1	15427.3 1.0	15534.5 2.3	15642.0 1.1	15506.9 −2.6	15610.0 −2.6	15834.0 −8.8
建筑业就业人数	4755.0 4.8	4889.7 1.0	4918.5 1.5	4952.7 2.4	4987.0 2.0	5166.0 −1.7	5200.4 0.2	5275.0 6.0
第三产业就业人数	24614.0 −1.7	24430.7 −0.0	24574.9 −1.8	24745.7 −3.3	24917.0 −3.7	25185.7 0.8	25353.3 2.7	25717.0 9.6
就业人数	76400.0 −0.5	75487.3 1.2	75933.1 1.1	76460.7 0.7	76990.0 0.1	75879.3 0.7	76384.2 0.9	77480.0 0.8
城镇收入	18541.1 −1.2	25327.6 −0.5	25947.1 −0.2	27001.4 −0.9	27502.3 −0.4	29118.1 0.0	30598.3 −0.4	34179.9 −0.4
农村收入	9887.6 −0.9	10148.9 4.4	10717.2 −0.4	11066.7 −1.2	10611.8 4.8	11797.3 −0.2	12826.3 −6.7	11566.9 7.0

续表

时间	2006.4	2007.1	2007.2	2007.3	2007.4	2008.1	2008.2	2008.4
城镇消费	15592.8 −2.8	16903.3 1.3	16574.4 3.8	17548.3 −0.4	18654.2 −3.8	19305.6 1.0	20272.3 −1.2	21399.4 1.1
农村消费	5433.8 −0.2	5519.9 4.2	5827.1 −2.0	6044.3 −4.7	6428.7 −9.7	6347.1 −5.3	6938.8 −12.2	7002.5 −8.8
居民消费	21026.6 −2.6	22423.2 2.1	22401.5 2.3	23592.6 −1.5	25082.8 −5.3	25652.7 −0.5	27211.2 −4.0	28401.9 −1.3
总消费	28914.8 −4.8	30791.5 0.5	30840.8 1.8	32509.4 −1.6	34514.2 −4.8	35120.8 −0.7	37344.2 −3.5	38923.1 −0.5
现价总消费	31982.6 −1.8	34264.8 3.2	34813.1 4.1	37782.4 −1.3	40533.5 −3.6	43005.4 −1.4	45933.4 −3.0	46077.2 3.2
消费价格指数	110.6 3.1	111.3 2.7	112.9 2.3	116.2 0.4	117.4 1.3	122.4 −0.7	123.0 0.5	118.4 3.7
社会消费品零售总额	19031.6 −5.9	19985.4 0.6	20824.4 −2.5	21075.2 −1.4	21634.3 −0.6	22105.0 2.5	23351.2 1.1	25827.6 −2.5
支出法 GDP	55023.3 −2.5	58076.2 0.5	58887.5 2.2	61632.6 −0.8	63762.4 −2.5	63644.7 2.9	67368.8 0.9	73622.0 −5.1
第一产业固定资产投资	484.2 0.1	493.3 2.4	499.2 2.7	513.1 1.7	524.8 −5.7	537.6 −11.2	545.5 −2.6	574.0 6.8
工业固定资产投资	11682.3 −17.2	11900.4 −6.4	12562.8 −11.9	12627.5 −6.0	12940.9 −19.5	13369.1 −19.1	14256.3 −15.9	15351.7 −3.1
建筑业固定资产投资	272.0 −5.3	278.4 8.9	292.3 −3.9	303.1 −5.5	306.4 −3.0	317.3 −1.6	327.8 −5.9	349.5 −7.7
第三产业固定资产投资	15685.5 −3.4	16416.2 −7.7	16908.3 −3.0	17404.6 2.4	17939.1 −1.8	18875.4 −8.8	19371.9 −0.0	20348.7 2.9
全社会固定资产投资	28124.0 −9.1	29088.2 −6.9	30262.6 −6.7	30848.3 −1.4	31711.2 −5.1	33099.4 −3.3	34501.5 −6.9	36623.9 5.9
固定资产投资价格指数	115.8 1.4	115.4 4.2	116.8 3.9	118.4 5.5	121.9 1.2	127.3 −2.7	130.3 −2.1	125.7 4.5
能源投资	3040.4 −5.8	3196.5 −4.7	3364.3 −6.2	3545.0 −6.6	3638.3 −4.1	3829.7 −0.3	4020.0 −1.4	4651.8 −7.3
固定资本形成总额	21085.4 −1.4	21913.4 −0.8	22083.9 0.0	23085.1 −1.4	23972.4 −4.7	23518.6 2.0	24891.7 −0.3	27145.9 −2.5
存货增加	1023.5 −6.4	1104.2 −7.8	1135.0 −4.3	1219.6 −1.3	1289.5 −11.8	1333.3 −6.6	1433.8 −7.3	1247.0 7.9
资本形成总额	22108.9 −1.6	23017.6 −1.1	23218.9 −0.2	24304.7 −1.4	25261.8 −5.1	24851.9 1.6	26325.6 −0.7	28392.9 −2.1
一般贸易出口	8225.1 −10.1	8396.5 −16.1	8889.8 −7.8	9077.3 −13.7	8962.2 3.5	8916.9 10.7	8976.3 7.0	8781.3 −11.0
加工贸易出口	10477.0 −11.8	10923.8 −8.0	10930.5 −14.5	11380.4 −12.3	11313.1 4.1	10783.8 6.1	10899.1 12.0	9724.8 13.7

续表

时间	2006.4	2007.1	2007.2	2007.3	2007.4	2008.1	2008.2	2008.4
出口总额	18702.1 −10.9	19320.3 −9.2	19820.3 −9.0	20457.7 −12.8	20275.3 3.8	19700.7 7.6	19875.5 8.7	18506.1 2.7
一般贸易进口	5092.6 −1.8	5475.1 −8.4	5590.1 −10.1	5787.5 −0.4	6251.7 11.2	6238.1 7.4	6337.6 3.8	5658.5 5.0
加工贸易进口	6982.8 −9.5	7202.0 −1.8	7081.2 −11.9	7160.5 −5.8	6970.6 −15.7	6453.8 −5.5	6232.2 −3.3	5485.5 2.2
进口总额	12075.4 −3.4	12677.2 −6.9	12671.3 −11.2	12948.0 −2.9	13222.3 4.7	12691.9 3.8	12569.9 1.4	11144.1 3.9
外商直接投资	185.6 8.8	188.1 10.3	192.3 11.1	201.8 8.6	212.7 7.5	244.6 −4.9	257.9 −7.1	236.6 1.0
政府税收收入	9066.3 4.3	10064.0 1.6	11059.1 −5.3	12188.5 −1.1	12537.7 −1.9	13665.9 −1.6	14327.5 −8.4	12030.3 4.0
政府消费	7888.1 0.1	8368.3 −3.8	8439.3 0.5	8916.8 −2.0	9431.4 −3.5	9468.1 −1.1	10133.1 −2.1	10521.2 1.7
居民储蓄存款	4874.6 1.5	5249.2 1.7	5251.2 5.0	8237.8 5.5	5077.5 1.9	7276.6 3.2	8616.7 8.4	10256.2 8.2
外汇储备	10787.8 3.1	11954.6 0.4	13220.6 −3.4	14346.0 −4.5	15496.5 −3.7	16731.4 −4.0	17911.2 −3.8	19763.7 −2.9
短期贷款	1969.3 2.3	2601.1 −2.4	2866.2 −13.6	3478.2 −5.7	2758.1 0.2	2517.6 3.0	2858.2 6.6	3971.9 −7.2
长期贷款	5892.0 1.9	7796.4 −2.0	7092.9 −3.0	7152.8 −1.8	6985.1 −8.2	7696.1 −0.3	7214.4 2.2	9820.5 −5.3
能源生产	57173.9 2.9	57504.6 0.9	58774.7 0.5	60355.0 −0.4	61605.8 0.7	64492.4 −2.0	65842.8 −2.2	67622.4 −2.1
能源消费	64657.2 −0.5	63480.6 2.9	64661.6 2.6	65716.8 3.5	68388.9 −3.3	69932.9 −1.4	71310.4 1.4	73093.2 3.0

从历史模拟结果看，少数变量，如一般贸易进口、加工及其他贸易进口、一般贸易出口等变量的部分值历史模拟效果不好，主要原因是这些变量很难拟合，另外这些变量的历史数据不平滑。总体来说模拟值相对历史值的误差基本都保持在正负 10%的范围内，因此，取得了较好的历史模拟效果。

为了更形象地表示模型的历史模拟效果，下面列举了 12 个主要宏观经济变量的历史模拟图。

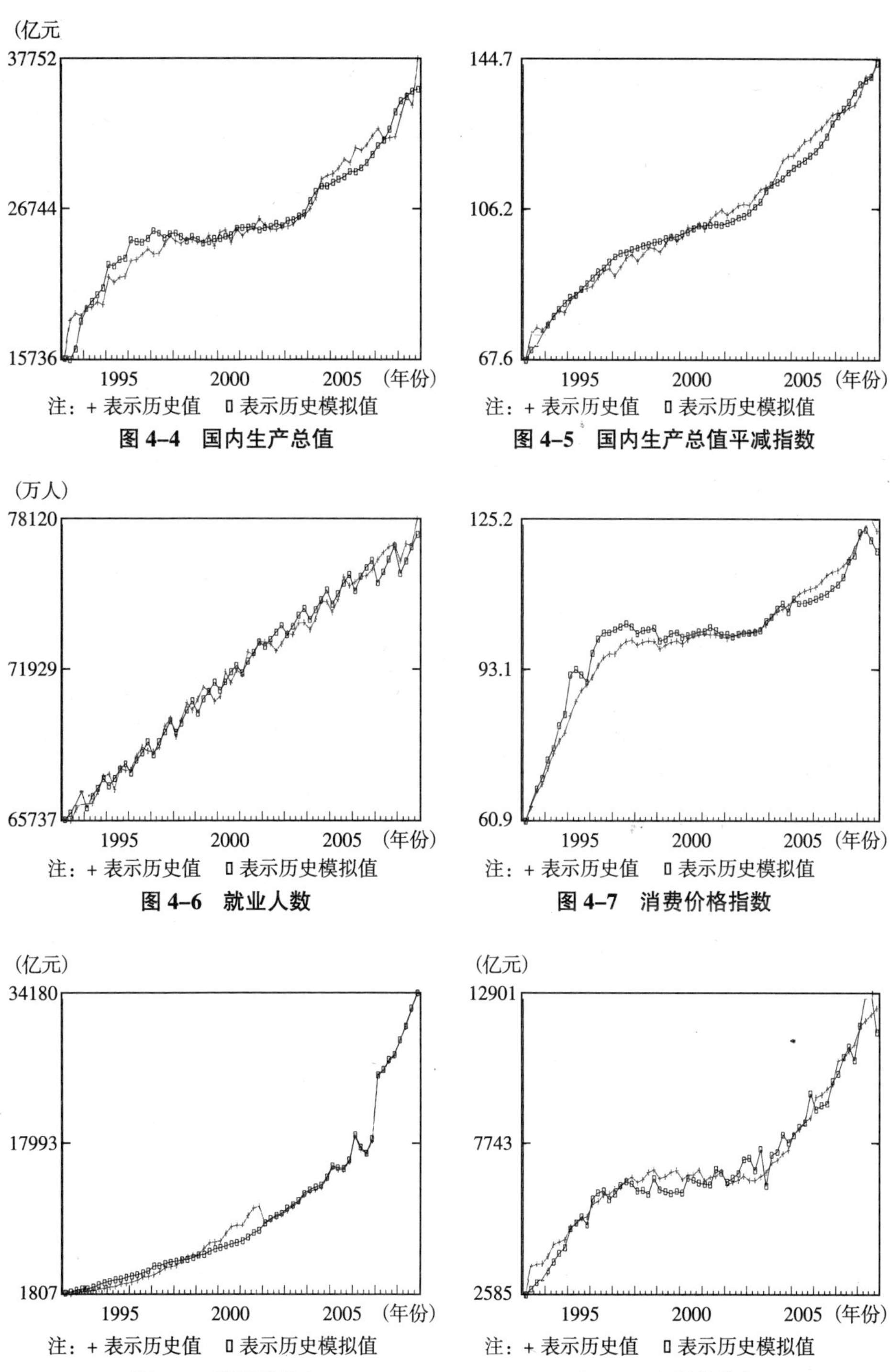

图 4-4 国内生产总值

图 4-5 国内生产总值平减指数

图 4-6 就业人数

图 4-7 消费价格指数

图 4-8 城镇总收入

图 4-9 农村总收入

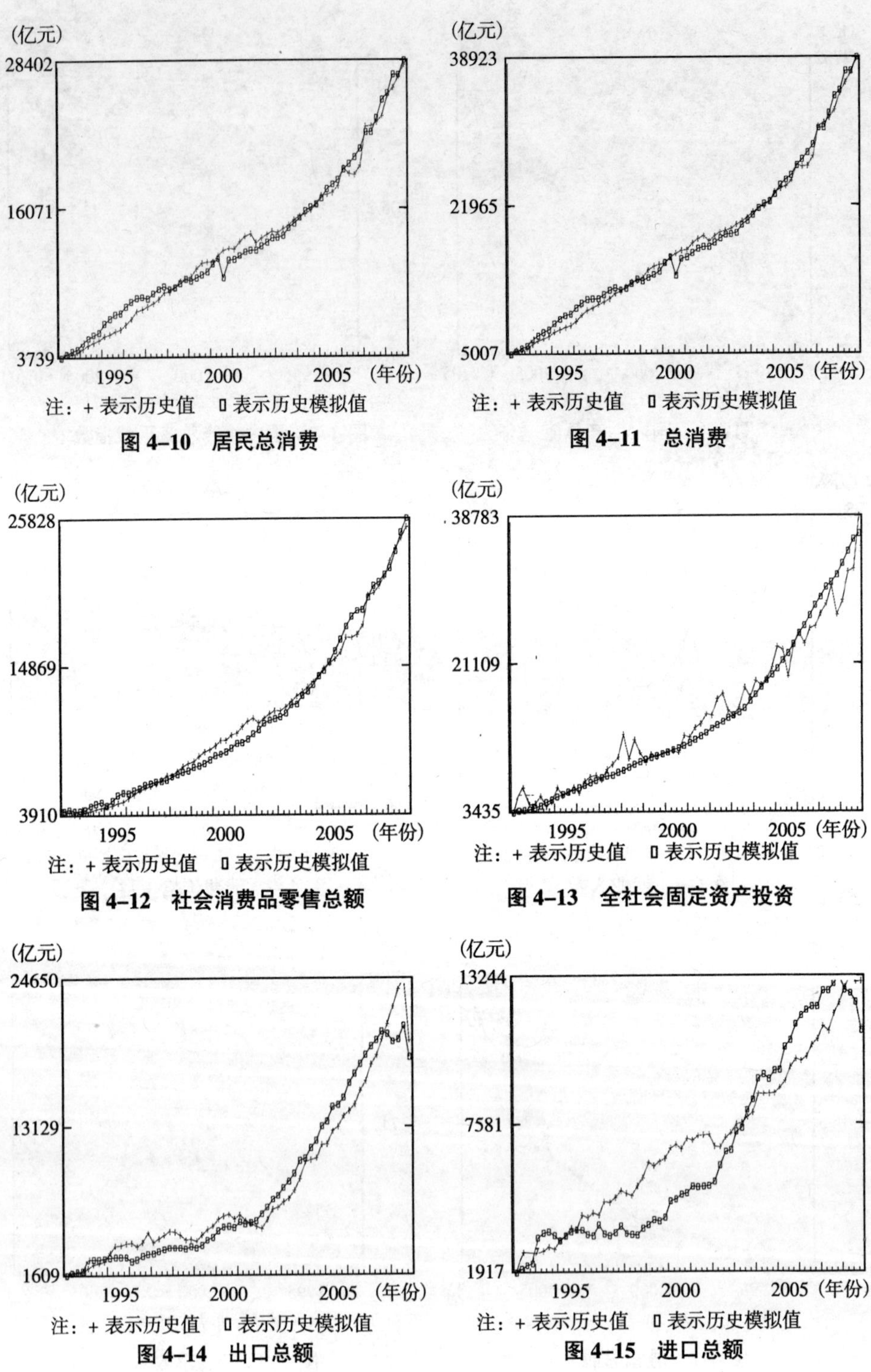

图 4–10 居民总消费

图 4–11 总消费

图 4–12 社会消费品零售总额

图 4–13 全社会固定资产投资

图 4–14 出口总额

图 4–15 进口总额

二、模型的反历史模拟

模型的主要价值之一在于用它们进行政策试验。政策模拟试验可以针对历史时期，也可以针对未来时期进行。针对历史时期的模拟称为反历史模拟，或事后试验。针对未来时期进行的模拟称为政策试验或事前模拟。反历史模拟就是改变一些外生变量的实际值，在样本期内再次运行模型，考察主要内生变量的变化情况。因此，反历史模拟实质上就是利用模型做了一次政策实验。在为反历史模拟运行结果编制表格时，比较的基准不再是真实的历史数据，而是历史模拟数据。这是因为，反历史模拟的数据如果与历史数据相比较，那么二者的差异是模型本身的误差及变动外生变量值所产生的效果的结合。因此，要想单独反映变动外生变量值所产生的效果，就应该是用历史模拟数据与反历史模拟数据进行比较。

反历史模拟方案设置如下：政府支出各季度同比增加 3%，宏观税率各季度同比降低 1 个百分点，其余外生变量保持不变。因此，反历史模拟实行的是一种宽松的财政政策。模型的反历史模拟结果如表 4-6 和表 4-7 所示。

表 4-6　1994~2006 年模型反历史模拟结果

时间	1994.1	1996.1	1998.1	2000.1	2002.1	2004.1	2006.1	2006.3
国内生产总值	19499.0 0.8	22887.2 0.8	24346.5 0.9	24980.9 1.0	25555.2 1.0	26718.0 1.0	31173.7 1.1	31397.9 1.1
就业人数	66406.3 0.1	67799.6 0.2	69155.6 0.3	70802.8 0.3	73038.2 0.4	73560.4 0.3	75519.5 0.2	75766.4 0.2
城镇收入	2130.8 1.3	3088.9 1.4	4849.8 1.3	7524.5 1.4	9338.0 1.2	12843.2 1.2	18759.6 1.2	16866.2 1.2
农村收入	3898.1 0.9	5672.7 0.8	6422.3 0.8	6525.7 0.8	6351.7 0.8	7084.7 0.7	9353.7 0.9	9623.7 0.9
城镇消费	2727.7 0.8	3857.1 0.9	5472.3 0.9	7437.1 1.1	9067.2 0.9	11025.1 0.9	14166.6 0.9	13527.9 0.9
农村消费	1747.3 0.6	2602.2 0.6	3736.3 0.6	4255.3 0.7	4176.8 0.6	4416.2 0.6	5288.4 0.6	5370.3 0.6
居民消费	4475.0 0.7	6459.3 0.7	9208.7 0.7	11692.4 0.8	13244.0 0.7	15441.3 0.7	19455.0 0.8	18898.2 0.7
总消费	6124.8 1.0	8806.3 1.3	12186.2 1.3	15387.6 1.4	17902.8 1.3	21169.4 1.3	26604.7 1.4	26439.4 1.4
社会消费品零售额	4126.2 1.4	5130.8 1.7	6846.5 1.5	8993.6 2.0	10693.4 1.6	12984.6 1.6	16994.8 1.8	17184.0 1.8

续表

时间	1994.1	1996.1	1998.1	2000.1	2002.1	2004.1	2006.1	2006.3
支出法 GDP	11769.2 0.7	16735.8 1.0	22203.8 1.0	25245.3 1.1	29538.5 1.0	37020.1 1.0	50280.3 1.1	51437.3 1.1
固定资产投资	4457.4 1.3	5722.2 1.4	12748.5 1.4	10648.1 1.3	14962.0 1.3	19086.6 1.4	24800.4 1.2	25283.5 1.2
能源投资	448.5 0.9	620.4 0.8	801.2 0.9	990.9 0.9	1369.8 1.0	1959.8 0.8	2714.6 0.9	2837.3 0.9
资本形成总额	5666.8 0.7	7411.2 0.8	9351.6 0.8	10615.7 0.7	12983.9 0.9	15941.3 1.0	20397.1 0.9	21116.6 0.8
出口总额	2128.2 2.2	4139.4 2.1	4962.9 2.1	5947.2 2.2	5215.4 2.2	10385.0 2.3	14343.9 2.0	15916.5 2.0
进口总额	2661.7 1.6	4108.2 1.7	4931.9 1.8	6666.7 1.5	6705.5 1.6	8744.0 1.6	9989.3 1.7	10583.2. 1.7
外商直接投资	96.2 −0.9	113.9 −0.8	114.3 −0.8	121.2 −0.9	124.9 −1.0	158.8 −1.0	187.7 −0.7	195.1 −0.8
政府税收收入	557.0 −0.3	1140.9 −0.3	2005.7 −0.2	3361.5 −0.2	4105.8 −0.1	6042.7 −0.1	8639.6 −0.2	9364.0 −0.2
政府消费	1649.8 1.5	2347.0 3.1	2977.5 3.2	3695.2 3.1	4658.8 3.0	5728.1 3.7	7149.7 3.3	7541.2 3.5
居民储蓄存款	1285.0 0.3	2093.1 0.3	1691.5 0.2	1744.4 0.4	2130.0 0.3	3328.3 0.5	5742.0 0.5	5348.4 0.5
外汇储备	−1201.3 0.4	894.9 0.4	1264.3 0.3	2000.0 0.4	1867.3 0.5	5702.5 0.4	9119.2 0.4	10286.7 0.4
短期贷款	552.7 1.1	859.7 1.0	1095.3 1.1	1089.9 1.3	1268.3 1.2	1591.2 1.1	2373.7 1.5	2336.6 1.4
长期贷款	555.6 6.4	1484.6 6.2	2157.5 6.8	2655.3 6.7	3125.2 6.8	3913.7 6.9	5526.3 7.6	5739.6 7.7
能源生产	31231.5 1.1	32667.4 1.1	34309.5 1.1	35842.2 1.1	37712.5 1.2	45456.2 1.2	54256.5 1.2	56353.3 1.3
能源消费	28807.5 1.3	31757.7 1.3	34102.8 1.4	36863.3 1.4	40037.4 1.4	51521.3 1.5	60336.2 1.5	63324.0 1.6

表 4-7　2006~2008 年模型反历史模拟结果

时间	2006.4	2007.1	2007.2	2007.3	2007.4	2008.1	2008.2	2008.4
国内生产总值	31765.0 1.1	32565.1 1.1	31830.0 1.0	31920.5 1.1	32015.1 0.9	33636.8 0.9	35012.9 1.0	37752.1 1.0
就业人数	76017.7 0.3	76430.6 0.2	76735.0 0.2	76969.0 0.2	77063.6 0.4	76390.8 0.3	77076.7 0.3	78120.2 0.4
城镇收入	18310.3 1.3	25211.3 1.2	25888.6 1.2	26765.6 1.2	27383.6 1.3	29118.1 1.2	30478.2 1.3	34058.6 1.3

续表

时间	2006.4	2007.1	2007.2	2007.3	2007.4	2008.1	2008.2	2008.4
农村收入	9795.0 0.9	10591.4 0.9	10676.6 0.9	10929.1 0.8	11125.5 0.8	11768.3 1.0	11960.7 0.8	12374.5 0.9
城镇消费	14217.0 0.8	17130.6 0.9	17205.4 0.8	17478.5 0.9	17939.5 0.9	19505.1 1.0	20031.0 1.0	21642.5 1.1
农村消费	5420.9 0.6	5752.7 0.7	5709.0 0.7	5761.0 0.7	5805.4 0.6	6010.9 0.8	6089.6 0.7	6386.5 0.8
居民消费	19637.9 0.7	22883.3 0.8	22914.4 0.8	23239.5 0.8	23744.8 0.7	25516.0 0.9	26120.6 0.9	28029.0 0.9
总消费	27534.3 1.4	30930.5 1.3	31396.8 1.3	31975.2 1.4	32850.4 1.4	34880.7 1.5	36040.6 1.5	38728.4 1.5
社会消费品零售额	17901.0 1.5	20099.5 1.5	20297.2 1.5	20788.5 1.6	21510.4 1.7	22659.8 1.7	23614.8 1.7	25172.5 1.7
支出法 GDP	53621.2 1.1	58393.5 1.0	60175.6 1.0	61152.8 1.0	62148.8 0.9	65478.4 1.0	67950.4 1.0	69875.5 1.0
固定资产投资	25562.8 1.4	27090.8 1.2	28246.3 1.2	30429.0 1.3	26927.1 1.2	28697.1 1.3	32105.1 1.3	38783.1 1.2
能源投资	2863.2 0.9	3047.1 0.9	3156.5 0.9	3312.2 1.0	3490.1 1.0	3816.7 1.1	3963.0 1.1	4313.9 1.1
资本形成总额	21747.2 1.1	22762.4 0.9	23173.1 0.9	23959.2 1.0	23982.6 0.9	25240.5 1.1	26149.9 1.1	27800.5 1.0
出口总额	16659.6 2.2	17926.7 2.3	18636.5 2.3	19853.4 2.2	21045.3 2.2	22386.4 2.1	23799.4 2.0	19747.9 2.0
进口总额	10814.0 1.7	11292.9 1.9	11123.2 1.9	11795.5 1.9	12202.6 1.9	12796.3 1.8	13244.2 1.8	13027.9 1.8
外商直接投资	201.9 −0.9	207.4 −0.9	213.7 −1.0	219.1 −1.1	228.7 −1.1	232.7 −1.0	239.7 −1.1	239.1 −1.1
政府税收收入	9457.5 −0.2	10220.5 −0.3	10469.0 −0.2	10952.0 −0.3	11051.4 −0.3	12084.4 −0.3	13116.9 −0.2	13710.7 −0.2
政府消费	7896.3 3.5	8047.2 3.5	8482.3 3.5	8735.6 3.6	9105.6 3.2	9364.6 3.2	9920.0 3.3	10699.4 3.3
居民储蓄存款	5824.2 0.5	7965.2 0.5	8297.7 0.6	8694.8 0.5	8980.1 0.5	9767.4 0.8	10201.7 0.9	11095.3 0.7
外汇储备	11117.7 0.4	12007.2 0.3	12767.5 0.3	13701.5 0.3	14926.5 0.2	16055.9 0.3	17234.5 0.4	15642.0 0.3
短期贷款	2604.4 1.4	2537.4 1.4	2476.3 1.6	2584.4 1.7	2763.4 1.7	2844.3 1.8	3048.1 1.8	3684.1 1.8
长期贷款	6001.7 7.1	6239.4 7.6	6167.7 7.4	6309.0 7.3	6414.7 7.3	6902.1 7.5	7373.5 7.5	8315.0 7.5
能源生产	58818.3 1.0	58010.4 1.1	59048.4 1.0	60084.3 1.1	62031.0 1.2	63178.7 1.2	64417.7 1.1	66194.0 1.1
能源消费	64312.5 1.4	65312.1 1.4	66319.4 1.5	67986.1 1.4	66125.4 1.4	68972.6 1.5	72298.5 1.5	75256.9 1.5

1994 年一季度至 2004 年一季度，与历史模拟结果相比，各季度 GDP 约增加 0.9%，2004 年第二季度到 2008 年第四季度 GDP 约增加 1.0%，2008 年第一季度至第四季度，GDP 约增加 1.0%，因此，财政政策变动对 GDP 的影响比较稳定，没有引起各季度 GDP 的大幅变化。1994 年第一季度至 2008 年第四季度就业的变化不大，约增加 0.3%。

与历史模拟结果相比，城镇收入各季度约增加 1.3%，农村收入各季度约增加 0.9%，城镇消费和农村消费都有增加，城镇消费约增加 0.9%，农村消费约增加 0.6%，因此城镇消费的增幅高于农村消费，居民消费约增加 0.8%。政府消费约增加 3.4%，总消费受政府消费的拉动，约增加 1.4%。

与历史模拟结果相比，固定资产投资和能源投资都有所增加 1.3%，能源投资约增加 1.0%。资本形成总额约增加 0.9%，受投资和资本形成总额的影响，支出法 GDP 约增加 1.0%。外商直接投资和政府税收收入有一定程度的下降，外商直接投资约下降 1.0%，政府税收收入约减少 0.3%。

与历史模拟结果相比，出口的增幅大于进口的增幅，出口约增加 2.2%，进口约增加 1.7%，外汇储备约增加 0.3%。长期贷款的增幅明显高于短期贷款，长期贷款约增加 7.2%，短期贷款约增加 1.4%。能源生产与能源消费都有所增长，其中能源消费的增幅高于能源生产，能源消费约增加 1.4%，能源生产约增加 1.1%，能源供需矛盾扩大。

从反历史模拟结果看，首先，各宏观经济变量的变化都比较平稳，没有发生明显的波动；其次，各宏观经济变量的变化方向与经济理论一致，没有出现背离经济理论的现象。因此，总体而言，模型的反历史模拟取得了良好的效果。

第五章　季度模型的预测和政策模拟

预测是宏观经济模型的重要应用之一。预测就是在未来一段时期内运行模型，得到主要宏观经济变量的预测值，以便根据预测结果，为政府制定财政政策和货币政策提供参考。因此，本章首先利用非参数自回归预测模型对诸如人口等非政策外生变量的取值进行了预测；其次对政策变量进行了预测；最后在预测期内运行模型，对主要宏观经济指标进行了预测。预测区间为 2009 年一季度至 2012 年四季度。

第一节　外生变量的准备和主要宏观指标的预测

一、外生变量的准备

进行经济预测时，外生变量的准备是进行预测的前提，外生变量预测结果的准确性直接关系到宏观经济变量预测结果的准确性。本书利用非参数自回归预测模型对非政策外生变量进行预测，下面对利用非参数自回归模型进行预测的思想进行分析和研究。

非参数自回归模型的一般形式为：$Y_t = m(X_t) + \varepsilon_t$，其中，$X_t$ 由 Y_t 的 p 项滞后值构成，即 $X_t = (Y_1, Y_2, \cdots, Y_{t-p})$。滞后阶数小于时间序列的样本长度，随机误差项 $\{\varepsilon_t\}$ 独立同分布，且满足 $E(\varepsilon_t) = 0$，$E(\varepsilon_t^2) = \sigma^2$，即 $\{\varepsilon_t\}$ 有相同的均值和方差，ε_t 与 X_s 相互独立，其中 $s \leqslant t$。$m(X_t)$ 为自回归函数或条件均值函数。

非参数自回归预测就是利用时间序列 $\{Y_t\}$，$t = 1, 2, \cdots, n$，预测 Y_{n+1}，Y_{n+2}，…，Y_{n+k} 的值，其中 $k \geqslant 1$，为正整数。利用非参数自回归模型进行预测的一般步骤为：首先，对时间序列 $\{Y_t\}$，$t = 1, 2, \cdots, n$ 建立自回归预测模型，预测模型的形式为：$Y_t = m(X_t) + \varepsilon_t$，其中，$X_t = (Y_{t-1}, Y_{t-2}, \cdots, Y_{t-p})$，$\{\varepsilon_t\}$ 与 $X_t = (Y_1, Y_2, \cdots, Y_{t-p})$ 相互独立。其次，对上述非参数自回归预测模型 $Y_t = m(X_t) + \varepsilon_t$，利用非参数估计方法进行估计，得到其估计值 $\hat{m}(X_t)$。最后利用非参数自回归预测模型的估计值对 Y_{n+1}，Y_{n+2}，…，Y_{n+k} 进行预测。下面对非参数自回归预测模型的建立进行具体的分析和构建。

为了建立非参数自回归模型，必须确定模型的滞后阶数 p，本书利用德国著名非参数计量经济学家 Wolfgang Hardle 的方法确定滞后阶数 p 的值。该方法的基本原理是：对非参数自回归模型 $Y_t = m(X_t) + \varepsilon_t$ 的样本 $\{Y_t\}$，$t = 1, 2, \cdots, n$，我们假设 $X_t(q) = (Y_{t-1}, Y_{t-2}, \cdots, Y_{t-q})$，为了确定滞后阶数的最合理值，定义

一个新的函数 $wh=\frac{1}{n-q}\sum_{t=q+1}^{n}\{Y_t-\hat{m}_{-t}[X_t(q)]\}^2W[X_t(q)]$，其中$\hat{m}_{-t}[pX_t(q)]$去掉第 t 个数据后对非参数自回归函数 $Y_t=m(X_t)+\varepsilon_t$ 的核估计$\hat{m}_{-t}[pX_t(q)]=\frac{\sum_{\substack{s=q+1\\ s\neq t}}^{n}\prod_{i=1}^{q}k(\frac{Y_i-Y_{s-i}}{h})Y_s}{\sum_{\substack{s=q+1\\ s\neq t}}^{n}\prod_{i=1}^{q}k(\frac{Y_i-Y_{s-i}}{h})}$，其中 $k(\frac{Y_i-Y_{s-i}}{h})$ 为核函数，$W[X_t(q)]$ 为非负权函数，h 为窗宽，极小化 wh 函数，即极小化 $wh=\frac{1}{n-q}\sum_{t=q+1}^{n}\{Y_t-\hat{m}_{-t}[X_t(q)]\}^2W[X_t(q)]$，得到 p 的估计值$\hat{q}$。

估计方法常用的是 N-W 核估计和局部多项式估计，与核估计相比，局部多项式估计的主要优点是：首先，局部多项式估计没有假定变量之间的具体关系，没有任何隐含的假设条件，更符合实际。其次，局部多项式估计可减少估计量的偏差，不用边界修正，对核函数的可微与否没有要求。最后，局部多项式估计既适合于解释变量为确定性变量的固定设定模型，又适合于解释变量为随机性变量的随机设定模型，局部回归方法适合于随机设定模型解释变量分布均匀情形，又适合于分布不均匀的情形。鉴于以上优点，采用局部多项式估计对模型进行估计。

局部多项式估计的基本思路是，假定 m（x）在 $x=x_0$ 处 p+1 阶导数存在，先将 $Y_t=m(X_t)$ 在 $x=x_0$ 处进行泰勒展开：

$$Y_i=m(x_0)+m'(x_0)(X_i-x_0)+\cdots+\frac{m^{(p)}(x_0)}{p!}(X_i-x_0)^p+\varepsilon_i,\ i=1,\ \cdots,\ n$$

局部多项式估计就是最小化下式，即

$$\min\sum_{i=1}^{n}\{[Y_i-m(x_0)-m'(x_0)(X_i-x_0)-\cdots-\frac{m^{(p)}(x_0)}{p!}(X_i-x_0)^p]^2K_h(X_i-x_0)\}$$

其中 $K_h(\cdot)=K(\cdot/h)/h$，h 为控制局部邻域大小的窗宽，$K(\cdot)$ 为核函数。

核函数是概率密度函数，但核函数是一个对称的概率密度函数。核函数在局部多项式估计中起光滑的作用，即消除扰动的随机因素，使所得曲线反映变量之间的实际经济关系。在 $x=x_0$ 处进行局部回归之前，对于不同的观察点 X 将赋予不同的权数，即不同的观察点在 $x=x_0$ 处局部回归时的重要程度不同，或影响程度不同。一般核函数的选择原则是：当观察点 X 与 x_0“距离”近时，所赋予的权数就较大，相反就较小。核权函数可理解为每个观察点 X 与 x_0 的“距离”。“距离”的定义不同就产生不同的核权函数。根据 Epanechnikov 的观点，本书选择最佳核函数 $K(z)=0.75(1-z^2)$。

窗宽的选择一般采用交叉鉴定法，一般思路是在每个局部观察点 $x=X_i$，首先在样本中剔除该观察点 (X_i, Y_i)；其次将剩下的 n－1 个观察点在 $x=X_i$ 处进行核权局部回归。局部回归的一个明显的好处就是常数项 $\beta_{0,-i}$ 的估计 $\hat{\beta}_{0,-i}$ 刚好就是 Y_i 的拟合值；最后，通过比较平均拟合误差的大小，选择使平均拟合误差达最小的窗宽 h。根据以上的思路，运用 matlab 软件计算外生变量预测值。耕地面积、城镇人口、农村人口、总人口、经济活动人口、世界出口价格指数、政府非税收收入采用非参数自回归模型进行预测，其余外生变量不采用非参数自回归模型预测。

$$RMSE=\sqrt{\frac{\sum_{i=1}^{n}(Y_i-\hat{\beta}_{0,-i})^2}{n}}$$

对第一季度季节虚拟变量，第一季度的取值为 1，第二、第一和第四季度取值为 0；对第二季度季节虚拟变量，第二季度的取值为 1，第一、第三和第四季度取值为 0；对第三季度季节虚拟变量，第三季度的取值为 1，第一、第二和第四季度取值为 0；对时间趋势变量，根据历史数据，2008 年第四季度为 17，从 2009 年第一季度以后，每季度依次增加 0.25。

世界银行、联合国和国际货币基金组织对 2010 年全球经济复苏抱有信心，全球经济逐渐摆脱金融危机的阴影，经济复苏动力更强劲。国际货币基金组织在《世界经济展望报告》中预计 2010 年全球经济增长率将达到 3.9%。世界银行在《2010 年全球经济展望报告》中指出，尽管复苏已经确定，但由于各国政府将逐渐撤出部分流动性，下半年经济扩张动力将受一定影响，预计 2010 年全球经济增长率为 2.7%。联合国对世界经济增长略显悲观，预计 2010 年全球经济增长 2.4%。因此，本书预计 2010 年世界经济增长率为 3%。对于世界 GDP，2009 年第一季度至 2009 年第四季度采用历史值，2010 年第一季度至 2010 年第四季度，各季度同比增长 3%，2011 年第一季度至 2011 年第四季度，各季度同比增长 3.3%，2012 年第一季度至 2012 年第四季度，各季度同比增长 3.5%。对于世界贸易总额，2009 年第一季度至 2009 年第四季度采用历史值，2010 年第一季度至 2010 年第四季度，各季度同比增长 6.8%，2011 年第一季度至第四季度，各季度同比增长 7.5%，2012 年第一季度至 2012 年第四季度，各季度同比增长 8.1%。

在金融危机时代，我国实施了积极的财政政策和宽松的货币政策，但在后金融危机时代，各种政策的力度应该有所下降，特别是货币政策的刺激力度。温家宝总理在2010年的政府工作报告中明确指出：要继续实施积极的财政政策和适度宽松的货币政策，保持政策的连续性和稳定性，根据新形势新情况不断提高政策的针对性和灵活性，把握好政策实施的力度、节奏和重点。根据以上考虑，论文对各种政策变量的设置如下：

2009年第一季度至2009年第四季度，短期存款利率、中长期存款利率、短期贷款利率、中长期贷款利率、货币和准货币供应量、流通中的现金、汇率、政府财政支出和宏观税率采用历史值。

对于利率水平，2010年第一季度至2010年第二季度，短期存款利率、中长期存款利率、短期贷款利率、中长期贷款利率与2009年各季度相同；2010年第三季度至2010年第四季度，短期存款利率、中长期存款利率、短期贷款利率、中长期贷款利率分别在2010年第二季度的基础上提高0.27个百分点。2011年第一季度至2011年第二季度，短期存款利率、中长期存款利率、短期贷款利率、中长期贷款利率分别在2010年第四季度的基础上提高0.27个百分点。2011年第三季度至2012年第四季度，短期存款利率、中长期存款利率、短期贷款利率、中长期贷款利率分别在2011年第二季度的基础上提高0.27个百分点。

对于货币供应量，2010年第一季度至2010年第四季度，货币和准货币的供应量各季度分别同比增长22.5%、20.5%、18.5%和16%，流通中的现金各季度分别同比增长15.8%、15.2%、15.6%和15.4%。2011年第一季度至2011年第四季度，货币和准货币的供应量各季度同比增长19.5%，流通中的现金各季度同比增长13.5%。2012年第一季度至2012年第四季度，货币和准货币的供应量各季度同比增长18%，流通中的现金各季度同比增长12%。2010年第一季度至第二季度，汇率各季度同比以1%的速度升值。2010年第三季度至2010年第四季度，汇率各季度同比以2.5%的速度升值。2011年第一季度至2011年第四季度，汇率各季度同比以2%的速度升值。2012年第一季度至2012年第四季度汇率各季度同比以1.5%的速度升值。

对于财政支出与宏观税率，因2009年财政支出的基数较大，因此，2010年财政支出的增长率应该要减少，设定2010年第一季度至2010年第四季度，各季度同比分别增加7%、8%、10%和11%。2011年第一季度至2011年第四季度，财政支出各季度同比增加19%。2012年第一季度至2012年第四季度，财政支出各季度同比增加18%。每年第一季度和第二季度宏观税率同比降低0.5个百分点，每年第三季度和第四季度宏观税率同比降低 0.3 个百分点。外生变量预测结果见附录 4。

二、主要宏观经济指标的预测

模型样本区间为 1993 年第一季度至 2008 年第四季度，季度模型一般用于短期预测，所以，选择的预测区间为 2009 年第一季度至 2012 年第四季度，预测结果如表 5-1 和表 5-2 所示。2009~2012 年的年度预测结果如表 5-3 所示。在表中每个变量分别对应 2 行数字，第一行表示该变量经季节和价格调整后的实际预测值，第二行表示该变量的同比增长率，其中，国内生产总值、各类价格指数、就业人数、能源生产与消费等为实际增长率，消费、社会消费品零售总额、固定资产投资、进出口等为名义增长率。2009.1 表示 2009 年第一季度，其余依次类推。

从国内生产总值预测结果看，2009 年第一季度至 2009 年第四季度，国内生

表 5-1　2009 年第一季度至 2010 年第四季度主要宏观经济变量预测结果

时间	2009.1	2009.2	2009.3	2009.4	2010.1	2010.2	2010.3	2010.4
国内生产总值	37234.36 7.03	37693.78 7.66	38595.93 8.95	39455.79 11.04	41520.03 11.51	41534.78 10.19	42389.91 9.83	43164.63 9.40
国内生产总值平减指数	148.07 7.12	149.39 7.33	153.16 9.21	155.41 8.19	157.53 6.39	159.64 6.86	161.32 5.33	164.19 5.65
就业人数	74186.42 −2.23	74980.98 −1.84	76386.87 −0.76	77921.64 0.57	74728.79 0.73	75695.24 0.95	77040.09 0.86	78512.54 0.76
城镇总收入	33205.87 8.20	34474.50 9.40	35823.60 10.10	35949.86 12.20	36549.72 10.07	38059.85 10.40	39792.85 11.08	40047.07 13.97
农村总收入	13144.52 11.42	13438.61 12.57	13970.27 8.29	14414.76 7.33	14731.06 12.07	14969.27 11.39	15403.62 10.26	15880.74 10.17
城镇总消费	20898.67 8.25	21199.42 14.44	22247.48 9.76	23120.81 11.32	23205.88 13.84	24173.70 16.23	24507.82 12.66	25382.03 12.58
农村总消费	6960.56 9.67	7180.36 9.25	7362.29 6.51	7466.60 9.48	7607.89 11.90	7723.20 9.76	8111.03 12.47	8285.69 13.77
居民消费	27859.23 8.60	28379.78 13.11	29609.77 8.93	30587.41 10.86	30813.78 13.31	31896.89 14.59	32618.86 12.56	33667.71 12.87
政府消费	11200.75 18.30	11595.40 24.30	11754.72 15.70	12299.46 13.10	12824.86 17.20	13439.07 18.10	13388.63 16.30	13446.39 12.10
总消费	39059.98 15.22	39975.18 19.15	41364.49 16.77	43386.87 18.47	43638.64 14.42	45335.96 15.61	46007.49 13.62	47114.11 12.76
消费价格指数	118.75 −1.29	119.49 −1.90	120.15 −0.10	121.45 0.90	121.96 2.70	122.84 2.80	123.87 3.10	126.07 3.80

续表

时间	2009.1	2009.2	2009.3	2009.4	2010.1	2010.2	2010.3	2010.4
社会消费品零售总额	27042.82 15.10	27044.21 15.82	28929.74 15.84	30751.60 16.07	31072.20 17.50	31579.52 18.87	33546.93 18.36	35462.75 18.02
全社会固定资产投资	42962.99 29.80	45265.94 31.20	48499.68 30.80	48783.03 33.20	51375.14 24.70	54617.88 26.30	57661.27 25.60	58437.19 26.70
固定资产投资价格指数	130.84 6.86	131.82 6.55	132.54 6.22	132.60 5.46	137.54 5.12	139.25 5.64	141.43 6.71	141.76 6.91
出口总额	17391.01 −16.80	17947.55 −15.70	18672.78 −17.80	19375.91 0.70	19554.62 16.20	19885.89 14.80	20801.47 13.40	21836.65 15.10
进口总额	10050.86 −27.90	10548.92 −12.10	11646.28 −4.80	12551.21 21.60	12804.80 32.10	13291.64 30.70	14266.69 27.20	14810.43 22.70
工业品出厂价格指数	118.36 −6.90	120.76 −5.30	121.60 −4.90	122.40 −2.30	124.64 5.31	126.92 5.10	127.56 4.90	129.87 6.10
外商直接投资	222.82 −18.84	229.19 −11.11	232.54 −5.85	227.70 45.39	247.27 10.97	256.52 11.92	252.95 8.78	300.91 32.15
政府税收收入	15700.42 8.13	16474.34 9.28	14103.47 11.34	11389.09 12.42	17367.33 10.62	20981.50 13.57	15809.71 12.10	13453.36 18.13
能源生产	70064.64 8.64	72570.40 10.22	73992.66 11.46	76958.40 13.81	77738.60 10.95	81898.48 12.85	84252.81 13.87	85774.08 11.46
能源消费	73739.00 5.44	75227.57 5.49	78150.73 7.85	79721.61 9.07	78908.22 7.01	80404.27 6.88	83376.16 6.69	87088.74 9.24

表 5-2　2011 年第一季度至 2012 年第四季度主要宏观经济变量预测结果

时间	2011.1	2011.2	2011.3	2011.4	2012.1	2012.2	2012.3	2012.4
国内生产总值	45500.75 9.59	45675.68 9.97	46309.45 9.25	47407.72 9.83	49645.87 9.11	49708.84 8.83	50292.06 8.60	51783.45 9.23
国内生产总值平减指数	166.13 5.46	168.41 5.49	170.51 5.70	172.72 5.21	174.29 4.92	175.84 4.41	177.36 4.02	179.35 3.84
就业人数	75363.31 0.85	76360.15 0.88	77739.27 0.91	79165.07 0.83	75754.63 0.52	76813.73 0.59	78258.99 0.67	79668.91 0.64
城镇总收入	40588.46 11.05	42406.28 11.42	44599.83 12.08	45537.44 13.71	45893.37 13.07	47664.66 12.40	50032.08 12.18	50981.46 11.96
农村总收入	16847.92 14.37	16867.37 12.68	16984.03 10.26	17391.00 9.51	19210.01 14.02	19213.62 13.91	19490.87 14.76	19665.74 13.08
城镇总消费	26173.91 15.29	27398.47 17.34	27696.29 15.21	28689.31 15.03	30026.71 17.10	31080.82 15.74	31792.57 16.79	32995.58 17.01
农村总消费	8544.42 14.51	8819.12 16.59	9083.54 13.99	9163.14 12.09	9661.18 15.17	9993.83 15.32	10154.49 13.59	10417.57 15.19
居民消费	34718.33 15.08	36217.59 16.06	36779.83 14.85	37852.45 14.36	39687.89 16.52	41074.65 15.58	41947.06 15.99	43413.15 16.42

续表

时间	2011.1	2011.2	2011.3	2011.4	2012.1	2012.2	2012.3	2012.4
政府消费	14392.06 14.63	15077.29 14.70	15277.77 16.20	15460.66 16.91	16252.95 15.14	17248.42 16.57	17477.77 16.34	17751.93 16.55
总消费	49110.39 14.95	51294.89 15.65	52057.60 15.24	53313.11 15.09	55940.84 16.12	58323.07 15.87	59424.83 16.09	61165.08 16.46
消费价格指数	127.09 4.21	128.39 4.52	130.30 5.19	132.29 4.93	132.53 4.28	133.36 3.87	134.52 3.24	137.22 3.73
社会消费品零售总额	36034.43 18.78	36262.76 17.74	38511.88 17.29	41356.66 18.95	42167.49 17.02	42151.83 16.24	44870.19 16.51	46935.67 15.58
全社会固定资产投资	60946.33 22.81	66224.18 24.83	69971.95 25.16	71392.12 22.17	74299.67 21.91	79899.20 20.65	83637.53 19.53	85306.82 19.49
固定资产投资价格指数	143.29 4.18	144.24 3.58	146.82 3.81	148.01 4.41	148.75 3.81	149.15 3.41	151.55 3.22	152.85 3.27
出口总额	21830.78 15.13	22138.96 13.86	23016.83 14.70	24393.72 15.91	24760.36 13.42	24874.71 12.36	26194.13 13.81	27137.03 11.25
进口总额	14950.14 19.73	15188.92 16.29	16019.24 15.82	16324.68 13.91	16986.60 16.41	17143.98 15.32	17877.74 14.18	18754.06 17.40
工业品出厂价格指数	131.03 5.13	132.21 4.17	134.82 5.69	137.45 5.84	135.13 3.13	135.89 2.79	137.79 2.22	140.13 1.87
外商直接投资	275.86 11.56	289.31 12.78	296.60 17.26	405.76 34.84	315.12 14.23	337.69 16.72	361.37 21.84	542.46 33.69
政府税收收入	20666.70 19.00	25551.66 21.78	19115.41 20.91	15844.10 17.77	24349.89 17.82	30696.70 20.14	23425.46 22.55	18951.02 19.61
能源生产	85755.07 10.31	90572.22 10.59	94371.97 12.01	93464.99 8.97	96141.46 12.11	102960.5 13.68	102758.2 8.89	100496.40 7.52
能源消费	84510.44 7.10	86516.21 7.60	90937.02 9.07	94600.63 8.63	93349.62 10.46	93842.16 8.47	99876.31 9.83	103683.71 9.60

表 5-3 主要宏观经济指标年度预测结果

年份	2009	2010	2011	2012
国内生产总值	152979.86 8.9	168609.35 10.22	184893.60 9.66	201430.22 8.94
总消费	163786.52 17.32	182096.20 17.08	205775.99 18.26	234853.82 18.03
社会消费品零售总额	113768.37 15.61	131661.40 17.74	152165.73 17.58	176125.18 15.75
固定资产投资	185511.64 31.31	222091.48 26.45	268295.58 24.81	323143.22 20.34
出口总额	73387.25 −15.37	82078.63 14.71	91380.29 15.32	102965.23 12.68

续表

年份	2009	2010	2011	2012
进口总额	44797.27 −12.16	55173.56 27.47	62482.98 16.12	70762.38 13.25
消费价格指数	119.96 −0.49	123.69 3.11	129.52 4.72	134.41 3.76
工业品出厂价格指数	120.78 −5.61	127.25 5.35	133.88 5.21	137.24 2.51

产总值的增长率分别为7.03%、7.66%、8.95%和11.04%，从国家统计局公布的数据看，2009年第一季度至第四季度国内生产总值的增长率分别为6.2%、7.9%、9.1%和10.7%，2009年第一和第四季度，模型高估了国内生产总值的增长率，2009年第二季度和第三季度，模型低估了国内生产总值的增长率，但误差不大，从总体上来说预测效果不错。2010年第一季度与2009年第四季度相比，国内生产总值的增长率继续上升，增长率为11.51%，2010年第二季度后有所回落，2010年各季度增长率分别为11.51%、10.19%、9.83%和9.40%。总体来说，2010年，国内生产总值增长率为10.22%，比2009年约增长1.32个百分点。2011年和2012年，国内生产总值增长率分别为9.66%和8.94%，表明我国将从国际金融危机的阴影中走出来，但经济增速有所回调。

从预测结果看，2009年因受国际金融危机的影响，就业形势不容乐观，2009年第一季度至第三季度，就业增长率为负，2009年第四季度就业增长率转负为正。城镇居民收入的增速略高于农村居民收入的增速，城镇居民消费增速高于农村居民消费增速，政府消费增速高于居民消费增速，总消费增速高于国内生产总值增速。2010年、2011年和2012年，总消费的增长率分别为17.08%、18.26%和18.03%。社会消费品零售总额在2010年、2011年和2012年的增速分别为17.74%、17.58%和15.75%。

2009年第一季度至2009年第四季度，固定资产投资增速明显加快，远大于国内生产总值增速，但2010年第一季度后，固定资产投资增速有所回落，但增速仍保持在高位。2010年、2011年和2012年固定资产投资的增速分别为26.45%、24.81%和20.34%，基本保持比较稳定的增速。

2009年第一季度至第三季度，受国际金融危机影响，我国的出口和进口大幅回落，增长率为负，2009年第四季度，进出口增长率由负转正，2010年第一季度后出口保持了比较平稳的增长，2010年第三季度，进口增长率明显大于出口增长率，此后，进出口增长率维持在相当的水平，表明，我国经济增长方式有所改变，经济增长的动力逐渐转向国内消费和投资，内生增长动力加强。2010~2012年出口的增长率分别为14.71%、15.32%和12.68%，进口的增长率分别为27.47%、16.12%和13.25%，值得注意的是2011年和2012年的进出口和进口增速有所回落。

2009年第一季度至2009年第三季度，外商直接投资增长率为负，2009年第四季度后由负转正，并保持平稳的速度增长，政府税收收入增长率逐渐提高。能源生产和能源消费保持了比较平稳的增长，能源生产增长率高于能源消费增长率，这对缓解我国的能源供需矛盾有一定的积极作用。

值得警惕的是，居民消费价格指数自2009年第四季度由负转正后，增长率一直维持在2.3%左右的水平，2010~2012年消费价格指数分别增加了3.11%、4.72%和3.76%。工业品出厂价格指数也维持在高水平，2010~2012年工业品出厂价格指数分别增加了5.35%、5.21%和2.51%。因此，要警惕通货膨胀的发生。

为了更直观地表示预测效果，下面给出了国内生产总值等12个主要宏观经济变量的预测图。

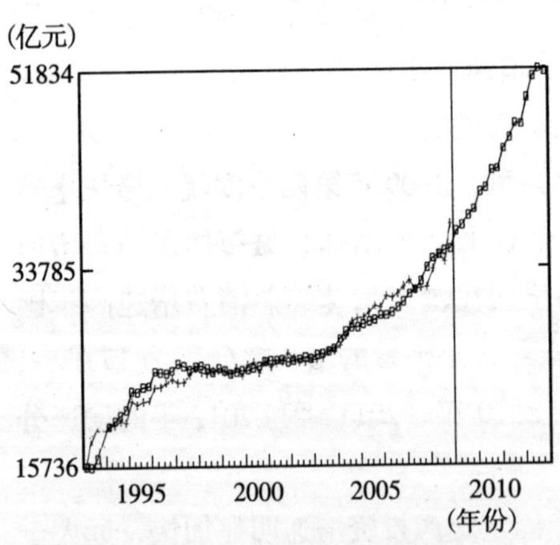

注：+ 表示历史值 ▯ 表示预测值

图 5–1 国内生产总值

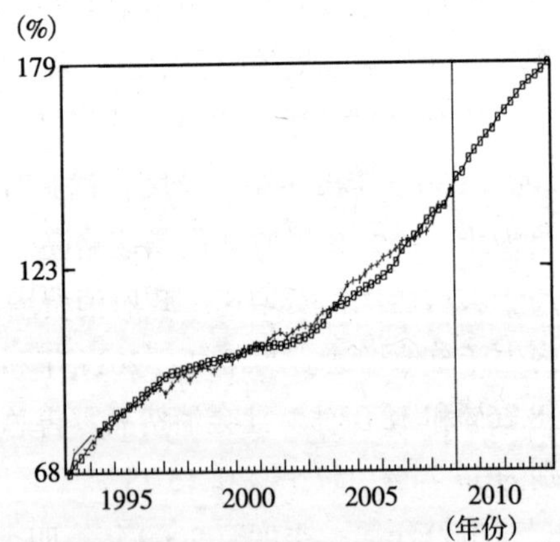

注：+ 表示历史值 ▯ 表示预测值

图 5–2 国内生产总值平减指数

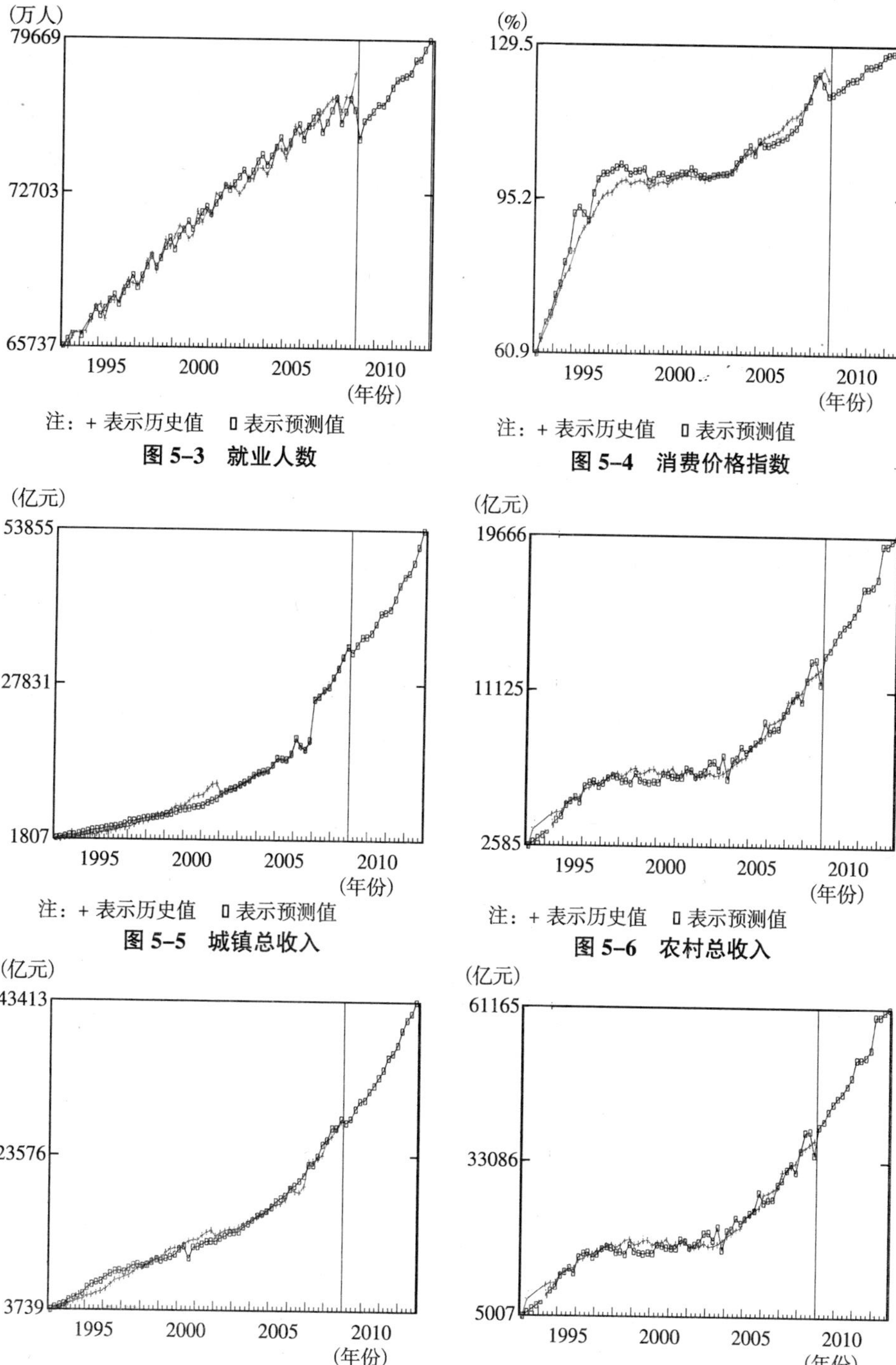

注：+ 表示历史值 ▯ 表示预测值

图 5-3 就业人数

注：+ 表示历史值 ▯ 表示预测值

图 5-4 消费价格指数

注：+ 表示历史值 ▯ 表示预测值

图 5-5 城镇总收入

注：+ 表示历史值 ▯ 表示预测值

图 5-6 农村总收入

注：+ 表示历史值 ▯ 表示预测值

图 5-7 居民总消费

注：+ 表示历史值 ▯ 表示预测值

图 5-8 总消费

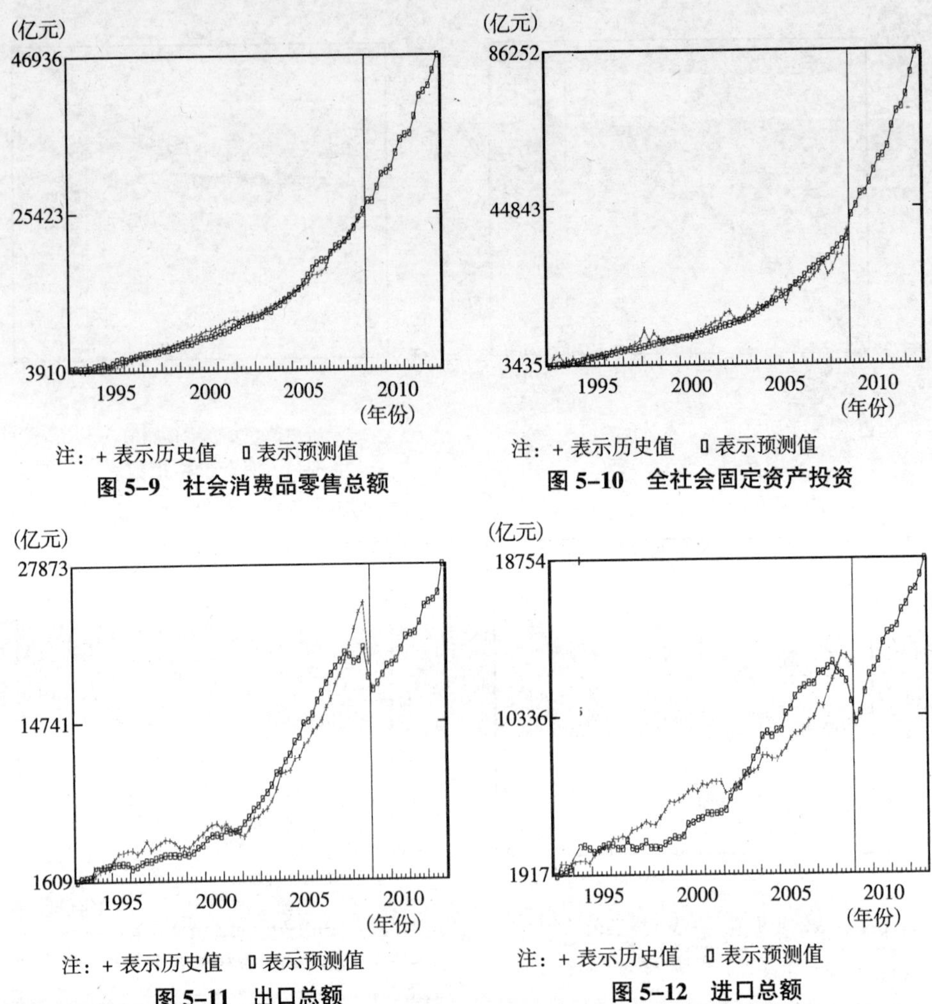

注：+ 表示历史值　▯表示预测值

图 5-9　社会消费品零售总额

注：+ 表示历史值　▯表示预测值

图 5-10　全社会固定资产投资

注：+ 表示历史值　▯表示预测值

图 5-11　出口总额

注：+ 表示历史值　▯表示预测值

图 5-12　进口总额

第二节　季度模型的政策模拟分析

政策模拟也称为政策实验或事前模拟，根据不同的政策假设，即根据外生变量的不同预测值方案，作出若干个预测，其中假设现行政策不变的方案称为基准方案，比较其他方案与基准方案的百分比差异，就可得到某一项政策或某几项政策实施的效果。本节首先介绍了模型的财政政策和货币政策模拟分析，接着探讨了汇率政策对我国宏观经济的影响。

一、模型的财政政策和货币政策模拟分析

在利用模型进行模拟分析前，需要确定模型的基准方案，确定基准方案的目的是便于比较当各种政策发生变动时，各宏观经济指标的变动方向，即基准方案是为了提供一个比较的基础。本章中，政策模拟区间为 2009 年第一季度至 2012 年第四季度，外生变量的取值与上一节利用模型进行预测时外生变量的取值相同，即上一节的预测方案为本章的基准方案。本章的财政政策、货币政策、汇率政策的模拟分析均采用相同的基准方案。

（一）模型的财政政策模拟分析

财政政策是实施宏观调控的重要手段，根据当时的宏观经济形势，财政政策的基本目标是保持适度的经济增长、维持物价水平的基本稳定、促进就业和收入的合理分配，在我国经济发展过程中，财政政策发挥了积极的作用。在后金融危机时代，财政政策对经济的刺激力度应该有所回落，但不能马上退出，还是应实施积极的财政政策，温家宝总理在 2010 年政府工作报告中明确指出，要继续实施积极的财政政策，因此，本书设置 2 个积极的财政政策模拟方案，分别称为财政方案 1 和财政方案 2。

财政方案 1：2009 年第一季度至第四季度，各季度财政支出在基准方案的基础上同比增加 4%；2010 年第一季度至 2010 年第四季度，各季度财政支出在基准方案的基础上同比增加 3%；2011 年第一季度至 2011 年第四季度，各季度在基准方案的基础上同比增加 2%；2012 年第一季度至 2012 年第四季度，各季度在基准方案的基础上同比增加 1%。根据宏观税率的历史数据，一般每年的第一季度和第二季度的宏观税率较高，所以在设置方案时每年的第一季度和第二季度的降幅要比第三季度和第四季度大一些。每年第一季度和第二季度，宏观税率各季度在基准方案的基础上同比降低 1 个百分点；每年第三季度和第四季度，宏观税率各季度在基准方案的基础上同比降低 0.5 个百分点。其余外生变量取值与基准方案相同。

财政方案 2：2009 年第一季度至第四季度，各季度财政支出在基准方案的基础上同比减少 4%；2010 年第一季度至 2010 年第四季度，各季度财政支出在基准方案的基础上同比减少 3%；2011 年第一季度至 2011 年第四季度，各季度在基准方案的基础上同比减少 2%；2012 年第一季度至 2012 年第四季度，各季度在基准方案的基础上同比减少 1%。每年第一季度和第二季度，宏观税率各季度在基准方案的基础上同比增加 1 个百分点；每年第三季度和第四季度，宏观

税率各季度在基准方案的基础上同比增加 0.5 个百分点。其余外生变量的取值与基准方案相同。

财政方案 1 与基准方案比是一种相对积极的财政政策，财政方案 2 是一种相对紧缩的财政政策，两者刺激经济的力度相同，但方向相反。财政方案 1 和财政方案 2 的模拟结果见表 7–1。表中的数字为模拟方案对基准方案的增幅（负号表示减幅），即模拟方案对基准方案增加的百分比。每个变量分别对应 2 行数字，第一行表示财政方案 1 的模拟结果，第二行表示财政方案 2 的模拟结果。限于篇幅，没有列出所有季度的模拟结果，2009 年第一季度简写为 2009.1，其余季度依此类推。

表 5–4　主要宏观经济变量的财政政策模拟结果

时间	2009.1	2009.3	2009.4	2010.1	2010.2	2010.3	2010.4	2011.1	2011.3	2011.4	2012.1	2012.4
国内生产总值	0.31	0.46	0.87	1.12	1.31	1.33	1.49	1.01	0.93	0.74	0.71	0.58
	−0.39	−0.53	−0.92	−1.20	−1.53	−1.64	−1.67	−1.42	−1.21	−1.06	−0.88	−0.67
就业人数	0.04	0.09	0.11	0.16	0.19	0.23	0.28	0.30	0.24	0.21	0.17	0.09
	−0.06	−0.06	−0.12	−0.21	−0.27	−0.33	−0.42	−0.49	−0.41	−0.37	−0.26	−0.23
城镇收入	0.79	0.92	0.99	1.17	1.46	1.78	1.99	2.03	1.67	1.43	1.20	0.97
	−0.83	−1.01	−1.17	−1.29	−1.68	−2.04	−2.31	−2.47	−2.29	−1.83	−1.47	−1.24
农村收入	0.17	0.31	0.45	0.51	0.55	0.63	0.77	0.82	0.76	0.63	0.60	0.44
	−0.24	−0.38	−0.55	−0.71	−0.85	−0.89	−0.91	−1.08	−0.88	−0.76	−0.73	−0.65
城镇消费	0.11	0.12	0.17	0.43	0.49	0.55	0.52	0.47	0.41	0.33	0.29	0.26
	−0.16	−0.21	−0.34	−0.59	−0.68	−0.74	−0.77	−0.62	−0.69	−0.51	−0.51	−0.43
农村消费	0.05	0.05	0.11	0.17	0.22	0.23	0.27	0.38	0.35	0.27	0.21	0.13
	−0.09	−0.13	−0.15	−0.24	−0.35	−0.43	−0.62	−0.84	−0.67	−0.63	−0.49	−0.44
居民消费	0.09	0.10	0.13	0.38	0.41	0.41	0.42	0.39	0.34	0.28	0.21	0.19
	−0.11	−0.16	−0.25	−0.49	−0.61	−0.63	−0.71	−0.55	−0.58	−0.51	−0.51	−0.36
政府消费	3.17	3.42	3.63	3.87	4.21	4.07	3.92	3.67	3.16	2.91	2.23	1.69
	−4.43	−4.87	−5.29	−5.12	−5.35	−6.13	−5.74	−4.92	−4.41	−4.18	−3.93	−3.38
总消费	1.02	1.09	1.13	1.19	1.24	1.33	1.45	1.39	1.26	1.20	1.14	0.49
	−1.27	−1.31	−1.39	−1.53	−1.96	−2.18	−1.99	−1.86	−1.57	−1.49	−1.36	−1.08
消费价格指数	0.32	0.36	0.41	0.45	0.48	0.52	0.61	0.57	0.49	0.46	0.41	0.32
	−0.33	−0.34	−0.47	−0.45	−0.51	−0.56	−0.61	−0.67	−0.62	−0.54	−0.47	−0.36
消费品零售额	1.21	1.28	1.32	1.37	1.41	1.48	1.51	1.56	1.50	1.38	1.21	0.87
	−1.64	−1.69	−1.77	−1.82	−1.89	−2.01	−1.93	−1.90	−1.64	−1.39	−1.24	−0.96
固定资产投资	2.14	2.31	2.39	2.48	2.63	2.74	2.49	2.16	1.88	1.57	1.24	0.89
	−2.81	−2.93	−3.07	−3.28	−3.53	−3.82	−3.21	−2.83	−2.41	−2.22	−1.86	−1.62
投资价格指数	1.21	1.44	1.53	1.59	1.66	1.68	1.71	1.74	1.65	1.57	1.32	0.96
	−1.24	−1.57	−1.59	−1.66	−1.71	−1.80	−1.88	−1.91	−1.87	−1.76	−1.51	−1.21
进口	0.03	0.03	0.04	0.07	0.13	0.22	0.29	0.38	0.31	0.27	0.24	0.18
	−0.07	−0.13	−0.13	−0.17	−0.22	−0.35	−0.47	−0.69	−0.58	−0.41	−0.37	−0.26

续表

时间	2009.1	2009.3	2009.4	2010.1	2010.2	2010.3	2010.4	2011.1	2011.3	2011.4	2012.1	2012.4
出口	0.01 −0.05	0.01 −0.05	0.03 −0.07	0.02 −0.13	0.05 −0.19	0.11 −0.27	0.14 −0.36	0.16 −0.43	0.12 −0.49	0.10 −0.42	0.09 −0.35	0.04 −0.19
工业品指数	0.76 −0.78	0.81 −0.84	0.87 −0.98	0.93 −1.06	1.05 −1.09	1.11 −1.14	1.24 −1.39	1.18 −1.31	1.11 −1.28	1.04 −1.19	1.03 −1.12	1.04 −1.07
外商投资	−0.01 0.03	−0.01 0.06	−0.01 0.09	−0.01 0.11	0.01 0.14	0.01 0.07	−0.02 0.05	0.01 0.01	−0.02 0.01	−0.01 0.02	−0.02 0.02	−0.01 0.01
政府税收收入	−0.08 0.14	−0.14 0.17	−0.16 0.20	−0.18 0.25	−0.21 0.32	−0.34 0.41	−0.45 0.57	−0.41 0.68	−0.32 0.44	−0.29 0.39	−0.22 0.34	−0.13 0.24
能源生产	0.37 −0.48	0.61 −0.59	0.88 −0.89	1.17 −1.17	1.39 −1.39	1.51 −1.86	1.54 −2.01	1.45 −1.97	1.29 −1.85	1.16 −1.71	1.07 −1.29	0.82 −1.09
能源消费	0.43 −0.52	0.57 −0.63	0.93 −1.02	1.24 −1.54	1.43 −1.73	1.52 −1.94	1.67 −2.13	1.53 −1.84	1.47 −1.64	1.35 −1.56	1.29 −1.51	1.03 −1.24

从财政方案 1 的模拟结果看，与基准方案相比，国内生产总值的增幅在 2009 年第一季度为 0.31%，8 个季度达到最大增幅 1.49%；就业人数的增长从 0.04%到 0.30%，然后逐渐回落到 0.09%的水平；城镇居民收入和农村居民收入的最大增长幅度分别为 2.03%和 0.82%，总体而言，城镇居民收入的增幅高于农村居民；政府消费的增幅从 3.17%增加到 4.21%，然后逐渐回落到 1.69%，居民消费的增幅较小，最大增幅为 0.42%，其中，城市居民的消费增幅高于农村居民，受政府消费的拉动，总消费的增幅从 2009 年第一季度的 1.02%，增加到 2010 年第四季度的 1.45%，然后逐渐回落，到 2012 年第四季度增幅为 0.49%；社会消费品零售总额的最大增幅为 1.56%；消费价格指数上升，在 2010 年第四季度达到最大增幅，为 0.61%，固定资产投资价格指数的增幅略大，最大增幅为 1.74%，工业品出厂价格指数的最大增幅为 1.24%，没有造成明显的价格波动；固定资产投资在 2010 年第三季度达到最大增幅 2.74%；对出口和进口的影响较为微弱，但对进口的影响高于出口，进口的最大增幅为 0.38%，出口的最大增幅为 0.16%；政府税收收入有一定程度的减少，减少的最大幅度为 0.45%，财政赤字进一步扩大；能源生产和能源消费都有不同程度的增长，其中，能源消费的增幅高于能源生产的增幅，能源供需矛盾将进一步扩大。

从财政方案 2 的模拟结果看，与基准方案相比，国内生产总值的减幅在 2009 年第一季度为 0.39%，8 个季度后达到最大减幅 1.67%；就业有所减少，最大减幅为 0.49%；城镇居民和农村居民收入的最大减幅分别为 2.47%和 1.08%，城镇居民收入的减幅大于农村居民；政府消费的最大减幅达到 6.13%，居民消费的最大减幅为0.71%，总消费的最大减幅为2.18%，表明总消费的减少主要由政府消费的减少导致；社会消费品零售总额的最大减幅为2.01%；消费价格指数的最大增幅为0.67%，固定资产投资价格指数的最大增幅为1.91%，工业品出厂价格指数的最大增幅为1.39%，没有造成明显的价格下降；固定资产投资的最大减幅为3.82%；出口的最大减幅为0.43%，进口的最大减幅为0.69%，出口对经济的影响微弱；政府税收收入的最大增幅为0.68%，有助于缓解政府的财政赤字；能源生产的最大减幅为2.01%，能源消费的最大减幅为2.13%，总体而言，能源生产和能源消费的减幅都明显高于国内生产总值的减幅。

从以上两种财政政策模拟方案的结果看，在相同的财政力度但作用方向相反的条件下，相对紧缩的财政政策使国内生产总值、就业、收入、消费、投资和进出口等宏观经济变量下降，相对积极的财政政策使国内生产总值、就业、收入、消费、投资和进出口等宏观经济变量上升，但下降的幅度大于上升的幅度。政府消费的变化幅度明显大于居民消费，总消费的变化主要是由政府消费的变化所导致，表明我国居民消费的增长力度不足，经济增长对政策的依赖性较强，增长缺乏内生动力。固定资产投资变化幅度较大，表明固定资产投资对财政政策的依赖作用较大。进出口的变化幅度不大，但进口的变化幅度大于出口，因此，财政政策对经济的影响主要体现在政府消费和固定资产投资两方面，居民消费和出口对经济增长的影响较小。相对积极的财政政策使居民消费价格指数、固定资产投资价格指数和工业品出厂价格指数上升，相对紧缩的财政政策使居民消费价格指数、固定资产投资价格指数和工业品出厂价格指数下降，但上升和下降的幅度基本维持平衡，变化幅度不大，不会造成通货膨胀或通货紧缩，表明财政政策不会对物价造成较大的影响，体现出了其优越性。在两种模拟方案下，能源消费的变化幅度都大于能源生产，表明能源供需矛盾都进一步扩大，凸显了发展低碳产业的重大意义。因此，从模型模拟结果看，目前财政政策的基调是正确的，应保持积极的财政政策。

（二）模型的货币政策模拟分析

货币政策的最终目标是保持经济增长、促进就业、稳定物价和保持国际收支的基本平稳。本节的基准方案同预测方案，即本节的基准方案与上节的基准方案相同。在金融危机时代，我国实施了宽松的货币政策，在一定程度上带来了通货膨胀的隐患，因此，在后金融危机时代应实施适度宽松的货币政策，温家宝总理在2010年的政府工作报告中也明确提出要实施适度宽松的货币政策。这里设置两种适度宽松的货币政策模拟方案。分别称为货币方案1和货币方案2。

货币方案 1：2009 年第一季度至第四季度，各季度货币和准货币的供应量在基准方案的基础上同比增加 1%，流通中现金的供应量同比增加 0.7%，短期和长期存贷款利率同比降低 0.15 个百分点；2010 年第一季度至第四季度，各季度货币和准货币的供应量在基准方案的基础上同比增加 2%，流通中现金的供应量同比增加 1.2%，短期和长期存贷款利率同比降低 0.15 个百分点；2011 年和 2012 年各季度，与基准方案对比，货币和准货币的供应量同比增加 1.5%，流通中现金的供应量增加 1%，短期和长期存贷款利率同比降低 0.15 个百分点。其余外生变量的取值与基准方案相同。

货币方案 2：2009 年第一季度至第四季度，各季度货币和准货币的供应量在基准方案的基础上同比降低 1%，流通中现金的供应量同比增加 0.7%，短期和长期存贷款利率同比上升 0.15 个百分点；2010 年第一季度至第四季度，各季度货币和准货币的供应量在基准方案的基础上同比降低 2%，流通中现金的供应量同比增加 1.2%，短期和长期存贷款利率同比上升 0.15 个百分点；2011 年和 2012 年各季度，与基准方案对比，货币和准货币的供应量同比降低 1.5%，流通中现金的供应量降低 1%，短期和长期存贷款利率同比上升 0.15 个百分点。其余外生变量的取值与基准方案相同。

货币方案 1 与基准方案比是一种相对宽松的货币政策，货币方案 2 是一种相对紧缩的货币政策，两者刺激经济的力度相同，但方向相反。货币方案 1 和货币方案 2 的模拟结果见表 7–2。表中的数字为模拟方案对基准方案的增幅（负号表示减幅），即模拟方案对基准方案增加的百分比。每个变量分别对应 2 行数字，第一行表示货币方案 1 的模拟结果，第二行表示货币方案 2 的模拟结果。限于篇幅，没有列出所有季度的模拟结果，2009 年第一季度简写为 2009.1，其余季度依此类推。

表 5–5　主要宏观经济变量的货币政策模拟结果

时间	2009.1	2009.3	2009.4	2010.1	2010.2	2010.3	2010.4	2011.1	2011.3	2011.4	2012.1	2012.4
国内生产总值	0.19 −0.11	0.33 −0.19	0.44 −0.27	0.53 −0.28	0.61 −0.37	0.67 −0.46	0.72 −0.55	0.66 −0.47	0.61 −0.42	0.57 −0.38	0.52 −0.31	0.43 −0.24
就业人数	0.01 −0.01	0.05 −0.03	0.09 −0.06	0.12 −0.07	0.14 −0.11	0.18 −0.12	0.22 −0.14	0.26 −0.18	0.21 −0.13	0.17 −0.10	0.13 −0.08	0.04 −0.06
城镇收入	0.23 −0.11	0.27 −0.13	0.35 −0.14	0.41 −0.19	0.46 −0.27	0.68 −0.31	0.81 −0.43	0.74 −0.37	0.63 −0.35	0.57 −0.26	0.49 −0.21	0.41 −0.15
农村收入	0.07 −0.01	0.11 −0.04	0.20 −0.08	0.27 −0.12	0.34 −0.16	0.33 −0.22	0.37 −0.31	0.26 −0.24	0.18 −0.16	0.12 −0.07	0.10 −0.06	0.06 −0.06

续表

时间	2009.1	2009.3	2009.4	2010.1	2010.2	2010.3	2010.4	2011.1	2011.3	2011.4	2012.1	2012.4
城镇消费	0.09 -0.08	0.21 -0.09	0.24 -0.09	0.31 -0.11	0.34 -0.16	0.43 -0.22	0.54 -0.31	0.42 -0.24	0.42 -0.21	0.40 -0.16	0.37 -0.12	0.28 -0.10
农村消费	0.05 -0.01	0.08 -0.02	0.11 -0.06	0.15 -0.08	0.21 -0.11	0.23 -0.13	0.26 -0.18	0.18 -0.14	0.14 -0.11	0.09 -0.06	0.08 -0.00	0.07 -0.00
居民消费	0.06 -0.05	0.09 -0.06	0.12 -0.07	0.19 -0.08	0.26 -0.12	0.31 -0.15	0.31 -0.22	0.22 -0.17	0.17 -0.15	0.13 -0.13	0.11 -0.09	0.09 -0.07
政府消费	0.98 -0.87	1.02 -0.96	1.23 -1.01	1.36 -1.25	1.39 -1.36	1.42 -1.37	1.27 -1.15	1.14 -1.03	1.05 -0.94	0.99 -0.87	0.91 -0.73	0.67 -0.54
总消费	0.22 -0.20	0.36 -0.31	0.38 -0.32	0.43 0.09	0.51 -0.43	0.46 -0.42	0.41 -0.35	0.37 -0.29	0.32 -0.24	0.29 -0.22	0.27 -0.19	0.21 -0.13
消费价格指数	1.16 -1.18	1.19 -1.26	1.31 -1.45	1.44 -1.51	1.58 -1.63	1.69 -1.81	1.72 -2.04	1.68 -1.93	1.55 -1.76	1.46 -1.65	1.13 -1.58	0.72 -1.01
消费品零售额	0.39 -0.28	0.47 -0.37	0.53 -0.43	0.61 -0.54	0.78 -0.67	1.13 -0.79	1.04 -0.64	0.89 -0.58	0.76 -0.51	0.63 -0.39	0.51 -0.24	0.51 -0.22
固定资产投资	1.89 -1.37	1.96 -1.48	2.03 -1.69	2.21 -1.82	2.34 -1.97	2.45 -2.01	2.98 -2.12	2.37 -1.93	2.46 -1.71	2.23 -1.62	1.94 -1.55	1.59 -1.19
投资价格指数	0.76 -0.93	1.14 -1.29	1.43 -1.67	1.79 -1.82	1.88 -1.91	2.07 -2.13	2.29 -2.41	2.31 -2.22	1.68 -1.84	1.15 -1.55	0.71 -1.13	0.99 -1.01
出口	0.11 -0.18	0.12 -0.22	0.17 -0.29	0.21 -0.37	0.28 -0.46	0.34 -0.79	0.39 -0.84	0.57 -0.96	0.62 -1.03	0.53 -0.85	0.47 -0.77	0.35 -0.52
进口	0.05 -0.13	0.05 -0.14	0.05 -0.17	0.09 -0.21	0.11 -0.28	0.14 -0.35	0.21 -0.41	0.27 -0.46	0.23 -0.57	0.21 -0.51	0.17 -0.42	0.13 -0.28
工业品指数	1.03 -1.31	1.15 -1.42	1.24 -1.57	1.27 -1.69	1.33 -1.74	1.37 -1.83	1.59 -1.86	1.61 -1.97	1.53 -1.67	1.45 -1.41	1.22 -1.32	1.01 -1.01
外商投资	-0.03 0.04	-0.03 0.05	-0.04 0.07	-0.05 0.09	-0.07 0.15	-0.11 0.18	-0.12 0.21	-0.14 0.18	-0.09 0.15	-0.07 0.13	-0.06 0.11	-0.03 0.07
政府税收收入	0.43 -0.37	0.52 -0.39	0.54 -0.41	0.67 -0.49	0.76 -0.55	0.83 -0.71	0.97 -0.77	1.21 -0.89	1.13 -0.81	1.07 -0.76	1.01 -0.65	0.79 -0.51
能源生产	0.26 -0.12	0.33 -0.17	0.42 -0.21	0.46 -0.28	0.67 -0.31	0.71 -0.34	0.74 -0.43	0.79 -0.52	0.72 -0.48	0.68 -0.41	0.61 -0.35	0.42 -0.27
能源消费	0.31 -0.17	0.37 -0.26	0.46 -0.31	0.53 -0.39	0.74 -0.47	0.83 -0.51	0.91 -0.63	1.06 -0.56	0.99 -0.51	0.82 -0.47	0.73 -0.46	0.59 -0.46

从货币方案 1 的模拟结果看，与基准方案相比，国内生产总值的增幅由 2009 年第一季度的 0.19%逐渐增大，在 2010 年第四季度达到最大值 0.72%，然后逐渐回落到 2012 年第四季度 0.43%的水平；就业人数最大增幅为 0.26%，然后逐渐回落到 0.04%的水平；城镇居民收入最大增幅为 0.81%，农村居民收入最大增幅为 0.37%；从消费结构看，政府消费的增幅从 2009 年第一季度的 0.98%增加到 2010 年第三季度的最大值 1.42%，居民消费的最大增幅为 0.31%，其中，

城镇居民和农村居民消费的最大增幅分别为0.54%和0.26%，受政府消费的拉动，总消费的增幅从2009年第一季度的0.22%，增加到2010年第三季度的最大值0.51%，社会消费品零售总额的增幅高于居民消费，但低于政府消费，最大增幅达到1.13%；居民消费价格指数上升，最大增幅为1.72%，固定资产投资价格指数的增幅较大，最大增幅为2.31%，工业品出厂价格指数增幅比较温和，最大增幅为1.61%；固定资产投资增长强劲，最大增幅为2.98%；出口的最大增幅为2011年第三季度的0.62%，进口的最大增幅为2011年第二季度的0.27%；对外商直接投资有一定的挤出效应，最大减幅为0.14%；政府税收收入都有一定程度的增加，最大增幅为1.21%；能源生产的最大增幅为0.79%，能源消费的最大增幅为1.06%。

从货币方案2的模拟结果看，与基准方案相比，国内生产总值的最大减幅为0.55%，表明紧缩的货币政策对国内生产总值增长的抑制作用小于宽松的货币政策；就业的最大减幅为0.18%；城镇居民收入和农村居民收入的最大减幅分别为0.43%和0.31%；从消费结构看，政府消费的最大减幅为1.37%，居民消费的最大减幅为0.22%，其中，城镇居民和农村居民消费的最大减幅分别为0.31%和0.18%，受政府消费减少的作用，总消费的最大减幅为0.42%，社会消费品零售总额的减幅高于居民消费，但低于政府消费，最大增幅达到0.79%；居民消费价格指数、固定资产投资价格指数和工业品出厂价格指数最大减幅分别达到2.04%、2.41%和1.97%的水平，通货膨胀明显降低；固定资产投资减少，最大减幅为2.12%；出口和进口的最大减幅分别为1.03%和0.57%，对出口的影响大于对进口的影响；外商直接投资有一定的增加，最大增幅为0.21%；政府税收收入的最大减幅为0.89%；能源生产和消费的最大减幅分别为0.52%和0.63%。

从以上两种货币政策方案的模拟结果看，在货币政策力度相同，但作用方向相反的条件下，相对紧缩的货币政策使国内生产总值、就业、收入、消费投资和进出口等宏观经济变量下降，相对宽松的货币政策使国内生产总值、就业、收入、消费投资和进出口等宏观经济变量上升，但下降的幅度较小，小于上升的幅度，对经济增长没有造成明显的抑制作用。相对紧缩的货币政策使消费价格指数、固定资产投资价格指数和工业品出厂价格指数下降，相对宽松的货币政策使消费价格指数、固定资产投资价格指数和工业品出厂价格指数上升，但下降的幅度大于上升的幅度，表明相对紧缩的货币政策有助于抑制通货膨胀。货币政策对经济的影响主要体现在政府消费和固定资产投资两个方面，出口和居民消费对经济的影响程度小于固定资产投资；值得警惕的是，相对宽松的货币政策将发生温和的通货膨胀，相对紧缩的货币政策对通货膨胀有一定的抑制作用。货币政策对外商直接投资有一定的挤出效应，但变化幅度不大，表明外商直接投资对货币政策的敏感程度不高。在相对宽松的货币政策下能源生产和能源消费都有不同程度的增长，其中，能源消费的增幅高于能源生产的增幅，能源供需矛盾将扩大，在相对紧缩的货币政策下，能源生产与消费减少，能源消费的减幅大于能源生产的减幅，能源供需矛盾得到一定的缓解。因此，从模拟结果看，与基准方案相比，目前应实施相对紧缩的货币政策，但总体而言，这种货币政策还是适度宽松的。

二、模型的汇率政策模拟分析

随着我国经济体制改革和对外开放的进一步发展，我国的经济取得了重大发展，对外贸易发展迅速，贸易顺差进一步扩大，外商直接投资不断增加，外汇储备世界第一。在如此的经济背景下，人民币持续升值，且升值压力预期增大。在这里也设置 2 个汇率政策模拟方案，分别称为汇率方案 1 和汇率方案 2。这里的基准方案与上节相同。

汇率方案 1：2009 年第一季度至第四季度，与基准方案对比，各季度人民币汇率同比以 1%的速度升值；2010 年第一季度至第四季度，与基准方案对比，各季度人民币汇率同比以 1.5%的速度升值；2011 年第一季度至第四季度，与基准方案对比，各季度人民币汇率同比以 2%的速度升值；2012 年第一季度至第四季度，与基准方案对比，各季度人民币汇率同比以 1%的速度升值。其余外生变量与基准方案相同。

汇率方案 2：2009 年第一季度至第四季度，与基准方案对比，各季度人民币汇率同比以 3%的速度升值；2010 年第一季度至第四季度，与基准方案对比，各季度人民币汇率同比以 10%的速度升值；2011 年第一季度至 2012 年第四季度保持 2010 年各季度的水平不变。其余外生变量与基准方案相同。

汇率方案 1 的升值速度比较缓慢，汇率方案 2 的升值速度突然加快，明显快于汇率方案 1。汇率方案 1 和汇率方案 2 的模拟结果见表 7-3。表中的数字为模拟方案对基准方案的增幅，即模拟方案对基准方案增加的百分比。每个变量分别对应 2 行数字，第一行表示汇率方案 1 的模拟结果，第二行表示汇率方案 2 的模拟结果。限于篇幅，没有列出所有季度的模拟结果，2009 年第一季度简写为 2009.1，其余季度依此类推。

表 5-6 主要宏观经济变量的汇率政策模拟结果

时间	2009.1	2009.3	2009.4	2010.1	2010.2	2010.3	2010.4	2011.1	2011.3	2011.4	2012.1	2012.4
国内生产总值	−0.02 −0.13	−0.03 −0.17	−0.07 −0.29	−0.12 −0.69	−0.23 −0.77	−0.36 −0.89	−0.45 −0.96	−0.52 −1.08	−0.61 −0.87	−0.55 −0.74	−0.47 −0.62	−0.29 −0.56
就业人数	−0.12 −0.15	−0.15 −0.18	−0.23 −0.29	−0.34 −0.73	−0.48 −0.78	−0.57 −0.91	−0.69 −0.99	−0.67 −1.42	−0.54 −1.31	−0.43 −1.24	−0.39 −1.08	−0.37 −0.91
城镇收入	−0.05 −0.17	−0.11 −0.26	−0.17 −0.43	−0.32 −1.28	−0.41 −1.62	−0.54 −2.10	−0.56 −2.27	−0.47 −2.43	−0.43 −2.36	−0.41 −2.12	−0.37 −1.86	−0.29 −1.69
农村收入	−0.16 −0.19	−0.22 −0.28	−0.31 −0.51	−0.49 −1.65	−0.72 −2.14	−0.95 −2.63	−1.24 −2.98	−1.56 −3.72	−1.27 −2.96	−1.09 −2.38	−0.94 −2.25	−0.62 −1.88
城镇消费	−0.01 −0.05	−0.01 −0.08	−0.09 −0.13	−0.12 −0.72	−0.11 −0.81	−0.23 −0.94	−0.25 −1.21	−0.29 −1.39	−0.24 −1.25	−0.19 −1.13	−0.15 −1.11	−0.08 −1.04
农村消费	−0.07 −0.09	−0.09 −0.12	−0.15 −0.17	−0.23 −0.99	−0.35 −1.21	−0.46 −1.33	−0.59 −1.78	−0.73 −2.27	−0.55 −2.66	−0.49 −2.32	−0.43 −2.14	−0.27 −2.06
居民消费	−0.05 −0.07	−0.07 −0.10	−0.13 −0.15	−0.21 −0.88	−0.29 −0.93	−0.33 −1.09	−0.42 −1.41	−0.56 −1.79	−0.43 −1.68	−0.39 −1.57	−0.34 −1.44	−0.21 −1.36
政府消费	−0.01 −0.12	−0.01 −0.17	−0.03 −0.19	−0.03 −0.55	−0.04 −0.71	−0.05 −0.80	−0.06 −0.83	−0.05 −0.79	−0.04 −0.74	−0.03 −0.61	−0.03 −0.53	−0.01 −0.42
总消费	−0.04 −0.09	−0.06 −0.13	−0.11 −0.17	−0.17 −0.74	−0.23 −0.81	−0.27 −0.93	−0.34 −1.31	−0.37 −1.53	−0.34 −1.41	−0.31 −1.27	−0.27 −1.22	−0.17 −1.14
消费价格指数	−0.12 −0.17	−0.17 −0.21	−0.34 −0.41	0.46 −1.13	−0.59 −1.17	−0.73 −1.39	−0.86 −1.57	−0.78 −1.84	−0.65 −1.22	−0.53 −1.17	−0.41 −1.11	−0.35 −0.91
消费品零售额	−0.07 −0.13	−0.09 −0.17	−0.13 −0.23	−0.22 −1.35	−0.29 −1.46	−0.32 −1.53	−0.47 −1.67	−0.59 −1.79	−0.71 −1.62	−0.63 −1.55	−0.54 −1.47	−0.31 −1.43
固定资产投资	0.11 0.14	0.23 0.29	0.27 0.33	0.46 0.95	0.62 1.23	0.87 1.49	1.05 1.81	1.24 2.37	1.17 2.13	0.96 1.96	0.87 1.62	0.73 1.55
投资价格指数	0.19 0.25	0.31 0.43	0.43 0.57	0.65 0.74	0.89 0.96	1.03 1.21	1.29 1.42	1.45 1.76	1.31 1.59	1.17 1.43	1.01 1.32	0.81 1.04
出口	−0.71 −0.89	−0.93 −1.06	−1.05 −1.23	−1.22 −2.53	−1.39 −2.82	−1.61 −3.08	−1.82 −3.25	−2.16 −4.17	−1.77 −3.43	−1.64 −3.01	−1.47 −2.78	−1.43 −2.65
进口	0.23 0.37	0.34 0.36	0.41 0.47	0.54 0.89	0.61 1.16	0.87 1.34	1.02 1.67	1.34 2.08	1.23 1.83	1.09 1.57	0.96 1.32	0.72 1.16
工业品指数	−0.13 −0.17	−0.22 −0.29	−0.27 −0.31	−0.39 −0.66	−0.45 −0.78	−0.58 −1.12	−0.71 −1.37	−0.83 −1.79	−0.80 −1.32	−0.74 −1.13	−0.65 −1.01	−0.49 −0.97
外商投资	0.35 0.49	0.43 0.55	0.58 0.63	0.76 1.22	0.89 1.45	1.09 1.76	1.31 1.99	1.48 2.52	1.39 2.41	1.25 2.24	1.16 2.13	0.99 1.91
政府税收收入	−0.01 −0.03	−0.04 −0.07	−0.07 −0.11	−0.09 −0.34	−0.11 −0.38	−0.12 −0.41	−0.13 −0.50	−0.13 −0.59	−0.12 −0.47	−0.11 −0.42	−0.11 −0.36	−0.06 −0.33
能源生产	−0.03 −0.06	−0.04 −0.09	−0.09 −0.14	−0.15 −0.83	−0.26 −1.12	−0.38 −1.28	−0.47 −1.57	−0.56 −1.79	−0.64 −1.53	−0.61 −1.36	−0.53 −1.22	−0.37 −1.06
能源消费	−0.13 −0.17	−0.22 −0.29	−0.27 −0.35	−0.39 −0.94	−0.45 −1.48	−0.58 −1.62	−0.71 −1.93	−0.83 −2.28	−0.80 −2.02	−0.74 −1.93	−0.65 −1.81	−0.49 −1.62

从汇率方案1的模拟结果看，与基准方案相比，国内生产总值有一定程度的减少，减幅由2009年第一季度的0.02%增加到2011年第三季度的最大值0.61%，然后逐渐回落到2012年第四季度的0.29%；就业在2009年第一季度减少0.12%，在2010年第四季度达到最大值0.69%；农村收入的减幅大于城镇收入的减幅，2011年第一季度，城镇收入和农村收入的减幅达到最大，分别为0.56%和1.56%；从消费结构看，居民消费的减幅大于政府消费，其中，农村居民消费的减幅大于城镇居民，农村居民消费和城镇居民消费的最大减幅分别为0.73%和0.29%，总消费的最大减幅为0.37%；社会消费品零售总额的减幅高于居民消费和总消费，2011年第三季度达到最大减幅0.71%；2011年第四季度居民消费价格指数的减幅最大，为0.93%，工业品出厂价格指数在2011年第一季度达到最大减幅0.83%；固定资产投资在2011年第一季度达到最大增幅1.24%；人民币升值对进出口和外商直接投资的影响明显，出口明显受创，2009年第一季度，出口减幅为0.71%，到2011年第一季度，出口减幅达到最大2.16%，2012年第四季度，出口减幅仍保持在1.43%的高水平；进口有一定的增加，但进口的增幅明显小于出口的减幅，2011年第一季度进口达到最大增幅，为1.34%，然后逐渐回落到2012年第四季度的0.72%；外商直接投资有一定幅度的增长，增幅由2009年第一季度的0.35%增加到2011年第一季度的最大值1.48%；由于国内生产总值的减少，政府税收收入有一定程度的下降，但下降幅度不大，最大降幅为0.13%；能源生产的增大减幅为0.64%，能源消费的最大减幅为0.83%，能源消费的减幅大于能源生产的减幅。

从汇率方案2的模拟结果看，与基准方案相比，各宏观经济变量在2010年第一季度都发生了较大的变化。2009年第一季度至2009年第四季度，国内生产总值的减幅由0.13%增加到0.29%，2010年第一季度，减幅突然增大，减幅达到0.69%，2011年1月，减幅达到最大值1.08%；就业在2009年第一季度减少0.15%，在2010年第一季度减幅突然增大，达到0.73%，就业在2011年第一季度达到最大减幅1.42%；2011年第一季度，城镇收入和农村收入的减幅达到最大，分别为2.43%和3.72%；从消费结构看，居民消费的减幅大于政府消费，其中，农村居民消费的减幅大于城镇居民，农村居民消费和城镇居民消费的减幅最大分别为1.39%和2.66%，总消费的最大减幅为1.53%；社会消费品零售总额的减幅高于政府消费和总消费，最大减幅为1.77%；居民消费价格指数下降，最大减幅为1.84%，工业品出厂价格指数的最大减幅为1.59%，这说明人民币汇率的升值对抑制我国的通货膨胀有一定的积极作用；固定资产投资的最大增幅为 2.37%，表明人民币升值对固定资产投资有积极的推动作用；2009 年第一季度，出口减幅为 0.89%，到 2011 年第一季度，出口减幅达到最大 4.17%，到 2012 年第一季度，出口的减幅仍保持在 2.65%的高水平；进口的最大增幅为 2.08%，然后逐渐回落到 2012 年第四季度的 1.16%；外商直接投资的最大增幅为 2.52%；政府税收收入减少，最大减幅为 0.59%；能源生产的最大减幅为 1.79%，能源消费的最大减幅为 2.28%。

从以上两种汇率方案的模拟结果看，与基准方案对比，人民币突然升值使国内生产总值、就业、消费等宏观经济变量在突然升值点处发生比较大的波动，不利于经济系统的稳定。人民币缓慢升值没有使国内生产总值、消费、收入等宏观经济变量发生较大的波动，变化比较平缓，但人民币升值使我国就业的变化较大。人民币升值对国内生产总值有一定的减少，缓慢升值对国内生产总值的减幅不大，最大减幅为 0.61%，突然升值的最大减幅为 1.08%，因此，人民币升值对国内生产总值的影响在可控范围内。值得我们警惕的是，人民币升值对我国的就业压力远大于对国内生产总值的影响。人民币升值对农村居民收入和消费的影响大于对城镇居民收入和消费的影响，表明我国出口企业中的工作人员以农村居民为主，出口企业创造的附加值不高。政府消费受人民币升值的影响很小，而且升值幅度的高低对政府消费也没有明显的影响。人民币升值使我国的消费价格指数有所回落，表明升值对缓解国内的通货膨胀有一定的积极作用，工业品出厂价格指数也随之降低，升值有利于我国企业引进国外的资源类产品和高科技工业产品。人民币升值对我国固定资产投资和外商直接投资都有积极的推动作用。升值对进出口影响明显，出口明显受创，出口的减少幅度大于进口的增加幅度。能源生产和能源消费都有不同程度的减少，其中，能源消费的减幅高于能源生产的减幅，对缓解能源供需矛盾有一定的积极作用，因此，人民币升值有利于减少高耗能产品的出口。因此，鉴于国内生产总值、就业等宏观经济变量的剧烈波动，我们应该采取缓慢的升值措施，即要保持人民币汇率的相对稳定。

从以上财政政策、货币政策和汇率政策的模拟结果看，3 种政策的模拟数据的变化方向与经济理论相一致，表明模型基本符合理论预期。另外模型的模拟数据与我国的宏观经济现实也比较接近，因此，模型取得了良好的模拟效果。

第三节 总结及研究展望

一、主要研究结论

本篇结合中国的现实宏观经济环境，以需求为导向，以新凯恩斯主义和新古典宏观经济理论为指导，建立了一个季度宏观经济模型，通过方程体系的构建、政策模拟和经济预测，主要得出了以下结论：

（1）经模型估算，我国资本产出弹性为0.63，劳动产出弹性为0.51，表明我国目前处于规模报酬递增阶段，资本投入是我国经济增长的主要动力。

（2）总消费对各产业增加值的弹性明显大于出口对各产业增加值的弹性，表明我国经济的发展在更大的程度上依赖于国内需求的增加，我国经济的对外依存度有缓和的趋势。

（3）在积极的财政政策下，政府消费增幅明显高于居民消费，总消费的增长主要是由政府消费的变动所引起，表明经济增长对政策的依赖性较强，增长缺乏内生动力。积极的财政政策使固定资产投资增长强劲，紧缩的财政政策使固定资产投资减少，减少幅度较大，表明固定资产投资对财政政策的依赖作用较大。财政政策对进出口的影响都不大，但对出口的影响大于进口，因此，财政政策对经济的拉动主要体现在政府消费和固定资产投资两个方面，居民消费和出口对经济增长的拉动幅度较小。在积极的财政政策下，居民消费价格指数、固定资产投资价格指数和工业品出厂价格指数都有所上升，但上升幅度不大，不会造成通货膨胀，表明财政政策不会对物价造成明显的影响。

（4）相对宽松的货币政策使价格上升，发生温和的通货膨胀，相对紧缩的货币政策使价格下降，价格下降幅度高于宽松的货币政策使价格上升的幅度，因此，针对目前我国面临通货膨胀压力的条件，应实施适度宽松的货币政策。宽松的货币政策对外商直接投资有一定的挤出效应。

（5）相对紧缩的货币政策使国内生产总值、就业、收入、消费投资和进出口等宏观经济变量下降，相对宽松的货币政策使国内生产总值、就业、收入、消费投资和进出口等宏观经济变量上升，但下降的幅度较小，小于上升的幅度，对经济增长没有造成明显的抑制作用。

（6）人民币缓慢和突然升值对国内生产总值的影响都在可控范围内，但对我国就业的压力很大，使我国的就业面临更加严峻的形势，对就业的压力远大于升值对国内生产总值的影响。人民币升值对农村居民收入和消费的影响大于对城镇居民收入和消费的影响，表明我国出口企业中的工作人员以农村居民为主，出口企业创造的附加值不高，处于价值链的低端。人民币升值使我国的消费价格指数有所回落，表明升值对缓解国内的通货膨胀有一定的积极作用。

（7）在各种政策模拟方案下，国内生产总值、就业、城镇收入、农村收入、消费、投资、进出口、能源生产与消费等各种宏观经济变量的波动都比较平稳，没有发生剧烈变化，说明随着我国经济的发展，我国的经济系统已具备相对的稳定性和抗风险能力。

（8）在各种政策下，能源生产和消费的增幅都大于国内生产总值的增幅，表明经济发展对能源的依赖程度较高，特别是能源消费的增幅高于能源生产的增幅，凸显了我国能源供需的矛盾，发展低碳经济的战略意义。

（9）模型预测结果显示：2009 年第一季度至 2009 年第四季度，国内生产总值的增长率分别为 7.03%、7.66%、8.95%和 11.04%，从国家统计局公布的数据看，2009 年第一季度至第四季度国内生产总值的增长率分别为 6.2%、7.9%、9.1%和 10.7%，2009 年第一季度和第四季度，模型高估了国内生产总值的增长率，2009 年第二季度和第三季度，模型低估了国内生产总值的增长率，但误差不大，从总体上来说预测效果不错。2010 年第一季度与 2009 年第四季度相比，国内生产总值的增长率继续上升，增长率为 11.51%，2010 年第二季度后有所回落，2010 年各季度增长率分别为 11.51%、10.19%、9.83%和 9.40%。总体来说，2010 年，国内生产总值增长率为 10.22%，比 2009 年约增长 1.32 个百分点。2011 年和 2012 年，国内生产总值增长率分别为 9.66%和 8.94%，表明我国将从国际金融危机的阴影中走出来，但经济增速有所回调。

（10）对居民消费价格指数和工业品出厂价格指数的预测显示：居民消费价格指数自 2009 年四季度由负转正后，增长率一直维持在 2.3%左右的水平，2010~2012 年消费价格指数分别增加了 3.11%、4.72%和 3.76%。工业品出厂价格指数也维持在高水平，2010~2012 年工业品出厂价格指数分别增加了 5.35%、5.21%和 2.51%。因此，要警惕通货膨胀的发生。

二、主要创新点

（1）在深入研究国内外宏观经济模型的基础上，独立研发了一个基于需求导向的季度宏观经济模型，并用模型进行了历史模拟和反历史模拟，效果良好。然后应用模型进行了 2009 年第一季度至 2012 年第四季度的宏观经济预测和政策模拟。

(2) 在利用所研制的宏观经济模型进行经济预测时，首次在宏观经济模型中采用非参数自回归方法预测非政策外生变量的值，取得了较好的预测效果。

(3) 根据菲利普斯经验曲线设定关于通货膨胀率的行为方程，并利用HP滤波法求潜在产出，揭示了产出缺口、失业率和货币供应量与通货膨胀率之间的数量关系。

(4) 在模型中引入了能源模块，考察了能源与经济发展的关系。

三、未来的研究方向

本书所研制的模型是笔者在中国季度宏观经济模型建模领域的一项初步尝试，限于本人能力和研究时间的限制，模型难免存在不足之处，今后需要在以下几方面进行完善和发展：

(1) 由于我国社会主义市场经济理论不够完善，模型缺乏完全符合我国经济现实的宏观经济理论为指导，因此模型的设定不能完全反映我国宏观经济的实际运行机制，在今后的工作中要及时追踪社会主义市场经济理论和实践的进展，进一步完善模型的设定。

(2) 由于无法获得各类税收的税率和税基的具体数据，模型只使用了宏观税率，在今后的研究中需将宏观税率细化到各个具体的税基和税率，进一步完善财政模块，分析各种税率对宏观经济的影响，以便进行更为精确的财政政策模拟分析。

(3) 模型的金融模块较弱，使用的金融变量较少，今后要在金融模块中引入更多的金融变量，加强金融模块的作用，以便更好地分析货币政策的效果。

第二篇　向量自回归模型及应用

第六章　物价波动成因的实证分析

本章第一节介绍向量自回归模型的建模原理，分析向量自回归模型的脉冲响应函数和方差分解。第二节利用向量自回归模型对我国物价波动的成因进行实证分析。

第一节　向量自回归模型的建模原理

向量自回归模型（VAR 模型）用来研究各变量之间的动态关系，模型中的内生变量用其自身和其他变量的前期值来解释，避免了误设定所带来的偏差。VAR 模型有两个重要应用：一是脉冲响应函数，描述模型中的一个变量的冲击给其他变量所带来的影响；二是方差分解，分析每一个结构冲击对内生变量变化的贡献率。

一、向量自回归模型

VAR（p）模型的数学表达式为：

$$y_t = A_1y_{t-1} + A_2y_{t-2} + \cdots + A_py_{t-p} + \varepsilon_t$$

上式中，y_t 为 k 维内生变量向量，A_1，…，A_p 为 k × k 维矩阵，ε_t 为 k 维扰动向量，项矩阵式展开后可表示为：

$$\begin{bmatrix} y_{1t} \\ y_{2t} \\ \vdots \\ y_{kt} \end{bmatrix} = A_1\begin{bmatrix} y_{1t-1} \\ y_{2t-1} \\ \vdots \\ y_{kt-1} \end{bmatrix} + A_2\begin{bmatrix} y_{1t-2} \\ y_{2t-2} \\ \vdots \\ y_{kt-2} \end{bmatrix} + \cdots + A_p\begin{bmatrix} y_{1t-p} \\ y_{2t-p} \\ \vdots \\ y_{kt-p} \end{bmatrix} + \begin{bmatrix} \varepsilon_{1t} \\ \varepsilon_{2t} \\ \vdots \\ \varepsilon_{kt} \end{bmatrix}$$

设滞后算子为 l，则上式可简写为：

$$A(L)y_t = \varepsilon_t$$

A(L) 是滞后算子 l 的 k × k 的参数矩阵，如果矩阵 det［A(L)］的所有根模（Modulus）的倒数小于 1，即位于单位圆之内，满足平稳性条件，可以将其表示为无穷阶的向量移动平均［VMA（∞）］形式：

$$y_t = C(L)\varepsilon_t$$

上式中，$C(L) = A(L)^{-1}$，$C(L) = I_k + C_1L + C_2L^2 + \cdots + C_pL^p$。

对 VAR(p) 模型可以通过最小二乘法来进行估计，当 VAR(p) 模型的参数估计出来后，由于 $A(L)C(L) = I_k$，所以可以得到相应的 VMA(∞) 模型的参数估计。

二、脉冲响应函数和方差分解

脉冲响应函数描述的是 VAR 模型中的一个内生变量的冲击给其他内生变量所带来的影响。

由向量自回归模型的表达式可以得到：

$y_t = (I_k - A_1L - \cdots - A_pL^p)^{-1}\varepsilon_t = (I_k + C_1L + \cdots + C_pL^p)\varepsilon_t$

由于 VAR（p）模型系数矩阵 A_i 和 VMA（∞）模型系数矩阵 C_i 满足下面关系：

$(I_k - A_1L - \cdots - A_pL^p)(I_k + C_1L + \cdots + C_pL^p) = I_k$

$I_k + \psi_1L + \psi_2L^2 + \cdots = I_k$

$\psi_1 = \psi_2 = \cdots = 0$，关于 ψ_q 的条件递归定义了 MA 系数：

$C_1 = A_1$

$C_2 = A_1C_1 + A_2 \qquad q = 1, 2, \cdots$

$\vdots$

$C_q = A_1C_{q-1} + A_2C_{q-2} + \cdots + A_pC_{q-p}$ 若 $q = p$，令 $C_{q-p} = I_k$；若 $q < p$，令 $C_{q-p} = O_k$

考虑 VMA(∞) 的表达式：

$y_t = (I_k + C_1L + \cdots + C_pL^p)\varepsilon_t$

这样，y_t 的第 i 个变量 y_{it} 可以写成：

$$y_{it} = \sum_{j=1}^{k}(c_{ij}^0\varepsilon_{jt} + c_{ij}^1\varepsilon_{jt-1} + c_{ij}^2\varepsilon_{jt-2} + \cdots)$$

那么，系数矩阵 C_s 的第 i 行 j 列元素可以表示为：

$$c_{ij}^s = \frac{\partial y_{i,t+s}}{\partial \varepsilon_{jt}}$$

c_{ij}^s 作为 s 的函数，它描述了在时期 t，其他变量和早期变量不变的情况下 $y_{i,t+q}$ 对时期 y_{jt} 的一个冲击的反应，我们将其称为脉冲响应函数，它能比较直观地刻画出变量之间的动态交互作用及其效应。

脉冲响应函数是随着时间的推移，观察模型中的各变量对于冲击是如何反应的，然而对于只是要简单地说明变量间的影响关系又稍稍过细了一些。因此，Sims 于 1980 年提出了方差分解方法，定量地但是相当粗糙地把握变量间的影响关系。方差分解描述的是 VAR（VEC）模型中各变量的冲击对系统变量动态变化的相对重要性，主要思想是将系统的预测均方误差按其成因分解为：自身冲击、其他变量冲击所构成的贡献率，从而了解各变量冲击对模型内生变量的相对重要性。

向量自回归模型的另一个应用是格兰杰因果关系检验。格兰杰因果检验是用于检验两个变量之间因果关系的一种常用方法。1969 年由格兰杰提出，20 世纪 70 年代，Hendry 和 Richard 等加以发展。格兰杰因果检验基本原理如下：给定一个信息集 A_t，它至少包含 (X_t, Y_t)，如果利用 X_t 的过去比不利用它时可以更好地预测 Y_t，称 X_t 为 Y_t 的格兰杰原因。

如果 X_t、Y_t 为平稳过程，对于模型

$$\begin{cases} X_t = c_1 + \sum_{j=1}^{p} \alpha_j X_{t-j} + \sum_{j=1}^{q} \beta_j Y_{t-j} + \varepsilon_{1t} \\ Y_t = c_2 + \sum_{j=1}^{p} \gamma_j Y_{t-j} + \sum_{j=1}^{q} \delta_j X_{t-j} + \varepsilon_{2t} \end{cases}$$

ε_1、ε_2 为白噪声。存在下列情况：

（1）如果 $\beta_j = 0$，$\delta_j = 0$，$(j = 1, 2, \cdots, q)$，则 X_t、Y_t 互相独立。

（2）如果 $\beta_j = 0$，$\delta_j \neq 0$，$(j = 1, 2, \cdots, q)$，则 X_t 为 Y_t 的原因。

（3）如果 $\beta_j \neq 0$，$\delta_j = 0$，$(j = 1, 2, \cdots, q)$，则 Y_t 为 X_t 的原因。

（4）如果 $\beta_j \neq 0$，$\delta_j \neq 0$，$(j = 1, 2, \cdots, q)$，则 X_t、Y_t 互为因果。

对于 $X_t = c_1 + \sum_{j=1}^{p} \alpha_j X_{t-j} + \sum_{j=1}^{q} \beta_j Y_{t-j} + \varepsilon_{1t}$ 进行假设检验，设置

原假设：$H_0: \beta_j = 0, (j = 1, 2, \cdots, q)$；

备择假设：$H_1: \beta_j \neq 0, (j = 1, 2, \cdots, q)$。

首先对模型应用 OLS，记残差平方和为 ESS (q, p)；再对模型 $X_t = c_1 + \sum_{j=1}^{p} \alpha_j X_{t-j} + \varepsilon_t$ 应用 OLS，记残差平方和为 ESS (p)。构造统计量：

$$F = \frac{(ESS(p) - ESS(q, p))/p}{ESS(q, p)/(n - p - q - 1)} \sim F(p, n - p - q - 1)$$

给定置信水平 α，查临界值 F_α，如果 $F > F_\alpha$，拒绝 H_0，接受 H_1，即 Y_t 为 X_t 的格兰杰原因。

对于 $Y_t = c_2 + \sum_{j=1}^{p} \gamma_j Y_{t-j} + \sum_{j=1}^{q} \delta_j X_{t-j} + \varepsilon_{2t}$ 我们进行同样的假设检验，就可以最终做出 (X_t, Y_t) 之间的格兰杰因果关系判断。由此可见，格兰杰因果检验本质上是回归系数的约束检验。

第二节 物价波动成因的实证分析

严峻的物价形势已成为影响当前宏观经济稳定运行的突出问题。“十一五”期间，尤其是金融危机之后的高投资增长及其拉动的超额货币发行为物价上涨创造了总量需求环境；劳动力成本上升和通胀预期的不断增强为物价上涨提供了微观基础；欧美等发达经济体宽松的货币政策和地缘政治推高国际大宗商品价格，成为国内物价上涨的外部环境。通过 VAR 模型分析显示，长期看，1992年以来货币因素对 CPI 的贡献率为 70.03%，货币始终是影响我国物价的主要因素；但 2003 年以来，影响物价的因素变得更为复杂，物价上涨主要由劳动力成本、通胀预期和货币因素共同拉动，其对 CPI 的贡献率分别为 39.97%、26.73%和 25.19%，输入性通胀因素对 CPI 的贡献率为 8.1%。因此，现阶段稳定物价水平不仅要注重控制货币供应，更应注重劳动生产率的提高和通胀预期的管理。

一、我国物价波动的周期性和结构性特征

分析我国居民消费价格的历史数据可以发现，我国的物价波动体现为明显的周期性和结构性特征，每一周期性的物价波动基本由食品和居住价格上涨拉动。

（一）我国物价波动的周期性特征

为了判断影响物价波动的长期和近期主要原因，先对我国物价的周期性波动作简要划分，以便为下面的定量分析提供划分样本区间的依据。

1992~2002 年我国物价经历了两轮周期性的波动，第一轮从 1992 年第一季度至 1999 年第二季度，物价上涨阶段持续了 12 个季度，下降阶段持续了 18 个季度，在此期间，CPI 最大涨幅为 1994 年第四季度的 26.9%；第二轮从 1999 年第三季度至 2002 年第四季度，物价上涨阶段持续了 8 个季度，下降阶段持续了 6 个季度，在此期间 CPI 的最大涨幅为 2001 年第二季度的 1.6%。

2003 年以来，我国物价经历了 3 轮周期性波动，第一轮从 2003 年第一季度到 2005 年第四季度，上涨阶段持续了 7 个季度，下降阶段持续了 5 个季度，CPI 最大涨幅为 2004 年第三季度的 5.3%；第二轮从 2006 年第一季度至 2008 年第四季度，上涨阶段持续了 9 个季度，下降阶段持续了 3 个季度，CPI 最大涨幅为 2008 年第一季度的 8.0%；第三轮从 2009 年第一季度至今，目前物价正处于周期性波动的上升阶段，已经持续了 11 个季度，CPI 最大涨幅为 2011 年第三季

度的 6.3%，初步预计 2011 年第四季度将是本轮物价周期性波动的拐点，即 2011 年第四季度后物价将步入下行通道（见图 6-1）。

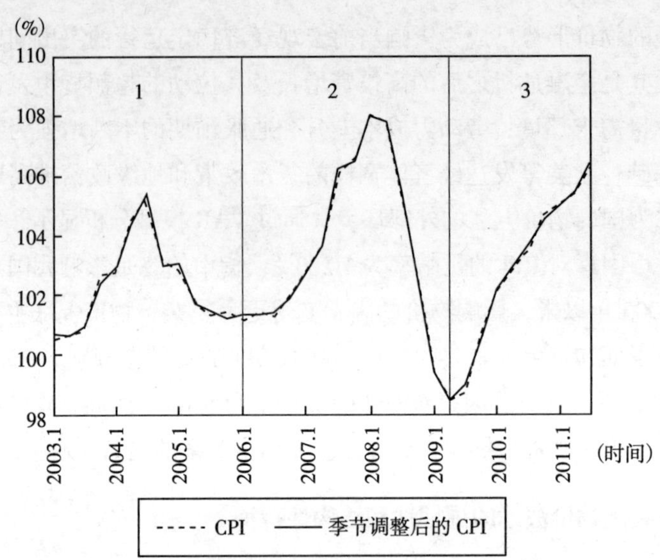

图 6-1 CPI 和季节调整后的 CPI 走势

（二）新一轮物价上涨的结构性因素分析

1. 食品和居住价格上涨是推动 CPI 上涨的外在表现形式

从结构上看，每次 CPI 出现大幅上涨，均由食品价格大幅上涨拉动。从食品、烟酒、衣着、家庭设备、医疗保健、交通通信、文化教育和居住 8 大类商品价格的涨幅看，食品价格上涨依然是拉动本轮 CPI 上涨的主要因素，但医疗保健和居住消费价格的上涨也起到了重要的拉动作用。因此，从表现形式看，本轮物价的上涨与 2004 年、2007 年和 2008 年物价的上涨一样，由食品和居住价格上涨主导下的结构性上涨。

2010 年 CPI 同比上涨 3.3%，食品拉动 CPI 上涨 2.42 个百分点，贡献率为 73.4%，居住拉动 CPI 上涨 0.61 个百分点，贡献率为 18.4%，两类价格对 CPI 的贡献率为 91.8%，表现为明显的结构性上涨特征。2011 年 8 大类商品的权重经过调整后，食品和烟酒等 7 大类商品的权重均下降，居住类的权重有所升高，其中食品的权重降低 2.21 个百分点，居住权重提高 4.22 个百分点。2011 年 1~9 月份，CPI 累计上涨 5.7%，食品拉动 CPI 上涨 3.38 个百分点，贡献率为 66.3%，居住拉动 CPI 上涨 1.07 个百分点，贡献率为 18.7%，两类价格对 CPI 的贡献率为85%。

2. 成本、供求关系和货币是推动食品价格周期性上涨的内在因素

我国食品价格的上涨具有明显的成本推动型特征，据国家统计局数据，2010 年我国农产品生产价格同比上涨 10.9%，其中，粮食生产价格涨幅达到 13.3%，高于农产品生产价格涨幅。居民消费中的食品价格上涨 7.2%，低于农产品生产价格，因此，农产品生产价格的上涨，部分要农民自行消化，严重影响了农民生产的积极性。粮食价格的上涨又会推动养殖成本的上升，引致肉类产品和水产品价格上涨。从 2010 年 7 月底开始，猪粮比价一直高于 6.0 的盈亏平衡点，截止到 2011 年 2 月 26 日，猪粮比价已经达到 6.76。据国家统计局的数据，我国粮食产量连续 7 年增产，年均增产 3.5%，2010 年产量达到 54641 万吨，比上年增长 2.9%，而我国人口自然增长率每年均维持在 0.5%~0.6%的水平，粮食产量的年均增长率远高于人口的增长率，从供需角度看，食品价格不应该发生较大的波动，但实际上我国的食品价格自 2003 年以来上涨了 60.5%，其中，粮食价格上涨 77%，只有供给减少或者需求的大幅增加并伴有货币的快速增长才能导致价格水平的持续走高，因此，食品价格上涨的背后是供求关系和货币的推动。

3. 资源价格改革和房价快速上涨是居住价格上涨的直接动因

从影响居住价格的结构性因素看，水电燃料和装修价格在居住价格中的权重远大于租房，是决定居住价格走势的主要因素。从内在因素看，水电燃料价格上涨与资源价格改革等政策性因素和国际市场初级产品价格上涨等输入性因素密切相关。自 2009 年 8 月以来，即在本轮物价的周期性波动中，国家先后 9 次对成品油价格进行调整，国内汽油出厂价由 2009 年 8 月的 6510 元/吨上涨至 8080 元/吨，累计上涨 24.12%，国内柴油出厂价由 5770 元/吨上涨至 7330 元/吨，累计上涨 27.04%。虽然居住价格不含房地产价格变动因素，但房价上涨引致的建材价格上涨，会直接推高居住装修价格，带动居住价格上涨。根据中国物流信息中心提供的环比数据测算，2009 年 8 月以来，建材类价格累计上涨 14.89%。

二、基于向量自回归模型的物价波动成因分析

（一）通胀预期的度量

为应对国际金融危机，2009 年我国大力度增加货币供应、信贷投放和固定资产投资，使经济率先从金融危机中复苏。由于物价是滞后指标，直到 2010 年下半年，物价才开始快速上涨。从 2009 年第四季度起，物价涨幅就有所加快，

引发了决策层和公众对通胀的担忧。2009 年 10 月，国务院常务会议首次提出管理通胀预期，从那时到目前为止，管理通胀预期一直是国家宏观调控的重要任务。而管理通胀预期的基础条件就是要对通胀预期进行监测和量化，并搞清楚通胀预期与通胀的关系。

随着物价水平的上涨和通胀预期的增强，2009 年 10 月国务院常务会议首次提出管理通货膨胀预期，12 月召开的中央经济工作会议再次明确提出，2010 年经济工作的主要任务之一是要处理好保持经济平稳较快发展、调整经济结构和管理通胀预期的关系。2010 年温家宝总理在《政府工作报告》中，将保增长、调结构和管理通胀预期列为今后一个时期宏观调控的主要任务。2011 年以来，中央将保持物价总水平基本稳定作为宏观调控的首要任务，加强通胀预期管理，实施稳健的货币政策，交替使用数量型和价格型货币政策工具，加强流动性管理和货币信贷总量调控，保持合理的社会融资规模。

通货膨胀预期是指公众对通货膨胀在未来的变动方向和变动幅度的一种事前估计，它在不同情形下受到不同因素的影响，主要包括实际通货膨胀率的高低以及持续时间长短、当前经济形势、宏观金融政策以及政策的公信度等。通货膨胀预期从微观层面改变经济个体的消费、储蓄和投资等行为，从而对一国宏观经济稳定产生影响。如果人们普遍存在通货膨胀预期，消费者就愿意用较高的价格购买产品和服务，因为他们担心产品和服务的价格还会继续上涨；劳动者则要求给他们增加工资，因为通货膨胀会导致他们实际收入的减少和生活水平的下降；厂商会以较高的价格出售其产品。在此情况下，尽管潜在产出不会发生明显变化，但短期菲利普斯曲线会因此而上移，实际物价水平就会上升。实际物价水平的上升，反过来又会进一步增强人们对通货膨胀的预期，由此就会形成一个正反馈循环，导致通货膨胀预期的自我强化和自我实现。因此，管理通胀预期在现阶段具有重要的政策意义和实践意义。

1. 通胀预期的类型

(1) 静态预期与外推型预期。

静态预期把上一期的实际通货膨胀率视作现期的预期通货膨胀率，即：

$$\pi_t^e = \pi_{t-1}$$

外推型预期假定预期通货膨胀率等于上一期的实际通货膨胀率加上通货膨胀变化趋势的一个修正值，即：

$$\pi_t^e = \pi_{t-1} + \lambda(\pi_{t-1} - \pi_{t-2})$$

λ 为预期系数，如果 $\lambda = 0$，则简化成静态预期的形式。对于任何时期的外推预期都等于前期价格水平，加上一定比例的前两个时期的价格水平之差。外推预期模型的变化取决于预期系数的取值，而它的取值受行为主体主观情绪的影响很大，它的最佳取值取决于模型所立足的经济结构。

(2) 适应性预期。

适应性预期是由卡甘在 1956 年提出的，假定现期的预期通货率等于上一期的预期通货膨胀率附加上一期的预期误差的一个修正，即：

$$\pi_t^e = \pi_{t-1}^e + \lambda(\pi_{t-1}^e - \pi_{t-1})$$

按照这种假说，各经济主体在对经济变量进行预期时，不仅会考虑它们以前对该变量所作的预期，而且还会用它们过去的预期误差来进行修正。适应性预期表明，经济主体对未来通货膨胀所作的预期是在现期预测的基础上，通过修正现期预测误差而实现的。修正系数就是适应系数。由此可以看出，适应预期包含了经济主体不断地通过学习、积累预期经验，来调整自己的预期，使之接近于实际情况。

通过引入滞后项，上式也可表达为：

$$\pi_t^e = \pi_{t-1}^e + \lambda(\pi_{t-1}^e - \pi_{t-1}) = \lambda\sum_{k=1}^{\infty}(1-\lambda)^{k-1}\pi_{t-k}$$

从上式可以看出适应性预期具有以下两个特点：第一，对通货膨胀率的适应性预期是变量过去值的几何加权的滞后分布，这就为不可测的预期提供了一种度量方法；第二，由于几何权系数随滞后期 k 的增大按指数速率迅速接近于零，因此，对适应性预期来说，通货膨胀率的近期值较远期值有更大的影响，体现了对过去的各期数据的合理加权以及预测的近大远小原则，这在直观上符合逻辑。

(3) 理性预期。

1961 年，穆斯提出了理性预期概念，理性预期是指人们在充分利用各种信息的基础上形成的预期。穆斯认为，经济主体可以自觉地通过“学习过程”对预期进行调整，从而尽可能地消除因不正当的预期所带来的系统性影响。

理性预期假定经济行为主体利用一切可能的信息对未来经济变量做出准确的预测，可以用数学期望来描述理性预期，即：

$$\pi_t^e = E(\pi_t|\phi_{t-1})$$

ϕ_{t-1} 表示在 t－1 时期获得的所有有关信息，不仅包括被预期变量的所有过去信息，还应包括真实的经济模型的结构参数以及政府政策规则的参数。上式可进一步表达为：

$\pi_t = \pi_t^e + u_t$

u_t 为 t 时期的预期误差，理性预期假说认为，经济主体会充分有效地利用所有可得的信息来形成一个无系统性偏误的预期。

然而，理性预期的一些前提假设和结论过于理想化，脱离实际，因而受到一定的质疑：第一，理性预期对信息集 ϕ_{t-1} 的一个基本要求是假设经济主体不仅拥有所有相关变量的过去信息，而且还了解经济模型的真实结构和政府的政策规则，这显然夸大了经济主体的认知和处理信息的能力；第二，理性预期认为，对变量的理性预期不会产生系统性的预测误差。然而，经济主体在理性地形成预期时，所依据的信息往往是不完全的。虽然信息的遗漏并不意味着一定会使预期出现系统性误差，但遗漏一些关键性的信息就肯定会导致预期的系统性偏误。由于各经济主体并不知道自己会遗漏一些什么样的重要信息，它们也就不能确定自己预期误差的大小，从而就不能完全从失败中积累经验来纠正这些误差，因此，过去的预测误差就会产生持续的影响，带来长期的系统性偏误。虽然理性预期存的假定过于严格，甚至接近苛刻，但它的出现，加深了人们对经济现象的认识，为分析宏观经济提供了一种新的思路。

2. 公众通胀预期是物价总水平的先行指标

中国人民银行自 1993 年起在全国 50 个城市建立了季度居民储蓄问卷调查制度，对 2 万户城镇储户作定期调查，数据为定性数据，此后指标做过若干次调整，目前，可以获得的连续时间序列数据始于 2001 年。调查问卷设计的问题包括“您预计未来 3 个月的物价水平将比现在：上升、基本不变、下降”。

分析储户对未来物价变化的判断和我国物价走势的关系，可以发现储户的通胀预期与实际物价水平密切相关。

2002 年和 2009 年为我国通货紧缩阶段。这段时间公众的预期非常稳定，认为未来 3 个月物价基本不变的比例高达 70%，认为未来 3 个月物价上升的比例不高，维持在 20%左右。

2003~2006 年和 2010 年，我国物价上涨相对温和。在此阶段，认为未来 3 个月物价基本不变的比例有所下降，维持在 50%左右，认为未来 3 个月物价上升的比例有所提高，维持在 40%左右。

2007 年、2008 年和 2011 年为我国的高通胀时期。在该阶段，认为未来 3 个月物价基本不变的比例明显下降，维持在 40%左右，认为未来 3 个月物价上升的比例明显提高，达到 50%左右。如 2007 年第二季度通胀预期开始上升，

2007 年第四季度认为未来 3 个月物价上升的比例达到 64.8%，为调查以来的峰值。2008 年第一季度 CPI 同比和环比涨幅分别为 8%和 2.8%，为 2001 年以来的最高季度涨幅。可见，调查信息可以作为实际通胀的先行指标，包含了未来通胀变化的大量信息。

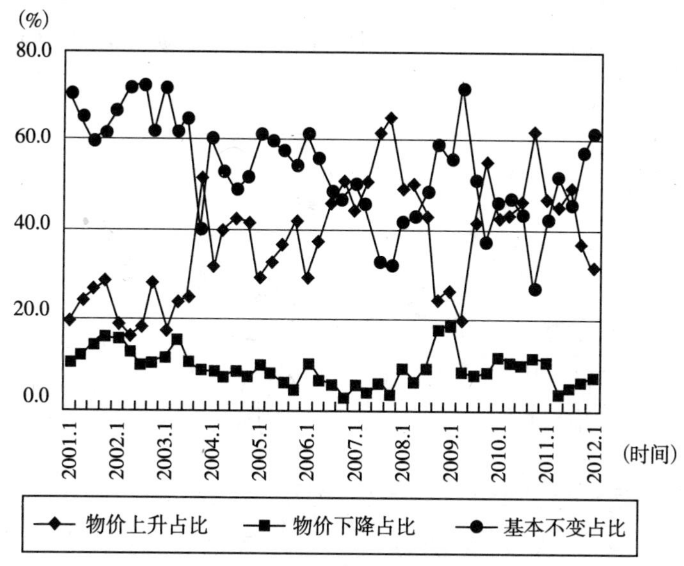

图 6-2 城镇储户对未来 3 个月物价变化的判断

3. 我国通胀预期的度量

本书分别采用差额法、概率法和时变参数法测量通胀预期。

(1) 差额法（BAL 法）。

假定 F_t、R_t 分别表示 t 时刻选择物价下降、上升人数的百分比，差额法的基本形式为：

$$B_t = R_t - F_t$$

B_t 是一个介于［-1，1］的值。-1 对应所有被调查者都认为未来三个月物价下降的情况，1 对应所有被调查者都认为未来三个月物价上升的情况。

为了度量通胀预期水平，这里采用 Fluri 和 Spoerndli 的计算方法，得到以下计算公式：

$$\pi_t^e = \beta(R_t - F_t)$$

$$\beta=\frac{\sum_{t=1}^{\tau}\pi_t}{\sum_{t=1}^{\tau}(R_t-F_t)}$$

其中，π_t 表示 t 时期的实际通胀率，π_t^e 为 t–1 时期对 t 时期的预期通货膨胀率，T 为样本容量。根据中国人民银行的调查数据，计算结果如图 6–3 所示（CPI 为 t 时期价格的环比变化，CPIF 为 t–1 时期对 t 时期价格的预期）。

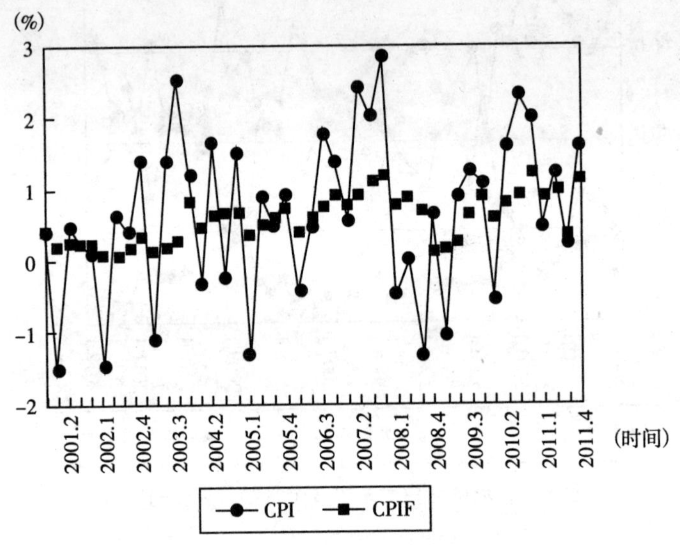

图 6–3 BAL 法通胀预期与实际 CPI 环比

BAL 法计算得到的通胀预期变化非常平缓，波动区间为［0.1%，1.2%］，远低于实际通胀的波动幅度［–1.5%，2.8%］。

(2) 概率法（CP 法）。

概率法以 Carlson 和 Parkin（1975 年）的研究最具有代表性，因而概率法也称为 CP 法。

定义 X_t^e 代表 t－1 时刻调查对象对 t 时刻价格 P_i 变化的预期，即 t 时刻的通胀预期，为一随机变量，假定其概率密度函数为 f（X），那么通胀预期即为分布的数学期望，即 $\pi_t^e=E(X_t^e)$。在回答问卷时，被调查者 i 的预期 X_{it}^e 存在一个“无差别区间”，定义为（a_{it}，b_{it}），其中 $a_{it}<0$，$b_{it}>0$，当 i 预期 $X_{it}^e\geqslant b_{it}$，他/她将报告预期 t 时刻价格上升；当 i 预期 $X_{it}^e\leqslant a_{it}$，他/她将报告预期 t 时刻价格下降；如果 $X_{it}^e\in$（a_{it}，b_{it}），他/她保持报告预期价格不变。

CP 法包含两个基本假定：第一，所有被调查者 i 对于未来价格变化的预期 X_{it}^{e} 服从一个共同的概率分布，通常假定为正态分布。第二，为了简化分析，假定所有被调查者具有一个相同的、典型的无差异区间，即 $a_{it}=a_t$，$b_{it}=b_t$。

用数学形式可表达为：

$$P(X_t^e \leqslant a_t)=F_t$$

$$P(X_t^e \geqslant b_t)=R_t$$

$$P(a_t \leqslant X_t^e \leqslant b_t)=N_t$$

F_t、R_t、N_t 分别表示 t 时刻选择下降、上升和不变人数的百分比。定义 X_t^e 的标准正态分布函数为 f(X)，其反函数为 $G^{-1}(X)$，

$$f_t=G^{-1}(F_t)$$

$$r_t=G^{-1}(1-R_t)$$

变换后可得到：

$$\pi_t^e=\frac{b_t f_t-a_t r_t}{f_t-r_t}$$

$$\sigma_t^e=\frac{b_t-a_t}{f_t-r_t}$$

其中，σ_t^e 为 f(X) 的标准差。为了得到 π_t^e，CP 法进一步作了两个附加假定：第一，无差异区间不随时间变化而变化，并且关于 0 对称，即 $b_t=-a_t=c$。第二，假定预期满足无偏性，即实际通货膨胀率的平均值等于预期通货膨胀率的平均值。这样，可以得到 c 的计算结果，进而得到 π_t^e 的计算结果。

$$c=\frac{\sum_{t=1}^{T}\pi_t}{\sum_{t=1}^{T}(f_t+r_t)/(f_t-r_t)}$$

$$\pi_t^e=c\frac{f_t+r_t}{f_t-r_t}$$

根据中国人民银行的调查数据，计算结果如图 6-4 所示。

从图 6-4 中可以看出，与 BAL 法相比，CP 法计算得到的通胀预期变化幅度更大，但依然比较平缓，波动区间为［0，1.6%］，远低于实际通胀的波动幅［-1.5%，2.8%］。即使在 2007 年、2008 年和 2011 年 3 次主要的通胀高峰时期，被调查者的通胀预期也明显低估了实际通胀水平。

（3）时变参数法（TV 法）。

时变参数法（The Time Varying Parameters Method）是 CP 法的推广，关键的差别在于，放松了无差异区间不随时间变化而变化并且关于 0 对称的假定，

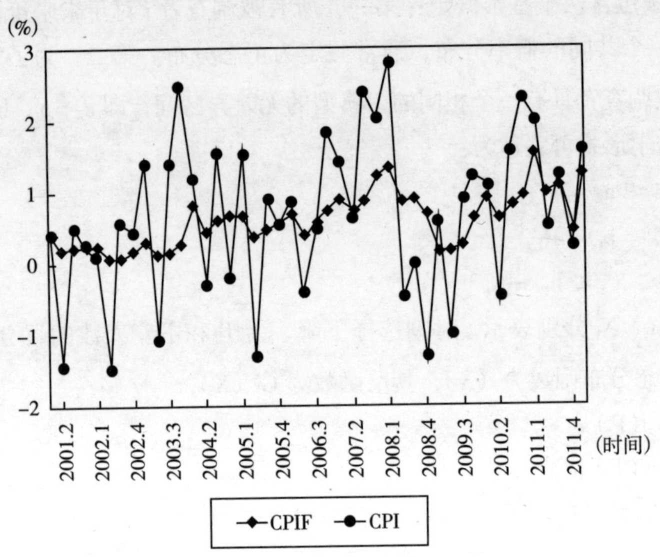

图 6–4　CP 法通胀预期与实际 CPI 环比

本研究采用卡尔曼滤波的方法对 CP 法进一步拓展。

为了获得无差异区间 a_t、b_t 的估计值，这里首先定义 2×1 的列向量 $\beta_t=[a_t, b_t]$，因此，通胀预期 π_t^e 可以改写为：

$\pi_t^e=X_t\beta_t$

其中，$x_t=[-r_t/(f_t-r_t),\ f_t/(f_t-r_t)]$。Cooley 和 Prescott（1976 年）提出，向量 β_t 可以被视为一个包含随机效应和永久效应的自回归过程：

$B_t=\beta_t^p+u_t$

$\beta_t^p+\beta_{t-1}^p+v_t$

其中，$u_tN(0,(1-\gamma)\sigma^2\sum u)$，$V_tN(0,\gamma\sigma^2\sum_v)$。$\beta_t^p$ 表示永久变化，而误差项 u_t 则代表随机冲击项。变量 $\gamma\in[0, 1]$ 衡量 β_t 对于结构性冲击的调整速度。如果 $\gamma=0$，那么只有随机冲击效果；如果 $\gamma=1$，那么永久成分决定了 β_t 的性质。

根据上式可以得到以下状态空间方程：

$\pi_t^e=x_t\beta_t+u_t$

$\beta_t=\beta_{t-1}+v_t$

由于 π_t^e 未知，因此用实际可观测的通胀 π_e 代替，最终得到以下状态空间方程：

$\pi_t=x_t\beta_t+u_t$

其中，$\beta_t=\beta_{t-1}+v_t$

一旦得到随时间变化的无差异区间估计量$\widehat{\beta_t}$，便可以得到π_t^e的估计量$\widehat{\pi_t^e}$：

$$\widehat{\pi_t^e}=x_t\widehat{\beta_t}$$

根据中国人民银行的调查数据，计算结果如图 6–5 所示。

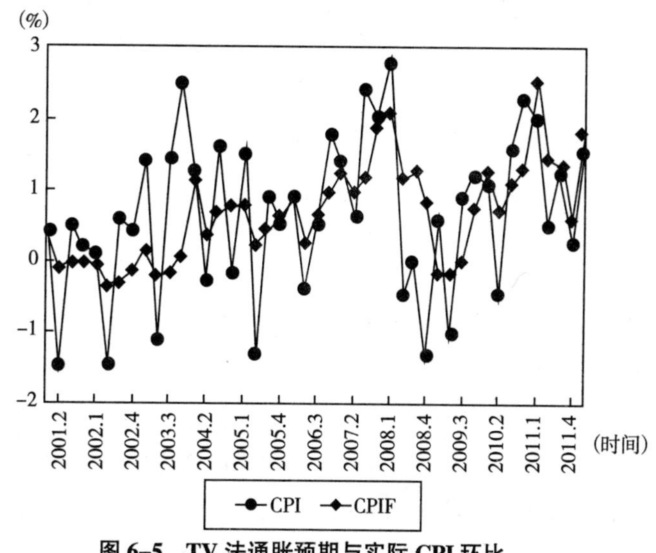

图 6–5　TV 法通胀预期与实际 CPI 环比

从图 6–5 中可以看出，TV 法得到的通胀预期与真实通胀走势保持了较好的同步性，基本上准确反映了价格的趋势性变化。比如，每年的第二季度，CPI 环比一般较低，大多数年份呈下降趋势，通胀预期一般也较低。与 CP 法的结果比较，由于放松了无差异区间不变的假定，TV 法的波动性更强，波动区间为[−0.35%，2.52%]，与实际通胀水平波动区间更接近。在高通胀时期，TV 法得到的通胀预期明显高于 CP 法，也略高于实际通胀水平，如 2007 年下半年到 2008 年、2011 年至今。

4. 3 种度量方法的统计特征比较和我国通胀预期性质的检验

（1）通胀预期统计特征的比较。

为了比较以调查数据为基础，基于 BAL 法、CP 法和 TV 法测算的通胀预期的统计特征，表 6–1 给出了 3 种方法的比较结果。

通过 3 种方法测算通胀预期的比较结果可知：第一，从相关系数来看，BAL 法、CP 法、TV 法通胀预期值与真实通胀水平的相关系数都为 0.5 左右，差别很小；第二，3 种方法测算的通胀预期彼此之间相关系数很高，接近 1.00，表明波动趋势非常吻合；第三，从均值来看，TV 法与实际通胀相等，BAL 法和

表 6-1　三种方法的统计特征比较

相关系数	CPI	BAL	CP	TV
CPI	1.000			
BAL	0.517	1.000		
CP	0.508	0.987	1.000	
TV	0.509	0.988	1.000	1.000
均值	0.562	0.529	0.527	0.562
标准差	1.320	0.316	0.350	0.672
MAE		0.93	0.92	0.89
RMSE		1.18	1.17	1.12

注：BAL 表示差额法，CP 表示概率法，TV 表示时变参数法，MAE 表示平均绝对误差，RMSE 表示均方误差。

CP 法略低，但 3 种估计方法的标准差大大低于实际通胀水平的标准差，表明预期的离散程度较低，波动平缓，但 TV 法的标准差明显大于 BAL 法和 CP 法，因此，TV 法测算的通胀预期波动趋势更接近实际 CPI 的波动趋势；第四，为了比较各种通胀预期的预测偏差，这里引入了预期通货膨胀率的平均绝对误差 MAE 和预期通货膨胀率的均方误差 RMSE 指标，TV 法的 MAE 和 RMSE 指标都低于 BAL 法和 CP 法，表明 TV 法的预测精度更高。因此，TV 法测算的通胀预期与实际 CPI 更吻合，在后面使用通胀预期数据时，均采用 TV 法的测算结果。

(2) 我国通胀预期性质的检验。

理性预期假说认为，经济主体会充分有效地利用所有可得的信息来形成一个无系统性偏误的预期。用统计术语可进一步表达为：

第一，理性预期 π_t^e 是 π_t 的无偏估计，且 $Eu_tu_{t-i}=0$，即预期误差是序列不相关。第二，对于任意的正整数 i，$cov(u_t, \pi_{t-i})=0$，这表明预期误差 u_t 与信息集 I_{t-i} 之间是统计不相关的，即两者正交。也就是说，现时的预期已充分利用了信息集所提供的信息。如果不满足以上条件，表明公众的通胀预期为非理性预期，非理性预期可以管理。

①无偏性检验。如果公众的通胀预期是理性的，那么预期具有无偏性，即公众既没有低估，又没有高估实际通货膨胀率，用计量模型可表述为：$\pi_t=\alpha+\beta\pi_t^e+u_t$，在统计上，如果 $\alpha=0$，$\beta=1$ 显著成立，那么说明公众的通胀预期具有无偏性，否则通胀预期是有偏性的。利用 TV 法测算的通胀预期数据进行回归，结果如下：

$$\pi_t=0.0013+0.96\pi_t^e+u_t$$

t：(3.82)

$\bar{R}^2 = 0.25$　　　DW = 2.46

在 $\alpha = 0$，$\beta = 1$ 的假设下，F 统计量和 χ^2 统计量的 P 值为 0.98，接受原假设，认为 $\alpha = 0$，$\beta = 1$ 显著成立。对残差 u_t 是否存在系列相关进行 LM 检验，检验结果为 LM = 3.38，p = 0.18，因此在 5%的显著性水平下接受原假设，认为 u_t 不存在系列相关。经检验 π_t 和 π_t^e 均一阶单整，且 u_t 为平稳的时间序列，因此，π_t 和 π_t^e 为（1，1）阶协整。因此，通胀预期满足无偏性假设。

②有效性检验。关于公众通胀预期的有效性，是指预期的认知偏差应该与过去的一个更大的信息集是正交的，这些信息集是指影响公众预期的宏观经济变量，如，GDP、投资、货币供应等，即公众能够充分利用所能得到的信息来进行预测。通常通过以下的模型来检验通胀预期是否有效：$u_t + \gamma + \delta\Phi_t + \varepsilon_t$

其中，Φ_t 表示与通胀预期相关的信息集，u_t 表示认知偏差。考虑到在进行多元回归时，这些信息变量可能产生多重共线性，因此，分别对单个变量进行回归。如果 δ' 在统计上显著异于 0，那么说明公众在进行预期时没有充分利用该变量提供的信息。通过这种方法还可以判断某个变量对通胀预期的作用是被低估还是被高估，如果某信息变量与认知偏差之间存在正相关关系，那么就意味着该变量对通货膨胀的作用被低估了，反之则被高估了。

本书选择居民消费价格 CPI、工业生产者出厂价格 PPI、农产品生产价格、进口价格、6 个月至 1 年期贷款利率、M1 增速、M2 增速、人民币实际有效汇率、GDP 增速、投资增速、财政收入增速和财政支出增速为信息集，样本区间为 2001 年第一季度至 2012 年第一季度。

表 6-2　通胀预期有效性检验结果

信息集变量	系数 δ	t 统计量 P 值	信息集变量	系数 δ	t 统计量 P 值
CPI	0.75	0.000*	M2 增速	0.041	0.359
PPI	–0.04	0.331	有效汇率	–0.016	0.044*
农产品生产价格	0.008	0.714	GDP 增速	0.035	0.707
进口价格	–0.10	0.039*	投资增速	0.012	0.584
贷款利率	–0.296	0.272	财政收入增速	0.007	0.641
M1 增速	0.035	0.259	财政支出增速	–0.020	0.017*

注：* 表示在 5%的显著性水平下通过检验。

检验结果表明，在 5%的显著性水平下，居民消费价格、进口价格、有效汇率和财政支出增速通过了检验，说明公众在进行预期时没有充分利用这些变量提供的信息，因此，预期是无效的。

由于通胀预期满足无偏性假设，而不满足有效性假设，我国的预期通货膨胀率具有无偏性和部分有效性，体现为适应性和黏性特征，我国公众的通胀预期为非理性预期，通胀预期能管理，也必须管理。

(二) 基于 **VAR** 模型的物价波动成因的实证分析

当前众多专家和学者对物价上涨的成因进行了分析和论证，但缺乏定量分析作依托。本书试图从实证分析的视角剖析物价上涨的成因，以便为物价调控提供有针对性的对策建议。

1. 模型选择及数据说明

我们采用 VAR 模型（向量自回归模型）对我国物价的上涨成因进行实证分析，VAR 模型用来研究各变量之间的动态关系，模型中的内生变量用其自身和其他变量的前期值来解释，避免了误设定所带来的偏差。VAR 模型有两个重要应用，一是脉冲响应函数，描述模型中的一个变量的冲击给其他变量所带来的影响；二是方差分解，分析每一个结构冲击对内生变量变化的贡献率。

根据我国宏观经济运行状况，本报告分别构建年度模型和季度模型。年度模型用于分析 1992 年以来影响我国物价波动的长期因素，季度模型用于分析 2003 年以来影响物价波动的短期因素。

年度模型构建包含货币供应量增速（M1）、城镇居民人均可支配收入实际增速（URI）、居民消费价格指数（CPI）和 IMF 大宗商品价格指数（IMP）前期值的 4 变量 VAR 模型。年度模型的样本区间为 1992~2010 年。

季度模型构建包含 M1 与 M2 的比值（M12RA，可表示货币变现能力）、城镇居民人均可支配收入实际增速（URBDINC_SA）、居民消费价格指数（CPI_SA）和 IMF 大宗商品价格指数（IMFPRI_SA）前期值的 4 变量 VAR 模型，季度数据采用 X12 加法模型做季节调整。季度模型的样本区间为 2003 年第一季度至 2011 年第三季度。年度和季度模型的 4 个变量分别代表货币、劳动力成本、通胀预期和输入性因素，以上变量均采用可比价。

2. 1992 年以来物价波动成因的实证分析

通过计量经济分析与检验，构建一个包含 4 变量滞后 2 期的 VAR 模型，即 4 变量的 VAR（2）模型，样本区间为 1992~2010 年。

（1）脉冲响应分析。

根据 VAR（2）模型，得出 CPI 对各变量的脉冲响应函数。图中横坐标表示时间间隔，纵坐标表示 CPI 涨幅。

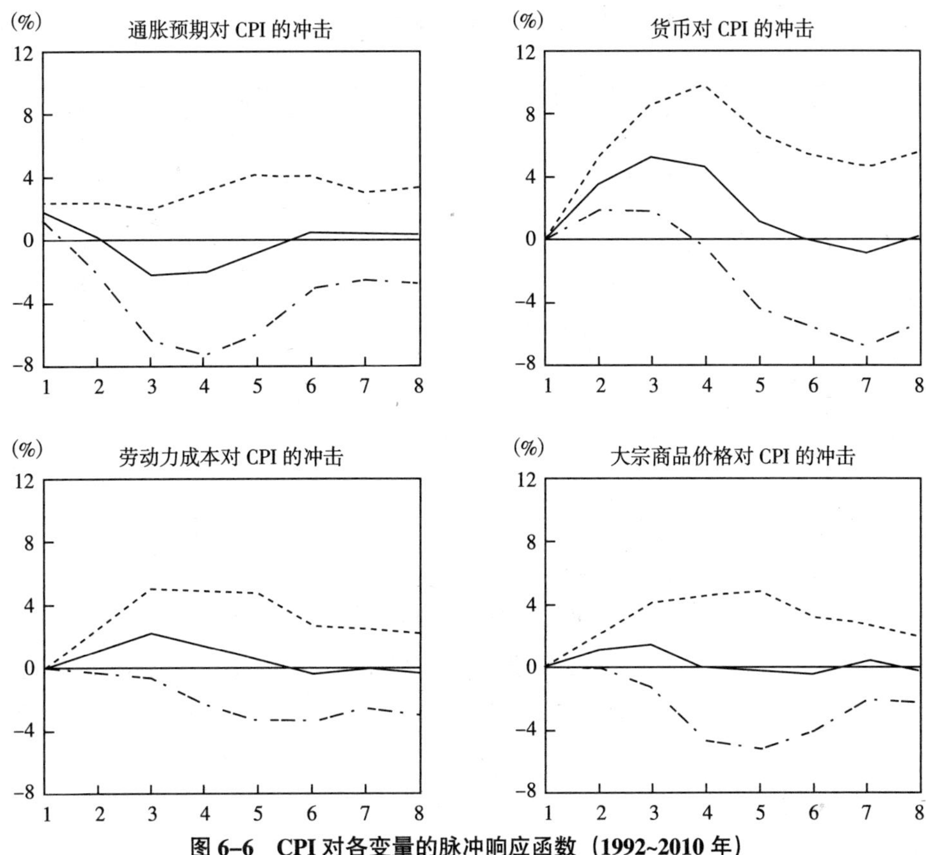

图 6-6 CPI 对各变量的脉冲响应函数（1992~2010 年）

通过脉冲响应函数得到 1992 年以来各因素对 CPI 的冲击的几点分析：第一，货币供应对 CPI 的影响最显著，第三年影响达到最大，第五年之后逐渐消失；第二，前期 CPI 对当期 CPI 的影响次于货币供应，次年影响最大，第四年开始影响为负，第五年之后逐渐消失；第三，劳动力成本对 CPI 的影响排第三位，第三年达到最大，第五年之后逐步消失；第四，国际大宗商品价格对 CPI 的影响最不显著，第二年达到最大，第四年之后消失。

（2）1992 年以来各因素对 CPI 的贡献率分析。

为了得到 1992~2010 年货币、劳动力、通胀预期和输入性因素对 CPI 的贡献率，通过 VAR 模型的方差分解进行测算，测算结果见表 6-3。

表 6-3 刻画 1992 年以来各指标对 CPI 的影响，根据 VAR 模型得出 CPI 的方差分解，即货币、劳动力成本、通胀预期和输入性因素对 CPI 的贡献率。

通过方差分解我们得到 1992 年以来货币、劳动力成本、通胀预期和输入性

表 6–3　1992 年以来各因素对 CPI 的贡献率

单位：%

滞后期	货币	劳动力成本	通胀预期	输入性因素
1	68.63	7.23	17.15	6.98
2	68.96	11.30	14.08	5.66
3	71.32	10.26	14.59	3.83
4	70.51	10.72	15.02	3.75
5	70.19	10.70	15.19	3.92
6	70.33	10.57	15.05	4.05
7	70.21	10.64	15.08	4.07
8	70.12	10.64	15.09	4.15
均值	70.03	10.26	15.16	4.55

因素对物价上涨的平均贡献率分别为 70.03%、10.26%、15.16%和 4.55%。从长期来看，我国的物价波动主要由国内货币拉动，货币因素对 CPI 的贡献率最大，影响高达 70%以上。因此，1992 年以来的物价波动体现为需求拉动特征，这种需求拉动主要由投资需求和由此引发的货币名义需求共同拉动，因此，1992 年以来我国物价波动具有总量因素的特征。下面结合我国宏观经济的现实状况对此进行详细分析。

投资过快增长是本轮物价上涨的诱因。投资需求是社会总需求的重要组成部分，从固定资产投资实际增速的历史数据看，它的波动比较剧烈，已成为影响宏观经济稳定重要因素。投资主要通过商品市场和货币市场两个路径对通货膨胀施加影响。从商品市场看，投资的增加首先会增加对钢材、水泥、机械设备等投资品的需求，引起与投资品有关的生产资料以及相关燃料、动力部门有效需求的扩张，拉动对能源、原料等生产资料的需求，引发基础产品价格上涨，进而造成下游产品价格上涨。投资需求对社会总需求的影响既表现在需求的总量上，又表现在总需求的结构上。从货币市场看，投资是一种货币投放行为，在投资实现的同时，也要向社会投放等额的货币。并且，投资实现过程中投放的货币不仅是已经扩张了的一般货币，还包括大量的基础货币，这些货币还要在市场上不断进行商品和劳务的交换，使流通中的货币进一步扩大，增加商品和劳务的总需求，通过乘数效应使总需求成倍地增加，引起货币供应量、信贷的超常规增长，造成物价上涨。

从中国的固定资产投资增速和 CPI 的年度历史数据看，两者之间有着密切的关系，CPI 涨幅一般滞后于固定资产投资增速 1~2 年。当固定资产投资名义增速和实际增速高于 20%时，在此之后的 1~2 年一般会出现物价水平的上涨。

“八五”期间，1992~1994 年固定资产投资名义增速分别为 44.4%、61.8%和 30.4%，实际增速分别为 25.3%、27.8%和 18.1%，导致在此之后的 1~2 年物价水平大幅上涨，1993~1995 年，我国 CPI 涨幅分别达到 14.7%、24.1%和 17.1%，创下“八五”以来的最高涨幅；“九五”期间，固定资产投资名义增速和实际增速都较慢，除“九五”期间的第一年，即 1996 年受“八五”期间投资快速增长的影响外，其余 4 年物价水平均处于较低水平；“十五”期间，2003 年和 2004 年固定资产投资名义增速为 27.7%和 26.8%，实际增速为 25.0%和 20.1%，导致 2004 年 CPI 上涨 3.9%，为 “十五”期间的最大涨幅；“十一五”期间，2006 年和 2007 年固定资产投资名义增速为 23.9%和 24.8%，实际增速为 22.1%和 20.2%，导致 2007 年和 2008 年的 CPI 上涨 4.8%和 5.9%，2008 年金融危机以来，我国实施了 4 万亿元投资的“一揽子”经济刺激政策，2009 年和 2010 年固定资产投资名义增速为 30%和 23.8%，实际增速为 33.2%和 19.5%，投资的过度扩张也带来了物价水平的上涨，2010 年 CPI 上涨 3.3%。因此，从固定资产投资和物价水平的变化关系看，在今后一段时间，我国物价仍存在上涨的压力。

表 6-4 投资增速与物价涨幅

年份	固定资产投资（亿元）	固定资产投资名义增速（%）	固定资产投资实际增速（%）	房地产开发投资（亿元）	房地产投资增速（%）	CPI（%）	PPI（%）
2000	32918	10.3	9.1	4984	21.5	0.40	2.80
2001	37214	13.1	12.6	6344	27.3	0.70	-1.30
2002	43500	16.9	16.7	7791	22.8	-0.80	-2.20
2003	55567	27.7	25.0	10154	30.3	1.20	2.30
2004	70477	26.8	20.1	13158	29.6	3.90	6.10
2005	88774	26.0	24.0	15909	20.9	1.80	4.90
2006	109998	23.9	22.1	19423	22.1	1.50	3.00
2007	137324	24.8	20.2	25289	30.2	4.80	3.10
2008	172828	25.9	15.6	31203	23.4	5.90	6.90
2009	224599	30.0	33.2	36242	16.1	-0.70	-5.40
2010	278140	23.8	19.5	48267	33.2	3.30	5.50

流动性过剩是本轮物价上涨的必要条件。按照货币学派的观点，物价终究是一种货币现象。自金融危机以来，为了实现经济的复苏，我国信贷大幅扩张，2009 年新增人民币贷款 9.6 万亿元，比 2008 年增加 95.9%，信贷的快速扩张带

动广义货币供应大幅增长，2009 年 M2 增长 27.7%，高出 GDP 增长 18.6 个百分点，创历史之最。2010 年新增人民币贷款 7.95 万亿元，M2 同比增长 19.7%，M1 同比增长 21.2%，超过年初的设定目标。因此，我国货币政策总体上尚属宽松，随着经济预期的改善和流通速度的提升，过多的流动性必将释放出来。

我国的历史数据表明，货币的大幅扩张必然导致通胀上升。从我国货币超发的历史可以看出，货币超发与物价的上涨有着明显的相关性。1985~1987 年的高通胀期间，1986 年 M2 同比增速高达 29.3%；1992~1996 年的高通胀期间，M2 同比增速持续高于 25%，1992 年、1993 年和 1994 年超过 30%，1993 年 12 月甚至高达 37.3%；2007~2008 年间，M2 同比增速持续高于 17%，人们的生活成本急剧飙升，CPI 最高涨幅达到 8.7%的水平。

从宏观经济视角分析，流动性主要体现在两个方面：一是货币的变现能力，二是广义货币供给满足经济增长需要的程度，也就是经济货币化程度。一般用 M1/M2（增速之比）来衡量货币的变现能力，用 M2/GDP 来衡量经济货币化程度，如果实际的货币供给量高于经济增长的需要就导致了流动性过剩，这个指标也可以反映出流动性的波动情况。按照货币学基本原理，一个国家或地区经济每增长 1 元价值，作为货币发行机构的中央银行也应该供给货币 1 元，超出 1 元的货币供应则视为超发。新兴市场国家由于市场化改革等原因，资源商品化过程加剧，广义货币供应量适度高于经济发展 GDP 增长也是合理的。但过高的货币供给却极易带来通胀。统计数据表明，2000 年以来，我国 M2 与 GDP 的比例呈增长态势，金融危机以后，M2 与 GDP 的比例迅速扩大。2000 年，M2 与 GDP 的比例为 1.36，2009 年为 1.78，2010 年上升到 1.82，该比值远高于美国，值得注意的是，美国的 M2/GDP 一直保持在比较稳定的水平。因此，我国货币供应速度远远超过 GDP 增长速度，流动性过剩现象明显，进一步加大国内通胀压力。

表 6–5　2001~2010 年经济货币化程度与货币变现能力

年份	2001	2002	2003	2004	2005	2006	2007	2008	2009	2010
中国 M2/GDP	1.44	1.54	1.63	1.59	1.62	1.60	1.52	1.51	1.78	1.82
美国 M2/GDP	0.53	0.55	0.55	0.54	0.53	0.53	0.54	0.58	0.61	0.59
M1/M2（增速）	0.88	1.00	0.95	0.93	0.67	1.03	1.26	0.51	1.17	1.08

(3) 2003 年以来物价波动成因的实证分析。

为了探讨 2003 年以来影响我国物价波动的主要因素，通过计量经济分析与检验，构建一个包含 4 变量滞后 5 期的 VAR 季度模型，即 4 变量的 VAR (5) 模型，样本区间为 2003 年第一季度至 2011 年第三季度。

1) 脉冲响应分析。

根据 VAR (5) 模型，得出 CPI 对各变量的脉冲响应函数。

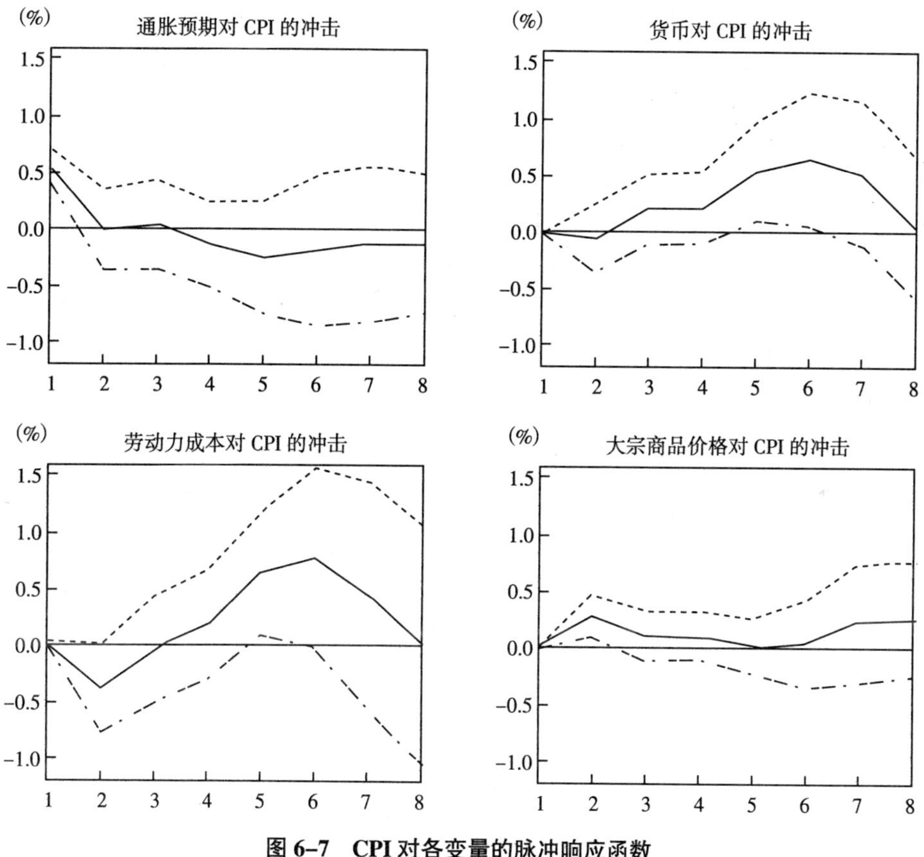

图 6-7　CPI 对各变量的脉冲响应函数

通过脉冲响应函数得到 2003 年第一季度以来各因素对 CPI 的冲击：第一，劳动力成本对 CPI 的影响最显著，第六季度达到最大，第八季度之后消失；第二，货币变现能力对 CPI 的影响次于劳动力成本，第六季度达到最大，第八季度之后消失；第三，通货膨胀预期因素即前期 CPI 对当期 CPI 的影响，第一季度最大，第三季度之后逐步消失；第四，国际大宗商品价格对 CPI 的影响最不显著，第二季度达到最大，第四季度后逐步消失。

2）2003 年以来各因素对 CPI 的贡献率分析。

2003 年第一季度以来我国物价经历了 3 轮周期性的波动，对每轮物价波动分别建立 VAR 模型，通过方差分解分别刻画在每一轮物价周期性波动中各因素对 CPI 的贡献率。

表 6-6 2003 年第一季度以来各因素对 CPI 的贡献率

单位：%

时间	货币	劳动力成本	通胀预期	输入性因素
2003.1~2005.4	54.75	2.17	35.97	7.10
2006.1~2008.4	20.81	15.50	45.49	18.19
2009.1~2011.1	23.89	44.09	21.55	10.47
2003.1~2011.3	25.19	39.97	26.73	8.10

通过方差分解我们得到 2003 年以来劳动力成本对 CPI 的贡献率最大。货币、劳动力成本、通胀预期和输入性因素对物价上涨的平均贡献率分别为 25.19%、39.97%、26.73%和 8.10%。2003 年以来，我国的物价上涨主要由劳动力成本、通胀预期和货币拉动。因此，2003 年以来我国物价波动具有明显的微观基础。

劳动力成本是我国物价水平上升面临的长期压力。近年来，用工荒已经从东部扩展到中西部，从局部用工荒升级为全面用工荒，制造业领域劳动力成本大幅度上涨，中国经济已邻近“刘易斯拐点”。工资上涨逐步从制造业向服务业领域传导，导致劳动密集的服务业生产成本大幅度上涨，由于中国仍处于中等偏上收入水平的初级阶段，技术密集型和资本密集型产业不能马上弥补劳动力比较优势的消失，这将成为物价上涨的长期压力。收入分配改革是“十二五”时期的重要任务，要努力实现居民收入增长和经济发展同步，劳动报酬增长和劳动生产率增长同步。2010 年由于物价水平的上涨，全国有 30 个省市自治区先后上调了最低工资标准，增幅约 24%，2011 年已有 6 个省再次提高了最低工资标准。

公众通胀预期增加了物价调控的难度。预期带来的通货膨胀会在短期内改变人们的消费习惯、偏好与投资选择，从而给宏观调控和人民生活带来新的不确定性。近期中国人民银行的调查数据显示，居民认为物价和房价过高，消费意愿降至 1999 年以来最低，有 66.9%的受访者表示“物价过高，难以接受”，未来物价上涨预期加剧，就业与收入情况向好，持物价持续上涨预期的比例为 47.1%，对通货膨胀的预期基本形成。而对当前房价水平，74.4%的居民认为

“过高，难以接受”，对未来房价，30%的居民持上涨预期，接近于2009年第四季度的最高点。

（三）两阶段物价波动成因的比较分析

通过对比1992年和2003年以来货币、劳动力、通胀预期和输入性等因素对CPI的贡献率，我们得到以下结论：

2003年以来影响物价上涨的因素明显比1992年以来更加复杂。模型分析显示，从长期看，我国物价上涨主要由货币拉动，但2003年以来影响物价上涨的主要是劳动力成本，然后是货币和通胀预期。

1. 劳动力成本对CPI的贡献率明显增强

1992年和2003年以来劳动力成本对CPI的贡献率分别为10.26%和39.97%，这符合我国的现实环境。由于中国仍处于中等收入水平的初级阶段，技术密集型和资本密集型产业的增长速度慢于劳动力比较优势降低的速度。近年来，用工荒已经从东部扩展到中西部，劳动力成本大幅度上升。成本推动型价格上涨已经成为现阶段我国物价调控面临的新问题。

2. 通胀预期对CPI的贡献率稳步提高

1992年和2003年以来通胀预期对CPI的贡献率分别为15.16%和26.73%。经过几轮物价周期性波动，国内投资者和消费者越来越稳固地建立起经验性通货膨胀预期，尤其是国内投资者和消费者会根据经验对政府扩张性货币政策作出投资和消费方面的反应，并影响资产价格和居民消费价格。2009年以来国务院要求管理好通胀预期，中国人民银行的调查数据也显示近期通胀预期对CPI的影响逐步增强。

3. 货币供应对CPI的贡献率相对减小

1992年和2003年以来货币供应对CPI的贡献率分别为70.03%和25.19%。1992~1994年M1分别增长35.9%、38.8%和26.2%，货币供应的快速增长带动了1993~1995年物价的快速上涨，CPI分别上涨14.7%、24.1%和17.1%。2009年M1增长32.35%，但2010年CPI仅上涨3.3%，远低于1993~1994年的物价水平，主要原因是近年来我国房地产市场和股票市场快速发展，吸收了部分资金，导致货币供应对CPI的贡献率下降。

4. 输入性因素对CPI的贡献率有所提高

1992年和2003年以来输入性因素对我国CPI的贡献率分别为4.55%和8.10%。这与我国能源原材料对国际市场依赖程度提高直接相关，也与国际大宗商品价格的走势相符。

国际大宗商品价格攀升是本轮物价上涨的输入性因素。2010 年发达经济体财政状况持续恶化、失业率居高不下，在财政支出紧缩的倒逼下，实施宽松的货币政策，向市场大规模注资，推动套利资本进入商品市场逐利，导致国际大宗商品价格持续走高。在本轮物价水平的上升期间，即 2009 年 9 月以来，美元指数下跌 3.8%，WTI 原油价格上涨 45.1%，LME 铜铝分别上涨 43.2%和 35.9%，巴西进口的铁矿石上涨 72.4%，CBOT 小麦、大豆、棉花和玉米价格分别上涨 55.2%、22.24%、253.9%和 113%。我国是全球第一大铁矿石进口国和第一大能源进口国，大豆基本上依靠进口，但我国对全球大宗商品定价的影响力很小，并没有掌握大宗商品的国际定价权，是被动的价格接受者。因此，国际大宗商品价格的上涨必然要传导到国内工业生产领域，引起物价上涨。

欧美扩张性的货币政策增加了货币政策工具选择的难度。从外部环境看，金融危机后欧美实施极为宽松的货币政策。2010 年 11 月，美国启动了规模为 6000 亿美元的第二轮量化宽松货币政策。政策的影响共分为四个阶段：第一阶段是美联储以美国中长期关键期限国债为对象在 8 个月内投入 6000 亿美元。通过对关键期限国债大规模地投入流动性，可以有效地降低关键期限国债的收益率情况，稳定市场对中长期利率的风险预测。第二阶段是美国国内金融市场获得基础货币后，增强了对美国实体经济的支持力度。第三阶段是沉淀在美国国内金融系统内部的基础货币开始通过金融、投资和贸易渠道流向国际市场，给世界经济特别是发展中国家的经济发展带来明显的扰动。第四阶段是新兴发展中国家和大宗商品出口国的国际收支盈余通过购买美国商品、服务、美国国债和其他形式的证券资产回流美国，进而转化成对美国金融市场和实体经济的有效支撑力量。欧洲的债务危机也迫使欧洲央行采取了扩张性的货币政策，并对世界经济输出了通货膨胀。

由于我国经济基本面不断向好，加之国内资产收益率较高，使得大量国际资本流入中国，加剧了国内的流动性，进一步推升资产价格，增加了管理流动性的难度，当局一方面面临资产价格过快上涨的问题，另一方面面临热钱流入的压力，在利率和存款准备金率的政策选择上难以抉择。据外汇管理局测算，2010 年流入我国的热钱为 355 亿美元。

三、加强物价调控的政策建议

1. 应适度控制货币供应增长速度和规模

对 1992 年以来的长期分析表明，货币供应仍是推动物价上涨的主要因素，因此，当前仍要坚持数量型和价格型政策工具并重，逐步回收货币流动性，改变当前负利率的状况；加大对外投资和积极扩大进口，逐步改善外汇占款快速增长的局面；密切关注以房地产为代表的资产价格，加强利率工具在控制资产价格中的作用。我国广义货币供应量增幅长期明显高于名义 GDP 增幅，如果在市场化改革初期这一做法是必要的，在现阶段基本建立起市场经济体系后有必要逐步改变这一做法。应当通过利率市场化等一系列新的金融改革措施，提高金融体系运行效率，充分利用国内货币存量，控制广义货币供应量增幅。尤其在需要动用货币政策刺激经济时，必须注意货币扩张对物价波动的长期影响，避免过犹不及的后果。

2. 采取积极措施提高劳动生产率

2003 年以来劳动力成本对 CPI 的贡献率快速上升，提高劳动者报酬占国民总收入比重和控制劳动力成本上升对物价上涨的影响成为我国未来必须面对的新难题。扩大提高劳动者报酬占国民总收入比重的积极影响，控制劳动力成本上升对物价上涨的影响，关键因素是平衡好劳动者报酬上升速度和劳动生产率提高速度之间的关系。需要通过加大教育投入和科技创新来提高劳动生产率。第一，要加大对教育的财政投资力度，尽快实现教育投资占 GDP 比重 4%的目标，努力缩小我国教育投资与国际水平的差距，教育投资要重点关注农村的基础教育和国家的基础科研工作，为突破约束经济发展的“瓶颈”和关键技术提供资金支持；第二，中央企业和国有大型企业要加大对产品研发的投入力度，政府给予适当的资金支持，鼓励有条件的企业设立相应的研究院所，以便加快企业技术创新步伐；第三，国家要调整当前高等教育发展过快，中等教育发展偏慢的现状，适当压缩高等教育规模，加大中等教育的投入，对中等职业学校的学生减免学费，扩大中等教育的招生规模，培养新一代有技术的产业工人，更多地培育符合我国国情的高级技工，缓解企业对高级技工需求快速增长的状况，国家可在对技工需求较多的省份试点将中等职业技术教育列为准义务教育范围。

3. 稳定公众通货膨胀预期

建立通货膨胀目标制度。稳定公众通胀预期，需要确定中长期通货膨胀目标值或目标区间，中央银行的政策以实现通货膨胀目标区间为操作对象。将预期管理纳入中央银行货币政策战略，提高货币政策的前瞻性。维护央行信誉，保持低且稳定的通货膨胀率。消费者长期内不会显著高估或低估通货膨胀，这意味着要消除货币政策的通货膨胀倾向，必须考虑货币政策的可信度。由于我国消费者的通货膨胀预期在很大程度上受到通货膨胀历史情况的影响，稳定通货膨胀预期的最佳方法就是始终保持低且稳定的通货膨胀率。建立有效的政策信息沟通机制。通胀预期的主体是公众，管理通胀预期的主体是宏观调控部门，它们之间的行为差异，容易导致预期管理的措施难以达到预定目标。

管理部门应通过各种媒体加大政策宣传力度，解释政策实施意图，及时传递政策信号，加强政府与公众之间的信息沟通，使公众对经济形势以及政府工作有正确的认识，增强其对稳定价格的信心。建立政策信息解读机制，对普通公众不能读懂的专业性政策信息，应由相关政策咨询机构对公众进行通俗解读。中央银行和有关部门在公众通胀预期形成之初，应准确把握信息披露的时机和程度，引导公众通胀预期更接近通胀目标，稳定通胀预期。

4. 保持国内农产品价格的基本稳定

针对我国食品消费比重较高、其价格波动对价格总水平影响较大的实际，把增加商品有效供给的重点放在增加农产品供给上，认真落实各项强农惠农政策措施：

一是加大农产品生产投入，夯实农产品生产基础。加大扶持力度，巩固、完善和落实各项支农惠农政策，建立与农产品生产、农产品价格和 CPI 上涨程度直接挂钩的农民种粮直接补贴机制，做好保障化肥、农药、农膜等农业生产资料供应及其价格稳定工作，千方百计调动农民生产积极性，并在耕地面积有限的情况下，依靠科技力量提升农产品产量，保障农产品供给。着力强农惠农，加大财政对“三农”的支持力度，加大农田水利基础设施建设，增强应对自然灾害的能力，统筹安排土地出让收入，加大对蔬菜生产和生猪养殖公共设施等方面的投入。积极调剂区域间农产品的供需余缺，健全进出口调节机制，充实国内储备。

二是加快农村土地制度改革，坚持最严格的耕地保护制度，不断提高土地集约化经营水平，转变农业生产方式，发展现代农业，确保大宗农产品供给安全；建立多元化的农业生产投入机制，加大财政对农业的扶持力度，将农业财政预算优先用于农业基础设施建设，并引导金融资本、工商资本、民营资本和民间资本等增加对农业基础设施建设和农业科技的投入，鼓励农民增加农业生产投入，以改善农业生产条件、夯实农业发展基础、提高农业综合生产能力，确保农产品产量稳步增长。

三是积极开展“农超对接”，畅通鲜活农产品运输“绿色通道”，改善农产品流通状况，降低农产品流通成本；完善粮食、猪肉、食用植物油等大宗农产品储备制度和调节机制，把握好储备吞吐调控时机，健全保障市场供应和稳定价格的应急预案，保障其供应和价格基本稳定。

四是建立农产品价格预警机制。农产品价格预警体系要以城乡重点集贸市场和初级农产品批发市场的价格为基础，以主要区域性农产品批发市场的价格信息为核心，以期货交易市场价格为先导，通过价格监测体系构建市场农产品价格预警预报的信息载体，为政府宏观调控及时提供可靠依据。

五是建立农产品价格信息发布制度。要把农产品价格信息服务纳入农业社会化服务体系建设范围，通过定期公布农产品价格行情与市场供求信息，指导农户生产和经营，并正确引导和稳定全社会对农产品价格的预期。

5. 稳步推动资源价格改革，逐步释放涨价压力

资源价格改革的要求越来越迫切，政府部门要科学有序地安排油、电、天然气等资源价格改革。一方面，稳步推进资源价格改革，逐步释放涨价压力。另一方面，尽量避免密集出台涉及居民生活的涨价措施，防止公共产品的集中涨价加重通胀预期。资源价格改革主要涉及以下方面：

第一，完善石油价格形成机制。逐步放开石油炼制、批发、零售领域，赋予石油消耗大省或具有符合条件的企业直接进口原油和成品油的权限，分批逐步放开炼油厂直接进口原油和自主在国内市场销售成品油的权限；完善石油价格接轨办法，加强对国际国内市场的监测，缩短当前成品油定价机制的时间和波动幅度，努力使接轨价格反映国内市场供求关系及炼化企业生产经营成本变动情况；分步推进进口原油、成品油进口代理费制度改革，优化石油调配计划，减少运输成本，引导石油资源的优化配置，避免价差过大引起油气资源的无序流动。

第二，推进电力价格改革。在现行成本补偿电价定价机制的基础上，建立反映电力供求和促进节约用电的电价形成机制；在厂网分开的前提下，建立与发电环节适度竞争相适应的上网电价机制，销售电价和上网电价联动；逐步建立起发电、售电价格由市场竞争形成，输电、配电价格实行政府监管的价格形成机制，将上网电价由政府制定过渡到由市场竞争形成；加快农网改造和农电体制改革，积极实施同网同价，尽快在全国推行居民用电阶梯电价和高耗能企业的累计用电电价。

第三，研究建立科学的成本核算体系，全面反映煤炭资源、生产和环境成本。适当提高煤炭行业的进入壁垒度，提高矿产资源费的收取标准，不断强化矿产资源勘探和开发过程中的市场化趋向；在价格的形成和利益的分配上，要

注意保护煤炭生产者的利益，打破地区封锁和市场限制，使国有煤炭企业与其他所有制性质的企业开展公平竞争，反对运输垄断，培育和建立开放、竞争、公平、有序的煤炭市场价格形成机制，对放开后的市场进行有效监管，反对价格垄断；完善煤电价格联动机制，对电煤价格实施政府指导定价，以避免电荒的常态化。

第四，深化天然气价格改革。上游石油天然气资源开采环节在实行许可证制度的基础上，引入竞争，这样有利于打破资源的区域性垄断，促进企业增加勘探投入，增加石油天然气资源储量，提高开采效率；管道运输环节应该逐步引入竞争，可首先实行管道运输特许经营权的公开招标制度，引入市场竞争，加强对管道运输定价的监管；分离管道运输公司和天然气销售公司，消费者可以从任一生产者处购买天然气，生产者也可以直接向最终用户和批发商卖气，生产者之间展开争夺用户的竞争；在定价方法上，在广东和广西试点的基础上尽快在全国推广市场净回值法定价。

第五，建立与资源价格改革相协调的配套机制：一是社会保障制度和资源价格改革要协调推进。筹集专项财政资金，加大公共财政对社会保障的投入力度，积极采取社会保障、财政补贴、价格优惠等措施，并配合实施减税等政策缓解上游涨价对中下游企业和居民的冲击。二是财税政策与资源价格改革协调推进。资源税由按量征收改为按价征收，或者改为按占有资源储量征收，发挥税收杠杆的调节功能；重构资源税费制度，建立开发补偿机制，以损害成本为依据收取污染者费用，迫使企业减少废弃物排放；在财政分配制度上，中央应将部分税收让利于地方，让地方在资源开发利用中得到应得的利益，为地方政府恢复生态、治理环境解决资金问题。三是资源储备制度建设与资源价格改革协调推进。政府要加快建立具有反市场波动功能的资源储备机制，增加储备或财力准备，以平抑资源性产品价格改革可能出现的大起大落。

6. 提高利用国际资源的能力，减轻输入型通胀

我国已经成为世界第二大能源生产国和第二大能源消费国。由于我国能源和原材料国际依存度较高，因此要采取多种措施平抑国际价格波动对我国价格的影响。灵活运用收购、兼并等手段获取外部资源，扩大对重要资源的价格影响力；加强行业协调，提高对外采购的谈判能力，加强国际合作，积极参与国际市场游戏规则的制定。建立和完善我国石油期货市场，积极参与国际石油价格形成，充分发挥石油期货市场的发现价格、转移风险、套期保值和优化资源配置的功能，提高我国在国际石油价格形成中的地位，也可为日后成品油市场

化改革提供参考的标杆。

7. 继续坚持房地产调控，稳定房地产价格

一是进一步落实并完善房地产调控政策，扩大实施限购措施，一段时期内限贷限购政策仍需从严。当前全国房价下降的拐点正在形成，但拐点的最终确立仍有赖于政策的持续和深入，尤其是全局性把握限贷、限购等关键点。在通胀压力仍然较大情况下，如果稍有放松房价将一触即发地反弹，因此在一段时间内限购限贷政策仍需从严。

二是制定合理的房价目标，建立保障性住房建设资金稳定投入机制，健全保障性住房管理的体制机制；规范住房租赁行为，鼓励社会资金参与公共租赁住房建设和运营，逐步形成规范化的房屋租赁市场。

三是扩大房地产税试点范围，加强房地产税制综合改革。房产信息联网已经获得很大进展，为房地产税收的分类征收提供了可能。通过联网信息可以有效确定自住和投资、投机性住房，自住房在国家规定的人均面积内免除税收，超过规定的人均面积按照累进税率征收房地产持有环节税收，加大住房持有成本。对于住房交易过程中增值环节按照年限实行累退的税收制度。这样既可以增加地方税收来源，改变地方政府对土地财政的依赖，又可以有效改变住房作为投资、投机商品的属性，有利于住房价格的理性回归。

四是改进土地供应机制，完善房价形成机制。房价居高不下的根源在于较高的土地价格，因此，有效改进土地的供应制度在一定程度上对遏制高房价有重要意义。而改进土地供应制度就需要继续完善土地储备和招拍挂制度。改进土地交易方式，控制非理性土地竞价，可以设立地价合理区间、增加配建保障性房和承担公益性设施建设等作为土地竞买条件。逐步推动集体建设用地流转制度改革，缓解城市用地紧张局面。在理顺土地价格机制的前提下，引导和建立房地产价格可涨可跌的调整机制，发挥价格杠杆作用。

8. 适度提高对通胀的容忍度

从现阶段我国国情来看，中央银行宜适度提高对通胀水平的容忍度。这主要与通胀的成因特征、通胀对居民消费的危害程度、全球通胀环境以及人民币升值等因素有关。一是从本轮通胀的成因特征来看，适宜为结构性上涨容留一定空间。本轮通胀主要表现为结构性上涨，其成本推动和外部输入的特征较为明显。一方面，劳动力成本明显上升推高了价格水平。2011 年以来，我国劳动力价格，尤其是农民工价格出现快速上涨，已显著超出劳动生产率的上升速度，这一状况可能仍将延续，许多地区也出现“用工荒”情况。对于劳动密集型行

业来说，已经没有有效手段来抵消劳动力成本上升所带来的成本压力，提高产品价格已是必然选择。另一方面，美联储的超宽松货币政策诱发全球性通货膨胀，加大了我国输入型通胀压力。

二是从居民收入和消费结构来看，当前消费对通胀的承受度在增强。2009年，城镇和农村家庭的恩格尔系数为36.5%和41%，分别比2004年下降1.2个和6.2个百分点，总体呈下降趋势，显示居民对物价上涨的承受力在增强。这主要与居民收入较快增长和居民收入结构多元化有关。

三是从全球环境和汇率升值来看，我国不宜在全球通胀环境下追求过低的通胀率。目前，全球都进入一个通胀水平相对较高的阶段。在全球通胀环境下，如果我国要解决输入型物价上涨，需要汇率在短期内大幅升值来抵消进口商品价格的上升。但这不仅会导致出口在短时间内大幅停滞，而且可能加剧国际资本的涌入，在进口价格受到控制的同时，国内资产市场投机活动攀升。同时，当急剧升值之后预期逆转时，大量资本涌出可能冲击货币安全。因此，在通胀与汇率平稳升值带来的好处之间权衡，也宜适度调高通胀的容忍度。

第七章　我国经济周期波动特征及影响因素分析

经济周期波动是经济运行的基本特征，在任何体制和任何发展阶段，经济增长都不可能是匀速的、直线的。经济高速增长和经济周期性波动是我国现代经济增长最重要的两大特征。改革开放以来，随着社会主义市场经济体制改革的不断深入和发展模式的转换，市场机制的作用日益增强，我国经济周期波动进入了一个与以往不同的新阶段。通过对改革开放30多年来我国经济周期波动出现的新特征进行全面、系统的测定和分析，进而探索改革开放以来我国经济周期波动的影响因素，这对我们认识社会主义市场经济条件下经济运行的客观规律，把握经济运行的发展态势，适时、适度地采取宏观调控措施，保持国民经济持续、稳定、协调发展无疑具有重要的理论意义和实践价值。本章第一节主要介绍中国经济周期的波动特征。第二节介绍需求变动与经济周期波动。第三节介绍供给变动与经济周期波动，并比较了需求与供给变动对经济周期波动的影响程度。

第一节　中国经济周期波动特征分析

经济周期的经典定义由美国国民经济研究局的米切尔和伯恩斯在1946年出版的《衡量经济周期》一书提出：经济周期是在主要按商业企业来组织活动的国家的总体经济活动中看到的一种波动：一个周期由几乎同时在许多经济活动中所发生的扩张、随之而来的同样普遍的衰退、收缩和复苏组成，这种变化的顺序反复出现，但并不是定时的；经济周期的持续时间在1~10年或更长，这个定义受到西方经济学界的公认。《现代经济学词典》将经济周期定义为：经济活动水平的一种波动（通常以国民收入来代表），它形成一种规律性模式，即先是经济活动的扩张，随后是收缩，接着是进一步扩张。本部分主要以经济增长率为基础，对我国经济周期波动的经典特征作一般分析，使用H-P滤波消除宏观变量的趋势，分析我国经济周期波动的现代特征。

一、经济周期波动的相关文献分析

（一）国外文献分析

对经济周期波动特征，国外大部分文献都集中在现代周期特征的研究上。Hodrick和Prescoot的研究借助消除趋势后宏观经济变量之间的交叉相关，给出了战后美国经济周期波动的一些基本典型事实。动态特征中协动性特征主要利用动态因素模型来捕捉，非线性特征主要利用马尔可夫转移模型或二元选择模型来捕捉。协动性方面最有影响的是 Stock 和 Watson 的研究，他们认为宏观经济变量的共同变化存在一个共同的成分，这个共同成分刻画了经济系统中主要经济变量的协同变化，并且利用动态因素模型，成功地捕捉到了反映经济变量协同变化的共同成分。Hamilton 利用马尔可夫转移模型将经济周期划分为两种状态，即经济扩张和经济收缩，从而很好地揭示出经济周期在两种状态之间发生情势转换的非线性特征。

对经济周期波动的成因，投资波动被认为是导致经济波动的主要原因，这一点得到了大多数经济学家的承认。De Long 和 Summers 发现美国等西方国家的固定资本形成率与人均 GDP 增长率之间具有显著的正相关关系，且这种相关性表现为一种由投资率到经济增长率之间的因果关系。Vanhoudt 研究却认为，由于快速经济增长导致了快速的资本形成或者投资增量形成，实际上存在着由实际产出到投资需求的因果关系。Aghion 和 Howitt 在其研究中定义了两个极端的情形，发现需求波动对产出增长的效应既可能为正也可能为负，但不会同时为正或为负。Hansen 和 Prescott 的研究认为，全要素生产率冲击反映出不可交易或不可度量的生产投入和政府宏观经济政策等因素变化对经济周期波动的影响。King 等利用美国 1948~1986 年的产出、消费和投资的季度数据进行了模型校准，发现实际经济周期模型的理论模拟结果与现实情况很相符，全要素生产率冲击能够很好地解释现实经济周期波动。Friedman 和 Schwarz 认为货币变化率很好地标度了货币政策扰动，但因为所谓的流动性难题，此后的经济学家并未接受这种观点。关于货币冲击对产出波动的贡献有两种观点：一种观点认为，货币冲击对产出波动的贡献有限，如 Kim 等；另一种观点认为，货币冲击对产出波动有较大影响，如 Canova 和 Nicdo 等。

（二）国内文献分析

20 世纪 90 年代以前是我国经济周期研究的开始阶段，研究主要集中在有没有经济周期波动、我国社会主义计划经济的周期波动与资本主义市场经济的周期波动的本质区别等问题上；20 世纪 90 年代以后的经济周期研究开始涉及经济周期的各方面问题，在研究方法上也有重大发展。因此，本节重点综述 20 世纪 90 年代以后国内经济周期的主要研究成果。

经济周期的划分与总结是经济周期理论研究的基础性工作，取得了大量的研究成果。刘树成、张晓晶、张平认为，改革开放以来我国一共经历了 5 次经济波动周期，分别是 1977~1981 年、1982~1986 年、1987~1990 年、1991~2001 年和 2002~2009 年；吴俊培、毛飞认为改革开放以后仅出现过两次经济波动周期，分别是 1979~1993 年和 1994~2009 年；魏杰认为 2001 年之前中国经历了 3 次宏观经济过热和一次宏观经济过冷，过热分别是 1984~1986 年、1987~1990 年、1993~1995 年；过冷是 1997~2001 年。

关于我国经济周期波动特征的研究文章很多，施发启利用 1952~1998 年国内生产总值及其增长速度，通过转折点数检验证明经济周期的存在，利用自相关系数检验证明我国经济增长率周期长度主要集中在 4~5 年，并比较改革开放前后经济周期特征的变化。钱士春在广泛收集各种数据的基础上，运用 H–P 滤波方法对中国自 1952 年以来的主要宏观变量（GDP、三次产业产出、消费、投资、进出口、财政支出、货币供应量、价格水平等的实际值的对数序列或增长速度）进行滤波分析，总结波动特点，并利用格兰杰因果检验分析其相互影响特征。魏巍贤等在 GARCH 模型中增加制度变迁变量，并且就政府干预对我国经济波动问题进行统计分析，探讨制度变迁对经济波动的影响以及政府行政干预抑制经济波动的有效性，分析的结论是，由于经济系统本身的不稳定性，前期的经济波动在本期有被放大的趋势，而外部干预对稳定经济具有重要意义。

国内关于需求因素方面的研究主要集中在投资冲击、消费冲击和贸易冲击对经济周期波动影响上。郑思齐和刘洪玉通过建立我国建设投资和 GDP 之间长期均衡和短期波动关系的协整模型和误差修正模型，得到 GDP 增长对我国建设投资的弹性系数，证明建设投资能够高效率地拉动国民经济的增长，是引起经济增长和经济周期波动的重要因素。从消费冲击来看，刘向农认为从投资需求与消费需求对经济增长作用的特点来看，投资需求对经济增长的短期拉动作用十分明显，但要保证经济增长的质量，还必须要保证消费需求的协调增长，促进消费需求增长是提高经济增长质量的关键。杜婷在对我国对外贸易波动的特征及与经济周期相关性进行分析的基础之上，通过国际贸易乘数效应具体分析了国际贸易冲击对经济周期波动的影响，发现国际贸易冲击对我国的经济周期波动产生了重要的作用和影响，出口每波动 1%，会引发 GDP 波动 0.25 个百分点左右，随着我国对外贸易的快速增长，贸易波动对宏观经济的影响会进一步增加。

国内关于供给因素方面的研究主要集中在计算全要素生产率及全要素生产率变动对经济周期波动的影响上。张军和施少华通过 1952~1998 年中国经济统计数据的回归分析，计算中国经济的全要素生产率及其增长率，并通过改革开放前后的比较，认为改革开放前全要素生产率对经济增长的贡献很小，但却是经济周期波动的重要因素，改革开放后这种状况发生了根本的变化。

国内关于政策因素方面的研究主要集中在财政政策、货币政策及宏观经济调控对经济周期波动的影响上。蒲艳萍通过对财政、货币、投资等外生性宏观调控冲击对中国经济周期影响的定性与计量分析，指出中国政策变动与经济增长周期波动存在明显的相关关系，认为改革后货币供给的内生性在增强，外生性在减弱，财政政策的内在稳定机能在增强，外在冲击机能在下降谭旭东对政策时间不一致性理论模型加以修正以分析中国货币政策的有效性问题，结果表明，中国货币政策的有效性与政策的可信性之间密切相关，随着货币政策可信性的提高，其有效性也相应提高，因此，实行有规则、透明度高、连贯性强的货币政策，对于提高政策有效性具有重要作用。陈杰利用基于"状态—空间"模型的可变参数模型研究了产出缺口与通胀缺口的动态关联关系，认为宏观经济调控绩效的提高是近年来我国经济周期波动性不断减弱的重要原因。

二、新中国 10 轮经济周期波动及其特征分析

（一）新中国 10 轮经济周期波动及其经典特征分析

经济周期波动的经典特征是指基于经济增长率变化情况来考察经济周期波动的峰位、谷位、位势、波幅、持续时间、非对称性等方面的特点。经济周期的峰值是指周期中波峰年份的经济增长率；谷值是指周期中波谷年份的经济增长率；位势是指每个经济周期内的平均增长率；波幅即峰谷落差是指周期中的峰值与谷值的差值；持续时间是指经济周期持续的时间，分为扩张持续时间即波谷到波峰的时间跨度，以及收缩持续时间即波峰到波谷之间的时间跨度；非对称性是指经济周期的扩张时间和力度与收缩时间和力度往往不同，表现出所谓的"陡升缓降"或"缓升陡降"现象。

根据"波谷—波谷"这一经济周期划分常用标准，新中国成立以来，从 1953 年起开始大规模的工业化建设至今，经济增长率的波动共经历了 10 个周期，具体的周期划分及 GDP 增长率波动情况如表 7-1 和图 7-1 所示。

表 7-1　新中国 10 轮经济周期波动

周期序号	起止年份	峰值增长率（%）	谷值增长率（%）	峰谷落差（%）	持续年数	扩张阶段年数
1	1953~1957	1953 年 15.6	1954 年 4.2	11.4	5	2
2	1958~1962	1958 年 21.3	1961 年-27.3	48.6	5	1
3	1963~1968	1964 年 18.3	1967 年-5.7	24.0	6	2
4	1969~1972	1970 年 19.4	1972 年 3.8	15.6	4	2
5	1973~1976	1975 年 8.7	1976 年-1.6	10.3	4	2

续表

周期序号	起止年份	峰值增长率(%)	谷值增长率(%)	峰谷落差(%)	持续年数	扩张阶段年数
6	1977~1981	1978 年 11.7	1981 年 5.2	6.5	5	2
7	1982~1986	1984 年 15.2	1986 年 8.8	6.4	5	2
8	1987~1990	1987 年 11.6	1990 年 3.8	7.8	4	1
9	1991~2001	1992 年 14.2	1999 年 7.6	6.6	11	2
10	2002~2010	2007 年 14.2	2002 年 9.1	4.1	10	6

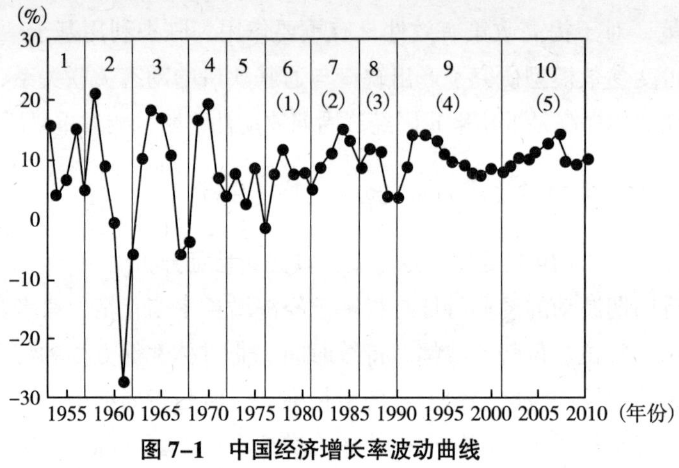

图 7–1　中国经济增长率波动曲线

1. 改革开放前经济周期波动特征

第一，改革开放前，我国的经济周期属于古典型经济周期，在经济周期的下降阶段出现负增长，导致经济增长率正负交替。第二，波动的强度和深度较大。改革开放前经济经历了 5 个周期，峰位均值为 16.7%，谷位均值为–4.7%，在 5 个周期中有 3 次经历了“大起大落”，每次“大起”经济增长率都在 20%左右，每次“大落”经济增长率都很低，有两次甚至出现了负增长。第三，波动的幅度较高。增长速度的谷峰落差相当大，5 个周期峰谷落差均超过 10 个百分点，均值为 21.3 个百分点，第 2 个周期甚至达到了 48.6 个百分点，波动标准差也达到 10.71 个百分点。

2. 改革开放后经济周期波动特征

第一，波动的峰位理性下降。每个周期经济增长率的高峰从改革开放前的 20%左右，回落到 20 世纪 80 年代的 15%左右，20 世纪 90 年代和新世纪的 14%左右，5 个周期峰位均值为 13.4%，比改革开放前 5 个周期回落 3.3 个百分点。

第二，波动的谷位显著提高。每个周期经济增长率的低谷在改革开放前几个周期经常为负增长，而改革开放之后，每次经济调整时，经济增长率的低谷均为正增长，5 个周期的均值为 6.7%，比改革开放前 5 个周期提高 11.6 个百分点。第三，波动的幅度趋于缩小。每个周期经济增长率的峰谷落差由改革开放前最大的 48.6 个百分点，降至改革开放后的最大值 7.8 个百分点，改革开放后 5 个周期波幅均值为 6.5%，比改革开放前回落 14.9 个百分点，第十个周期，峰谷落差仅为 5.1 个百分点，这期间的波动标准差仅为 2.76 个百分点，经济波动性下降 74.2%。第四，波动的持续时间明显延长。第 9 个经济周期持续了 11 年，当前处于第 10 个周期波动中，已经持续了 9 年，扩展为一种中程周期。

（二）中国经济周期波动的现代特征

现代经济周期理论更多地借助消除趋势后时间序列的自相关和交叉相关来描述经济周期的波动性、持续性、逆转性和协动性等特征。波动性通常以消除趋势后的宏观经济变量的标准差来刻画；持续性和逆转性是指宏观经济变量在一段时间内维持某种状态，如低于或高于其长期趋势，但在一段时间后会由某种状态转变为另一种状态，通常由消除趋势后的宏观经济变量的自相关来刻画；协动性是指不同宏观经济变量之间存在一定相关性，通常由消除趋势后的宏观经济变量的交叉相关来刻画。

本节着重考察的主要宏观经济变量有：GDP、工业增加值、固定资产投资、居民消费、就业人数、全要素生产率、以 CPI 表示的通货膨胀率和出口。数据来源于各年的《中国统计年鉴》，样本区间为 1978~2010 年。相应变量折算成以 1978 年为基期的实际值。本书使用 H-P 滤波法消除各变量的趋势。

表 7-2 消除趋势后各变量的标准差与滞后自相关系数

宏观经济变量	标准差	自相关系数								
		1	2	3	4	5	6	7	8	9
产出（GDP）	0.043	0.53	0.12	−0.20	−0.38	−0.40	−0.29	−0.12	0.09	0.23
工业增加值	0.071	0.51	0.09	−0.19	−0.43	−0.43	−0.32	−0.20	0.03	0.23
固定资产投资	0.098	0.64	0.20	−0.18	−0.45	−0.45	−0.35	−0.24	−0.10	0.05
居民消费	0.030	0.54	0.11	−0.07	−0.25	−0.44	−0.36	−0.81	−0.07	0.09
就业人数	0.023	0.44	0.10	−0.11	−0.22	−0.25	−0.21	−0.22	−0.17	−0.13
通货膨胀率	0.050	0.47	−0.23	−0.46	−0.43	−0.11	0.13	0.10	0.10	0.10
出口	0.211	0.59	0.22	−0.08	−0.33	−0.37	−0.30	−0.33	−0.19	−0.04

首先，从各变量的标准差来看，出口的波动最为剧烈，其标准差为产出的4.9倍，这与近年来出口贸易发展迅速有关。工业增加值波动明显比产出波动更为剧烈，其标准差为产出的1.65倍，这与我国一贯以工业化为主导的经济发展模式有关。固定资产投资波动标准差为产出的2.28倍，这与经济周期研究的经验规律一致。通货膨胀率变化较为平稳，其标准差略高于产出标准差，这与最近一轮经济周期通货膨胀率稳定维持在较低水平有关。居民消费变化平稳，其标准差为产出的0.7倍，究其原因，可能与消费率持续下降和可支配收入变动较为平稳有关。全要素生产率变化相当平稳，其标准差为产出的0.65倍，表明我国经济自改革开放以来没有经历重大的技术冲击。就业人数是所有宏观经济变量中最为平稳的一个变量，其标准差大约为产出的0.53倍，表明我国就业人数变化相对稳定。

其次，从各变量的各期自相关系数来看，各宏观经济变量的变化都具有一定的持续性，它们的1期滞后自相关系数均为正值，通货膨胀率和全要素生产率的滞后2期自相关系数为负值，表明这两个宏观经济变量的持续性较弱，而其他宏观经济变量的滞后2期自相关系数仍为正值，表明这些宏观经济变量的持续性较强。此外，各宏观经济变量的变化也表现出明显的逆转性，大多数宏观经济变量的自相关系数在滞后4期或5期都为负值且绝对值达到最大，这意味着如果经济当前处于扩张时期，那么4年到5年后将出现收缩。产出两个较大的自相关系数为0.53（滞后1期）和0.25（滞后10期），这表明我国经济存在10年左右的中周期波动。

产出与主要宏观经济变量之间的协动特征主要用消除趋势后的变量与实际产出的交叉相关系数来表示。

表7–3 消除趋势后各变量与实际产出的交叉相关系数

滞后阶数	5	4	3	2	1	0	–1	–2	–3	–4	–5
工业增加值	–0.14	–0.16	–0.03	0.15	0.30	0.97	0.37	0.22	0.02	–0.14	–0.15
固定资产投资	–0.16	–0.05	0.13	0.32	0.48	0.89	0.23	0.02	–0.11	–0.16	–0.09
居民消费	–0.13	–0.27	–0.33	–0.21	–0.05	0.53	0.33	0.30	0.13	–0.04	–0.16
就业人数	0.14	0.22	0.21	0.10	–0.10	–0.25	–0.22	–0.07	0.02	0.06	0.10
通货膨胀率	–0.21	–0.07	0.07	0.14	0.29	0.36	0.15	–0.11	–0.25	–0.25	–0.11
出口	–0.06	–0.02	0.14	0.25	0.34	0.86	0.25	0.14	0.02	–0.11	–0.09

第一，工业增加值与产出变化表现出极高的正相关性，其当期相关为0.97，这表明工业是我国的主导产业。此外，从当期工业增加值与下一期产出的相关（0.30）和当期工业增加值与上一期产出的相关（0.37）大体相当可知，工业增加值变化与产出变化具有较强的一致性。

第二，固定资产投资与产出表现出极强的正相关性，当期的相关为0.89，我国经济周期波动显示出典型的投资驱动特征。当期的固定资产投资与下一期产出的相关为0.48，大于当期的固定资产投资与上一期产出的相关（0.23），表明固定资产投资的变化相对于产出变化表现出一定程度上的先行性。

第三，居民消费与产出正相关，其值为0.53，且当期居民消费与前三期的产出也具有较高正相关，分别为0.33、0.30和0.13，但当期居民消费与下一期产出存在负相关，其相关系数为-0.05。这表明我国居民消费行为主要与当期和前几期的产出水平有关，几乎不受经济发展预期的影响，这比较符合我国居民的消费理念和习惯。

第四，我国就业人数体现出较强的反周期特征，与产出的当期相关为负值且其绝对值较大，达到了-0.25，这显然与经济周期理论关于就业人数与产出之间是顺周期的经验结论相悖。究其原因，由于我国存在大量富余的劳动力和特殊的就业政策，使得企业在经济扩张时可以通过充分利用现有劳动力而不招聘或少招聘员工，在经济收缩时又不敢轻易解聘员工，加之国有企业减员增效等因素，这就破坏了产出与就业间的固有经验规律。

第五，我国通货膨胀率与产出的当期相关为0.36，表现出明显的顺周期特征，这与正常的“产出—物价”菲利普斯曲线所揭示的经验结论一致。

第六，出口与产出变化保持着相当高的正相关性，当期相关为0.86；这一方面表明，我国宏观经济受出口贸易的影响越来越大；另一方面也表明，出口对我国经济的拉动作用十分明显，已经成为我国经济增长的一个主要推动力。

三、新一轮经济周期波动的新特征

2002年，经济增长率回升到9.1%，开始进入了新一轮经济周期，2003年、2004年、2005年、2006年、2007年、2008年、2009年和2010年，经济增长率分别为10%、10.1%、11.3%、12.7%、14.2%、9.6%、9.2%和10.3%，其中2003~2007年连续5年经济增长率保持10%以上。2007年为本轮经济周期的高点，2009年为本轮经济周期的低点，最近一轮经济周期出现了新的波动态势。下面我们将从波动位势、波动幅度、波动方向等方面加以考察。

从波动位势来看，最近一轮的经济周期波动呈现出持续多年的适度高位增长的态势。2002 年以来，我国处于工业化、城镇化、国际化进程加快的时期，由于多年实施积极财政政策的累积效应的释放，国民经济进入持续扩张期，固定资产投资增长开始加快，机器设备厂房开始更新换代。投资率迅速回升，从 2001 年的 36.5%迅速上升到 2006 年的 42.6%，年平均 41.5%；消费率快速下降，从 2001 年的 61.4%跌落到 2006 年的 49.9%，年平均 55.6%。我国经济保持了“高增长、低通胀”的黄金组合，年均 GDP 增长率达到 10.2%的较高水平，居民消费价格年增长率保持在 4%的低水平以内。

伴随着经济的不断提速，我国自 2002 年下半年进入新一轮经济增长周期以后，投资增长过快、信贷投放过多、外贸顺差过大、高能耗高排放和资源性商品出口增长过快等矛盾进一步加剧，2007 年，中国的 GDP 增长率达到 13%，比 2006 年提高 1.4 个百分点。2007 年下半年 CPI 出现快速上升，2007 年 12 月的中央经济工作会议提出要把防止经济增长由偏快转为过热、防止价格由结构性上涨演变为明显通货膨胀作为宏观调控的首要任务。物价加速上升往往预示着经济调整的开始，而 2008 年全球经济危机的爆发，加速了中国经济调整的节奏，经济增长速度快速回落，通货膨胀快速转变为通货紧缩。2008 年 11 月 15 日，国务院常务会议决定调整原有的宏观经济政策，实行积极的财政政策和适度宽松的货币政策来“保增长、扩内需、调结构、惠民生”。2009 年在国家一系列扩大内需政策刺激下，中国经济出现了企稳回升。

从波动幅度来看，最近一轮的经济周期，我国经济周期波动呈现出峰位降低、谷位上升、波幅缩小的“缓升缓降”特征。改革开放以前，我国经济增长出现“大跃进”和“急刹车”的现象较为普遍，经济周期中经济增长率“陡升陡降”的现象非常明显。这种“陡升陡降”的现象表明经济增长速度没有稳定在潜在增长率水平附近。20 世纪 90 年代，我国经济周期中经济增长率出现了“陡升缓降”的现象。第九轮经济周期仅仅用了 2 年，就达到了 1992 年的最高点，然后开始缓慢下降，一直持续到 2001 年，出现了所谓的“宽带现象”（刘恒，2003 年）。而 2002 年开始的最近一轮经济周期，2002~2007 年为经济周期的上升阶段，2008 年和 2009 年为下行阶段，上升和下行阶段分别经历了 6 年和 2 年，在遭遇全球经济危机巨大冲击的情况下，峰谷差仅为 4.3 个百分点，为新中国成立以来 10 个经济周期中的最小值。这表明中国经济周期波动表现出了明显的“缓升缓降”现象。这种经济周期波动“缓升缓降”现象的出现一方面表明我国经济的稳定性不断增强；另一方面也体现了我国宏观经济调控能力提升，应对外来冲击的能力增强。

从波动方向来看，2010年将是新一轮经济上升期的起点。2002~2007年我国经济增长率节节攀升，这表明2002~2007年我国经济周期波动的方向是向上的。2008年、2009年经济增速出现明显的回落，2008年是最近一轮经济周期的拐点，2009年是低点。2010年，随着国内外经济环境的改善，中国经济将进入新一轮的上升期。从发展阶段看，我国仍然处于工业化和城市化快速发展阶段，国际金融危机和经济调整不会改变我国经济社会发展的阶段性特征。在经过一段时间的结构调整之后，我国经济增长将会重新回到潜在增长率10%以上。从生产要素看：一是我国仍处于人口红利时期，根据相关研究，在2013年前后我国人口红利将达到最高峰，因而未来几年我国仍将保持高储蓄率、高投资率水平，我国有较为充裕的资本存量。二是相对于英国、美国、德国、日本等少数几个拥有整套完备工业体系的制造业大国，劳动力供给充裕和成本低廉仍然是未来几年我国的比较优势所在。三是我国科技水平在稳步提高，全要素生产率对经济增长的贡献率继续上升。从需求结构来看，消费、投资和出口三大需求对经济增长的拉动作用更为协调：一是随着我国居民可支配收入的稳定增长、消费结构式升级、社会保障体系的不断健全，我国消费将保持稳定增长，居民消费对经济增长贡献将会得到提升；二是在工业化完成之前投资需求始终是拉动我国经济增长的重要动力之一，随着刺激政策逐步减弱投资增速可能会略有放缓，但随着经济重新进入上升期、内生增长动力加强，投资增速将会逐步加快；三是随着世界经济逐步复苏，外贸出口需求将逐步恢复，但估计外需对未来几年经济增长的贡献度将会明显减小。从产业结构来看，未来几年，我国一产比重将继续下降，第三产业比重将稳步上升，因仍处于工业化快速发展阶段而导致第二产业比重继续提高，直至2015年前后将达到峰值，特别是第二产业内部结构变化剧烈，政策导向以及市场压力双重推动制造业优化升级，能源原材料基础工业发展趋于成熟，而高加工度制造业将继续快速发展。

第二节　需求变动与中国经济周期波动

凯恩斯经济周期理论在解释经济周期波动形成的原因时，侧重于经济的需求方面，本部分主要从需求层面探究改革开放以来我国经济周期波动性变化的原因。

一、需求结构变动与经济周期波动

为了研究需求构成成分对经济周期波动的影响，引入方差分解法，同时引入滚动方差分解法研究需求构成成分波动对实际产出波动的影响。

将各需求构成成分波动项的方差与实际产出波动项的方差之比作为各需求构成成分的方差贡献率，它反映了需求构成成分各自的变化对实际产出波动的影响。将某需求构成成分波动项与其他需求构成成分波动项的协方差之和与实际产出波动项的方差之比作为该需求构成成分的协方差贡献率，它反映了各种需求成分的共同变化对实际产出波动的影响。将某需求构成成分的方差贡献率与协方差贡献率之和作为该需求构成成分的总贡献率，它反映了由于该需求构成成分的变化而对实际产出波动产生的全部影响。

由于各需求构成成分在实际产出中所占的比例不同，贡献率大的需求构成成分在动态水平上不一定是最大的波动因素，为了解决这个问题，我们引进影响弹性。影响弹性是通过模拟分析的方法比较分析各需求构成成分波动对实际产出波动的影响，实际产出的波动采用波动系数即实际产出波动项的标准差与实际产出均值的比例来表示，考察的是单个需求构成成分变动1%，实际产出的波动系数将变动的百分比，波动系数变化的百分数就是影响弹性。若某需求构成成分的影响弹性为正，说明增加该需求构成成分会加大实际产出波动；反之，若某需求构成成分的影响弹性为负，则说明增加该需求构成成分会减小实际产出波动。

本节所用的时间序列数据为1978~2010年的年度数据。用于实证分析的变量有：支出法国内生产总值、投资、居民消费、政府消费及净出口，所有变量使用相应的价格指数消除价格因素，所有数据均来自各年的《中国统计年鉴》。本报告使用H–P滤波法分离经济时间序列中的长期趋势与波动成分。

为了研究需求构成成分对经济周期波动的影响，引入方差分解法。将各需求构成成分波动项的方差与实际产出波动项的方差之比作为各需求构成成分的方差贡献率，它反映了需求构成成分各自的变化对实际产出波动的影响。将某需求构成成分波动项与其他需求构成成分波动项的协方差之和与实际产出波动项的方差之比作为该需求构成成分的协方差贡献率，它反映了各种需求成分的共同变化对实际产出波动的影响。将某需求构成成分的方差贡献率与协方差贡献率之和作为该需求构成成分的总贡献率，它反映了由于该需求构成成分的变化而对实际产出波动产生的全部影响。

通过 H–P 滤波法我们可以分离出支出法国内生产总值、居民消费、政府消费、投资和净出口的波动项。设定实际产出（支出法国内生产总值）的波动项为$\tilde{Y}$，需求构成成分（居民消费、政府消费、投资和净出口）的波动项为$\tilde{X}_i$。经验证，实际产出波动项和需求构成成分波动项满足：

$$\tilde{Y} = \sum_i \tilde{X}_i$$

方差分解结果显示，在总贡献率上，投资的总贡献率最大，贡献率为 76.82%，解释了 76.8%的经济波动；净出口、居民消费及政府消费的总贡献率依次为 17.82%、7.41%、–2.05%，这表明改革开放以来实际产出波动主要来源于投资及净出口波动，而政府消费的波动有效地平抑了实际产出的波动。在方差贡献上，仍然是投资的方差贡献率最大，贡献率为 73.77%，净出口、居民消费、政府消费的方差贡献率依次为 12.76%、7.26%、1.35%，这表明投资自身的波动对实际产出波动影响最大，投资自身的波动解释了 73.77%的实际产出波动，而政府消费自身的波动对实际产出波动影响是最小的，政府消费自身的波动只引起了 1.35%的实际产出波动。在协方差贡献率上，净出口波动的协方差贡献率高达 5.06%，表明净出口波动与其他需求构成成分波动的共振现象最为明显，是引起实际产出波动的一大来源。投资波动的协方差贡献率为 3.05%，主要来源于投资波动与净出口波动的协方差，这表明投资波动与净出口波动有较强的共振现象。而居民消费的协方差贡献率为 0.15%，政府消费的协方差贡献率为–3.40%，这表明政府消费波动与其他需求构成成分波动相互作用时，有效地减小了实际产出的波动（见表 7–4）。

表 7–4 需求构成成分波动的方差分解

	居民消费	政府消费	投资	净出口
居民消费	42821.75	–2040.68	–4264.95	7175.924
政府消费	–2040.68	7978.767	–9223.22	–8824.54
投资	–4264.95	–9223.22	435411.4	31506.03
净出口	7175.924	–8824.54	31506.03	75330.72
方差值	42821.75	7978.767	435411.4	75330.72
方差贡献率（%）	7.26	1.35	73.77	12.76
协方差值	870.29	–20088.44	18017.85	29857.41
协方差贡献率（%）	0.15	–3.40	3.05	5.06
总贡献率（%）	7.41	–2.05	76.82	17.82

二、结构变动与经济周期波动

(一) 经济周期波动性的测度指标

产出缺口常被用来衡量经济周期波动，它反映了实际产出相对于潜在产出的偏离程度。

$$GDP\ GAP = \frac{y_t - y^*_t}{y^*_t}$$

其中，y_t 为 t 期实际产出，y^*_t 为潜在产出，GDP GAP 为产出缺口。本节将实际产出的长期趋势值看作潜在产出，可以通过 H-P 滤波分离出实际产出的趋势项作为潜在产出，进而得到产出缺口。

$$F = 100 \times |GDP\ GAP|$$

上式中 F 为经济波动指数，GDP GAP 为产出缺口。从经济波动指数可以看出，经济波动指数 F 越大，经济波动性就大；反之表示经济的波动性较小(见表7–5、图 7–2)。

表 7–5　经济波动初始指数及最终指数

年份	初始指数	年份	初始指数	年份	初始指数
1978	0.95656	1989	0.16256	2000	0.28721
1979	0.69949	1990	1.00495	2001	0.48667
1980	0.48780	1991	1.25744	2002	0.74637
1981	0.20045	1992	0.96191	2003	0.78457
1982	0.78254	1993	0.10037	2004	0.50287
1983	1.08038	1994	1.13362	2005	0.40133
1984	0.58592	1995	1.67973	2006	0.23873
1985	0.19786	1996	1.62977	2007	0.29701
1986	0.11413	1997	1.20263	2008	0.49915
1987	0.16164	1998	0.5472	2009	0.02881
1988	0.37831	1999	0.07385	2010	0.13245

可以发现改革开放以来我国经济波动性经历了三个阶段：第一阶段是 1978~1989 年，这一阶段经济波动指数围绕 0.48 的均值上下波动，表明这段时期内我国经济运行较为平稳。究其原因可能与这期间是我国确立“社会主义商品经济”的阶段，中央计划仍主导经济运行有关。第二阶段是 1990~1999 年，这个阶段经济波动指数变化较大，围绕 0.96 的均值上下波动，1995 年甚至达到

1.68，表明这一时期我国经济波动较大，经济运行不够稳定。究其原因，可能是这期间我国政府一改以往以中央计划为主的行政手段，而逐渐开始尝试利用微调的方式来调整经济，在调整经济的过程中不可避免地带来了经济的大幅波动。第三阶段是 2000~2010 年，这一阶段经济波动指数围绕 0.4 的均值上下波动，最小为 0.029，表明这期间我国经济波动减小，经济运行平稳，经济增长的质量有了很大的提高。究其原因，可能与这期间我国市场经济体制逐步完善，政府宏观调控能力进一步增强有关。总体而言，经济波动指数较好地反映了改革开放以来我国经济运行的基本态势，即经济周期波动性减弱，经济增长质量明显提高。

（二）经济周期波动结构因素的理论分析

从经济结构变动角度来看，不仅需求结构的变动影响了经济周期波动，产业结构、所有制结构的变动也对经济周期波动产生了影响。因此，在探讨需求结构变化对经济周期波动的影响时，就不可避免地涉及产业结构和所有制结构。

1. 需求结构

需求结构变化的主要表现是三大需求占 GDP 比重的变化，三大需求比重的变化对经济周期波动的影响反映了需求结构变化对经济周期波动的冲击。研究需求结构变化对经济周期波动的影响，标准差是综合反映变量变化的理想指标，它能灵敏地反映变量的变化程度（见表 7-6、图 7-3）。

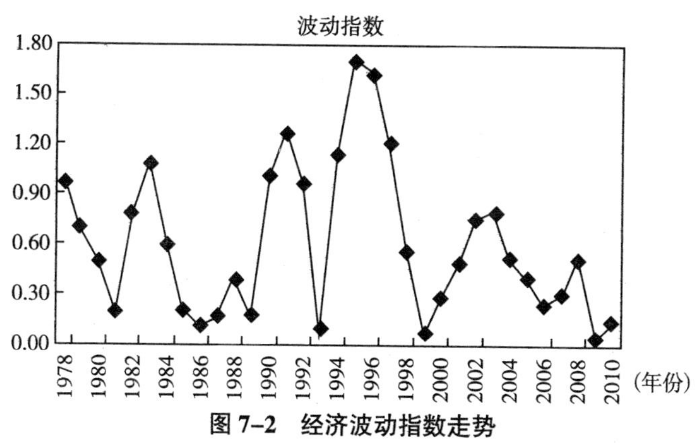

图 7-2　经济波动指数走势

表 7-6　需求结构及其标准差

年份	标准差	居民消费（%）	投资（%）	政府消费（%）	净出口（%）
1978	0.1948	48.8	38.2	13.3	-0.3
1979	0.1906	49.1	36.1	15.2	-0.5

续表

年份	标准差	居民消费（%）	投资（%）	政府消费（%）	净出口（%）
1980	0.1941	50.8	34.8	14.7	−0.3
1981	0.1954	52.5	32.5	14.6	0.3
1982	0.1890	51.9	31.9	14.5	1.6
1983	0.1927	52.0	32.8	14.4	0.8
1984	0.1920	50.8	34.2	15.0	0.0
1985	0.2144	51.6	38.1	14.3	−4.0
1986	0.2042	50.5	37.5	14.5	−2.4
1987	0.1935	49.9	36.3	13.7	0.1
1988	0.2032	51.1	37.0	12.8	−1.0
1989	0.2010	50.9	36.6	13.6	−1.1
1990	0.1799	48.8	34.9	13.6	2.6
1991	0.1734	47.5	34.8	14.9	2.7
1992	0.1800	47.2	36.6	15.2	1.0
1993	0.1942	44.4	42.6	14.9	−1.8
1994	0.1769	43.5	40.5	14.7	1.3
1995	0.1813	44.9	40.3	13.3	1.6
1996	0.1794	45.8	38.8	13.4	2.0
1997	0.1657	45.2	36.7	13.7	4.3
1998	0.1648	45.3	36.2	14.3	4.2
1999	0.1702	46.0	36.2	15.1	2.8
2000	0.1702	46.4	35.3	15.9	2.4
2001	0.1695	45.3	36.5	16.0	2.1
2002	0.1673	44.0	37.8	15.6	2.6
2003	0.1716	42.2	41.0	14.7	2.2
2004	0.1728	40.6	43.0	13.9	2.5
2005	0.1555	38.8	41.6	14.1	5.5
2006	0.1466	36.9	41.8	13.7	7.5
2007	0.1410	36.0	41.7	13.5	8.8
2008	0.1498	35.1	43.9	13.3	7.7
2009	0.1711	35.0	47.5	13.2	4.3
2010	0.1737	33.8	48.6	13.6	4.0

需求结构标准差的变动大致经历了三个阶段，第一阶段是 1978~1984 年，这一阶段需求结构的标准差波动位势较高，但变化较为平稳，均值为 0.193，这期间是我国确立社会主义商品经济的阶段，中央计划仍是经济运行的主导。第

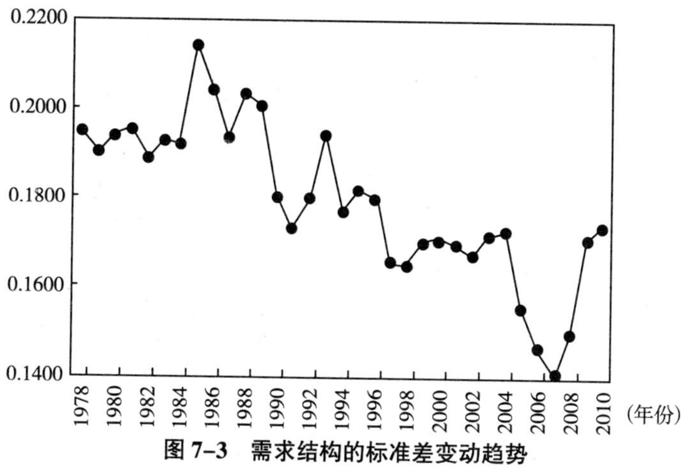

图 7-3 需求结构的标准差变动趋势

二阶段是 1985~1998 年，这个阶段需求结构的标准差波动较大且呈现逐渐下降的态势，均值为 0.186，这期间我国经济经历了“大起大落”阶段和“软着陆”阶段，这两个阶段一改以往以中央计划为主的手段，而逐渐开始尝试利用微调的方式来调整经济，并取得了成功。第三阶段是 1999~2010 年，这一阶段需求结构的标准差集中表现为位势较低、变化较为平稳，均值为 0.163，这期间是我国经济周期波动性显著下降的阶段。由此可见，需求结构的标准差变动阶段基本与我国经济所处阶段相对应，这表明需求结构的变化确实对经济周期波动产生了冲击。值得注意的是，需求结构的标准差在 2008~2010 年出现了回升，均值为 0.165，这与 2008 年的金融危机密切相关，这一阶段，国家出台了相应的扩大内需的刺激政策。

从图 7-4 中可以看出，消费率和投资率变动趋势有如下特征：第一，1978~2009 年的消费率均大于资本形成率，2010 年资本形成率超过消费率；第二，消费率平缓下降，资本形成率平缓上升，消费率由 1978 年的 62.1%下降为 2010 年的 47.4%，资本形成率由 1978 年的 38.2%上升到 2010 年的 48.6%，这与我国经济发展方式密切相关，因此，必须加快经济发展方式转变。

2. 产业结构

三次产业比重的波动系数分别为 0.37、0.04 和 0.21，这表明第一产业增加值占 GDP 比重变化最大，第三产业次之，第二产业最小。三次产业增长率的波动系数分别为 0.59、0.39 和 0.31，这表明第一产业波动较大，而第二、三产业波动较小（见表 7-7）。

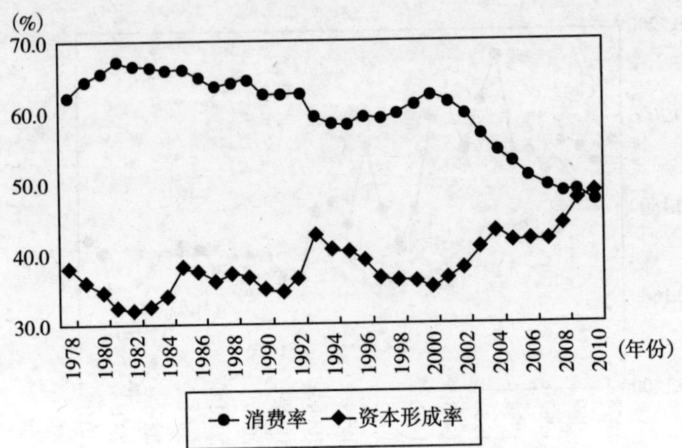

图 7–4　消费率和资本形成率变动趋势

表 7–7　三次产业比重及增长率

单位：%

年份	第一产业比重	第二产业比重	第三产业比重	第一产业增长率	第二产业增长率	第三产业增长率
1978	28.19	47.88	23.94	4.1	15.0	13.8
1979	31.27	47.10	21.63	6.1	8.2	7.9
1980	30.17	48.22	21.6	–1.5	13.6	6.0
1981	31.88	46.11	22.01	7.0	1.9	10.4
1982	33.39	44.77	21.85	11.5	5.6	13.0
1983	33.18	44.38	22.44	8.3	10.4	15.2
1984	32.13	43.09	24.78	12.9	14.5	19.3
1985	28.44	42.89	28.67	1.8	18.6	18.2
1986	27.15	43.72	29.14	3.3	10.2	12.0
1987	26.81	43.55	29.64	4.7	13.7	14.4
1988	25.70	43.79	30.51	2.5	14.5	13.2
1989	25.11	42.83	32.06	3.1	3.8	5.4
1990	27.12	41.34	31.55	7.3	3.2	2.3
1991	24.53	41.79	33.69	2.4	13.9	8.9
1992	21.79	43.44	34.76	4.7	21.2	12.4
1993	19.71	46.57	33.72	4.7	19.9	12.2
1994	19.76	46.57	33.57	4.0	18.4	11.1
1995	19.86	47.18	32.86	5.0	13.9	9.8
1996	19.69	47.54	32.77	5.1	12.1	9.4
1997	18.29	47.54	34.17	3.5	10.5	10.7
1998	17.56	46.21	36.23	3.5	8.9	8.4
1999	16.47	45.76	37.67	2.8	8.1	9.3

续表

年份	第一产业比重	第二产业比重	第三产业比重	第一产业增长率	第二产业增长率	第三产业增长率
2000	15.06	45.92	39.02	2.4	9.4	9.7
2001	14.39	45.05	40.46	2.8	8.4	10.2
2002	13.74	44.79	41.47	2.9	9.8	10.4
2003	12.80	45.97	41.23	2.5	12.7	9.5
2004	13.39	46.23	40.38	6.3	11.1	10.0
2005	12.10	47.40	40.5	5.2	12.1	12.2
2006	11.10	47.90	40.9	5.0	13.4	14.1
2007	10.80	47.30	41.9	3.7	15.1	16.0
2008	10.70	47.40	41.8	5.4	9.9	10.4
2009	10.30	46.30	43.4	4.2	9.9	9.6
2010	10.10	46.80	43.1	4.3	12.4	9.6
标准差	7.73	1.91	7.10	2.69	4.48	3.44
均值	21.01	45.55	33.42	4.59	11.64	11.06
波动系数	0.37	0.04	0.21	0.59	0.39	0.31

总体来看，第一产业增加值占 GDP 比重持续下降，第二产业增加值占 GDP 比重基本维持不变，第三产业增加值占 GDP 比重持续增加。20 世纪 80 年代末 90 年代初第二产业增加值占 GDP 比重出现了较为明显的下降，这段期间正是我国经济周期波动最为频繁的阶段，由此可见第二产业增加值占 GDP 比重降低，可能会引起较大的经济波动。由于第三产业的劳动要素密集程度高，其本身固定资本所占比重小，因此，增加第三产业增加值占 GDP 的比重能够有效减小经济周期波动。20 世纪 90 年代中期以来，第二产业增加值占 GDP 比重的相对稳定以及第三产业增加值占 GDP 比重不断增加和第一产业增加值占 GDP 比重不断减少，是我国经济周期波动幅度减小的重要原因。因此，减小第一产业增加值占 GDP 比重，或是增加第二产业增加值占 GDP 比重和第三产业增加值占 GDP 比重，有助于平抑经济周期波动（见图 7–5）。

3. 所有制结构

企业是经济活动的主要主体，不同所有制的企业，经济活动的波动程度差异较大，而企业经济活动的波动程度及其变化影响着宏观经济运行的波动程度。由此可见，所有制结构的变化必然会对我国经济周期波动性产生影响。目前，较为一致的看法是，国有制企业经济活动的波动程度较大，而私有制企业经济活动的波动程度较小。主要原因为：从国有制企业内部来看，国有企业有较强

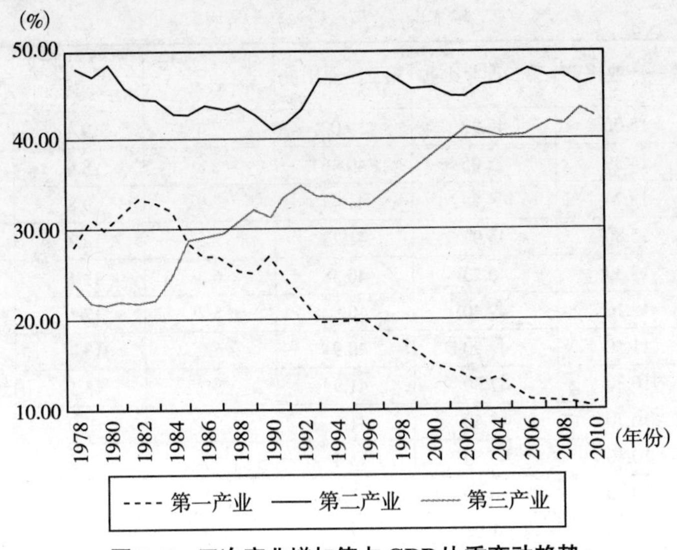

图 7-5　三次产业增加值占 GDP 比重变动趋势

烈的扩张欲望，一方面，国有制企业职工个人往往缺乏监督国有制企业提高效率的直接激励；另一方面，作为国有制企业实际控制者的企业经理来说，企业规模又是其社会地位、个人发展和经济收入最重要的决定因素，因而具有尽可能扩大企业规模的激励。从国有制企业外部来看，一方面，作为国有制企业所有者代表的地方政府希望通过地方经济的增长来增加财政收入和提高政绩，往往热衷于工业立市和外延式经济扩张；另一方面，中央政府为促进经济增长往往采取扩张性经济政策。其综合结果是国有制企业的投资规模容易出现过快增长，引发投资过热，最终导致经济过热。一旦出现经济过热，中央政府就会采取紧缩性经济政策。因此，国民经济中国有制经济成分比重降低，将会减小我国经济周期波动。

(三) 经济周期波动结构因素的实证分析

根据上面的分析，选取以下 4 个变量：经济波动指数 Y，经济波动指数表示了我国经济周期波动的大小；需求结构 X_1，用最终消费占 GDP 的比重表示；产业结构 X_2，用第二产业增加值占 GDP 比重表示；所有制结构 X_3，用国有制经济固定资产投资占全国固定资产投资的比重表示。以 Y 为因变量，X_1、X_2、X_3 为自变量，构建如下的计量模型：

$$Y_t = \alpha + \beta_1 X_{1t} + \beta_2 X_{2t} + \beta_3 X_{3t} + \varepsilon_t$$

回归模型估计结果如表 7-8 所示：

表 7-8 回归模型估计结果

变量	预期符号	系数	标准差	t 统计量	P 值
常数		13.25383	4.625327	2.865489	0.0096
需求结构	–	–0.168579	0.051647	–3.264094	0.0039
产业结构	–	–0.150745	0.067317	–2.239316	0.0367
所有制结构	+	0.112941	0.017533	6.441464	0.0000
$\bar{R}^2 = 0.776350$		DW = 1.623201		F = 27.61308	

模型的 $\bar{R}^2 = 0.78$，表明回归方程较好地拟合了样本观测值。常数项、各解释变量的系数的 t 统计量在 5%的显著性水平下均通过检验，表明所有的解释变量对被解释变量的影响都是显著的；DW 值为 1.62，说明不存在自相关；F 值为 27.6，表明方程总体上是显著的。

各解释变量预期符号与实际符号一致，这表明实证结果与前面理论分析的结论相符。在影响我国经济周期波动的结构变动因素中，需求结构和所有制结构变化趋势较为明显。从所有制结构来看，国有制经济固定资产投资在全国固定资产投资中所占比重从改革开放初期的 69.4%下降到目前的 31%，下降了约 38.4 个百分点，导致波动指数下降 4.34，说明改革开放以来所有制结构的变化是降低我国经济周期波动性的最重要的因素。从需求结构来看，消费率由改革开放初期的 62.1%下降到目前的 47.4%，下降了 14.7 个百分点，导致经济波动指数上升 2.48，说明改革开放以来需求结构的变化，尤其是消费率的持续降低加大了我国的经济周期波动。此外，从产业结构来看，改革开放以来第二产业增加值在 GDP 中所占比重的变化不太大，但是在 20 世纪 80 年代末 90 年代初的明显下降，还是导致了其间我国经济周期波动性的增强。

第三节 供给变动与中国经济周期波动

实际经济周期理论认为，全要素生产率冲击即供给冲击既可以引起消费波动又可以引发投资波动，从而导致宏观经济周期波动。本部分主要估算全要素生产率并分析供给冲击、需求冲击是如何影响经济周期波动的。

一、全要素生产率及潜在产出的测算

（一）生产函数的估计

现代经济增长理论表明，产出水平主要取决于两方面的因素，一是劳动、

资本和土地等生产要素的投入数量和质量；二是生产要素的利用效率。生产要素的利用效率是由技术进步、管理和组织水平、产业结构、经济制度和体制等因素决定的，经济学研究中一般以全要素生产率来表示要素的利用效率，反映除要素投入数量变化之外的产出变化情况。

1. 数据处理

产出的数量取决于资本存量，而当期资本存量又取决于上期的资本存量和当期的资本流量。因此，研究资本投入，既要分析流量，又要分析存量。下面我们将确定资本投入的流量指标和存量指标。

(1) 资本投入的流量指标。

全社会固定资产投资总额是从货币投入角度反映各年度全社会的投资需求，资本形成总额是从最终使用角度反映各年度全社会的投资需求，显然资本形成总额更能准确反映资本投入的实际效果。资本形成总额指常住单位在一定时期内获得减去处置的固定资产和存货的净额，包括固定资本形成总额和存货增加两部分，20 世纪 90 年代中期，我国由短缺经济转变为局部过剩，造成了存货的大量增加，然而这些存货的增加并不能形成真正的生产力，因此，我们将存货增加从资本形成总额中剔除，只保留固定资产投资形成总额，并将其作为资本投入的流量指标。

(2) 资本投入的存量指标。

估算资本存量的基本思想来自“永续盘存法”。“永续盘存法”是国内外广泛运用的资本存量估算方法。

$$K_t = I_t + (1-\delta)K_{t-1}$$

上式为“永续盘存法”的基本公式，其中 K_t 表示第 t 年的资本存量，K_{t-1} 表示第 t－1 年的资本存量，I_t 表示第 t 年的固定资本形成总额，δ 为固定资本折旧率。

以 1978 年为基期，借鉴张军、章元的研究成果，1978 年不变价的资本存量为 8663.6 亿元；各年度固定资本形成数据均来自于各期的《中国统计年鉴》；固定资产价格指数从 1992 年开始公布，因此，1978~1991 年的数据使用张军、章元 2003 年在《对中国资本存量 K 再估计》中估算出的固定资产价格指数，1992~2009 年的数据来自于各期《中国统计年鉴》，各年的固定资产投资价格指数均经过处理，使其基期为 1978 年；多数研究成果均使用 5%作为资本折旧率，因此本书按照 5%的资本折旧率来计算资本存量。

（3）劳动力投入数据。

我国目前缺乏必要的统计资料，因此，本书采用全社会就业人数作为历年劳动投入量指标，这显然只考虑了劳动力投入的数量，而忽视了劳动力投入的效率及质量的变化，这样处理的结果是将劳动力投入的效率及质量提高等因素归入全要素生产率中。1978~1990 年的就业人数取自《新中国五十五年统计资料汇编》，1990~2009 年数据来自各期的《中国统计年鉴》。

（4）产出数据。

本书采用国内生产总值作为衡量产出的基本指标，并按 1978 年不变价进行换算，数据来源于各期的《中国统计年鉴》（见表 7–9）。

表 7–9　资本投入、劳动投入和产出数据

年份	实际 GDP（亿元）	固定资产价格指数	实际固定资本形成额（亿元）	资本存量（亿元）	就业人数（万人）
1978	3645.00	100.00	1073.90	8663.60	40152
1979	3922.02	100.70	1145.11	9375.53	41024
1980	4228.50	103.01	1283.72	10190.47	42361
1981	4450.20	102.19	1310.54	10991.49	43725
1982	4853.25	106.37	1413.14	11855.05	45295
1983	5379.97	100.09	1721.69	12983.99	46436
1984	6196.44	106.59	2014.17	14348.97	48197
1985	7030.86	114.27	2338.37	15969.89	49873
1986	7652.84	123.39	2544.62	17716.02	51282
1987	8539.29	142.79	2660.42	19490.64	52783
1988	9502.57	169.04	2781.52	21297.62	54334
1989	9888.68	189.68	2329.93	22562.67	55329
1990	10268.30	198.64	2430.40	23864.93	64749
1991	11210.82	217.51	2790.77	25462.45	65491
1992	12807.33	250.79	3394.71	27584.04	66152
1993	14595.78	317.50	4191.82	30396.66	66808
1994	16505.01	350.52	4939.09	33815.91	67455
1995	18308.18	371.21	5626.27	37751.38	68065
1996	20140.56	386.05	6229.21	42093.03	68950
1997	22013.03	392.62	6613.32	46601.70	69820
1998	23737.39	391.83	7291.15	51562.76	70637
1999	25546.14	390.26	7822.22	56806.84	71394
2000	27700.01	394.56	8577.83	62544.33	72085
2001	29999.20	396.14	9530.71	68947.83	73025

续表

年份	实际 GDP（亿元）	固定资产价格指数	实际固定资本形成额（亿元）	资本存量（亿元）	就业人数（万人）
2002	32723.74	396.93	10992.47	76492.90	73740
2003	36004.42	405.66	13186.10	85854.35	74432
2004	39635.48	428.38	15201.04	96762.67	75200
2005	44118.27	435.23	17055.99	109686.34	75825
2006	49710.94	441.76	19909.96	124609.25	76400
2007	56751.20	458.52	22670.54	141049.33	76990
2008	62218.98	499.41	25647.09	159643.95	77480
2009	67889.05	487.45	32142.89	183804.64	77995

2. 全要素生产率及 GDP 潜在增长率的计算

（1）TFP 的含义及推导。

关于全要素生产率（TFP）的含义，一般认为，若产出变化只来自要素投入数量的变化和 TFP 的变化，那么，在经济增长率中剔除要素投入数量改变引起的产出变化即为 TFP。最常用的 TFP 的测度模型是建立在柯布—道格拉斯生产函数上的索洛残差法。

假设生产函数为柯布—道格拉斯函数：

$$Y_t = A_tF(K_t, L_t) = A_tK_t^{\alpha}L_t^{\beta}$$

上式中，Y_t 是产出，K_t 和 L_t 是资本投入和劳动投入，A_t 是技术进步，t 是时间。

对上式取对数，化简整理后得到：

$$\ln Y_t = \ln A_t + \alpha \ln K_t + \beta \ln L_t$$

利用历史数据，对上式进行回归，可以求得 α 和 β 的估计值 $\hat{\alpha}$ 和 $\hat{\beta}$，进而求得全要素生产率 A_t。

$$\ln \hat{A}_t = \ln Y_t + \hat{\alpha} \ln K_t + \hat{\beta} \ln L_t$$

$$G_A = \frac{\Delta A_t}{A_t}$$

G_A 为全要素生产率增长率即技术进步率。

$$G_A = G_Y - \alpha G_K - \beta G_L$$

其中，$G_Y = \frac{dY/dt}{Y}$、$G_K = \frac{dK/dt}{K}$、$G_L = \frac{dL/dt}{L}$ 分别为产出增长率、资本投入增长率、劳动投入增长率。需要指出的是，$G_A = G_Y - \alpha G_K - \beta G_L$ 当且仅当 $\alpha + \beta =$

1 时成立。即利用生产函数方法测算全要素生产率是建立在规模收益不变和希克斯中性技术假设的条件下，此时全要素生产率增长就等于技术进步率。

（2）要素产出弹性、TFP 和 GDP 潜在增长率的估算。

利用数据进行回归估计，得到的结果如下：

$$\ln\hat{Y}_t = -1.5971 + 0.5606 \times \ln K_t + 0.3494 \times \ln L_t + 0.0318 \times t$$

$$t \quad (-18.20) \qquad (11.45) \qquad (8.97) \qquad (8.47)$$

$$\bar{R}^2 = 0.998 \quad F = 9972.72$$

模型中各解释变量系数的 t 值在 1%的显著性水平下均通过检验，方程总体上显著，且拟合度非常好。

（二）全要素生产率及 **GDP** 潜在增长率的测算

我们根据以上得出的资本产出弹性、劳动产出弹性，对全要素生产率进行试算，在此基础上利用 H–P 滤波法求得潜在就业人数，得出潜在经济增长率。

1979~2009 年我国 GDP 实际增长率为 9.93%，GDP 潜在增长率为 10.11%，GDP 实际增长率已经非常接近潜在增长率，某些年份的实际增长率甚至超过潜在增长率。这表明改革开放以来经济增长取得重大成就（见表 7–10、图 7–6）。

表 7–10 中国全要素生产率

单位：%

年份	GDP 实际增长率	GDP 潜在增长率	资本对 GDP 的拉动	劳动对 GDP 的拉动	TFP 对 GDP 的拉动	TFP	资本对 GDP 的贡献率	劳动对 GDP 的贡献率	TFP 对 GDP 的贡献率
1979	7.6	9.68	4.61	1.02	1.97	21.87	60.66	13.42	25.92
1980	7.8	9.89	4.87	1.47	1.45	22.19	62.44	18.97	18.59
1981	5.2	9.38	4.41	1.32	–0.52	22.07	84.81	25.19	–10.00
1982	9.1	9.36	4.40	1.77	2.92	22.72	48.35	19.56	32.09
1983	10.9	10.30	5.34	1.36	4.20	23.67	48.99	12.48	38.53
1984	15.2	10.86	5.89	2.17	7.13	25.36	38.75	14.34	46.91
1985	13.5	11.31	6.33	1.90	5.27	26.69	46.89	14.07	39.04
1986	8.8	11.12	6.13	1.22	1.45	27.08	69.66	13.86	16.48
1987	11.6	10.61	5.62	1.55	4.44	28.28	48.45	13.28	38.28
1988	11.3	10.17	5.20	1.56	4.55	29.57	46.02	13.72	40.27
1989	4.1	8.23	3.33	0.82	–0.05	29.55	81.22	20.00	–1.22
1990	3.8	8.04	3.24	6.66	–6.09	27.75	85.26	175.00	–160.26
1991	9.2	8.42	3.75	0.69	4.76	29.07	40.76	7.50	51.74
1992	14.2	9.19	4.67	0.78	8.75	31.61	32.89	5.49	61.62
1993	14	10.07	5.72	0.82	7.46	33.97	40.86	5.86	53.29

续表

年份	GDP 实际增长率	GDP 潜在增长率	资本对 GDP 的拉动	劳动对 GDP 的拉动	TFP 对 GDP 的拉动	TFP	资本对 GDP 的贡献率	劳动对 GDP 的贡献率	TFP 对 GDP 的贡献率
1994	13.1	10.50	6.31	0.72	6.07	36.04	48.17	5.50	46.34
1995	10.9	10.59	6.52	0.50	3.87	37.43	59.82	4.68	35.50
1996	10	10.40	6.45	0.64	2.91	38.52	64.50	6.40	29.10
1997	9.3	9.88	6.00	0.63	2.67	39.55	64.52	6.77	28.71
1998	7.8	9.77	5.97	0.46	1.37	40.09	76.54	5.90	17.56
1999	7.6	9.46	5.70	0.44	1.46	40.67	75.00	5.79	19.21
2000	8.4	9.38	5.66	0.43	2.30	41.61	67.38	5.24	27.38
2001	8.3	9.43	5.74	0.60	1.96	42.43	69.16	7.23	23.61
2002	9.1	9.80	6.13	0.49	2.47	43.47	67.36	5.49	27.14
2003	10	10.49	6.86	0.43	2.71	44.65	68.60	4.30	27.10
2004	10.1	10.73	7.12	0.49	2.48	45.76	70.50	4.95	24.55
2005	11.3	11.08	7.49	0.43	3.38	47.31	66.28	3.81	29.91
2006	12.7	11.20	7.63	0.52	4.55	49.46	60.08	4.09	35.83
2007	14.2	10.97	7.40	0.66	6.14	52.50	52.11	4.65	43.24
2008	9.6	10.96	7.39	0.21	2.00	53.55	76.98	2.19	20.83
2009	9.1	12.02	8.48	0.08	0.53	53.83	93.19	0.99	5.82
均值	9.93	10.11	5.82	1.06	3.05	35.75	58.61	10.67	30.72

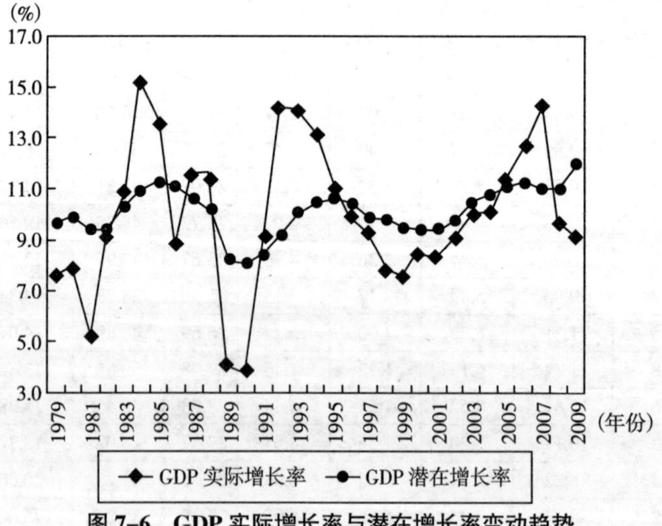

图 7-6 **GDP 实际增长率与潜在增长率变动趋势**

从1979~2009年的测算结果看，劳动投入对GDP的拉动总体呈现下降的趋势，1979~2009年劳动投入平均拉动经济增长1.06个百分点，对GDP的贡献率为10.67%；资本投入对GDP的拉动总体呈现上升的趋势，1979~2009年资本投入平均拉动经济增长5.82个百分点，对GDP的贡献率为58.61%；1979~2009年全要素生产率平均拉动经济增长3.05个百分点，对GDP的贡献率为30.72%。1979~2009年全要生产率增长率的平均值为3.05%，较为客观地反映了全要素生产率对经济增长的贡献；全要素生产率的变动趋势与1979~2009年宏观经济的运行情况比较吻合：在经济繁荣阶段，全要素生产率都达到阶段性高点；在经济不景气阶段，全要素生产率都处于阶段性低点。值得注意的是，1989年和1990年由于各种原因经济增长率下滑，技术进步率为负。在亚洲金融危机期间，技术进步率有所降低，对经济增长的贡献大幅下降，特别是1998年和1999年，全要素生产率对GDP的贡献分别为17.56%和19.21%。在本轮金融危机期间，技术进步率也有所降低，特别是2009年全要素生产率对GDP的贡献率仅为5.82%。

表7-11 分时期TFP和要素投入对经济增长的贡献

单位：%

时期	GDP实际增长率	GDP潜在增长率	资本对GDP的拉动	劳动对GDP的拉动	TFP对GDP的拉动	资本对GDP的贡献率	劳动对GDP的贡献率	TFP对GDP的贡献率
“六五”（1981~1985年）	10.8	10.24	5.27	1.70	3.80	53.56	17.13	29.31
“七五”（1986~1990年）	7.9	9.63	4.70	2.36	0.86	66.12	47.17	-13.29
“八五”（1991~1995年）	12.3	9.75	5.39	0.70	6.18	44.50	5.81	49.70
“九五”（1996~2000年）	8.6	9.78	5.96	0.52	2.14	69.59	6.02	24.39
“十五”（2001~2005年）	9.8	10.31	6.67	0.49	2.60	68.38	5.16	26.46
“十一五”（2006~2009年）	11.4	11.29	7.73	0.37	3.31	70.59	2.98	26.43

资本投入对GDP的拉动逐步增加。“六五”期间，资本拉动GDP增长5.27个百分点，“七五”期间，资本拉动GDP增长4.70个百分点，“八五”期间，拉动GDP增长5.39个百分点，“九五”期间，资本拉动GDP增长5.96个百分点，“十五”期间，资本拉动GDP增长6.67个百分点，“十一五”前4年，资本拉动GDP增长7.73个百分点。

劳动投入对GDP的拉动先增加后减少。“六五”期间拉动GDP增长1.70个百分点，“七五”期间劳动对GDP的拉动大幅增加，拉动GDP增长2.36个百分点，“八五”期间劳动对GDP的拉动比“七五”期间明显下降，拉动GDP增长

0.70 个百分点，“九五”、“十五”和“十一五”前 4 年劳动对 GDP 的拉动稳步下降，分别拉动 GDP 增长 0.52、0.49 和 0.37 个百分点。

全要素生产率对 GDP 的拉动波动幅度较大，与经济的繁荣与萧条密切联系。“六五”期间，全要素生产率拉动 GDP 增长 3.80 个百分点，“七五”期间是我国经济发展的特殊时期，全要素生产率对 GDP 的拉动大幅下滑，仅拉动 GDP 增长 0.86 个百分点，“八五”期间，由于大量更新设备，引进和消化吸收国外先进的技术，全要素生产率对 GDP 的拉动大幅增加，拉动 GDP 增长达到 6.18 个百分点，创下改革开放以来的历史高位，“九五”之后，全要素生产率对 GDP 的拉动逐步回归常态，稳步增长，“九五”、“十五”和“十一五”前 4 年全要素生产率分别拉动 GDP 增长 2.14、2.60 和 3.31 个百分点（见图 7–7）。

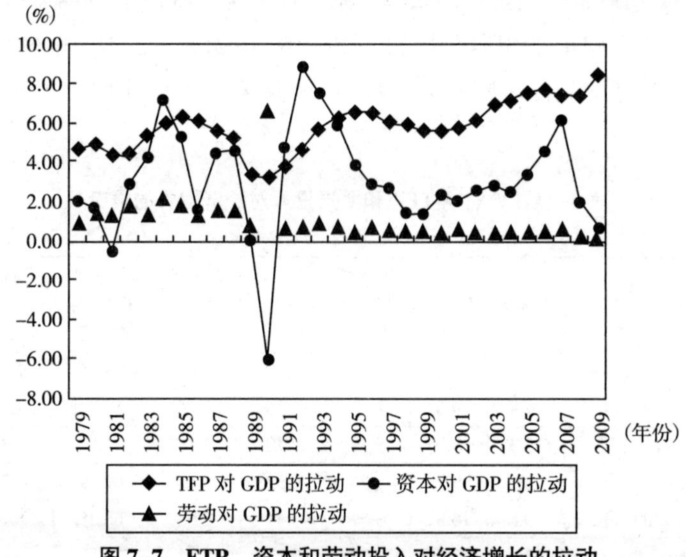

图 7–7　FTP、资本和劳动投入对经济增长的拉动

从测算结果看，资本投入是我国经济增长中最主要的推动力，其贡献占到整个经济增长的 58.61%。从分时期平均贡献率来看，“六五”期间是 53.56%、“七五”期间是 66.12%、“八五”期间是 44.50%、“九五”期间是 69.59%、“十五”期间是 68.38%，“十一五”前 4 年是 70.59%。从年度数据来看，资本投入对 GDP 的贡献率波动较为明显，是引起经济周期波动的重要因素。

劳动投入对经济增长也起到了积极的推动作用，其贡献占到整个经济增长的 10.67%。从分时期平均贡献率来看，“六五”期间是 17.13%、“七五”期间是 47.17%、“八五”期间是 5.81%、“九五”期间是 6.02%、“十五”期间是 5.16%，

"十一五"前 4 年是 2.98%。从年度数据来看，劳动投入对 GDP 的贡献率逐年减小。

全要素生产率是我国经济增长的重要动力，其贡献率占到整个经济增长的 30.72%。从分时期平均贡献率来看，"六五"期间是 29.31%、"七五"期间为我国经济发展的特殊时期，全要素生产率对 GDP 的贡献率是-13.29%、"八五"期间是 49.70%、"九五"期间是 24.39%、"十五"期间是 26.46%，"十一五"前 4 年全要素生产率对 GDP 的贡献率为 26.43%。"八五"期间是我国技术进步最快，对经济增长贡献最大的时期，其对经济增长的贡献甚至超过了资本投入。20 世纪 90 年代中期以来，全要素生产率对经济增长的贡献率较为平稳（见图 7-8）。

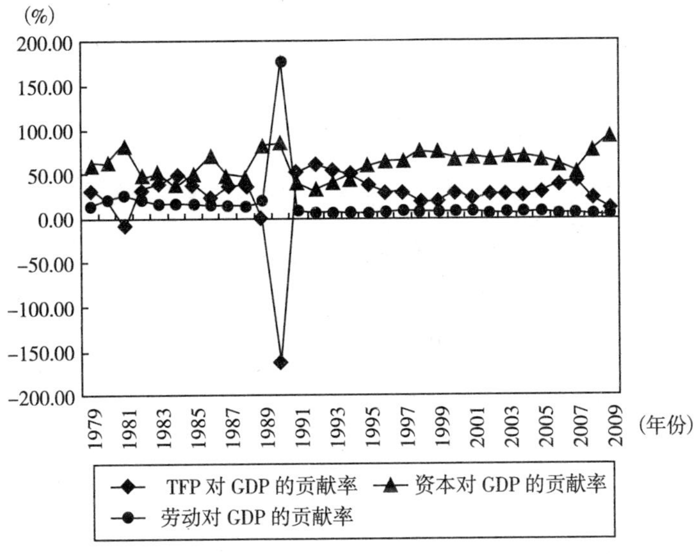

图 7-8 FTP、资本和劳动投入对经济增长的贡献率

二、需求和供给因素对经济周期波动的比较研究

本节通过向量自回归（VAR）模型，使用脉冲响应函数和方差分解分析供给冲击（全要素生产率冲击）与需求冲击（投资冲击）对我国经济周期波动的影响，进而识别我国经济周期波动的主要影响因素。

（一）向量自回归模型的脉冲响应分析

对产出和投资，取对数后再进行 H-P 滤波；对于全要素生产率，直接进行 H-P 滤波即可。Yc_t、Ic_t 和 Tc_t 分别表示产出、投资和全要素生产率波动。

1979~2009 年，我国产出、投资、全要素生产率都出现了波动水平正负交替周期波动的情形，三者之间变化趋势基本一致。投资的波动性最大，而产出与全要素生产率的波动性相对较小。经测算，投资波动与产出波动、投资波动与全要素生产率波动以及全要素生产率波动与产出波动的相关系数分别为 0.81、0.47 和 0.26，这表明产出波动、投资波动及全要素生产率波动之间存在明显的正相关性，相比较而言，投资波动与产出波动及全要素生产率波动之间的相关性更为显著，而全要素生产率波动与产出波动之间的相关性相对较弱。1996 年以前，产出波动、投资波动和全要素生产率波动比较剧烈和频繁，表现出“大起大落”的波动态势；1996 年后，产出波动、投资波动和全要素生产率波动则相对平缓（见图 7–9）。

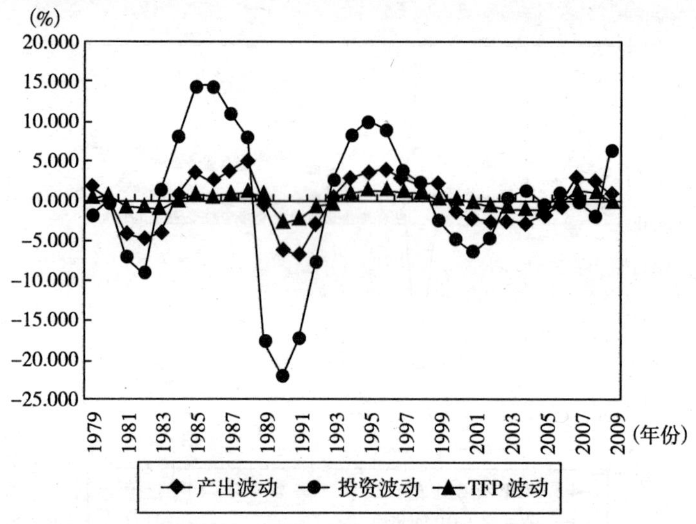

图 7–9　全要素生产率波动、投资波动和产出波动趋势

建立一个三元的向量自回归模型，分析投资冲击与全要素生产率冲击对我国经济周期波动的影响。根据滞后阶数的 LR 检验结果，我们最终确定滞后阶数为 2，建立 VAR（2）模型。

产出波动对于投资波动冲击的脉冲周期大约是 10 年，在第三年达到波峰，此时产出波动增加 1.114 个百分点；此后，投资波动对产出波动的正向冲击作用开始减弱，并于第六年左右减弱为 0，在第十年，基本形成了一个完整的周期。产出波动对于全要素生产率波动冲击的周期大约是 8 年，在第三年达到波峰，此时产出波动增加 0.35 个百分点，并于第五年间减弱为 0，在第八年，基本形成了一个完整的周期。因此，投资波动冲击和全要素生产率波动冲击存在较大差异，在冲击时滞、冲击力度和冲击周期上，投资波动冲击体现出更短的时滞、更大的力度和更长的周期（见表 7–12、图 7–10）。

表 7–12　脉冲响应函数值

单位：%

时间间隔	Y_c 对 I_c 的脉冲响应	Y_c 对 I_c 的脉冲响应
1	0.0000	0.0000
2	0.6916	0.2202
3	1.1141	0.3542
4	0.8969	0.0573
5	0.4138	–0.0798
6	0.0877	–0.3143
7	–0.5095	–0.1882
8	–0.6703	–0.0674
9	–0.5261	–0.0441
10	–0.2114	–0.1360

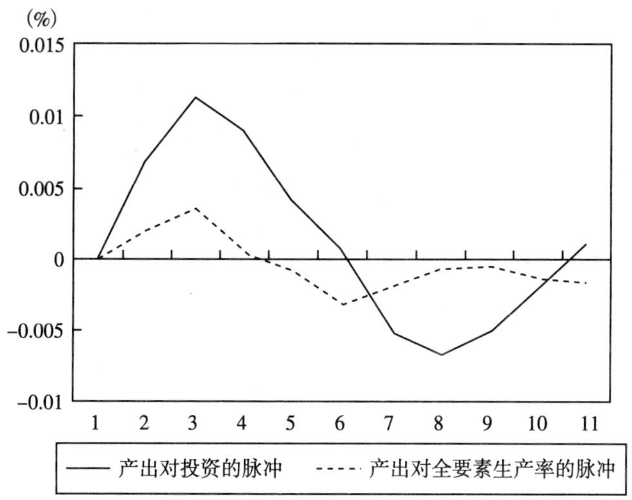

图 7–10　产出波动对投资和全要素生产率波动的脉冲响应

（二）向量自回归模型的方差分解分析

从产出波动的方差分解可以看出，产出波动各期预测误差主要由自身冲击和投资波动冲击共同解释。短期内，产出波动的预测误差主要由自身冲击所决定，自身冲击对产出波动预测误差的贡献率在第一年为 88.23%，长期保持在 68.96%左右；投资波动对产出波动的贡献率在第一年为 10.69%，此后不断增加，长期保持在 28.07%左右；全要素生产率波动对产出波动的贡献率很小，长期维持在 2.97%（见表 7–13）。

表 7-13 方差分解

单位：%

时期	Yc	Ic	Tc
1	88.23104	10.68569	1.083279
2	67.45986	29.64464	2.895500
3	63.81499	33.86357	2.321438
4	68.07998	29.21217	2.707844
5	69.99635	26.59463	3.409026
6	68.60477	27.81064	3.584586
7	65.87418	30.64663	3.479190
8	65.03780	31.62097	3.341231
9	65.96883	30.67825	3.352915
10	66.56126	29.96804	3.470700
均值	68.96	28.07	2.97

三、平抑经济周期波动的政策建议

(一) 主要结论

本章通过对改革开放以来我国经济周期波动特征及影响因素的分析，得出以下结论：

(1) 从我国经济周期波动的经典特征的分析可知，新中国成立以来我国大约经历了 10 轮经济周期，其中改革开放以后经历了 5 轮；改革开放以后，我国经济周期波动呈波动峰位理性下降、波动谷位显著提高、波动幅度趋于缩小、波动时间明显延长的特征；最近两轮周期波动总体上表现出明显的高位势、低波幅和“缓升缓降”特点，扩展为一种 10 年左右的中程周期，经济增长的质量不断提高。

(2) 从我国经济周期波动现代特征分析可知，出口、固定资产投资、工业增加值、全要素生产率、通货膨胀率和居民消费波动与当期产出波动正相关，表现出明显的顺周期的特征；出口、固定资产投资、工业增加值波动较大，居民消费、全要素生产率和就业人数波动明显低于产出波动。

(3) 基于需求角度的分析表明，投资波动解释了 76.8%的经济周期波动，是引起经济周期波动的主要原因，净出口、居民消费和政府消费对经济波动的贡献率分别为 17.82%、7.41%和-2.05%，净出口波动对经济波动有较大的影响，居民消费波动较为平稳，对经济周期的波动性影响不大，政府消费波动对经济周期波动有明显的平抑作用，总的来看，增加居民消费和政府消费能有效地减小经济周期波动，而增加投资和净出口则会扩大经济周期波动。

(4) 需求结构、产业结构和所有制结构变动的共同作用影响了我国经济周期波动，其对经济周期波动的弹性系数分别为-0.17、-0.15 和 0.11，需求结构中消费率的升高、产业结构中第二产业增加值占 GDP 比重的升高及所有制结构中国有经济投资占全国投资比重的降低可以有效地平抑我国经济周期波动。

(5) 经估算，改革开放以来我国资本产出弹性为 0.56，劳动产出弹性为 0.44，资本、劳动和全要素生产率对经济增长的贡献率分别为 58.61%、10.67% 和 30.72%，表明资本投入仍是我国经济增长的主要动力；总体来看，改革开放以来，资本对经济增长的贡献率波动较为平稳，劳动对经济增长的贡献率趋于下降，全要素生产率对经济增长的贡献率在“八五”期间最大，技术进步最快，“九五”之后趋于稳定。

(6) VAR 模型分析表明，在冲击力度和冲击周期上，需求因素（投资冲击）比供给因素（全要素生产率冲击）体现出更大的力度和更长的周期；比较分析表明，投资和全要素生产率波动分别解释了 28.07%和 2.97%的经济波动，因此，投资波动冲击是我国经济周期波动的主要驱动力，需求因素是影响我国经济周期波动的主要因素。

（二）政策建议

为了避免经济出现强幅波动，保持国民经济平稳快速地增长，本书提出如下政策建议：

(1) 继续深化社会主义市场经济体制改革，进一步优化所有制结构。研究表明，改革开放以来我国经济周期波动的进程与我国经济体制改革的进程密切相关，反映制度和体制变化的所有制结构对我国经济周期波动影响十分显著。由此可见，社会主义市场经济体制改革是我国经济周期波动特征变化的基础。然而，社会主义市场经济体制改革不是一蹴而就的，它需要经历一个漫长的过程才能达到完善。因此，继续深化社会主义市场经济体制改革，进一步优化所有制结构是我国经济周期波动实现良性发展的制度保证。不断完善宏观经济调控机制，进一步提高宏观经济调控能力。近年来我国经济呈现出“高增长、低通胀”的良好态势，这和我国宏观经济调控执行绩效的提高密切相关。研究表明，反映宏观经济调控效果的变量——政府消费的波动对经济周期波动产生了明显的平抑作用，这表明我国实行的反周期经济政策取得了较好的效果；反映货币政策工具的变量——货币供给的波动对经济波动产生了一定影响，但影响有限，这表明我国货币政策是有效的但效果有限。完善宏观经济调控机制的一个重要方面就是要形成财政支出和货币供给的内生性，发挥政策的内在稳定器的作用。随着我国社会主义市场经济体制的进一步完善，宏观经济调控的范围将会不断缩小，但宏观经济调控的能力要不断提高，要把握好反周期经济政策的时机和力度，熨平经济周期波动。

（2）扩大居民消费，保持政府消费对经济周期波动的平抑作用，促进消费和投资的协调增长，同时减少对出口的依赖程度。我们发现增强经济周期波动性的潜在因素正不断地显性化，经济周期波动可能有扩大的趋势：第一，近年来，投资增长率明显高于居民消费增长率，根据居民消费和投资的影响弹性，这可能会增强经济周期的波动性。第二，总贡献率的变动趋势显示，最后一期的居民消费和政府消费的总贡献率均出现了较大的上升，平抑经济周期波动的作用明显减小。第三，方差贡献率的变动趋势显示，1996 年后投资方差贡献率波动性有所增强。第四，协方差贡献率的变动趋势显示，1998 年后净出口波动与其他需求构成成分波动开始出现明显的共振现象。针对这些潜在因素，我们提出相应的对策如下：第一，要实施鼓励消费的政策，改善消费环境，推动居民消费结构调整，从根本上增加有效消费需求，发挥消费波动对经济周期波动的平抑作用。第二，通过引导投资流向和结构，实现投资的效率，避免因市场盲目性而引发的投资过度波动。第三，通过鼓励消费和引导投资，实现投资和消费的协调增长。第四，通过实施扩大内需的政策，有效减少我国经济对出口的依赖程度，实现内需和外需的良性互动。

（3）在推动产业结构优化和升级的同时，要注意产业结构变化对我国经济周期波动的影响。研究表明，产业结构的变化对我国经济周期波动有显著影响。改革开放以来的中国，产业结构的优化和升级，是我国生产力不断提高的内在要求。然而，在产业结构优化和升级过程中，产业结构的变动加大了经济周期波动的风险。因此，在产业结构调整过程中，要防止第一产业的冲击，适度提高第二产业增加值占 GDP 的比重，加大第三产业增加值占 GDP 的比重，发挥第三产业稳定经济的作用，实现三次产业的协调发展。

（4）加大教育、科技的投入，进一步推动技术进步和科技创新，提高全要素生产率对经济增长的贡献程度。研究表明，全要素生产率对我国经济增长的贡献率约为 29%，这表明全要素生产率对经济增长的贡献还有很大的提升空间。因此，我们要加大教育、科技的投入，进一步推动技术进步和科技创新，提高全要素生产率对经济增长的贡献程度。由于全要素生产率波动是我国经济周期波动的重要影响因素，要防止频繁的和过度的经济政策调整对全要素生产率的提高产生不利影响，同时在推动技术进步和科技创新时，要注意避免重大技术变化可能产生的经济强幅波动。在产业结构上要从以劳动密集型、资源密集型产业为主上升到以技术密集型和知识密集型产业为主，对外贸易要从以加工贸易为主上升到一以般贸易为主。首先是加大对教育的财政投资力度，尽快实现教育投资占 GDP 比重 4%的目标，努力缩小我国教育投资与国际水平的差距，教育投资要重点关注农村的基础教育和国家的基础科研工作，为突破约束经济发展的“瓶颈”和取得关键技术提供资金支持；其次是企业，尤其是中央企业和国有大型企业要加大对产品研发的投入力度，设立相应的研究院所，以便加快企业技术创新步伐；最后是国家要改变当前高等教育发展过快，中等教育发展偏慢的现状，适当压缩高等教育规模，加大中等教育的投入，对中等职业学校的学生减免学费，扩大中等教育的招生规模，更多地培育符合我国国情的高级技工，满足企业对高级技工快速增长的需求。

（5）进一步提高供给水平，将通货膨胀率对经济增长率反应系数稳定地保持在较低水平，从而同时实现保持经济增长和稳定价格水平两大宏观经济调控目标。近年来，通货膨胀率对经济增长率的反应系数一直稳定在较低水平，这表明由于供给水平提高，总需求对经济周期波动的冲击已经明显减小，这也是近年来我国能够实现“高增长”和“低通胀”良好组合的重要原因。一个国家的供给水平取决于要素投入数量和质量，利用资源效率的提高和实现能力的改善等多方面因素，综合多种因素分析，我国供给水平还能进一步提高。首先，我国是人口大国，劳动力资源相当丰富，并且随着教育事业的发展，我国劳动力综合素质将会不断提高，我国必将成为人力资源强国；其次，改革开放以来，我国居民储蓄存款余额一直保持快速增长，从理论上分析，储蓄可以转化为投资，因此用于资本形成的资金十分充裕，加之我国庞大的外汇储备，保证了我国在今后较长一段时期内资本形成环境将非常宽松；最后，在市场化进程中，我国宏观经济调控的能力逐步增强，社会主义市场经济体制日臻完善，从制度建设上来说，我国已经形成了调动各方面积极性的制度框架，为各种经济增长要素的有效组合、利用资源效率的提高和实现能力的改善提供了保证。随着我国供给水平的不断提高，通货膨胀率对经济增长率反应系数将会稳定地保持在较低水平，我国经济必将呈现“高增长”、“低通胀”的繁荣稳定景象。

（6）加速推进收入分配制度改革，扩大中等收入群体。改革收入分配制度，增加中低收入阶层的收入水平，实现民富国强、让老百姓普遍享受改革开放的成果是有效跨越中等收入陷阱的根本途径。从日本、韩国的经验看，他们在跨入高收入国家门槛之前，中产阶级群体已占总人口的70%以上，而当前我国中产阶级占总人口的比重明显偏低，要将我国中产阶级占总人口的比重提升到70%以上还需要很长的时间。建设极富者和极贫者极少、中等收入者占绝对多数的两头小、中间大的橄榄形社会是维护社会稳定和实现经济社会可持续发展的基本途径。因此，要运用法律、税收和政府转移支付等手段优化资源分配结构和收入分配机制，努力缩小收入分配差距；要完善税收征收机制，调整征税体系，尤其是要完善所得税、遗产税和捐赠税征收机制；扩大转移支付，强化政府调节职能，进一步提高城乡居民最低收入标准，特别是要增加农民最低收入保障机制；规范国有垄断企业利润上缴机制和企业内部收入分配标准，建立健全各行业收入分配透明化和社会公示机制；加强对低收入群体的引导与保护，打破既得利益群体和精英阶层构筑的排斥性体制，积极完善教育、医疗、住房保障等公共服务供给机制改革，给每个公民以平等的机会，在对低收入阶层转移支付的方式上应该加大对低收入阶层的教育和培训的投入，使他们拥有平等地受教育和提升人力资本的机会，为弱势群体提供发展和向上流动的渠道和条件。

（7）促进工业化与城镇化的协调发展。城镇化和工业化双引擎的协调发展是顺利跨越中等收入陷阱的必要条件。工业化是推进城镇化的关键。通过推进工业化，能够有效提升城镇人口的就业和收入水平，解决农村富余劳动力的就业问题，统筹城乡经济社会发展，从而对城镇化产生强大的推动作用。反过来，城镇化的发展能够有效促进城市公共设施和社会公共服务平台的建设，从而为工业化提供重要的推动力量。我国在迈进中等收入国家的过程中，应坚持统筹工业化和城镇化协调发展，从发达国家和一些新兴工业化国家的发展经验看，进入工业化中后期的城镇化率一般都在70%以上，目前我国的城镇化率是51.3%，积极推进城镇化进程是适应工业化发展和推进我国经济实现跨越式发展的基本要求。要通过科技创新、产业政策、城乡统筹发展等措施积极推进新型工业化，进而在提供充分就业岗位和公共设施的基础上实现城镇化的健康发展，从而实现经济社会的可持续发展。

（8）健全社会保障体系，改善居民消费预期。进一步突出公共财政特征，重点推进完善社会保障、医疗卫生和教育制度。一是改革完善社会保障体系。支持全面建立和完善农村最低生活保障制度，健全城市居民最低生活保障制度，进一步完善社会救助制度，深化基本养老保险制度改革，完善企业职工基本养老保险制度，加快保障性住房制度建设。二是推进医疗卫生体制改革。完善新型农村合作医疗制度，扩大城镇居民基本医疗保险试点，加大城乡医疗救助支持力度，建立健全社区公共医疗卫生服务体系。三是保障优先发展教育。确保财政性教育经费的增长幅度继续高于财政经常性收入的增长幅度，落实和完善城乡免费义务教育制度，完善贫困家庭学生资助体系。

(9) 加快推进政府管理体制改革。切实转变政府职能，强化公共服务和社会管理职能，提高经济调节和市场监管水平。加快政企、政资、政事和政府与中介组织分开，进一步理顺政府与市场、政府与社会的关系，调整优化政府组织结构和行政层级，提高政府效能。调整中央与地方的关系，按照管理复杂程度、受益范围激励相容等原则科学界定中央和地方政府的职能，并通过税制和政府间转移支付制度保证这些职能有相应的财力支撑。按照政事分开、事企分开、管办分开、营利性与非营利性分开的要求，积极稳妥地分类推进事业单位改革。与此同时，改革基本公共服务提供方式，引入竞争机制，扩大购买服务，实现提供主体和提供方式多元化。推进非基本公共服务市场化改革，增强多层次供给能力，满足群众多样化需求。

(10) 政府实施结构性减税。近几年来我国政府收入占 GDP 的比重不断提高，因此当前收入分配改革最核心的任务就是政府要给企业和居民让利，实施减税的积极财政政策，为需求结构和产业结构调整创造条件。按照 IMF 的定义，我国的全口径政府财政收入包括一般预算收入、政府基金收入、土地出让金收入、预算外收入和社会保险基金收入 5 大类。据此测算，2010 年，我国宏观税负水平约为 36.31%。推进个人所得税制度改革，加快推进综合与分类相结合的个人所得税改革，根据目前现实可行条件，采取进一步提高对应的费用扣除标准、相应扩大低税率的适用范围、适当调低最高税率等措施，建立与物价水平的联动调节机制。与此同时，为了弥补个人所得税的不足，可考虑开征资本利得税和房产税，通过调节高收入者的财产性收入来达到调节收入差距的目的。对中小企业实行结构性减税，最重要的改革是将营业税改为增值税，以进一步降低劳务的税负水平提高第三产业在国民经济中的比重，企业税务负担的减轻可以使利润增加并让留存利润更多地用于企业运营，或为员工加薪。

第三篇　多部门动态模型的研制及中国碳税政策应用研究

对多部门动态模型的研究始于20世纪60年代，这类模型中最著名的是英国剑桥大学的MDM模型和美国马里兰大学的INFORUM模型。MDM模型是在诺贝尔奖金获得者理查得·斯通（R.Stone）教授领导研制的剑桥增长模型（CGP）的基础上研制的第二代剑桥模型，由特瑞·巴克尔（Terry Barker）领导研制，是目前英国最有影响的经济模型之一。INFORUM模型是在克劳帕尔·阿尔蒙（Clopper Almon）教授领导下研制的，该模型不仅在美国拥有包括政府机构和企业在内的众多用户，而且连接了中国、奥地利、法国、意大利、土耳其、泰国、墨西哥、波兰、西班牙、日本、加拿大、俄罗斯、德国和美国等十几个国家的模型，构成了INFORUM国际系统，各国模型使用共同的软件，通过进出口方程相连接。运用多部门模型探究征收碳税对我国国民经济和各产业的定量影响，这既可用于宏观经济分析，又可使这种分析能够深入到产业部门一级，更好地为有关部门制定适合我国的碳减排政策提供参考。

第八章 利用多部门模型研究碳税政策的意义和方案

本章分为两节：第一节“利用多部门模型研究碳税政策的背景和意义”。第二节“利用多部门模型研究碳税政策的方案”。

第一节 利用多部门模型研究碳税政策的背景和意义

一、碳税政策的研究背景

工业化革命以来，伴随着大量工业化产品的生产，一方面工业化产品满足了人们对物质的需求；另一方面对能源的需求也达到史无前例的数量，生产过程中对环境的破坏也非常严重，这产生了大量的温室气体，特别是二氧化碳，从而加剧了全球气候变暖和极端天气的频繁光顾。此外，水资源短缺、空气质量急剧恶化、疾病肆虐、海平面上升、海啸频发等危害的加剧也是全球气候变暖带来的严重后果。温室效应对人类经济、社会、生活造成了极大的不利影响。联合国政府间气候变化专门委员会（IPCC）在2007年发表的第四份全球气候评估报告指出，气候变暖已经是“毫无争议”的事实，人为活动“很可能”是导致气候变暖的主要原因。这种全球变暖对自然系统和社会经济已经产生了非常显著的影响。

各种不利影响的日益加剧使人类逐渐认识到温室气体过量排放的严重性，人们开始采取一系列的措施应对温室效应带来的影响，低碳概念应运而生。2003年英国政府首先以政府文件的形式提出了低碳经济的概念；日本内阁会议于2007年6月制定的《世纪环境立国战略》指出，为了克服地球变暖等环境危机，实现经济社会可持续发展的目标，需要综合推进低碳社会、循环型社会和与自然共生的社会建设。2008年7月日本政府通过了“低碳社会行动计划”，将低碳社会作为日本未来发展的方向和政府的长远目标。该计划提出的发展重点是太阳能和核能等低碳能源；意大利政府分别推出了“绿色证书”制度和“白色证书”制度及“一揽子”能源计划，旨在通过节能减排的政策措施和技术开发来影响意大利的经济发展；瑞典、荷兰、法国等国家都采取了相应措施发展低碳经济，并在低碳发展方面有着较为先进和可借鉴的经验。从1990年芬兰成为世界第一个实施碳税政策的国家以来已经有22年了，现今各国都将采取了各种手段应对碳排放，面对我国资源短缺、经济结构转型、建设可持续发展社会的困局，我国对发展低碳经济提出了明确的战略和目标：2005年9月，中国和欧盟发表了《中国和欧盟气候变化联合宣言》；2007年9月8日，胡锦涛主席在

APEC 第十五次领导人会议上，明确主张中国要“发展低碳经济”；2008 年初，国家建设部与世界自然基金会（WWF）在中国大陆推出上海和保定两个低碳经济试点城市；2009 年 11 月，哥本哈根会议前夕，国务院召开常务会议，决定到 2020 年中国单位国内生产总值二氧化碳排放比 2005 年下降 40%~45%。

中国是世界上最大的发展中国家，同时也是二氧化碳排放大国，IEA 数据显示，中国大陆碳排放 2007 年就以 6023.3 百万吨超过了美国的 5762.7 百万吨。我国的碳排放问题已经成为时下焦点问题之一，学术界、政府部门、环保团体等对此都十分关注，因此，研究和分析我国碳排放问题具有十分现实的意义，这将为实现我国可持续发展大计、缓解全球气候暖化问题做出巨大贡献。

表 8-1 显示了在 2009 年哥本哈根会议（即《联合国气候变化框架公约》第十五次缔约方会议暨《京都议定书第五次缔约方会议》）各国政府的态度，从中看出，中国的减排标准高、任务重、时间紧，仅靠境外减排或者说碳排放贸易显然无法按时达成目标，必须从改变生产技术和消费者消费习惯入手，千方百计地转变发展思路，从而促使 2020 年减排目标顺利实现。

表 8-1　哥本哈根世界气候大会期间各国政府的态度

国别	哥本哈根会议（2009 年 12 月）期间各国政府的态度
中国	2020 年碳排放强度较 2005 年下降 40%~45%
美国	2020 年温室气体比 2005 年减排 17%
日本	2020 年温室气体排放量减少 25%
印度	2020 年温室气体排放比 2005 年减少 24%
德国	2020 年温室气体的排放量比 1990 年减少 40%
俄罗斯	2020 年前温室气体排放量比 1990 年减少 10%~15%
澳大利亚	2020 年温室气体排放削减 25%
巴西	2020 年温室气体排放量在预期基础上减少 36.1%~38.9%

二、研究的理论意义和实践意义

二氧化碳等温室气体（Greenhouse Gas，GHs）减排问题是当下最为热门的研究课题之一，国内外学者和机构大多使用模型化方法来研究征收碳税和其他配套的财政、货币政策对经济增长、工业部门、居民消费、通货膨胀、能源使用效率、减排贸易等的影响。模型化方法主要包括一般的投入—产出模型、宏观计量经济模型、可计算一般均衡模型（CGE 模型）、投入—产出与宏观计量经济相结合的混合模型等。其中，马里兰大学 INFORUM 类型的模型（如 LIFT、

Mudan 模型等）和剑桥大学的 MDM（Multisectoral Dynamic Model）模型是混合模型的代表，它们是“自下而上”地先从各个产业本身出发，然后加总得到宏观变量的模型。

上述不同模型对研究碳排放政策效应发挥了巨大作用，为政策制定者出台相应政策和外交谈判提供了极具参考意义的意见，但模型的不同特点决定了其有着不同的局限性。首先，单纯的投入产出模型无法构建行为方程，对产业影响因素的分析不够具体和细致。其次，宏观计量经济模型只能构建宏观变量时间序列的行为方程，没有深入到产业一级，也无法构建投入与产出之间的关系。最后，国内学者较为常用的 CGE 模型本身存在着某些“天生的缺陷”：①如何统一各种宏观闭合规则是 CGE 建模的前沿理论问题之一。②大多数 CGE 模型是静态的，因为一方面动态 CGE 模型需要更多的数据支持，另一方面静态 CGE 模型已经可以满足许多政策分析的需要。为应对长期的预测需要，产生了一些动态 CGE 模型，如 GREEN、EPPA、CETM 以及 MS-MRT 模型等，但目前 CGE 模型的动态处理方式一般都是采用递推机制，这在短期模型中有其合理性，而对长期模拟来说未必合适。③CGE 模型面临着典型的稀疏数据下的参数识别问题，用计量经济学方法对它进行参数识别所需要的时间序列数据即使在信息相对完备的发达国家也十分匮乏。目前还没有理论上合理同时操作性又强的替代方法。所以以基准年数据进行参数校正的方法仍然是 CGE 参数识别中的常用手段。

本书的研究力图解决上述问题：①本书研究碳税政策对我国宏观经济和各产业部门的影响将采用中国宏观经济多部门动态模型，该模型是一个将投入产出模型与总量计量经济模型有机地结合在一起的模型。在此类模型中，按产业部门估计行为方程，用投入产出方程使每个产业部门的活动与国民经济的其他部分相联系。模型运行中，既确定分产业的各类变量值，又确定所有宏观经济变量的值，模型的因果关系是从部门分量到宏观经济总量。这意味着宏观经济多部门动态模型既可用于宏观经济分析，又使这种分析能够深入到产业部门一级，因此，它可以将投入产出模型和计量经济模型各自的优势集于一身。②本书拟构建能源消耗系数矩阵，并结合投入产出流量表，合理预测能源消耗量（即与之对应的碳排放量），并在此基础上研究碳税政策对我国经济的影响，这种研究方法与简单假设征收一定碳税进行情景模拟相比显然要更合理。

在应用方面，对于碳排放控制措施而言，碳税和碳排放交易是学术界研究最为集中、实践性最强、讨论最为激烈的，财政部财政科学研究所苏明（2011）认为，就这两种措施而言，碳税较碳排放权交易的优点为：①碳排放交易涉及碳排放权的分配，牵扯多方利益，达成一致难度较大，不易实施，而碳税的开征则更加灵活；②碳税符合污染者付费原则，而碳排放权交易则允许拥有较多排放权配额的企业在排放量下降时出售其排放权，碳税相对碳排放权来说更加公平；③碳税适用于所有排放二氧化碳的对象，而碳排放权交易则因交易成本高和范围较小，一般限于发电业等能源使用大户；④政府可以通过碳税获得收入，并用于节能减排。但碳税的缺点是，由于受需求价格弹性的影响，碳税的减排效果确定性较差，而碳排放权交易在减排目标上更加明确；碳税的实施阻力大，而企业一般较偏好碳排放权交易。

综合来看，根据我国目前的实际情况，在短期内实施碳排放权交易的难度较大，如碳排放量指标的发放等，而碳税可以作为一个短期内出台的碳减排政策选择。当然，碳税和碳排放权交易之间是相互补充的关系，而不是非此即彼的关系，在未来条件具备的情况下，也可以逐步实施碳排放权交易制度，并使其与碳税之间相互协调，共同发挥作用。因此，兼顾数据的可得性和模型的可操作性，本书采用碳税手段来应对碳排放，并揭示碳税开征对宏观经济指标以及产业部门的定量影响，创新性地进行了碳税返还政策模拟，得出结论认为碳税返还的制度设计是可行的，相比单纯开征碳税而言是一种占优策略。

第二节　利用多部门模型研究碳税政策的方案

一、主要研究内容

本节在国内外已有研究成果的基础上，运用多部门模型探究征收碳税对我国国民经济和各产业的定量影响，这意味着既可用于宏观经济分析，又使这种分析能够深入到产业部门一级，更好地为有关部门制定适合我国的碳减排政策提供参考。

本节前半部分对碳排放问题的现状及应对办法、国外开征碳税的实施情况等相关文献进行综述。后半部分的主要研究内容分为：对多部门模型及其数据库进行改造；碳排放量预测；征收碳税对我国宏观经济和各产业部门的影响研究；政策模拟。

后半部分具体研究内容如下：

(1) 对多部门模型及其数据库进行改造。首先，将数据库区间扩展至 2009 年。其次，改变了行为方程的形式或变量，使之更加精确有效地反映历史运行值。最后，在以上改造了的Mudan模型的基础上嵌入碳排放模块，将其运用于碳税问题研究。

（2）碳排放量预测。通过国家统计局发表的《中国统计年鉴》得到各行业能源消耗数据。统计年鉴能源章节有“按行业分能源消费量”数据，包括煤炭、焦炭、原油、汽油、煤油、柴油、燃料油、天然气、电力共计9种能源消费量，单位为万吨，根据其消耗量得到二氧化碳排放量的估算值。预测期内利用计算出的51×6能源消耗系数矩阵（Energycoef），假设未发生明显技术进步，相应的能源消耗系数矩阵保持稳定，则容易求出相应的能源消耗量。

（3）征收碳税对我国宏观经济和各产业部门的影响研究。该部分将使用前面部分得到的碳排放量预测数据，设定碳税税率，运行中国宏观经济多部门动态模型（Mudan模型），就碳税征收对我国碳排放目标的实现与否、宏观经济和各产业部门的影响进行定量研究。主要包括：碳税实施对宏观经济的影响。目前，我国已进入全面工业化阶段，经济正处于新一轮增长周期的上升期，制造业快速发展使得对石化能源消费急剧增加，以住宅、汽车、家电等消费需求为主的消费结构升级，对资源消耗增大，石化能源进口逐年攀升，对外依存度不断加大，同时由于我国粗放型经济增长方式尚未得到实质性转变，高耗能产业比重过高，单位GDP产值的能耗较高，对我国资源和环境造成了严重的破坏，为转变经济发展方式，实现经济的可持续发展，碳减排工作已提上议事日程，本书将通过Mudan模型研究实施碳税对中国宏观经济的影响，具体包括对碳排放强度、GDP增长、消费、进出口、价格总水平、就业等宏观经济指标的影响；征收碳税对59个产业部门的影响。随着我国经济的不断扩张，国民经济各行业对石化资源的消费量不断加大从而碳排放量也随之飙涨。据统计，中国目前已经是世界第一大碳排放国，在2007年就以72亿吨的碳排放量超过了美国的59亿吨（世界资源研究所WRI数据）。而在1990~2006年，中国一个国家就增加了世界碳排放量的一半。本书将通过Mudan模型，在国民经济59个部门的框架内，研究2010~2020年实施碳税对59个产业部门的影响，着重分析实施碳税对农业、石油天然气开采业、石油加工及炼焦业、化工行业、电力、交通运输业、汽车产业、建筑等行业的影响，具体分析的行业指标包括：部门总产出、价格、就业、劳动生产率和增加值、税收等。

（4）政策模拟研究。此部分应用模型进行相应的政策模拟研究，并在此基础上提出我国应对碳排放，特别是碳税政策方面的对策建议。进行以下3个政策模拟：政策模拟Ⅰ：完成2020年碳减排目标“假设”，完成2009年11月国务院常务会议确立的 2020 年碳排放强度（单位 GDP 碳排放量）比 2005 年降低 40%~45%的目标，得出各个行业资源消耗水平及碳排放强度，从而了解“满足目标”的碳排放量。政策模拟Ⅱ：人均碳排放达到 OECD 欧盟国家 2009 年排放标准，假设 2020 年人均碳排放达到 OECD 欧盟国家 2009 年排放标准时的情形，即大约 6.85 吨/人。通过反复试验，当碳税税率取值为 250 元/吨时，所得到的 2020 年碳排放强度为 6.83，达到所设定的目标。政策模拟Ⅲ：碳税返还，在政策模拟Ⅰ降低碳排放强度 40%即开征碳税税率 200 元/吨的基础上，在各能源行业利润的基础上加上征收到的碳税税额并同时在税收总额中减去相应的碳税税额，即首先对相关行业征收碳税，再将征收到的碳税通过其他途径返还给相关行业；本书模型所使用的办法是通过增加价格收入模块中利润变量的绝对值，即通过增加利润的办法再返还给这个行业，使征税和返税的渠道有所不同，期望通过这种方法既能够改变能源使用者的消费习惯以致减少其能源使用量，达到碳减排的目的，又不至于对宏观经济造成太大的负面冲击。

二、研究方法及技术路线

（一）研究方法

本篇的总体研究思路是对原有的多部门模型进行改造，使之适合碳排放模块和碳税分析。具体方法和工作方案如下：采用了 1992 年、1997 年、2002 年、2007 年 4 张投入产出表，其中以 2002 年投入产出表作为调整 A 矩阵和桥矩阵的标准；按照 59 部门分类标准更新了模型的数据库，目前模型完整的数据区间是 1992~2009 年；使用新的行为方程对消费、进口、出口和各分项增加值（工资、利润、折旧和税收）模块进行估计和解释；引入碳排放模块。通过国家统计局发表的《中国统计年鉴》得到各行业能源消耗数据。统计年鉴能源章节有“按行业分能源消费量”数据，包括煤炭、焦炭、原油、汽油、煤油、柴油、燃料油、天然气、电力共计 9 种能源消费量，单位为万吨，根据其消耗量得到二氧化碳排放量的估算值。预测期内利用计算出的 51×6 能源消耗系数矩阵（Energycoef），假设未发生明显技术进步，相应的能源消耗系数矩阵保持稳定，则容易求出相应的能源消耗量。（注：上述消费价格是指国内综合消费品价格，由国内消费产品价格和进口产品价格加权得到。）

本书着重研究碳税政策对宏观经济的影响，是在 Mudan 模型的基础上，通过对 Mudan 模型的改进并添加碳排放模块得以实现。碳排放模块的总体思路是：收集各行业能源消耗数据（万吨）、建立分行业的能源消费矩阵库、根据能源消费矩阵估算对应的碳排放量；确定碳税税率；得到碳税收入。

1. 数据收集

通过国家统计局发表的《中国统计年鉴》得到各行业能源消耗数据。统计年鉴能源章节有“按行业分能源消费量”数据，包括煤炭、焦炭、原油、汽油、煤油、柴油、燃料油、天然气、电力共计 9 种能源消费量，单位为万吨，根据其消耗量得到二氧化碳排放量的估算值。

2. 建立分行业能源消费系数矩阵库

通过收集的数据，我们得到原始的 51×10 的能源矩阵库（Energy Vam），有些行业与 Mudan 模型 59 个行业并不完全一致，能源矩阵库的第一列是能源消耗总额（标准煤 SCE，万吨），后面的 9 列分别是煤炭、焦炭、原油、汽油、煤油、柴油、燃料油、天然气、电力的消耗量（万吨）。对这个原始能源矩阵数据进行处理，通过将汽油、煤油、柴油、燃料油加总为精炼油，第一列变为煤炭，则变成了 51×6 的能源矩阵（Energyconsump），6 列分别为煤炭、焦炭、原油、精炼油、天然气和电力，能源矩阵的 1~6 列分别对应 Mudan 模型的（5，22，6，22，43，42）列。

利用相匹配的 51×6 的能源矩阵，结合投入产出流量矩阵表，可得到相应的 51×6 能源消耗系数矩阵（Energycoef），假设未发生明显技术进步，相应的能源消耗系数矩阵保持稳定，那么利用在预测期内得到的产出值，则容易求出相应的能源消耗量。

3. 得到相应的碳排放量

至此，我们得到的 51×6 能源矩阵包括第一行的能源总消耗量和 50 个分行业的消耗量，6 列分别为煤炭、焦炭、原油、精炼油、天然气和电力。我们将结合碳排放估算系数估算出相应的二氧化碳排放量。

4. 设定“合理的”碳税税率

由于我国还未实施碳税政策，因此历史期（1992~2009 年）的碳税税率为零，在预测期我们将根据政策模拟方案给定二氧化碳碳税税率，单位是元/吨二氧化碳。最后，我们的税收总额将等于生产税净额加上碳税，当碳税税率为 0 时，则回到以往的生产税净额。

5. 碳税传导途径

本书嵌入碳排放模块主要是通过改变价格收入模块中的税收，从而影响价格的思路达到的，具体而言：通过改变碳税税率→碳税改变→税收总额发生改变→价格收入模块中“税收变量”发生改变→改变能源部门名义增加值（体现在单位不变价产出增加值向量 unitva 发生改变）→改变相关部门的价格指数→影响相关行业生产者和消费者的使用量→影响整个国民经济。

（二）技术路线、主要创新和改进方向

1. 技术路线（见图 8-1）

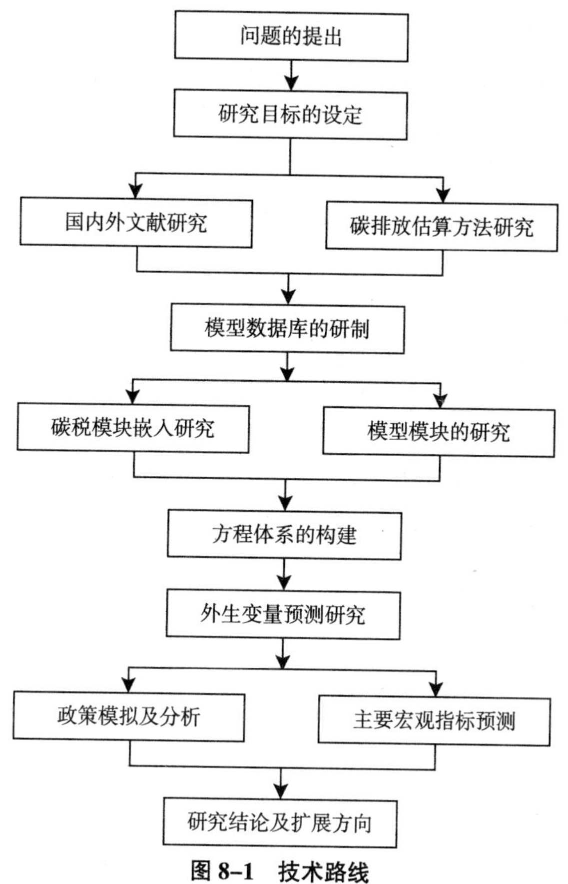

图 8-1　技术路线

2. 主要创新

（1）建立新 Mudan 模型及其数据库，采用了与 Mudan Ⅳ不同的数据库和行为方程。首先，采用了 1992 年、1997 年、2002 年、2007 年 4 张投入产出表，其中以 2002 年投入产出表作为调整 A 矩阵和桥矩阵的标准。其次，使用新的行为方程对消费、进口、出口和各分项增加值（工资、利润、折旧和税收）等模块进行估计和解释。最后，将数据区间扩展为 1992~2009 年。

（2）引入了碳排放模块。本书着重研究碳税政策对宏观经济的影响，是在

Mudan 模型的基础上，通过对 Mudan 模型的改进并添加碳排放模块得以实现，碳排放模块包含在价格收入模块当中，将税收模块进行了细分和扩展。碳排放模块的总体思路是：收集各行业能源消耗数据（万吨）、建立分行业的能源消费矩阵库（Energy Vam，51×10）、根据能源消费矩阵估算对应的碳排放量；确定碳税税率；得到碳税收入。

(3) 结合财税政策，对其进行政策模拟。本书采用了三种政策模拟方案：政策模拟Ⅰ：2020 年碳排放强度较 2005 年降低 40%；政策模拟Ⅱ：2020 年人均碳排放量达到 OECD 欧盟国家 2009 年排放水平，即达到 6.85 吨/人的水平以下。政策模拟Ⅲ：创新性地加入了碳税返还政策，也叫税收中性，在政策模拟Ⅰ的基础上，将相关行业的碳排放税税额返给能源使用行业，力图使碳税开征前后税收总额不变。

3. 未来的改进方向

限于目前数据的可获得性以及时间要求，本书的研究还存在可以进一步完善、改进之处，主要有以下几个方面：

(1) 多部门模型数据库数据量巨大，现有的统计资料不能提供所有部门的详细数据，因此一些分部门数据是通过总量数据的拆分得来的，需要进一步参考新的统计资料以得到精确数据。

(2) 扩展和充实财政政策模块，尤其是在碳税收入的返还途径和措施的制度设计方面。

(3) 扩展碳排放模块至所有能源模块，比如在目前的模型中进行政策模拟，仍无法对创新性和节能环保型企业进行奖励等。

(4) 政策分析是经济模型的应用之一，今后应做更多的经济政策分析，通过实战经验发现模型中的问题，从而进一步完善模型。

第九章 碳排放研究问题概述

自人类工业化革命以来，生存环境遭到破坏，极端气候灾害频繁发生，应对全球气候变化已经成为最重要的环境问题，导致气候变化的温室气体特别是二氧化碳则成了“众矢之的”，特别是进入21世纪之后，从G8到达沃斯论坛，从G20峰会到德班世界气候大会，“应对气候变化，发展低碳经济”已经成为逢会必谈的主题之一，而其问题的核心是碳排放问题。减少碳排放、发展低碳经济也成为各国政府和人民发展经济所贯彻的主流理念之一。因此，了解和研究碳排放问题将是我们有效解决碳排放问题的基础。本章主要分为三节，第一节介绍有关碳税问题的国内外研究现状。第二节介绍各国碳税实施的经验和障碍。第三节是有关数据。

第一节 碳税问题国内外研究成果和碳排放问题现状

一、国内外研究成果

二氧化碳等温室气体（Greenhouse Gas，GHs）减排问题是当下最为热门的研究课题之一，国内外学者和机构大多使用模型化方法来研究征收碳税和其他配套的财政、货币政策对经济增长、工业部门、居民消费、通货膨胀、能源使用效率、减排贸易等的影响。本章主要阐述国内外碳税研究学术成果，主要集中于模型方法介绍。模型方法主要包括一般的投入产出模型、宏观计量经济模型、可计算一般均衡模型（CGE模型）、投入产出与宏观计量经济相结合的混合模型等。其中，马里兰大学INFORUM类型的模型（如LIFT、Mudan模型等）和剑桥大学的MDM（Multisectoral Dynamic Model）模型是混合模型的代表，它们是自下而上地先从各个产业本身出发，然后加总得到宏观变量的模型。

（一）国外研究现状

1. 简单投入—产出模型

投入—产出模型用一组线性方程组描述国民经济各部门、再生产各环节之间内在而复杂的联系。传统的I/O模型经过适当的扩展就可以应用于环境政策分析。Common M.（1992年）和GAY P.（1993年）分别利用投入产出模型研究了澳大利亚和英国的二氧化碳排放情况，Schacffer R.（1996年）和Lenzen M.（1998年）分别分析了巴西进出口品和澳大利亚最终消费品中的CO_2强度。Casler和Adam Rose（1998年）运用投入—产出结构分解分析法就美国排放问题的各种影响因素做了经验分析。投入—产出结构分解分析是通过调整I/O表中重要参数来比较和考察经济的变化，具体而言主要是基于投入部分的代替率和技术进步效果的 KLEM 模型进行分解分析的。奥地利经济研究院教授 Kurt Kvatena 和 Stefan Schkscher（1999）应用了综合的投入产出模型，它的特点在于在投入产出模型上加能源模块，而且能源模块与其他模块的联系是通过一个分割的投入产出模型来确定的，并且使能源部门作为投入产出模型的一部分对能源转化进行模拟。“多区域投入产出模型”（Multi-regional Input-output，MRIO）的难点是对整体碳排放数据的收集，若存在部分区域数据未知的情况，对消费和国际贸易的分析将会产生偏差；其后，Andrew、Peters 和 Lennox（2009 年）利用全球贸易预测模型（Global Trade Analysis Project）提供的数据对上述各种“多区域投入产出模型”近似估计所带来的误差进行定量分析，结果显示：①当各区域规模较小时，单向贸易模型给出了“全 MRIO 模型”较好的近似；②当包含最为重要的贸易伙伴（指的是进口产品含碳量总量最高的伙伴）时，能够显著地提高估计精度；③世界平均投入产出表是对“世界其他区域”投入—产出表较为不错的代替；④如果运用进口产品是使用国内技术这一假设，将对 MRIO 模型引入很大的误差，这为后来学者运用 MRIO 方法研究碳排放提供了使用的方法。Grainger Corbett A.和 Kolstad Charles D.（2010 年）利用美国 1997 年为基准的投入—产出模型研究由碳税和“总量控制与交易”（Cap-and-trade）政策所导致的税负增加对美国经济的影响，探讨了不同收入水平消费者、不同行业生产者受碳税影响的程度以及采取何种措施以抵消碳排放政策导致的负面效应，结果显示碳排放递减税的实施取决于消费者对能源产品的消费模式，而且以人均为基础和以家庭为基础衡量碳价格时，前者使得递减税的门槛降低。Lenzen、Wood 和 Wiedmann（2010 年）应用多区域投入产出框架（Multi-regional Input-output，MRIO）估计碳排放乘子的标准差，考虑数据的差异性和各种随机性，通过 5000 次模特卡罗模拟得到碳排放乘子的标准差，结果显示，有 89%的概率认为 1994~2004 年英国的碳排放量是增加了。Rueda-Cantuche、Jose（2011 年）使用非传统的“供给—使用表为基础的计量经济方法”（Supply-Use Based Econometric，SUBE）估算欧盟 27 个国家的二氧化碳排放量，它和普通的投入产出相比较，好处是不需要计算里昂惕夫逆矩阵，结果显示，在没有进口任何中间投入品的时候，用 SUBE 法估算出来的二氧化碳排放量比原先的降低 10%。

投入—产出模型主要用于分析二氧化碳排放清单和减排政策的产业效果，由于简单 I/O 模型方程中的系数是固定的，难以描述与气候变化政策相关的要素替代、技术变化以及行为变化，因此这类模型在分析减排政策的宏观经济影响时受到限制。

2. 宏观计量经济模型

通过经济变量之间在过去的统计关系来预测经济行为，并突出了与GHGs减排政策相关的短期动态机制。Clarke等人综述了宏观计量经济模型在GHGs控制政策研究中的应用情况。虽然这类关系是从经济理论中发展起来的，但是，当宏观模型得出对政策变化的预期反应时，并不直接假设经济主体可以做出有效率的或者有预见性的响应。

Ruth、Amato和Davidsdottir（2000年）运用时间序列数据和工程信息将技术变化、燃料组合、生产过程综合到一个内生的动态模型当中，结果显示，能源税将从产品终端传递到产品起始端，并且比单纯提高碳使用价格能更有效地降低能源使用量，但是如果单独比较能源税和提高碳使用价格这两种政策，结果则颇为相似。Kristrom和Lundgren（2005年）利用瑞典1900~1999年时间序列数据构建模型，预测2000~2010年的碳排放量，结果显示，在其他条件不变的情况下，当前瑞典实行的政策将导致碳排放量在1900年的基础上上升5%~15%，在此背景下激发了一系列的政策措施，包括征收碳税、补贴等，这样碳排放量将有效降低，并且非常符合“环境库茨涅茨曲线”（Environmental Kuznets Curve），论文的最大贡献是采用长时间的时间序列数据，从而分析碳排放的几个发展阶段和整个轨迹，这是短时期的时间序列模型无法做到的。Floros和Vlachou（2005年）基于希腊1982~1998年时间序列数据，运用“两阶段超越对数成本函数”（Two Stage Translog Cost Function）分析碳税对希腊工业碳排放的影响，结果显示电力和流体燃料（如柴油和重油）之间存在替代性，资本、能源和劳动力之间也存在替代性；和1998年水平相比，碳税价格在50美元/吨时将会显著地降低碳排放量，证明碳税是希腊环境保护的一项有效措施，尽管它代价高昂。美国Druckman和Jackson（2008年）在国家层面、社会经济层面、地理位置层面对英国家庭能源消费习惯和类型做了分解，结果显示，家庭能源消费和碳排放都与家庭收入水平相关。除此之外，住所类型、住宅保有期、家庭组成、乡村或城市的位置等也是非常重要的影响因素。

宏观经济模型只反映经济系统过去相应时间段的行为特点，因此适合于进行较少政策变化的短期或中期预测，而不适合于分析较大的政策变化（如高碳税）或长期的政策影响。宏观计量经济模型与CGE模型之间具有互补性，已有人尝试将二者进行结合研究。

3. 可计算一般均衡模型（Computable General Equilibrium，CGE）

CGE 模型是近 30 年发展起来的以微观经济理论为基础的经济模型，这类模型在对消费者在商品和服务的需求同生产者的供给之间达成平衡的过程中，对市场均衡价格进行模拟。同时，模型中的需求和供给条件是建立在消费者和生产者分别寻求福利或利润最大化的假设基础之上的。也就是说，CGE 模型假设经济主体最终都会有效率地对任何政策变化做出响应。

Zhang Z.（1996 年、1997 年）和 Jorgenson D.W.、Wilcoxen P.J.（1994 年）分别利用关于中国经济的动态 CGE 模型考察了征收碳税的影响。由于 CGE 模型无法描述生产技术的选择，前者将 CGE 模型与能源技术选择模型 MARKEL 连接起来，在考察减排影响的同时，说明选择何种技术进行减排 CO_2 成本最小。后者的研究表明通过征收碳税，同时减少企业其他税收，从而使政府收入保持不变，那么 9 元/吨碳的碳税就可以使二氧化碳的排放降低 5%，尽管开始经济增长有所下降，但随后随着投资的增加（企业减少了其他税收，有更多剩余资金进行投资），经济增长将快于没有碳税时的情况，而且长期经济的增长可以弥补短期经济的下降。1998 年国际经济合作组织发展中心提交了一篇会议研究报告，文章运用了 GREEN 模型就温室气体减排与经济发展的适应性研究，探求全球范围内在这个问题上形成“双赢”机会的可能性。Kim、Tang 和 Lefevre（2004 年）运用 CGE 模型研究了“碳税和碳排放权交易”双重体系对韩国经济的影响。文章结果显示，当碳排放权交易无法在所有排放个体中实施时，双重制度设计使得可以对小排放个体征税、对大排放个体实施碳排放权交易，这是实施韩国国内碳减排战略最好的途径；在双重体系下，对支付碳税或者实行碳排放权交易的排放个体而言，是否选择贷款从而支付货币利息取决于其减排的边际成本。Matsumoto Ken'ichi 和 Masui Toshihiko（2011 年）利用动态 CGE 模型比较“假设的碳税”（Imputed Carbon Tax，ICT，即受经济体发展水平影响）和“国际共同碳税”（Common Carbon Tax，CCT，即受国际总体 GDP 水平影响），结果显示，世界碳排放量降低的数值和两种税的差额相当，尽管 CCT 对发达国家而言负面影响较小，但 ICT 对发展中国家的负面影响较发达国家更小，ICT 缩小了发达国家和发展中国家的差距，文章认为，为避免碳减排对发展中国家经济造成过分的负担，制度设计上会使得 ICT 较 CCT 更容易实施。Bretschger、Ramer 和 Schwark（2011 年）基于各种产业资本差异化的特点建立了一个完全内生的 CGE 模型，模拟了碳排放政策对消费者、福利、产业发展长期的影响，模型的基准是设定碳排放的数量满足温度升高不大于 2℃（到 2050

年使气温不得超过2℃的容忍度已经成为共识），将其运用到瑞士，结果显示，碳税政策使得知识密集型产业的增长比基准数要高而且非能源类行业都显示出正增长，和气候变化无负面影响的国家相比，到2050年，其消费者的消费量下降了4.5%，并伴随中等程度的福利下降。

坚实的理论基础和强大的模拟功能使CGE模型广泛地应用于气候政策的定量分析，几乎涉及所有的焦点问题。但是，CGE模型反映的是各种均衡状态，一般认为适用于长期比较静态分析，而不能给出由一个状态调整到另一均衡状态的具体过程。另外，CGE模型中的大部分参数是通过校准得到的，其可靠性受到计量经济学家们的质疑，一些研究表明，模型的稳定性普遍不理想，受基准年、参数、函数形式等因素的影响较大。

4. 马里兰大学产业预测（INFORUM）模型和剑桥大学的MDM模型

INFORUM（Interindustry Forcasting at the University of Maryland，INFORUM）模型是在Clopper Almon教授领导下研制的。该模型不仅在美国拥有许多政府机构用户和企业用户，而且其方法原理和所开发的专用软件包已在奥地利、法国、德国、日本、意大利、比利时、瑞士、荷兰、俄罗斯、西班牙、韩国、波兰、墨西哥等国广泛应用。INFORUM模型的另一个特点是，这些国家的模型通过进出口方程相互连接，构成了INFORUM国际系统。在碳排放方面的最新的应用是2010年7月和Keybridge Research咨询公司联合发表的分析报告Economic Impact of the Industrial Energy Consumers of America's Sustainable Manufacturing & Growth Initiative。这个报告是运用LIFT模型衡量各种政策对美国经济造成的影响，并达成减少碳排放、刺激经济增长和创造就业的目标。

剑桥大学的MDM（Multisectoral Dynamic Model）模型是在诺贝尔奖金获得者R. Stone教授领导的剑桥增长模型（CGP）的基础上研制的第二代剑桥模型，是英国最有影响的经济模型之一，它是将投入产出模型和计量经济模型相结合的年度模型，由5000多个方程组成。目前广泛应用于各类政策评价当中，为政府和决策部门提供咨询和建议。在碳排放方面最新的运用有MDM-E3（U.K. Multisectoral Dynamic Model-E3）模型，它是由CE（Cambridge Econometrics）研发的专门用于评价能源—环境—经济和其他政策的分析工具，分为41个产业部门、51个消费部门和27个投资部门，预测期截止到2020年，模型结果提交给威尔士、苏格兰和北爱尔兰9个地方政府办公室，为其决策提供参考。除此之外，还开发了E3MG（Global Energy-environment-economy）模型，E3ME（European Energy-environment-economy）模型。

5. 其他模型

除了以上模型，还有很多其他类型的模型，如工程经济计算模型、动态能源优化模型、能源系统模拟模型、CGE 和计量方法结合的混合模型，等等

Michael Hoel（1996 年）运用生产消费最优化模型，寻找生产消费中的碳使用量的最优值，计算碳税征收额度及其在各部门间的分配比例，并认为某国经济体的政治和经济等体制因素将会制约碳税在不同的生产部门进行合理分配的可能性。Matti Liskia 和 Olli Tahvonen（2004 年）运用马尔科夫完美纳什均衡模型研究了在资源性市场上为接受卡特尔供应和遭受卡特尔污染损害的买家而制定的最佳碳税；同时，表明了碳税可以转移到卡特尔的租金比污染造成损害的费用更多。Richard、Mun 和 Dale 等（2007 年）为美国环境保护署（U.S. EPA）气体变化项目所设计了一个用于研究气体排放的 IGEM 模型，该模型的基本模型是一个开放的一国模型，设有 7 个模块，通过国际金融模块与其他国家相联结，这个模型的预测方法基本上是用计量经济学方法，同时也用到 CGE 模型等其他模型预测方法。由于 IGEM 是基于一个国家建立的整体模型，同时探讨整体区域甚至全球的情况，因此，其他国家的经济在模型构建中非常重要。IGEM 在原则上对大多数参数的估计，基于特定国家的具体数据。William Blyth 等人（2009 年）通过利用静态的 MAC 曲线把碳市场中的政策性因素和一些技术成本的动态变量考虑进来，分析的结果表明大规模部署成熟的减排技术有利于抑制边际成本的减少，但会增加总减排成本。

（二）国内研究现状

国内在研究碳排放和碳税方面也紧跟世界同行的脚步，但多以投入—产出模型和 CGE 模型为主。如中国社会科学院数量经济与技术经济研究所的郑玉歆、樊明太等（1999 年）利用 PRCGEM 模型采用比较静态分析法，分析了在二氧化碳排放量分别降低 5%、10%和 20%的同时降低企业税，保持企业负担不增加时的影响。清华大学核能技术设计研究院的高鹏飞和陈文颖（2002 年）建立了一个中国 MARKAL-MACRO 模型研究征收碳税对中国碳排放和宏观经济的影响。研究表明：①征收碳税将会导致较大的国内生产总值（GDP）损失；②存在减排效果最佳的税率。中国社会科学院数量经济与技术经济研究所的贺菊煌、沈可挺等（2002 年）建立了一个用于研究中国环境问题的 CGE 模型。用其静态模型分析了征收碳税对国民经济各方面的影响，该模型的特点是把生产税区分为产值税、增值税、碳税 3 部分；人们以前习惯把产值税和增值税统一作为间接税处理。结果显示：碳税对 GDP 影响很小，对价格的影响主要表现为煤炭和

石油价格上升，对产量的影响表现为煤炭产量的缩减，征收碳税后各部门的能源消耗下降了，碳税使煤炭部门劳动力大量减少，转移至其他制造业和服务业。清华大学环境科学与工程系王灿、陈吉宁（2005 年）基于 CGE 模型以 2010 年实施碳税政策为模拟情景，定量描述了减排政策下国内生产总值（GDP）、能源价格、资本价格等宏观经济变量的变化。结果表明：当减排率为 0%~40%时，GDP 损失率在 0%~3.9%，减排边际社会成本是边际技术成本的 2 倍左右。在中国实施二氧化碳减排政策将有助于能源效率的提高，但同时也将给中国经济增长和就业带来负面影响。中国人民大学环境学院的庞军、邹骥等（2008）年构建“能源—经济—环境”CGE 模型模拟了中国征收燃油税的经济影响。模拟结果表明征收燃油税会在一定程度上对我国的经济增长、居民福利以及部分产业的发展带来负面影响，但却将有效促进国内成品油需求量的降低。苏明领导的财科所课题组（2009 年）使用了可计算一般均衡（CGE）模型对征收碳税进行分析：①通过静态 CGE 模型进行了一定碳税税率下的比较静态分析；②通过静态 CGE 模型考察了不同碳税税率的影响；③通过动态 CGE 模型进行了一定碳税税率下的多期动态分析。结果显示，开征碳税有利于企业改进生产技术并进行节能减排，有利于经济结构的质量提高，同时，对一定时期的经济发展也会产生一定的负面影响。此模型由生产模块、收入模块、支出模块、投资模块、外贸模块、环境模块 6 个基本模块组成，采用近 550 个方程和变量，建模所用的数据主要依托 2005 年投入产出表。谌伟、诸大建、白竹岚（2010 年）对上海市 1978~2007 年工业碳排放总量以及碳生产率进行估算，并在此基础上运用因果检验、协整检验、VAR 模型以及脉冲冲击和方差分解技术，对排放总量与碳生产率的关系进行动态分析。结果表明提高碳生产率尽管无法降低碳排放总量实现绝对减排，却是具有可行性的相对意义的减排，符合上海低碳化发展的要求。

二、全球碳排放问题现状

由于全球变暖所造成的极端气候变得越来越频繁。根据世界气象组织的报告，2011 年气温在有记录以来的高温年份榜上排名第十位；国际能源总署（IEA）2011 年 5 月 30 日发布报告称，全球与能源相关的二氧化碳排放量 2010 年创下新纪录，达到 306 亿吨，成为实现全球碳减排及温控目标的巨大阴影，也给世界各国敲响了警钟，北冰洋海冰数量也降至历史新低，在此背景下，《联合国气候变化框架公约》第十七次缔约方大会暨《京都议定书》第七次缔约方会议 2011 年 11 月 28 日在南非港口城市德班召开，这次会议被认为是人类拯救自己的“最后机会”，但最后仍无果而终，因为二氧化碳减排牵涉面十分广泛，首先它是一个生态问题、科学问题，其次是一个经济问题，最后它还是政治与外交问题，解决这一问题不可能一蹴而就。

（一）二氧化碳与气候变化的关系

二氧化碳通过很多种方式散发出来，主要通过自然界的碳循环过程和通过人类活动如燃烧化石燃料释放到空气中。自然界的碳循环过程所产生的数十亿吨的二氧化碳被海洋和生长的植物从空气中吸收走，这个过程称为“碳沉淀”(Sinks)，并且通过自然的过程又释放到空气中来，成为“碳源”(Sources)，当两者相平衡时，整个二氧化碳排放和吸收的量大致是相等的。

17 世纪工业革命以来，人类的活动如燃烧石油、煤炭、天然气和森林砍伐等增加了空气中二氧化碳的含量。截止到 2005 年，地球空气中二氧化碳含量与工业革命时相比高出 35%。

从图 9-1(b)和图 9-1（c）可明显看出：①17 世纪工业革命以来，空气中二氧化碳的含量急剧上升；②20 世纪中期以来，空气中二氧化碳的含量在持续上升中。(注：ppmv 指每百万分之一，如一百万个空气分子中有一个二氧化碳分子。)

全球暖化这一气候变化影响因素中最为重要的是空气中二氧化碳的浓度。虽然科学界对过去一个半世纪以来气候变暖趋势的解释还存在着一些小的分歧，也就是人类活动对空气中碳浓度增加起了多大的作用，然而联合国政府间气候变化专门委员会在 2007 年的报告中得出结论，全球暖化的主因是人类活动造成二氧化碳增加。

1. 全球暖化与温室气体

“温室效应”的一个简单解释是，温室气体允许太阳辐射进入但是阻碍了部分反射回去的射线逃逸出大气层。这种“温室效应”的产生归因于空气中所包含的温室气体（主要为水蒸气)，如果没有这种“温室效应”，地球将会冷到不适宜人类居住。现在关键的问题是空气中其他温室气体浓度大幅增加，而浓度增加的这些气体比水蒸气更加具有“温室效应”，主要包括二氧化碳、甲烷、氧化亚氮，其中，二氧化碳的含量较另外两种要高得多。这 3 种气体在过去的一个世纪当中大量增加。

古海洋学家基于地质年代研究海洋的历史，通过采用对暴露在地表的岩石矿物和底部沉淀物或冰川的核心进行研究来重构地质年代表，岩层和核心部分可以用各种化学方法来测算其年代，古海洋学家最近运用这种重构的方法来估计温度变动的趋势，研究少至数百年，多至数百万年大气中氧气、二氧化碳的

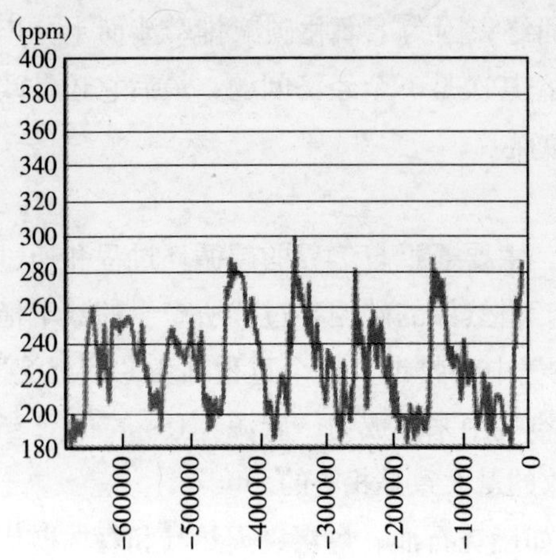

(a) 公元前 647426 年到公元前 337 年

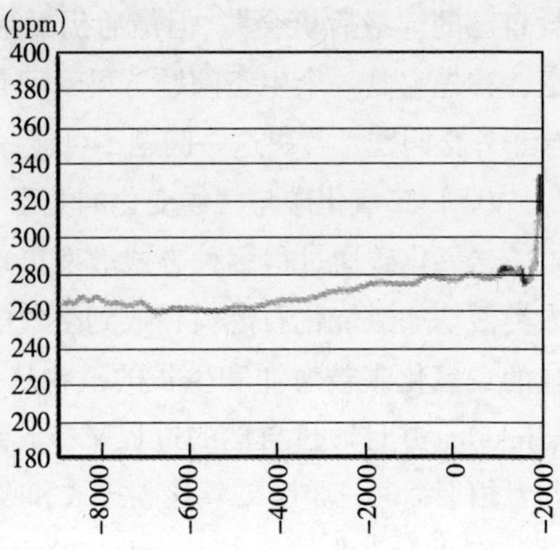

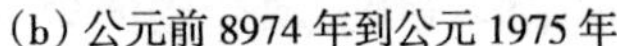

(b) 公元前 8974 年到公元 1975 年

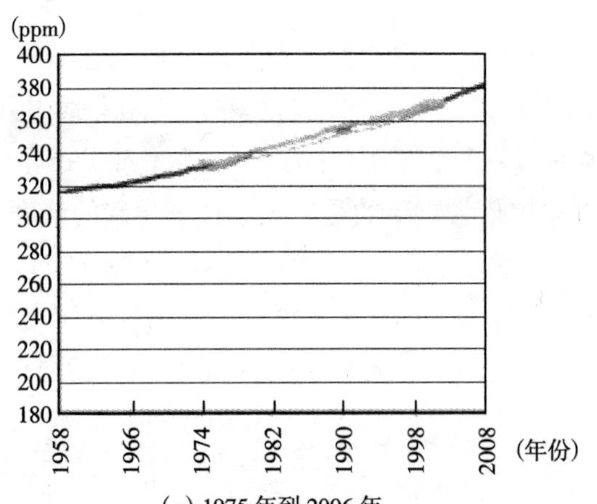

(c) 1975 年到 2006 年

图 9–1 大气二氧化碳含量走势

表 9–1 温室气体的增温效应和生命期

<table>
<tr><th>种类</th><th>增温效应（%）</th><th>生命期（年）</th></tr>
<tr><td>二氧化碳（CO_2）</td><td>63</td><td>50~200</td></tr>
<tr><td>甲烷（CH_4）</td><td>15</td><td>12~17</td></tr>
<tr><td>氧化亚氮（N_2O）</td><td>4</td><td>120</td></tr>
<tr><td>氢氟碳化物（HFC_s）</td><td rowspan="2">11</td><td>13.3</td></tr>
<tr><td>全氟化碳（PFC_s）</td><td>50000</td></tr>
<tr><td>六氟化硫（SF_6）</td><td>7</td><td>—</td></tr>
</table>

含量与气温之间的关系。从他们的研究中，我们可以知道地球气温与空气中二氧化碳随着地质年代的变化而变化的情况。图 9-2 显示了 42 万年以前到现在，地球表面温度和空气中二氧化碳浓度的关系。

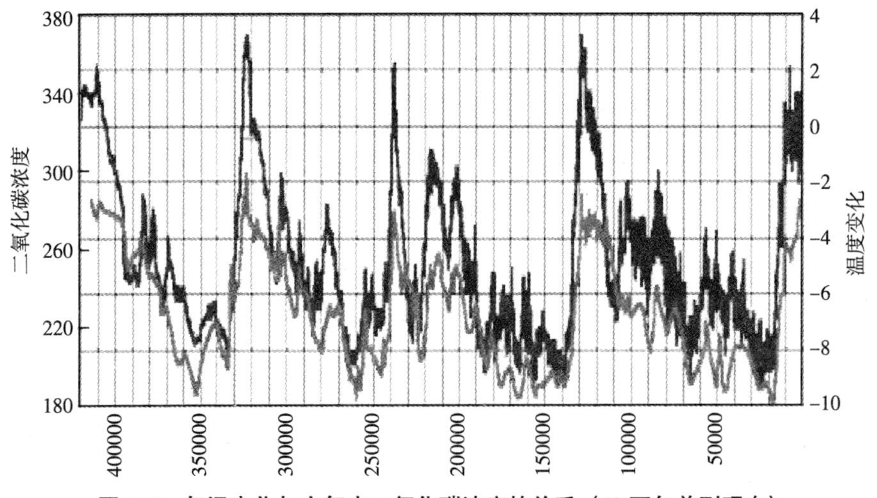

图 9-2　气温变化与空气中二氧化碳浓度的关系（42 万年前到现在）

从图 9-2 中我们可以很容易地看出，过去的 42 万年间，地表气温和空气中二氧化碳的浓度有着很强的正相关性。

图 9-3 显示全球气温趋势（1880~2010 年），可以看出，全球年均温度在过去的 100 多年间出现了大幅的上升，特别是从 20 世纪 70 年代开始，变化出现了异常趋势，即 1961~2010 年，全球平均气温值出现了大幅跃升。

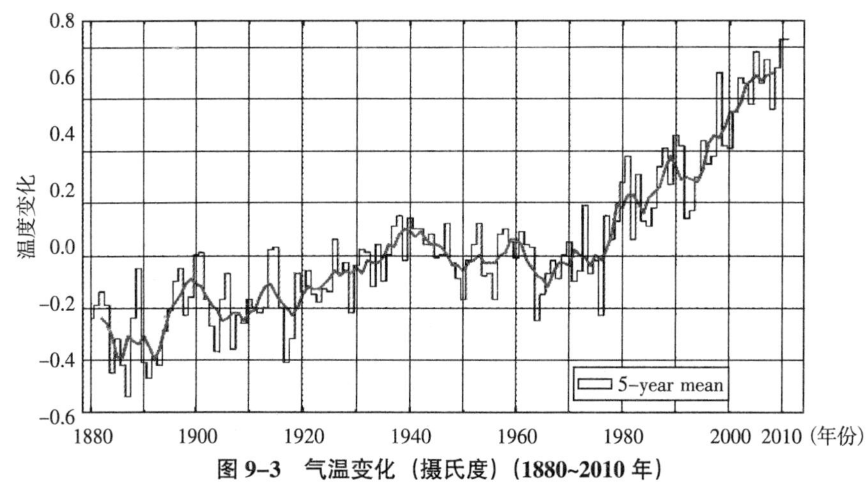

图 9-3　气温变化（摄氏度）（1880~2010 年）

2. 气候变化对生态环境的影响

许多气候专家认为，气候变化将会导致全球范围内出现超级寒流、海平面升高、冻土融化、淡水资源的匮乏、粮食产量下降、生物物种大量灭绝等现象。具体而言，气候变化对生态环境的影响主要分为以下几方面：

(1) 气候变化对水资源的影响。①江河湖海流量。南非和澳大利亚、中亚和环地中海地区，年平均流量将减少；高纬度地区和东南亚地区，年平均流量将增加。其他地区没有一致的流量预测结果。气候变暖会促使冰川消退和永久雪盖减少加快。预计到 21 世纪末，1/3~1/2 的山地冰川将消失。中高纬地区以冰雪融水补给为主的河流，流量可能会因此而减少。②水资源的供需状况将发生改变。③旱涝灾害出现的频率将增加。④一些地区的水质将出现变化。

(2) 气候变化对海岸带的影响。全球气候变暖对海岸带的直接影响就是冰川融化导致海平面上升。由于海岸带地区的人口一般较为稠密，工农业较为发达，即使海平面上升 0.5 米，也将给部分沿海国家带来灾难性的后果。①海平面上升严重影响海岸带的生态系统和生物资源；②海平面上升影响海岸带环境，如扩大对海岸的侵蚀、加剧海水入侵、使洪涝灾害加重等。

(3) 气候变化对农业的影响。科学界在气候变化对农业的影响方面做了许多研究，尤其是对空气中二氧化碳含量增加及与之相应的气候变化对植被的生产力、种类构成、植物分界和碳储存等进行了深入的研究，主要结论是：①空气中二氧化碳浓度的变化对作物生长有影响。②温室效应的增强会引起农业气候条件的变化，从而会缩短或延长作物生长周期。③作物产量对气候变化的响应。比如纬度较低且湿润的地区，水稻产量受温度变化的影响很显著。④气候变化将改变农作物的施肥量。因为肥效对气温的改变十分敏感，如氮肥，温度每升高一度，能被农作物直接吸收的速效氮释放了将增加约 4%，释放周期缩短 3.6 天。

(4) 气候变化对森林的影响。主要包括气候变迁对森林的组成、分布、生长效率、演替以及森林病虫害和森林火灾的影响：①陆地生态体系是一个重要的碳汇。据 IPCC 报告，1989~1998 年，北半球中纬度陆地生态体系吸收人类活动所产生的二氧化碳约每年 23±13 亿吨。②气候变化将改变森林的结构、组成及生物数量。③气候变暖可能减少生物物种的多样性。许多物种具有一定的迁移性和适应性，对于适应性不强的物种而言，气候变化所导致的气温、降水量、光照等外界条件的改变将使得部分物种无法适应而濒临死亡。④气候变化将使森林分布格局发生变迁。根据学者研究，我国最容易受影响的森林地区为西南、华南、华中等地区。

（5）气候变化对草原的影响。全球草原植被碳储存约为森林植被的 1/5，因此其重要性不容小觑。①干旱加重草地土壤侵蚀，荒漠化趋势增大。②气候变化改变区域植被分布。③气温升高将使干旱面积扩大，草原面积减少。④气候变化对畜牧业产生影响。

表 9–2　20 世纪已观测到的气候变化的部分影响

指标	已观测到的变化
全球平均海平面	20 世纪平均每年上升 1~2mm
河流湖泊结冰期	北半球中高纬度地区大约减少了两周（很可能）
北极的海冰范围和厚度	近几十年来在夏末秋初变薄 40%（可能）；20 世纪 50 年代以来，春夏季面积减少 10%~15%
非极地冰川	20 世纪广泛退却
雪盖	20 世纪 60 年代以来面积减少 10%（很可能）
永冻土层	在极地的部分地区，解冻、变暖、退化
	过去 40 年中，北半球尤其是高纬度地区每 10 年延长了 1~4 天
动植物分布	植物、昆虫、鸟类和鱼类的分布向高纬度、高海拔转移
生育开花和迁徙	北半球开花、候鸟回归、生育季节和昆虫出现的时间均提前
珊瑚礁白化	频率增加，尤其在厄尔尼诺年
相关的经济损失	考虑了通货膨胀后，过去 40 年全球的损失增加了 14 倍

（二）全球二氧化碳排放的现状

国际能源署（IEA）2011 年 5 月 30 日发布报告称，全球与能源相关的二氧化碳排放量 2010 年创下新纪录，达到 306 亿吨，全球能源相关二氧化碳排放量在 2009 年经历金融危机引发的“攀升低谷”后，2010 年升至 306 亿吨，为历史最高水平，高出 2008 年排放量纪录 5%，2009 年全球二氧化碳排放量实际值较 2008 年下降了 5 亿吨，即 1.5%。但是不同国家差异巨大。2009 年发展中国家（这里的发展中国家指的是联合国气候变化大会规定的非附件一国家）碳排放量增加了 3.3%，主要增长地区是亚洲和中东；发达国家（附件一国家）大幅下降了 6.5%，使得附件一国家总体排放量较 1990 年水平还要低 6.4%，不过值得注意的是，其中那些参加了《京东议定书》的附件一国家在 2009 年的排放量较 1990 年的水平要低 14.7%。此消彼长，从 2008 年超过附件一国家碳排放份额之后，发展中国家（非附件一国家）2009 年碳排放的比例增长至全球碳排放量的 54%（不包含燃料油）。

2009 年的这些变化依燃料门类、地区和部门的不同而不同。一方面，发展中国家碳排放量的增加主要归因于对煤炭的强劲需求（对石油和天然气的需求较为平均）：另一方面，发达国家碳排放量的下降主因是：煤炭消耗所产生的碳排放量下降了 53%，石油下降了 30%，天然气下降 18%。

中期而言，附件一国家二氧化碳排放量将会随着经济状况的改善而反弹。根据世界能源瞭望（The World Energy Outlook 2010，WEO）中的情景设定：世界二氧化碳排放量尽管以较低的增长率增长但还将会持续增长，到 2035 年达到 354 亿吨，WEO 说，这将好于 2007 年联合国政府间气候变化专门委员会（IPCC）第四次评估报告所阐述的“到 2100 年，世界平均气温将升高 2.4~6.4 摄氏度”的景象。

1. 二氧化碳排放——就能源种类而言

如图 9-4 所示，就燃料种类而言，煤炭和石油一直占据二氧化碳排放的主力位置，不过随着近年来石油价格飙升和新兴市场国家对煤炭需求的大幅增加，煤炭有持续超越石油之势。2009 年，占 43%的二氧化碳排放量来自煤炭，37%来自石油，20%来自天然气，相较于 2008 年，2009 年来自于煤炭消耗所产生的二氧化碳排放量较上一年下降约 1%，即大约 125 亿吨二氧化碳。目前，发展中国家能源消耗增长有相当的比重是来自煤炭消耗的增长，如中国和印度，因为它们能源密集型产业发展迅速，且拥有相当储量的煤炭和缺乏其他能源产品。

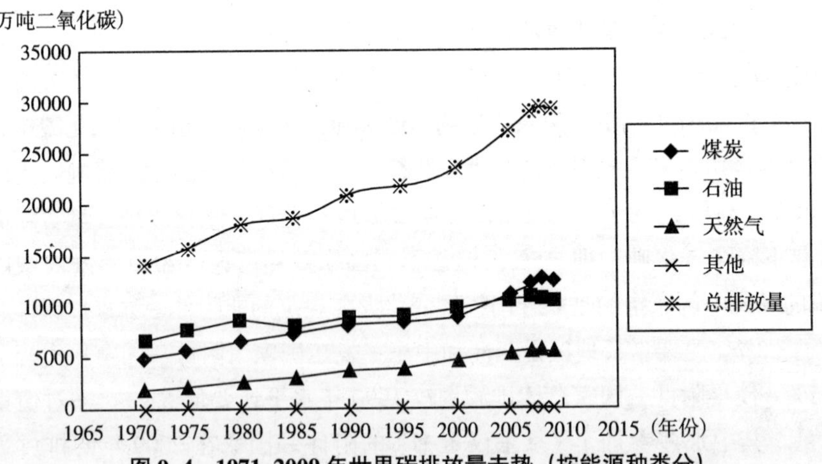

图 9-4　1971~2009 年世界碳排放量走势（按能源种类分）

资料来源：国际能源署《燃料燃烧排放二氧化碳报告（2011）》。

2. 二氧化碳排放——就区域而言

就地区而言，由于各地区发展水平和发展阶段不同，能源使用量和使用效率也不同。如表 9-3 所示，2009 年发展中国家（非附件五国家）碳排放量增加了 3.3%，主要增长地区是亚洲和中东；发达国家（附件五国家）大幅下降了 6.5%。就地区而言，亚洲大幅增加了 5.5%，其中中国增加了 5%；中东地区增加了 3.6%，不过非洲地区降低了 1.5%，附件六的欧洲国家下降了 7.4%。

表 9-3　1971~2009 年世界碳排放量地区分布

年份	1971	1975	1980	1985	1990	1995	2000	2005	2007	2008	2009
世界总量	14085	15678	18052	18628	20966	21792	23493	27188	29048	29454	28999
附件五国家	—	—	—	—	13908	13179	13762	14150	14256	13913	13012
附件六国家	8607.3	8884.2	9544.4	9172.9	9803	10204	11006	11328	11291	10957	10236
北美	4630.7	4738	5088.5	4948	5301	5604	6230.9	6330.5	6330.8	6137.9	5715.8
欧洲	3059.9	3092.8	3350.9	3106.2	3154.2	3140.6	3221.7	3353.9	3296.4	3239.3	3001.2
亚洲和大洋洲	916.7	1053.4	1105.1	1118.7	1347.8	1459.5	1553.4	1643.3	1664.2	1579.4	1519
附件五经济转型国家	—	—	—	—	3975.9	2820.2	2553.2	2603	2696.6	2690.2	2517
非附件五国家	—	—	—	—	6444.4	7913.9	8905.9	12075	13737	14493	14972
附件五国家（参与京都议定书）	—	—	—	—	8785.6	7824.1	7802.4	8097	8161.3	7995.8	7497.2

就单个国家而言，图 9-5 国际能源署的资料显示，中国自 2007 年超越美国成为世界排放量第一大国之后碳排放量继续增加，2009 年碳排放量排名前十的国家中，除中国、印度、伊朗共和国和韩国之外的经济体在 2007 年、2008 年都实现了碳排放量绝对值下降，其中固然有金融危机导致经济衰退因素的影响，但也能在一定程度上说明我国节能减排、转变经济增长方式压力巨大。

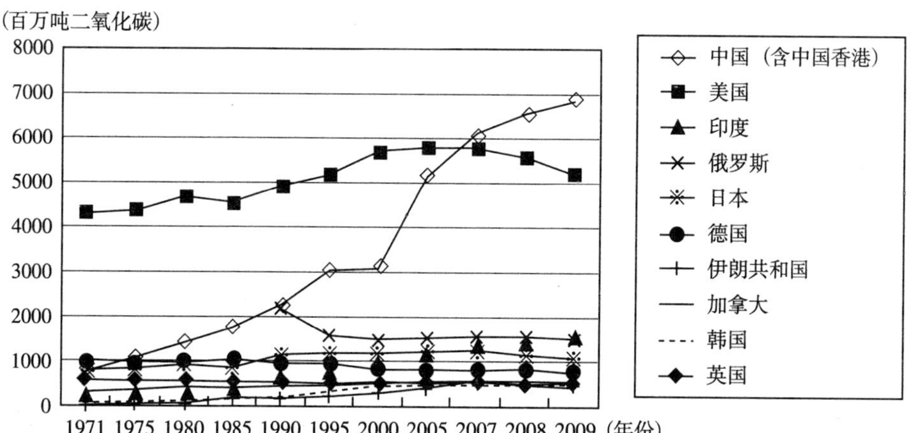

图 9-5　2009 年世界碳排放量前十的国家

三、我国二氧化碳排放的现状

在过去的30年中，随着我国经济的起飞，能源消耗呈现爆炸式的上涨。在20世纪80年代，随着对能源供应部门实施标准和配额制度并对未达标企业坚决予以关闭等措施，中央政府曾有效降低了能源部门的碳排放强度，但是，随着中国经济逐步转向市场化，在能源节约型领域的投资比例在逐步下降。在2003年基础设施投资和国内外需求大幅增加的背景下，上游重工业部门对于化石燃料的需求急剧增加，其结果是，碳排放量在2002~2004年大幅飙升，直到2009年排放量增长率才平稳下来。虽然我国是可再生能源领域的最大投资国，但这并不足以抵消因电力行业对煤炭需求大幅增加所产生二氧化碳的增量。

国际能源署的资料显示，2009年，中国的二氧化碳排放量达到70亿吨，占全球碳排放量的24%，中国的排放量远超过“金砖四国”中的其他3个国家。尽管从累积和人均碳排放量上来看，美国仍然是世界第一，2009年我国人均碳排放量只有OECD成员国均值的一半，但事实上，中国在2007年就已经超过美国成为世界上最大的二氧化碳排放国。1990~2009年，中国碳排放量增长了3倍，过去的10年是增长最快的年份，2003年是16%，2004年是19%，2005年、2006年是11%，2007年、2008年是8%，但是因为国际金融危机的原因，2009年的增长率减少为5%，据世界能源瞭望（World Energy Outlook，WEO）新政策设定板块预计，2009~2035年，中国碳排放量年均增长率将逐步降低至每年1.5%，2035年以后将保持1.5%的增长率。

就产业部门而言，从1990年开始，电力和供热部门的增长最为迅速，占2009年碳排放量的48%，交通运输部门的增长也较为迅速，但基数较小，大概占2009年碳排放量的7%，因为低碳或者零排放能源更难在交通运输部门推广，WEO预计到2035年占比将会增加至13%。大约从2003年开始，斜率增大，碳排放量的增长率提高，并且在最近几年，随着经济的扩张，电力和供热部门二氧化碳的排放量增长非常迅速。2006年我国的电力部门装机容量增长率达到最高点，2009年净增长810亿瓦（国家电力委员会，2010年），微幅超过韩国的总装机容量，与此同时关闭了260亿瓦的中小、落后火力发电厂，相当于爱尔兰和瑞士装机容量的总和。

从能源种类而言，1990~2008年，将有近一半的二氧化碳排放量是来自电力部门的煤炭消耗，但IEA数据显示，2009年电力部门天然气使用量增加了64%，说明我国已经开始显著加大对天然气的利用。

虽然我国作为发展中国家，暂时还不需要承担减排义务，但令人欣慰的是，根据“十二五”规划，各省市地方政府会在2010年的基础上将碳排放强度降低17%，另外，为达到哥本哈根协议到2020年碳排放强度较2005年下降40%~45%的目标，地方性的试验正如火如荼地进行着，各方正为寻找有效合理可行的碳减排方案而努力着。

第二节 各国碳税实施经验和障碍

一、各国碳税实施经验和措施

（一）解决和控制碳排放

由于二氧化碳减排牵涉面十分广泛，首先它是一个生态问题、科学问题，其次是一个经济问题，最后它还是政治与外交问题，解决这一问题不可能一蹴而就，本节将重点介绍为碳减排而专门设立的国际组织、团体以及各国应对碳减排的经验、办法和措施。

（1）政府间气候变化专门委员会（Intergovernmental Panel on Climate Change，IPCC）。

IPCC是一个附属于联合国的跨政府组织，在1998年由世界气象组织（The World Meteorological Organization，WMO）、联合国环境署（The United Nations Environment Programme，UNEP）联合成立，专门研究人类造成的气候变迁问题以及由此造成的影响和相应的应对举措，政府间气候变化专门委员会本身并不进行具体的研究工作，也不会对气候或其相关现象进行监察，其主要工作是发表与执行《联合国气候变化框架公约》（The United Nations Framework Convention on Climate Change，UNFCC）有关的专题报告，IPCC主要根据成员国相互审查对方报告及已发表的科学文献来撰写评估报告。该会会员限于世界气候组织及联合国环境署的会员国。IPCC已经分别于1990年、1995年、2001年及2007年发表了4次正式《气候变迁评估报告》，并将于2014年发布第五次评估报告，IPCC在1997年还协助了世界各国草拟《京都议定书》，目前已经有170多个国家和地区核准该协议，值得注意的是，世界最大经济体美国仍然没有批准该协议。2007年，IPCC和美国前副总统戈尔共同获得诺贝尔和平奖。

（2）联合国气候变化框架公约（The United Nations Framework Convention on Climate Change，UFCCC）。

UFCCC是一个国际公约，于1992年5月在纽约联合国总部通过，1992年6月在巴西里约热内卢召开的联合国环境与发展会议期间签署，1994年3月21日该公约生效。公约第二条中提到"将大气中温室气体的浓度稳定在气候系统受到危险的水平之下，这一水平使得生态系统能够适应而不受影响、农业生产和经济发展有序进行"，值得注意的是，公约没有对缔约方规定具体需要承担的义务，也未规定实施机制，因此，公约不具有法律上的约束力，但是，公约规定可在后续从属的议定书中设定强制排放限制，如《京都议定书》。公约缔约方自从1995年起每年召开缔约方会议（Conferences of the Parties，COP）以评估应对气候变化的进展，1997年《京都议定书》的达成，使温室气体减排成为发达国家的法律义务。

表9-4　联合国气候变化框架公约缔约方会议

年份	缔约方会议	COP	会议成果
1995	COP1	德国柏林	通过《柏林授权》
1996	COP2	瑞士日内瓦	通过《日内瓦宣言》
1997	COP3	日本东京	通过《京都议定书》
1998	COP4	阿根廷布宜诺斯艾利斯	通过《布宜诺斯艾利斯行动计划》
1999	COP5	德国波恩	未取得重要进展
2000	COP6	荷兰海牙	未取得重要进展
2001	COP6	波恩续会	达成《波恩政治协议》
2001	COP7	摩洛哥马拉喀什	达成《马拉喀什协定》
2002	COP8	印度新德里	通过《德里宣言》
2003	COP9	意大利米兰	通过造林再造林模式和程序
2004	COP10	阿根廷	通过简化小规模造林再造林模式
2005	COP11	加拿大蒙特利尔	通过《〈京都议定书〉执行协议》
2006	COP12	肯尼亚内罗毕	《内罗毕》宣言
2007	COP13	印尼巴厘岛	《巴厘岛路线图》
2008	COP14	波兰波兹南	设立"适应基金"
2009	COP15	丹麦哥本哈根	未取得重要进展
2010	COP16	墨西哥坎昆	通过《联合国气候变化框架公约》长期合作行动特设工作组决议和《京都议定书》附件一缔约方进一步承诺特设工作组决议
2011	COP17	南非德班	实施《京都议定书》第二期承诺期并启动绿色气候基金

(3)《京都议定书》(Kyoto Protocol)。

《京都议定书》是《联合国气候变化框架公约》的补充条款，是 1997 年 12 月在日本京都由联合国气候变化框架公约参加国三次会议制定的，其目标是“将大气中的温室气体含量稳定在一个适当的水平，进而防止剧烈的气候改变对人类造成伤害”，到 2011 年 9 月为止，已经有 191 个国家签署该协议，2008~2012 年为第一个量化限制和减少排放的承诺期。

表 9–5　各国政府对待《京都议定书》的态度和观点

国别/地区	各国政府的态度
中国	1998 年 5 月签署《京都议定书》，2002 年 9 月 3 日核准，2005 年 2 月 16 日正式生效。认为“发达国家必须要先采取措施，然后发展中国家才能跟进”。
美国	作为《京都议定书》的主要参与国之一，至今没有签署该协议书，认为“该协议对美国经济产生了严重的危害”。
日本	协议书以日本京都为名，官方和民间普遍以此为荣，基本上都全力支持京都议定书。
印度	2002 年 8 月签署该协议书，但由于印度是条件控制框架外国家，所以不受温室气体排放限制。
欧盟	2002 年 5 月 31 日，欧盟当时 15 个成员国在联合国签署协议，原有排放量大约占全球排放量的 21%，协议规定在 1990 年的基础上减少 8%。
俄罗斯	2004 年 12 月 4 日签署，2005 年 2 月 16 日生效，事实上，俄罗斯可以轻易完成目标并销售排放指标给未达标国家，以此来获得经济回报。
澳大利亚	开始时拒绝签署，认为“该条约会减少澳大利亚人的工作机会”，但为了达到 2005 年东亚峰会的要求补签了协议书：2007 年 12 月 3 日，新上任总理陆克文代表澳大利亚正式签署该协议书。
加拿大	2002 年 12 月 17 日签署该协议书，但成为 2011 年南非德班联合国气候变化大会后第一个退出《京都议定书》的国家，退出议定书可以使加拿大免遭议定书规定的大约 140 亿加元的惩罚。

值得说明的是，《京都议定书》是以“净排放量”来计算各国二氧化碳的排放量即将实际排放量减去森林所吸收二氧化碳的数量，其中还提出了关于促进减排目标的三种灵活机制：①排放贸易机制（Emission Trading，ET），即排放量可以进行国际交易，如有些国家未能完成减排任务，可向超额完成减排任务的排放国购买排放量。②清洁发展机制（Clean Development Mechanism，CDM）。这一计划考虑到发展中国家缺乏节能减排的资金和技术且碳减排投资的边际效应突出，发达国家缔约方可以向发展中国家投资碳减排项目，二氧化碳的减少量可被投资国用于冲抵其减排任务，这实际是发展中国家与发达国家之间通过项目合作实现互利双赢的崭新模式。③联合履约机制（Joint Implementation，JI），顾名思义，有些国家或地区可以采取“集团方式”减排，如欧盟整体可作

为一个集团承担一定的减排任务，各成员国分摊减排任务，集团内部国家之间可以协商，只要总量实现排放任务即可。这三种灵活机制的共同点是通过灵活机制使碳排放任务全球定价、全球流动，实现碳排放任务合理有效地完成。

（二）控制碳减排的办法和措施

1. 征收排放税

就征收排放税税基而言包括二氧化碳税、碳税、能源税；就税种而言，包括从量税和从价税。二氧化碳税是二氧化碳排放量来征收的，我们可以根据一吨碳等于 3.67 吨二氧化碳进行转换，很容易就得到相对的碳税；碳税是指根据每种燃料所含碳量征收的；能源税是指根据能源消费量来征收的，相对于二氧化碳税和碳税，能源税包含可再生能源和核能。从量税是指针对不同税基而言，按其消费的数量来征收，而从价税是指按其价格来征收，如二氧化碳，从量税即按照其排放吨数进行课税，从价税则是按其市场价进行征收，从价税征收的前提是国内已经形成较好的价格体系，否则无法实施。

排放税影响二氧化碳排放的途径有两种：一是直接途径，即通过提高相关能源品的价格，促使相关行业和部门采取相关节能减排措施，提升能源使用效率，加大能源领域投资，促进产品和行业结构模式的转变，实现经济可持续发展；二是间接途径，即通过碳税收入的再分配，转变投资方向、消费模式，形成节能观念等，达到节能减排的目的。能源税是对于总体能源消费量征收的，并没有区分能源来源，这其中包含了核能和可再生能源，相对于碳税和二氧化碳税而言它更加得笼统，对化石燃料和可再生能源并不能加以区分，因此对于减少二氧化碳而言有种“隔靴搔痒”的意涵，不如碳税或二氧化碳税针对性强。

2. 碳排放权交易

碳排放权交易实施的前提是碳排放定价体系的建立，在此基础上使碳排放指标全球流动，促进碳排放任务合理、有效地完成。

就国际碳排放权交易而言，《京都议定书》中提到了三种灵活机制，即排放贸易机制（ET）、清洁发展机制（CDM）、联合履约机制（JI），这三种灵活机制基本构成了国际温室气体排放权交易体系。排放贸易机制被认为是一种比清洁发展机制和联合履约机制更加有效的减排措施，因为排放贸易机制可以涵盖所有部门，而后两者一般仅涉及个别部门，如能源、农业等较为强势的部门，因此其廉价减排机会的分配不如排放贸易机制有效。清洁发展机制是一种双赢的机制安排，发达国家可以获得廉价减排机会，发展中国家可以获得节能减排的技术和资金，可以说是受到各方追捧。

就国内碳排放权交易而言，在碳排放定价的基础上建立碳排放产权交易所，为负担减排任务的企业或组织提供交易场所，实现国内资源的有效配置。其实施的难点在于对碳排放指标的发放，这牵涉到各方利益博弈，我国对建立碳排放产权交易所保持开放的态度，正在加以研究和评估，相信不久就会破茧而出。

3. 碳汇或碳固存技术

碳汇一般是指从空气中清除二氧化碳的过程、活动、机制。包括自然的和人为的，自然方面主要是指森林吸收并储存二氧化碳的多少，或者说是森林吸收并储存二氧化碳的能力。人为的主要指通过技术方法捕获二氧化碳，具体有两个方面的含义：第一，清除，即将空气中的二氧化碳清除并将其储存在一个储藏物中的过程；第二，捕获和储存，即在燃料燃烧时捕获二氧化碳以避免其扩散到空气中，这种捕获可以是用化学的方法将其转化为其他物质或是用物理的方式将其储存起来，如电厂发电产生的废气。

4. 其他方式

其他方式有使用替代能源、改进能源利用技术、传播节能意识和培养节能习惯等。如各国尝试使用风能、太阳能等可再生能源替代现有石化能源，推广混合动力车和纯动力车，倡导低碳生活宣传低碳经济等，又如我国加大核能电厂和水力发电厂的建设以替代煤以炭为主的火力发电厂等。这些补充方式是我们所提倡的，也是有效的，但是也有其劣势，使用替代能源不可能一蹴而就而且使用替代能源尚不能完全覆盖对能源使用的增长量，全球气候环境和国际社会不可能容忍；技术改进和突破有其不确定性，人们无法预知何时到来，因此不能完全倚靠技术核心来解决碳排放问题；节能意识和节能习惯不是一朝一夕的事情，需要政府和社会发挥其导向作用，逐步地加以改善。

上述三类措施都具有其合理性，也具有一定的可实施性，我国各个方面都在稳步推进当中，但也面临着碳排放政策真空的现状——碳排放权交易规则和征收碳税的相关法律政策，对于碳排放权交易而言，本书暂时不予以研究，原因有：①我国没有尚未建立碳排放权指标分配体系；②尚未形成真正有影响力的碳排放产权交易所和碳排放权定价市场，目前仍在试点阶段；③碳排放权交易缺乏数据，也无法进行宏观建模分析。因此本书着重研究征收碳税对我国各产业部门的影响。

（三）各国碳税政策实施经验

从 1990 年芬兰成为世界第一个实施碳税政策的国家以来已经有 22 年了，现今各国都将碳税政策作为控制碳排放的主要手段之一，面对我国资源短缺、经济结构转型、建设可持续发展社会的困局，碳税无疑可以成为一把利器，帮助我们突破困局。然而，碳税作为新鲜事物，存在着许多的不确定性和风险性，我国可以借鉴欧美国家在这一领域的某些成熟经验，为变革提供有益的参考。

表 9–6　各国碳税政策概览

国家和地区	开始时间	碳税税率	年碳税收入	碳税收入用途
芬兰	1990 年	30 美元/吨二氧化碳	7.5 亿美元	收归政府财政预算伴随部分收入税减免
荷兰	1990 年	1996 年是 20 美元/吨二氧化碳	48.19 亿美元	削减其他税收、节能减排项目
挪威	1991 年	15.93~61.76 美元/吨二氧化碳	9 亿美元（1994 年）	收归政府财政预算
瑞典	1991 年	标准税率：104.83 美元/吨二氧化碳 工业税率：23.04 美元/吨二氧化碳	36.65 亿美元	收归政府财政预算
丹麦	1992 年	16.41 美元/吨二氧化碳	9.05 亿美元	用于环境减排项目、返还给工业企业
英国	2001 年	电力：0.0078 美元/度；天然气电力：0.0027 美元/度；液化石油气，或用于供暖的以液态形式保存的气体碳氢化合物：0.0175 美元/千克；固体燃料：0.0213 美元/千克	11.91 亿美元	减免其他税收
美国科罗拉多州巨砾市	2007 年	12~13 美元/吨二氧化碳	84.68 万美元	环境减排项目
加拿大魁北克	2007 年	3.2 美元/吨二氧化碳	1.91 亿美元	环境减排项目
加拿大不列颠哥伦比亚	2008 年	2008 年 9.55 美元/吨二氧化碳，随后每年增长 4.77 美元，直到 2012 年的 28.64 美元/吨为止	2.92 亿美元	削减其他税收
美国加利福尼亚州 BAAQMD 市	2008 年	0.045 美元/吨二氧化碳等价物	110 万美元	环境减排项目
法国	提出方案	24.74 美元/吨二氧化碳	44.99 亿美元	削减其他税收
美国加利福尼亚州 CRAB 市	提出方案	2010~2011 财年 0.155 美元/吨二氧化碳，随后逐步降至 2014 年的 0.09 美元/吨二氧化碳	2010~2013 年为 6310 万美元，预计从 2014 年开始为 3620 万美元	环境减排项目

注：法国和加利福尼亚州 CRAB 市只是提出方案，并未具体实施。

以下是对各国实施碳税情况的回顾与梳理：

1. 芬兰实施碳税情况

1990 年，芬兰成为第一个实施碳税的国家。按碳含量课税，碳税适用于汽油、柴油、轻质燃料和重油、喷气燃料、航空汽油、煤炭、天然气（2008 年实施），碳税税率为：煤炭是 73.97 美元/吨（49.32 欧元/吨），天然气实施优惠税率大约 3.02 美元/兆瓦时（2.016 欧元/兆瓦时），液体燃料为 0.07~0.09 美元/升，用于商用船只供电的燃料豁免征税，电力征收税率因各种燃料不同而有所不同，可再生能源所产生的电力可获得退税。

起初，芬兰的碳税征收只纯粹针对碳含量，后来改成了 60%碳含量加 40%能源构成的碳税政策，能源构成是指税收针对的是所用能源的发热量而不是燃料的碳含量。但是在 1997 年 1 月，芬兰又回到纯碳含量征税法。2008 年 1 月 1 日，该国将碳税提高了 13%，每吨二氧化碳 30 美元，碳税收入达到近 7.5 亿美元，所有财政收入就直接归入中央政府预算。政府认为，由于实施碳税政策，该国 1990~1998 年减少了 4 百万吨二氧化碳，占该国 1998 年总排放量的 7%。

2. 荷兰实施碳税情况

荷兰实施碳税也始于 1990 年，它将天然气、电力、高炉、焦炉、煤气、天然气、汽油、柴油和轻质燃料纳入到征税体系当中，1996 年，税率大约是 20 美元/吨二氧化碳。环境领域相关税收达到 48.19 亿美元，其中碳税占一半以上，荷兰政府用碳税收入去减少个人和企业的税收负担以并减少温室气体的相关项目提供经费，部分碳税还会以“再循环”的方式流回企业，如以环保设备加速折旧或者可减税能源投资的形式。荷兰政府认为由于碳税政策的实施，2000 年一年就可减少 1.7 百万~2.7 百万吨二氧化碳排放量，他们预计到 2020 年这一数量会变成 4.6 百万~5.1 百万吨二氧化碳。

3. 挪威实施碳税情况

挪威碳排放税始于 1991 年，根据 2007 年挪威环保部的规定，目前实施的碳税税率为 15.93~61.76 美元/吨二氧化碳不等，征收对象包括汽油、轻质和重质燃料油、挪威海的油气，造纸业、鱼粉业、国内商品运输业、捕鱼业都享受碳税豁免权，表 9-7 为 2007 年挪威实施的碳税税率表，UNFCCC 资料显示，挪威碳税征收范围大约覆盖挪威整体碳排放量的 68%，覆盖挪威温室气体排放量的 50%。

同样地，挪威也将其碳税收入纳入中央政府账户，对于离岸钻井平台的许可费收入，则将其纳入一个特别养老基金之中，截至 2007 年年底这个基金规模

表 9-7　2007 年挪威碳税税率

类别	碳税税率 （美元/升汽油或挪威克朗/升汽油）	碳税税率 （美元或挪威克朗/每吨二氧化碳）
石油	0.14 美元（0.8 挪威克朗）	61.76 美元（345 挪威克朗）
燃料油		
轻质燃料油、柴油	0.1 美元（0.54 挪威克朗）	36.34 美元（203 挪威克朗）
重油	0.1 美元（0.54 挪威克朗）	30.79 美元（172 挪威克朗）
矿物油		
轻质燃料油、柴油	0.05 美元（0.28 挪威克朗）	18.8 美元（105 挪威克朗）
重油	0.05 美元（0.28 挪威克朗）	15.93 美元（89 挪威克朗）
本国内陆消耗		
天然气	0.08 美元（0.47 挪威克朗）	35.98 美元（201 挪威克朗）
液化石油气	0.11 美元（0.60 挪威克朗）	35.80 美元（200 挪威克朗）
沿海大陆架		
轻质燃料油、柴油	0.14 美元（0.80 挪威克朗）	53.70 美元（300 挪威克朗）
重油	0.14 美元（0.80 挪威克朗）	45.65 美元（255 挪威克朗）
天然气	0.14 美元（0.80 挪威克朗）	61.22 美元（342 挪威克朗）

资料来源：《碳税政策——经验和制度设计概览》（Carbon Taxes：A Review of Experience and Policy Design Considerations）。

达到了 3730 亿美元，平均每个挪威人大约有 8 万美元。

尽管对节能减排做出了巨大努力，挪威人还是因 1991~2008 年温室气体排放量增加 15%的事实受到各方批评，而较为合理的解释是因为其国内生产总值较 1990 年增加了 70%。因碳税政策的实施，挪威工业部门的效率得到了大幅提高，2003 年每单位产出的碳排放量较 1991 年降低了 22%。挪威人的碳税还促进了碳固存的技术创新。1996 年，一个名叫 StatoilHydro 的公司运营着 Sleipner 气田，它们首先开始了碳固存项目的尝试，即将二氧化碳存储到海底，这个项目花费了近 2 亿美元，每年给公司节省了 6000 万美元，每年固碳量达到 1 百万吨二氧化碳（UFCCC，2006），使得企业和环境达到双赢。

4. *瑞典实施碳税的情况*

瑞典 1991 年就实施了标准税率为 44.37 美元/吨二氧化碳的碳税政策，对于制造业、农业、热电厂、森林和水产等产业实施较低的税率，大概是 11.28 美元/吨二氧化碳，不过随着时间的推移，他们将税率逐步提高了，1996 年为 55.57 美元/吨二氧化碳，1999~2003 年，这一数值则为 104.83，但是上述这些工业的税率仍然很低，为 23.04。碳税收入 1993~2000 年相对较为平稳，2003~2004 年则逐步增加，到 2005 年大概达到 36.5 亿美元，同样地，碳税也直接归入中央财政预算。对于碳排放量，瑞士有关部门也做了相关的统计和预测，瑞士环境部门对比 1995 年和 1990 年碳税收入后，认为 1990~1995 年碳排放量下降了 15%，对于整个温室气体排放量，瑞士政府认为 1990~2006 年。下降了大概 9%。2008 年 12 月，瑞士环境部发布报告称“从 20 世纪 70 年代中期开始，瑞士温室气体排放量下降了 40%”。

5. 丹麦实施碳税的情况

1991 年丹麦碳税法通过并于 1992 年 5 月实施，化石燃料被同时划分为能源税和二氧化碳税税种征收的对象，当碳税法通过之后，为了保持化石燃料税收的总额不变，对化石燃料所征收的能源税就随之下降了。表 9–8 说明了丹麦对各种燃料所征收的能源税和碳税税率。

表 9–8　1985~2005 年丹麦各种燃料能源税和二氧化碳税税率

类别	税率	1985 年	1990 年	1996 年	2000 年	2002 年	2005 年
轻质燃料油（欧元/升）	能源税税率	4.61	22.4	20.25	23.21	24.63	25
	二氧化碳税税率	—	—	3.67	3.62	3.63	3.23
	总税率	4.61	22.4	23.92	26.83	28.26	28.23
重质燃料油（欧元/千克）	能源税税率	5.11	25.2	22.56	26.16	27.72	28.09
	二氧化碳税税率	—	—	4.35	4.29	4.31	3.9
	总税率	5.11	25.2	26.9	30.45	32.03	31.99
天然气（欧元/立方米）	能源税税率	—	—	0.14	21.47	27.19	27.42
	二氧化碳税税率	—	—	2.99	2.95	2.96	2.69
	总税率	—	—	3.13	24.42	30.15	30.11
沥青煤	能源税税率	1.62	9.8	11.69	17.44	19.25	19.49
	二氧化碳税税率	—	—	3.26	3.22	3.23	2.96
	总税率	1.62	9.8	14.95	20.66	22.47	22.45

资料来源：《北欧和波罗的海环境政策的经济手段》。

就税收用途而言，丹麦政府将其 40%用于环境补贴，而剩下的 60%返还给工业企业，如果企业和丹麦交通能源部签署节能减排协议则可以获得 25%的税收减免，通过这些措施，1990~2005 年，丹麦人均碳排放量降低了 15%，20 世纪 90 年代期间工业排放量大约降低了 23%。

6. 英国实施碳税的情况

英国气候变化税（The UK Climate Change Levy）始于 2001 年，就燃料种类而言，它征收的对象是电力、天然气电力、液化石油气、用于供暖的以液态形式保存的气体碳氢化合物以及固体燃料（煤炭、焦炭、褐煤、其他类似的煤炭或褐炭、石油焦炭)；就部门而言，气候变化税只适用于工业和商业能源供应部门，气候变化税的目的是鼓励企业节能减排。表 9-9 显示了英国 2009 年 4 月 1 日平均气候变化税税率的情况。

表 9-9　2009 年 4 月 1 日英国平均气候变化税税率

部门	税率
电力	0.0078 美元/度
天然气电力	0.0027 美元/度
液化石油气或用于供暖的以液态形式保存的气体碳氢化合物	0.0175 美元/千克（或 0.0012 美元/度）
固体燃料，如煤炭、焦炭、褐煤、其他类似的煤炭或褐炭、石油焦炭	0.0213 美元/千克（或 0.0027 美元/度）

2005~2007 年气候变化税收入为 11.91 亿美元，这一数字远小于为保持税收收入中立而减少缴纳国民保险金 0.3%，即 22.5 亿美元，结果工业企业作为整体而言并没有面临缴纳更高的税收额的困境，相反却因为少缴了国民保险金而受益。

7. 美国科罗拉多州巨砾市实施碳税的情况

科罗拉多州的巨砾市大约有 10 万人，位于丹佛市西北方向，2006 年投票通过了一项关于征收碳税的法案，税收由电厂代收，于 2007 年 4 月实施。碳税的征收是基于所消耗的电力多少，开始时居民缴纳的税率为 0.0022 美元/度，商业企业的税率为 0.0004 美元/度，工业企业的税率为 0.0002 美元/度，2009 年 8 月法定规定税率增加为：居民 0.0049 美元/度、商业企业 0.0009 美元/度、工业企业 0.0003 美元/度，税率相当于 12~13 美元/吨二氧化碳，法定还规定可以免除那些来自当地风电企业（Xcel Energy）所提供电力的税收。2008 年的碳税收入是 84.69 万美元，征收碳税的有效期为 2013 年 3 月，届时还需要居民投票是否延长。

巨砾市运用这些碳税收入去支持那些家乡建筑物的节能减排工作、可再生能源项目、汽车减排项目等，该市还编制了关于评估碳减排项目的一系列指导准则，每个项目必须花费最少且最大限度地减少温室气体排放，他们用每吨温室气体减排成本来衡量其成本的效率，项目还必须包括合理预期的投资额和成本回收期。巨砾市的目标是到 2012 年比 1990 年（1.48 百万吨二氧化碳）下降 7%，并认为若是达到此目标则说明其碳税政策是成功的，该市就其气候政策措施所带来的碳排放下降量做了以下估计：

(1) 可再生能源政策：2008 年大概使二氧化碳排放量下降了 6 万吨。

(2) 公共交通：每年降低 3.3 万吨二氧化碳排放量。

(3) 提升能源使用效率项目：2008 年大约降低 6700 吨二氧化碳排放量。

8. 加拿大魁北克省实施碳税的情况

魁北克省实施碳税政策是在 2007 年 10 月，碳税税率为 3.2 美元/吨二氧化碳，碳税税率基于每年碳排放的数量而调整，各种燃料的税率也各不相同，如汽油税的税率为 0.0076/升，柴油为 0.0086 美元/升，丙烷为 0.0048 美元/升，煤炭为 7.64 美元/吨，根据保守气候变化杂志（Torys Climate Change Bulletin, 2007）的估计，碳税预计会每年逐步上升到 1.91 亿美元，包括：6587 万美元来自石油生产者，7637 万美元来自柴油和民用燃料油生产商，4100 万美元来自电力和天然气生产商，668 万美元来自煤炭和甲烷生产商。

在税收用途方面，魁北克省将其碳税收入存入一个“绿色基金”（Green Fund），这个基金将资助温室气体减排和提升公共交通的项目，主要的节能减排项目包括：2010 年开始让轻型车的制造厂商满足温室气体排放标准，提升商品运输的能源使用效率，资助捕获填埋的废物气体或稳定填埋废物气体的价格，支持人类粪便处理和生物质能燃料，资助碳捕获技术的研究和创新等。

减排效果方面，魁北克省 2005~2012 年碳减排行动计划，即魁北克和气候变化——未来的挑战（Quebec and Climate Change—A Challenge for the Future, 2008）建议了 26 项行动去减少温室气体排放量和如何去适应气候变迁，计划预计到 2012 年将减少 1460 万吨温室气体，而由碳税收入所资助的温室气体减排量约为 1120 万吨，如果温室气体能保持稳定在 2005 年 9200 万吨的水平，即意味着降低了大约 12%。魁北克省所认为的最具效率的减排措施，即花费最少减排效果最明显的项目包括：到 2012 年将乙醇在燃料消费中的比例提升至 5%、减少工业排放、资助填埋的废物气体的捕获和利用、支持人类粪便处理和生物质能燃料。

由上述各国碳税政策实施可知，欧洲各国实施碳税政策起步早，积累了大量经验和教训，值得各个发展中国家学习。从碳税税率而言，欧洲各国的税率普遍较北美地区高出许多，这可能损害了欧洲工业的潜在国际竞争力；从碳税用途来看，多数国家将碳税收入用于节能减排项目、削减其他税种或降低税率等，采取削减其他税收的方法可以有效维持本国产品的生产成本，使得企业不因碳税的实施而增加太多负担，所增负担的多少取决于碳税征收的力度和削减其他税收的程度；从实施效果来看，多数国家碳排放情况都有明显的改善（见表 9-10），说明碳税的实施有其合理性。

表 9-10 各个国家和地区碳税实施效果概览

国家和地区	开始时间	二氧化碳排放变化量	来源
芬兰	1990 年	1998 年碳排放量比没有实施碳税要低 7%	芬兰总理办公室报告（2000）
荷兰	1990 年	2000 年预计降低了 170 万吨二氧化碳，碳税覆盖的行业预计降低了 5%	荷兰住房、空间和环境部报告
挪威	1991 年	1991~2008 年，碳排放量增长 15%，其间 GDP 增加 70%	Abboud（2008）
瑞典	1991 年	由于碳税的实施，1990~2006 年，排放量大概下降了 15%。	Johansson（2000）
		2006 年较 1990 年降低了 9%。从 20 世纪 70 年代中期到 2008 年排放量降低超过 40%	瑞士环保部报告（2008）
丹麦	1992 年	1990~2005 年人均排放量降低 15%	Prassad（2008）
英国	2001 年	2001~2005 年排放量降低了超过 5800 万吨二氧化碳；由于《气候变化税》的实施估计 2010 年排放量下降了 1280 万吨二氧化碳	Cambridge Econometrics（2005）cited in Her Majesty's Treasury（2008：101）
美国科罗拉多州巨砾市	2007 年	2007 年和 2008 年与 2006 年相比碳排放量开始下降了，最大的碳减排来自碳税收入所资助的项目，包括：可再生能源项目（相当于 6 万吨二氧化碳排放量）、交通运输业（相当于 3.3 万吨二氧化碳）、能源效率提升项目（相当于 6700 吨二氧化碳）	巨砾市公报（2009b）
加拿大魁北克	2007 年	预计因碳税实施，到 2012 年二氧化碳年排放量下降 1120 万吨	魁北克省公报（2008）
加拿大不列颠哥伦比亚	2008 年	预计因碳税实施，到 2020 年温室气体年减排量达到 300 万吨二氧化碳	不列颠哥伦比亚财政局报告（2008）

注：除注明外，减排量代表总体减排量而不是因为碳税实施而下降的排放量。

二、各国碳税实施障碍

碳税是以减少二氧化碳的排放为目的，对化石燃料按照其碳含量或碳排放量征收的一种税。碳税是在全球气候恶化、人们应对温室气体快速增加的背景下产生的，作为一个新税种，碳税的实施必然受到诸多外部条件的制约和限制。

（一）开征碳税的外部约束

实施碳税政策面临着的外部约束因素包括经济因素、制度因素、财政因素、社会因素、征管因素、国际因素。

1. 经济因素

碳税征收的对象是化石燃料，碳税的开征将直接导致化石燃料使用成本上升，直接影响电力、物流等产业，进而扩散至国民经济的各个产业，增加工业产品生产成本，从而降低整体国家的竞争力，一般而言，各国政府在实施碳税之初都会辅之以其他税收减免或优惠的方式开征碳税，一方面可以减少新税种实施的阻力；另一方面不给企业增加负担。尤其在经济周期下行时，开征碳税通常得不到政府和社会的认可。因此，经济因素构成开征碳税最为重要的外部约束之一。

2. 制度因素

制度因素主要是指碳税制度和能源税制度之间的选择问题。作为促进节能减排的手段，两者有共同之处：一是目标相同，都是为了促进节能减排进而改善居住环境；二是征收的对象有重合，碳税相较于能源税而言更窄。到底是选择将能源税具体化还是将能源税删除并开征碳税，抑或将能源税范围收窄同时开征碳税，对于制度的选择将影响我们碳减排总体战略，尤为重要。另外，在碳减排手段上，我们还面临着碳税以外手段的选择，如碳交易制度，是否应当舍弃碳税手段转而选择碳交易市场建设，抑或两者同时进行，这些制度上的选择都构成我国开征碳税的制度因素。

3. 财政因素

开征碳税意味着会增加税收收入，是将其投入节能减排项目或以补贴、减免的方式返还给企业，还是将其投入到其他社会领域，这都是开征碳税后需要面临的具体问题。

4. 社会因素

碳税作为一种新税种，从 1990 年出现到现在也不过 20 多年，人们对气候变化的认知、对政府开征碳税后碳税收入用途的意见、对自身承担碳减排责任的理解、对碳税负担的承受力等都构成开征碳税的现实阻力。

5. 征管因素

征收碳税涉及对碳排放量的计量问题，这是开征碳税最为直接的问题，从目前的技术条件来看，直接对个人或企业碳排放量进行计量还不可能达到，通常的做法是通过燃料的碳含量及其使用量进行间接计量，同时，征税过程还应当考虑技术的升级以及碳捕获和存储技术的发展。

6. 国际因素

从全球范围来看，实施碳税的目的是缓解气候变化带来的不利影响，谋求世界人民的福祉，但是在实施过程中，各个国家在是否实施碳税、实施碳税的标准和碳税的税率等方面都存在差别，这样的话可能会导致碳排放从碳税税率高的地区或国家转移到低税率的国家，这就产生了所谓的“碳泄漏”，如果“碳泄漏”是纯粹因为碳税税率不同而导致的，那么就存在碳税税率国家协调的问题。

基于上述现实的外在约束，为使碳税顺利开征，我们应当创造良好的社会宏观经济氛围，设立合理的税率水平，创造良好的国际环境，尽最大可能削弱上述因素的影响。

（二）国外开征碳税的障碍及其对策

了解国外碳税排放方面的经验对于我国开征碳税大有裨益，尤其是其碳税实施过程中所遇到的障碍。自 1990 年芬兰成为世界第一个实施碳税政策的国家以来已经有 22 年，北欧国家在碳排放领域一直走在世界前列，它们所遇到的障碍主要包括：开征碳税对经济和产业竞争力的负面影响、对企业和社会居民负担的增加、政治方面的争议以及不能获得社会广泛的支持等。从国外的经验来看，以下措施将有助于有效缓解征收碳税所面临的障碍：

1. 合理设计的碳税税制

碳税税制包含两个方面：一是碳税征税范围。碳税征税范围小，所受影响的居民和企业就少，面临的阻力也就相对较小，但是减排效果会大打折扣，这就需要决策部门有效权衡，既达到合理的碳减排目标又不至于面临无法承受的阻力。二是碳税税率制度。多数国家倾向于实施单一的碳税税率制度，然后按使用燃料种类的吨数折算成排放量以计算其所需缴纳的碳税额，这样可以防止不同燃料之间出现“多排放少缴税、少排放多缴税”的情况，体现公平排放的特点。

2. 实施税收收入中性的改革

欧美等国家通常的做法是，在开征碳税的同时，减少个人所得税或社会保障税等其他税收来保持碳税实施的中性，这样容易得到企业和民众的支持与认同，这说明开征碳税的目的并不是增加税收收入，而是税收收入的内部优化与调整，达到节约能源、减少排放的目的。就中国的情况而言，我们可以结合自己的税制调整方向，例如流转税和所得税双主体税制模式改革、增值税全覆盖和向消费型增值税转型等，在降低增值税比重的同时用碳税或资源税等环境友好型和能源节约型税制替代，从而建立环境友好型、能源节约型经济增长方式。

3. 对相关利益受损群体进行补偿

对相关利益受损群体进行补偿可以有效降低碳税实施过程中的阻力，赢得更广泛群众的支持。一是对生活必需品行业进行补贴，避免基本生活品价格大幅上升，缓解 CPI 上升的压力。这些行业包括：食品、居民用电、公共交通、医疗、教育等涉及民生的基本行业。二是对困难居民进行补贴。开征碳税会增加大多数人的生活负担尤其是低收入群体阶层，做好低收入阶层的转移支付和特殊补贴工作十分重要，此外，这些援助和补偿可以尝试以医疗、教育、就业等形式进行，这样有利于低收入家庭更好地获得抵御风险、过上体面生活的能力。

4. 宣扬低碳生活，加强碳税知识宣传

开征碳税的国家都取得了较为显著的减排效果，促进了可再生能源技术的开发与利用，实现了经济的集约型增长，宣扬低碳生活和加强碳税知识宣传可以让老百姓更多地了解高碳危害、培养良好的低碳生活习惯、更好地理解和支持政府低碳发展战略，从而消除碳税实施的障碍。

（三）我国克服碳税实施障碍的思路

为了顺利地开征和实施碳税，有必要克服我国在经济性、社会性、制度性和技术性方面存在的障碍。针对我国开征碳税所存在的主要障碍表现，借鉴国外的经验，减弱和消除开征碳税障碍的主要思路为：科学设计碳税制度、合理选择开征时机、加强法制保障和能力建设。

1. 科学设计碳税制度

只有科学合理的碳税制度，才具有实施的可行性。通过对 2009 年《财政部碳税课题小组》（本书简称课题组）的部分成果进行研究和学习，得知：碳税制度主要包括纳税人、税率水平、征税环节、税收优惠、收入归属、收入使用 6 个方面。

（1）纳税人。国内许多专家对纳税人讨论的焦点都集中在个人是否应当纳入碳税征收的范围之内。从国外开征碳税的经验来看，绝大多数国家都对居民的燃料消费进行征税，家庭能源消耗（如家庭用车、家庭用电等）占据碳税相当的比重，如果不对个人征税，可能减排的效果将大打折扣。如果对个人能源消耗开征碳税，则需要考虑我国居民收入普遍不高、家庭负担持续上升的现实，可考虑减免或从极低的税率出发，遵循“循序渐进、结合民意”的方式，尤其需要考虑“五保特困”、城市下岗职工等低收入人群的特殊情况，符合条件的应当给予补贴和减免。

（2）税率水平。税率水平的选择是碳税实施的难点和重点，应该说碳税税率的选择受到多方面因素的影响，如需要考虑碳税在减排上的实施效果，碳税对宏观经济的负面影响，碳税与资源税、消费税等税种之间的关系，低税率可能无法达到期望的减排效果，高税率将给个人和企业带来过重的负担，影响居民生活品质和企业产品竞争力。结合我国发展水平还不高，居民收入水平低、负担重，企业产品竞争力还不强的现实，税率的确定应该遵循“渐进性、风险可控性”的原则，从低税率起步，当条件和时机成熟时，可考虑逐步提高税率水平。

(3) 征税环节。目前征税环节争论的焦点在于是对生产环节还是对终端消费征收。

首先，从税制目标来看，开征碳税的目的是促使人们节约能源和提高能源利用效率从而减少碳排放量，那么对终端能源消费征收将能更好地反映减排目的、实现减排目标。其次，由于我国目前的资源价格形成机制不完善，在生产环节征收会因税负传导的问题导致缺乏调控效果。最后，在资源税、消费税的基础上，如果再设置一道碳税，虽说 3 个税种在功能上可能会存在一定差异，但是对纳税人而言，无疑是产生了税上加税的经济结果，可能会导致强烈的反对。因此征收环节设置在消费环节更为合理。

(4) 税收优惠。国内专家普遍认为，应当对节能减排达到标准的、积极采用节能减排技术的企业和居民进行税收优惠。

课题组认为，我国碳税优惠设计应主要遵循两个方面：一是能源密集型行业。由于我国能源密集型企业发展阶段的原因，在碳税实施的初期，应当考虑企业的承受能力给予一定的适应期，适应期实施较低的碳税税率，适应期后可视情况逐步增加。二是对于积极采用技术减排和回收二氧化碳并达到一定标准的企业，给予减免税优惠。有利于鼓励和引导可再生能源技术的使用和投资，提高社会节能减排的积极性。

(5) 收入归属。碳税收入归属问题涉及三种选项：中央税、地方税、中央与地方共享税。由于开征碳税涉及面广阔，包括宏观经济、产业发展，这都无疑会牵涉到地方政府，为调动地方政府的积极性，多数专家认为应当实行中央与地方共享税，课题组建议：碳税的中央与地方分成比例设计应为 7∶3，由于这一数据并不影响本书模型运转状态，故在此不赘述分成比例选择问题。

(6) 收入使用。碳税收入的使用有两种选择，即专款专用和纳入预算管理。专款专用的好处是可以有效地保障节能减排和解决气候变化投入资金的来源问题；纳入预算管理则可以将其纳入整体财政预算规划当中，有效避免财政预算资金被各种“专款”所肢解，同时纳入预算并不意味着这对节能减排的投入就没有保障或者降低。课题组的观点是建议纳入预算管理。表 9–11 阐述了碳税制度设计的总体思想和框架。

表 9–11 碳税制度的设计

税制要素	基本规定
纳税人	因消耗化石燃料向自然环境直接排放二氧化碳的单位和个人为二氧化碳环境税的纳税义务人。
征税范围和对象	在生产、经营和生活等过程中直接向自然环境排放的二氧化碳，按规定征收环境税。从长远看，对个人生活实用化石燃料排放的二氧化碳同样应征收碳税，但近期除个人使用汽油和柴油等成品油外，对家庭生活用能暂时免征。
计税依据	估算排放量，按照纳税人的化石燃料消耗量计算。 二氧化碳排放量=化石燃料消耗量×排放系数 化石燃料消耗量是指企业在生产经营中实际消耗的产生二氧化碳的化石燃料，包括煤炭、原油、汽油、柴油、天然气等，以企业账务记录为依据；排放系数根据化石燃料种类和相关参数进行确定。
税率	实行定额税率，采取从量定额形式。在碳税实施初期以较低税率水平起步，可选择 10 元/吨二氧化碳。 碳税税率换算关系为：1 元/吨二氧化碳=1.94 元/吨煤炭=3.03 元/吨原油=2.95 元/吨汽油=3.13 元/吨柴油=2.2 元/千立方米天然气
征税环节	应设置在化石能源的消费环节。但从征管现状出发，煤炭、天然气、成品油在碳税实施初期可在化石能源开采和生产环节征收；在未来征管条件具备的情况下，可考虑将成品油和天然气调整到批发和零售环节征收，煤炭调整到耗能企业的消费环节征收。
税收优惠	(1) 根据实际情况，在不同时期对受影响较大的能源密集型行业给予一定程度的减税。 (2) 对积极采用技术减排和回收二氧化碳并达到一定标准的企业，给予减免税优惠。 (3) 对个人生活使用的煤炭和天然气排放的二氧化碳，暂不征税。
其他税制要素	纳税期限、纳税地点等制度要素规定（暂略）。
收入归属	建议将碳税作为中央和地方共享税，中央与地方的共享比例建议为 7∶3。
收入使用	碳税收入纳入预算管理，同时，加大财政对节能环保和应对气候变化方面的投入。

2. 合理选择开征时机

除了上述措施，合理选择我国碳税的开征时机也是有效克服开征障碍的重要方面。因为国内国际经济、社会等环境的状况，决定了各类碳税开征障碍的具体影响和碳税开征的条件是否成熟。

在 2009 年完成的碳税研究中提出最早在 2012 年开征碳税，之所以在当时做出这样建议的原因是：考虑到国内在 2009 年已经实施了成品油消费税改革，有关资源税的改革也可能在 2009~2010 年实施，因而初步建议将碳税的实施时间确定为资源税改革后的 1~3 年（预计为 2012~2013 年）。但从目前的实际情况来看，该目标难以实现。由于资源税的改革被推迟，相应碳税的开征也需要推后进行。

3. 加强法制保障和能力建设

加强法制保障和加强法律建设，有助于弱化和减少开征碳税的制度性障碍；同时，加强碳税相关知识的宣传和教育，增加民众对碳税的了解和认知程度，有利于赢得老百姓的赞许和认同。

(1) 完善相关的法律制度。我国应当根据自己的国情，适时地研究和制定《应对气候变化法》，同时在相关法律法规中考虑应对气候变化的财政政策，明确财政支持应对气候变化的力度、财税优惠政策的目标和具体受益对象以及相应的政策支持方式。

(2) 加强制度配套和协调。其中碳减排政策与污染减排政策的协调是重中之重，在我国目前的环境形势下，污染减排、加强环境保护的紧迫性实际上要大于碳减排。但碳减排又是一个国际问题、全球问题，具有其特殊性。因此，在碳税政策制定时，需要综合考虑碳减排与污染减排政策的协同效应，加强制度配套和协调，合理设计相关的碳税税负。

(3) 加强政府部门和企业的能力建设。这里的政府部门主要指财政部门，首先是提高财政部门工作人员对气候变化的重视程度并提高其对气候变化的参与意识。其次是加强工作人员人力资源的开发，主要需求包括：减缓和适应气候变化的财政政策分析、学科建设和专业技能培养、信息化建设、国际交流、清洁发展机制（CDM）项目人员培训，等等。这一点也适合一般企业，尤其是资源消耗大户。最后要加强财政部门的国际合作和交流。

(4) 加强宣传。我国的实际国情是，老百姓的法律意识淡漠，知法懂法的比例很低，“法盲”的比重仍然偏高，对于碳税制度这么一个新生事物，有必要通过加强低碳宣传，使民众了解征收碳税的重要性，更好地让民众理解和支持碳税工作。对外而言，我们应当让国际社会了解中国对碳减排所采取的努力、为世界减排做出的贡献，营造良好的国际氛围，以便积极争取国外资金和技术。

第三节　碳排放数据

通常而言，全球二氧化碳数据的来源主要有四个途径：一是美国能源情报署（Energy Information Administration，EIA）；二是二氧化碳信息分析中心（Carbon Dioxide Information Analysis Center，CDIAC）；三是国际能源署(International Energy Agency，IEA)，不过该署公布的数据只有 20 世纪 90 年代以后的；四是根据 IPCC 指导目录或其他方式计算得到的。

就中国本身而言，我们还可以通过国家统计局发表的《中国统计年鉴》得到各行业能源消耗数据。统计年鉴能源章节有“按行业分能源消费量”数据，包括煤炭、焦炭、原油、汽油、煤油、柴油、燃料油、天然气、电力共计 9 种能源消费量，单位为万吨、亿立方米和亿千瓦时，无论是根据附件二中的 IPCC 二氧化碳排放量估算还是根据我国政府报告、学者研究采用的二氧化碳排放系数估算值，容易得到分行业的二氧化碳排放量。本书 Mudan 模型也正是基于统计年鉴中“按行业分能源消费量”得到我国 59 个行业二氧化碳排放量的估值，再根据设定的不同碳税税率，从而得到各产业受碳税开征的定量影响。

第十章　多部门模型的构建

对多部门动态模型的研究始于20世纪60年代，这类模型中最著名的是英国剑桥大学的MDM模型和美国马里兰大学的INFORUM模型。INFORUM模型是在克劳帕尔阿尔蒙教授领导下研制的。中央财经大学Mudan模型完成于1998年年底，针对1994年年底新国民经济行业分类标准（国标94）的颁布以及国家统计局统计口径的诸多变化，自1999年始，中央财经大学Mudan模型课题组开始了新一代Mudan模型的研制，命名为Mudan IV，是一个59部门模型，对以往模型的主要改进有：①以1992年和1997年投入产出表为基础，参照行业分类国标84和国标94，将模型的部门数确定为59个；②按照新的59部门分类标准重新建立了模型的数据库，目前整个数据库样本区间为1985~2000年；③采用加速原理估计投资行为方程，将原有投资模块由外生变为内生；④重新对消费、进口、出口和各分项增加值（工资、利润、折旧和税收）等模块的行为方程进行了设定和估计。本部分主要的工作是对中央财经大学的Mudan IV模型进行改造，使之符合本书研究需求，并在此基础上添加碳排放模块，将其运用于碳税问题研究当中，本章以下部分主要介绍改进和改造部分。

第一节　多部门模型的数据库和模块构成

本模型是由生产模块、价格收入模块、碳排放模块和核算模块四个相互关联的模块组成的。生产模块决定分部门的不变价最终需求、中间投入、总产出、劳动生产率和就业人数；价格收入模块计算每个产业部门的名义劳动者报酬、固定资产折旧、生产税净额、营业盈余和各种价格指数；碳排放模块用于计算碳排放量，并结合碳税税率，得到碳税收入，嵌入到碳排放模块中的“税收”变量当中；核算模块则将各产业的最终需求和收入加总编制国民核算总表，用诸产品价格的加权平均和得出各种总量价格指数、计算农村和城镇居民收入、决定名义和实际GDP等。模型通过规定生产、价格收入和核算模块各变量之间的关系而闭合。

本节仅介绍各模块的基本方程构成和用到的主要定义，而不给出各回归方程的具体形式，旨在使读者对整个模型的总体框架有一个全面的了解，方程设定在下节详细介绍。

一、多部门模型数据库的更新

本书是在2004年版Mudan模型（下文称为Mudan2004）的基础上，对数据库加以补充、改造和完善的。同样地，本书 Mudan 模型仍然由基础数据库和向量数据库组成，基础数据库收集了消费、投资、进口和出口等分部门以及宏观总量数据，样本区间为 1992~2009 年，下面逐项予以说明。

（一）基础数据库

1. 消费

消费主要分城镇居民消费、农村居民消费。城镇居民消费支出分为 24 类；农村居民消费支出分为 10 类。数据来源主要是《中国统计年鉴》中的表《各地区城镇居民家庭平均每人全年消费性支出》和表《农村居民家庭平均每人生活消费支出》，需要说明的是，本书对城镇居民消费支出并没有作人均全部收入和生活费收入的区分。对于农村居民消费支出的处理，1992~1999 年的表《农村居民家庭平均每人生活消费支出》将农村居民消费支出分为 10 类，食品大类中包含主食、副食、其他食品，2000~2009 年则只给出了食品大类的金额，我们假设主食、副食、其他食品在食品大类中的比例不变，得到 2000~2009 年的主食、副食、其他食品的分项数据。

在消费价格指数方面，从表《居民消费价格分类指数》中容易得到农村居民消费 10 种分类对应的价格指数。难点在于城镇居民价格指数，城镇居民价格指数在 2003 年前后的分类发生了较大变化，但总体而言，数据处理的思路是：由于给出的价格指数分类较 24 种分类更细，因此我们以当年消费量的比例为权重，乘以给出的价格指数，得到我们所需要的 24 种分类的价格指数。

2. 固定资产投资

本书按照投资主体将固定资产投资分为 52 个部门，在 Mudan 模型中，固定资产投资的数据收集和处理是最为繁重的任务之一。本书直接使用 Mudan2004 中 1999~2003 年数据，2003~2009 年的数据主要通过《中国统计年鉴》固定资产投资版块的表《按行业、隶属关系和注册类型分城镇固定资产投资》得到，将这些细分的数据合并到 Mudan 模型 59 个行业分类当中，并借助表《各地区按主要行业分的全社会固定资产投资》中的加总数据对其进行总量控制，以确保 59 个行业加总数据与全社会固定资产投资总额相同。

在固定资产投资价格指数方面，迄今为止，我国尚未公布详细的分行业固定资产投资价格指数，仅公布了全社会固定资产投资价格指数，因此，只能计算得到分行业的投资价格指数。我们所能得到的按构成分列有 3 项：建筑安装工程、设备工、器具和其他费用价格指数。处理固定资产投资价格指数的思路是：首先将分行业的基本建设投资和更新改造投资的上述 3 项分别相加，从而得到按构成分的固定资产投资分行业数据。然后计算上述3项构成占各行业投资的比例，最后以此得到的比例分别乘以相应的固定资产投资价格指数，从而得到我们所需要的分行业固定资产投资价格指数。

3. 进出口

进出口数据主要采自《中国统计年鉴》中对外贸易章节的表《进出口货物分类金额》，里面缺少劳务和服务进口数据，我们只能通过表《国际收支平衡表》得到劳务和服务的相关数据，但得到的也只是总量数据，并无分行业数据，所以只能通过后期对数据再加工实现，我们的方法是通过“linkseries”和“benchmark”命令对INFORUM国际模型的中国进口数据进行关联，其做法是让我们的分行业的数据仿照国际模型数据的曲线，然后将得到的分行业数据加总后进行总量控制，从而得到分行业的进口数据。

4. 就业人数

就业人数数据来源和处理的方式与Mudan2004中的颇为相似，农业就业数据直接来源于《中国统计年鉴》，工业数据主要来源于《中国工业经济统计年鉴》和《中国统计年鉴》，由于从1998年开始只能得到国有及规模以上非国有经济从业人员，所以我们先得到各行业就业的比例数，再用总就业人数进行总量控制，将控制比例乘以得到的国有及规模以上从业人员数据，则得到相应行业的就业数据。

5. 工资

工资数据主要来自《中国统计年鉴》中就业人员和职工工资章节的表《按细行业分职工平均工资》，这里面涉及的问题是2002年前后表中的细分行业发生了变化，我们对2002年以前的数据进行了表头的调整和核对，并利用其他表，如表《各地区按行业分职工人数》，对2002年以前行业进行核对、细分，从而得到1992~2009年的分行业数据。

6. 总产出

总产出的数据来源和处理与就业人数的途径和方法颇为相似，就产业而言，农业数据和第三产业数据直接来源于《中国统计年鉴》；同样地，工业数据来源于《中国工业经济统计年鉴》，由于从1998年开始只能得到国有及规模以上非国有经济的产出数据，所以我们采取先得到各行业产出的比例数，再用工业总产出进行总量控制，将控制比例乘以得到的国有及规模以上行业数据，得到相应行业的产出数据。

价格指数方面，农业和第三产业采用其相应的GDP平减指数作为产出的价格指数；在工业产出价格指数方面，由于2005年之前行业数据不全，故直接使用Mudan2004的1992~2005年行业价格指数，2005~2009年的采用统计年鉴价格指数章节中表《按工业行业分工业品出厂价格指数》。

7. 分项增加值

和Mudan2004的数据来源和做法基本相同，此处不赘述，唯一不同的地方是，在用RAS法对各年进行调整时，因为年份数据区间不同，2001~2006年是采用2002年I-O表的59部门分项增加值矩阵，2007~2009年是采用2007年I-O表的59部门分项增加值矩阵。碳税也在增加值当中，只不过此时碳税税率为0。

（二）向量数据库

向量桥矩阵包括A矩阵、消费桥矩阵、投资桥矩阵、碳排放矩阵。对A矩阵、消费桥矩阵和投资桥矩阵而言，和mudan2004一样，通过对数据的了解和专家判断法，给出初始分配矩阵，然后采用RAS迭代求解，如果所得到的桥矩阵符合经济含义，则就是我们所需要的。对于桥矩阵，分为4个区间，1992~1996年、1997~2001年、2002~2005年和2006~2009年，分别以1992年、1997年、2002年、2007年桥矩阵为基年进行调整。

碳排放矩阵是本篇所添加的。数据收集方面，我们得到原始的51×10的能源矩阵库（Energy.Vam），有些行业与Mudan模型59个行业并不完全一致，能源矩阵库的第一列是能源消耗总额（标准煤SCE，万吨），后面的9列分别是煤炭、焦炭、原油、汽油、煤油、柴油、燃料油、天然气、电力的消耗量（万吨）。对这个原始能源矩阵数据进行处理，通过将汽油、煤油、柴油、燃料油加总为精炼油，第一列变为煤炭，则变成了51×6的能源矩阵（Energyconsump），6列为别为煤炭、焦炭、原油、精炼油、天然气和电力。

二、生产和价格收入模块

1. 生产模块

在生产模块中，模型计算分部门的不变价最终需求包括居民消费、固定资产投资、进出口、社会消费、库存变动和其他最终需求，然后将这些最终需求代入投入产出方程求得分部门的不变价总产出。总产出得到后，再计算分部门的劳动生产率和就业人数。在生产模块中，如无特殊说明，均采用以2002年不变价表示的实际值。

投入产出方程、消费方程、固定资产投资方程、进出口方程和劳动生产率与就业方程构成了 Mudan 生产模块的主要方程，方程具体形式将在第五章第一节给出。在得到各最终需求分量之后，模型使用一个赛德尔（Seidel）迭代求解投入产出方程，从而得出各部门的总产出。除了计算以上各最终需求分量和总产出以外，生产模块还计算两个总量：一是不变价国内生产总值，它等于各部门最终需求之和；二是总就业人数，它等于各部门就业人数之和。

2. 价格收入模块

价格收入模块决定各个部门的名义增加值（最初投入），并由此计算分部门价格指数和其他价格指数。每个部门的增加值由 4 部分组成：劳动者报酬（工资收入）、固定资产折旧、营业盈余（利润）和生产税净额（税收）。本书中的不同点在于生产税净额不仅是原来的生产税净额，而是加上了碳税收入。价格收入模块的各变量均以名义值表示。

在价格收入模块中，价格同产出一样，也是通过一个赛德尔（PSeidel）迭代求解价格方程，从而得到各部门的价格指数。进一步地，利用消费桥矩阵和投资桥矩阵，模型可以求得按类别分类的能源消费品和按投资主体分类的固定资产投资价格指数等，这样我们就可以分析碳税开征对能源产品价格的影响，以及由此产生的对需求和宏观经济的影响。

三、碳排放模块

本书着重研究碳税政策对宏观经济的影响，是在 Mudan 模型的基础上，通过对 Mudan 模型的改进并添加碳排放模块得以实现，碳排放模块是包含在价格收入模块当中，可以说是将税收模块进行了细分和扩展。碳排放模块的总体思路是：收集各行业能源消耗数据（万吨），建立分行业的能源消费矩阵库（Energy.Vam，51 × 10），根据能源消费矩阵估算对应的碳排放量；确定碳税税率；得到碳税收入。

1. 数据收集

通过国家统计局发表的《中国统计年鉴》得到各行业能源消耗数据。统计年鉴能源章节有“按行业分能源消费量”数据，包括煤炭、焦炭、原油、汽油、煤油、柴油、燃料油、天然气、电力共计 9 种能源消费量，单位为万吨，根据其消耗量得到二氧化碳排放量的估算值。

2. 建立分行业能源消费系数矩阵库

通过收集的数据，我们建立了原始的 51×10 的能源矩阵库（Energy.Vam），有些行业与 Mudan 模型 59 个行业并不完全一致，能源矩阵库的第一列是能源消耗总额（标准煤SCE，万吨），后面的9列分别是煤炭、焦炭、原油、汽油、煤油、柴油、燃料油、天然气、电力的消耗量。对这个原始能源矩阵数据进行处理，通过将汽油、煤油、柴油、燃料油加总为精炼油，煤炭和焦炭加总为煤炭，第一列变为煤炭，则变成了51×6的能源矩阵（Energyconsump），6列为别为煤炭、焦炭、原油、精炼油、天然气和电力，能源矩阵的1~6列分别对应Mudan模型的（5，22，6，22，43，42）列，51行如表10-1所示。

表10-1　能源消费矩阵

序号	部门名称	序号	部门名称
1	消费总量	27	医药制造业
2	农、林、牧、渔、水利业	28	化学纤维制造业
3	工业	29	橡胶制品业
4	采掘业	30	塑料制品业
5	煤炭开采和洗选业	31	非金属矿物制品业
6	石油和天然气开采业	32	黑色金属冶炼及压延加工业
7	黑色金属矿采选业	33	有色金属冶炼及压延加工业
8	有色金属矿采选业	34	金属制品业
9	非金属矿采选业	35	通用设备制造业
10	其他采矿业	36	专用设备制造业
11	伐木搬运业	37	交通运输设备制造业
12	制造业	38	电气机械及器材制造业
13	农副食品加工业	39	通信设备、计算机及其他电子设备制造业
14	食品制造业	40	仪器仪表及文化、办公用机械制造业
15	饮料制造业	41	工艺品及其他制造业
16	烟草制品业	42	废弃资源和废旧材料回收加工业
17	纺织业	43	电力、煤气及水生产和供应业
18	纺织服装、鞋、帽制造业	44	电力、热力的生产和供应业
19	皮革、毛皮、羽毛（绒）及其制品业	45	燃气生产和供应业
20	木材加工及竹、藤、棕、草制品业	46	水的生产和供应业
21	家具制造业	47	建筑业
22	造纸及纸制品业	48	交通运输、仓储和邮政业
23	印刷业和记录媒介的复制	49	批发、零售业和住宿、餐饮业
24	文教体育用品制造业	50	其他行业
25	石油加工、炼焦及核燃料加工业	51	生活消费
26	化学原料及化学制品制造业		

结合投入产出流量矩阵表，可得到相应的51×6能源消耗系数矩阵（energycoef），假设未发生明显技术进步，相应的能源消耗系数矩阵保持稳定，

那么利用在预测期内得到的产出值，则容易求出相应的能源消耗量。

3. 得到相应的碳排放量

至此，我们得到的 51 × 6 能源矩阵包括第一行的能源总消耗量和 50 个分行业的消耗量，6 列分别为煤炭、焦炭、原油、精炼油、天然气和电力。我们将结合表 10–2 所提供的碳排放估算系数估算出相应的二氧化碳排放量。

表 10–2　二氧化碳排放量估算系数（本书模型使用数据）

燃料种类	单位	排放因子（tc/TJ）	二氧化碳排放量（吨）
1 煤炭	万吨	25.8	19383.39
2 焦炭	万吨	29.5	30142.05
3 原油	万吨	20	30358.42
4 精炼油	万吨	—	27820.92
汽油	万吨	18.9	29549.03
煤油	万吨	19.6	18431.5
柴油	万吨	20.2	31275.01
燃料油	万吨	21.1	32028.13
5 天然气	亿立方米	15.3	21731.9
6 电力	万 千瓦时	—	99743.24

注：TJ 为热值（净卡路里值），单位为千兆焦耳。MJ 为兆焦耳。上述数据除了精炼油和电力都来源于 2006 年《IPCC 国家温室气体清单指南》，精炼油是将汽油、煤油、柴油和燃料油简单平均后得到的，电力是结合 2008 年《中国能源统计年鉴》中电力换算值 1.229t 标煤 / 万 k·Wh 和徐国泉《中国碳排放的因素分解模型及实证分析：1995~2004》论文中的电力换算值 2.2132t 碳 /t 标准煤相乘后再乘以 3.667 得到的。

4. 设定合理的碳税税率

由于我国还未实施碳税政策，因此历史期（1992~2009 年）的碳税税率为零，在预测期我们将根据政策模拟方案给定二氧化碳碳税税率，单位是元/吨二氧化碳。最后，我们的税收总额将等于生产税净额加上碳税，当碳税税率为 0 时，则回到以往的生产税净额。

5. 碳税传导途径

本书嵌入碳排放模块主要是通过改变价格收入模块中的税收，从而影响价格的思路达到的，具体而言：通过改变碳税税率→碳税改变→税收总额发生改变→价格收入模块中“税收变量”发生改变→改变能源部门名义增加值（体现在单位不变价产出增加值向量 Unitva 发生改变）→改变相关部门的价格指数→影响相关行业生产者和消费者的使用量→影响整个国民经济。

四、核算模块和投入产出框架

（一）核算模块

核算模块承担的是国民收入会计员的工作。它将各产业部门的最终需求和收入加总，编制国民经济核算总表，用诸产品价格指数的加权平均和得到各种总量价格指数。它的功能主要包括：

（1）计算各种价格指数，包括：GDP 平减指数、农村居民消费价格指数，城镇居民消费价格指数、社会消费价格指数、固定资产投资价格指数等。

（2）加总各部门分量从而得到各种宏观经济总量的名义值和实际值，包括：GDP、居民消费、社会消费、投资、进口、出口、工资、利润、就业人数等。其中，我们将税收分为生产税净额和二氧化碳税，这是为了满足碳税政策研究所增设的。

核算模块的理论基础是国民经济核算中的恒等式，表 10-3 列出了两个核心恒等式。

表 10-3　多部门模型中的两个重要恒等式

生产方（不变价）	
+ C	总消费
Cr	农村居民消费
Cu	城镇居民消费
+Cs	政府消费
+I	投资
Ifa	固定资产投资
Ivn	存货投资
+Ex	出口
–Im	出口
=GDE	国内总支出
+othfd	其他需求
= GDP	国内生产总值
收入方（当前价）	
+dep	折旧
+wage	工资
+tax	税收
indtax	生产税净额
carbtx	二氧化碳税

续表

生产方（不变价）	
+profit	利润
=gdpN	名义国内生产总值
gdpD=gdpN/GDP	GDP 平减指数

（二）投入产出框架

在生产模块、价格收入模块（包括碳排放模块）和核算模块的基础上，为了更为直观和细致地展示 Mudan 模型的基本核算框架，我们列出表 10-4，它描述了 Mudan 模型的投入产出结构。在该图中，各行数字表示每个行部门提供给各种需求源（列部门和最终需求）的产品数量。表 10-4 的左上部分是中间需求 A 矩阵，该矩阵列出了各部门提供给其他部门作为中间投入的产品数量（X_{ij}，i，j = 1，2，…，59）。这些中间投入不包括在国内生产总值（GDP）中，它们是各行部门总需求的组成部分。中间需求 A 矩阵的右边是各类构成 GDP 的最终需求向量。表 10-4 第 i 行求和即给出了对该部门 i 的总需求。

中间需求 A 矩阵中每列数字表示该列部门在生产中消耗其他部门产品的数量，即该部门的中间投入。A 矩阵的下边是各分项增加值（最初投入），包括：劳动者报酬、固定资产折旧、收税和营业盈余，其中税收包括生产税净额和二氧化碳税，每个部门的中间投入和增加值之和构成了该部门的总投入，其数值等于该部门的总产出。

表 10-4　Mudan 模型投入产出框架

产出＼投入	中间需求	最终需求（GDP 分量）								总产出（q）
	生产的中间投入	农村居民消费（cr）	城镇居民消费（cu）	社会总消费（cs）	固定资产投资（inv）	库存变动（ivn）	出口（ex）	进口（im）	其他（othdm）	
部 1	12…59	12 …10	12…24	12…59	12…52	12…52	1…59	1…59	12…59	q=
2										A*q +
										Bm-cr*cr +
⋮										Bm-cu*cu +

续表

产出 投入	中间需求	最终需求（GDP 分量）								总产出（q）
	生产的中间投入	农村居民（cr）	城镇居民消费（cu）	社会总消费（cs）	固定资产投资（inv）	库存变动（ivn）	出口（ex）	进口（im）	其他（othdm）	
⋮	A 矩阵	Bmcr 矩阵 10 类消费品和服务	Bmcu 矩阵 24 类消费品和服务		Bminv 矩阵国有、城镇、合资、农村和个人固定资产投资					cs　+
										Bminv*inv　+
										ivn　+
										ex　−
										im　+
门 59										othdm
	总中间消耗				总量终需求					
增加值	折旧									
	劳动者报酬									
	税收									
	生产税净额									
	二氧化碳税									
	营业盈余									
	增加值合计				国内生产总值					
	总投入									总产出

（三）模型迭代求解过程

模型按年度迭代求解。在任何指定年份，迭代从生产模块开始，到价格收入模块，再到生产模块……迭代收敛后进入核算模块，如图 10-1 所示，具体而言包括以下步骤：

第一步：装入初始值。

模型迭代求解的第一步是装入迭代年度 t 年的所有向量、矩阵以及外生变量，若没有 t 年值则等于上一年值。模型运用“整行系数调整法”对中间需求 A 矩阵、居民消费桥矩阵 Bmcr、Bmcu 以及投资桥矩阵 Bminv 进行系数调整，得到 t 年的矩阵 A、Bmcr、Bmcu 和 Bminv。

第二步：生产模块。

模型循环从设定一组不变价农村及城镇居民人均收入、两组按消费品种类划分的农村、城镇消费价格指数的初始值开始。在开始迭代前，这些变量均取前一年的数值作为初始值。在迭代始点首先由消费函数分别计算出农村居民对

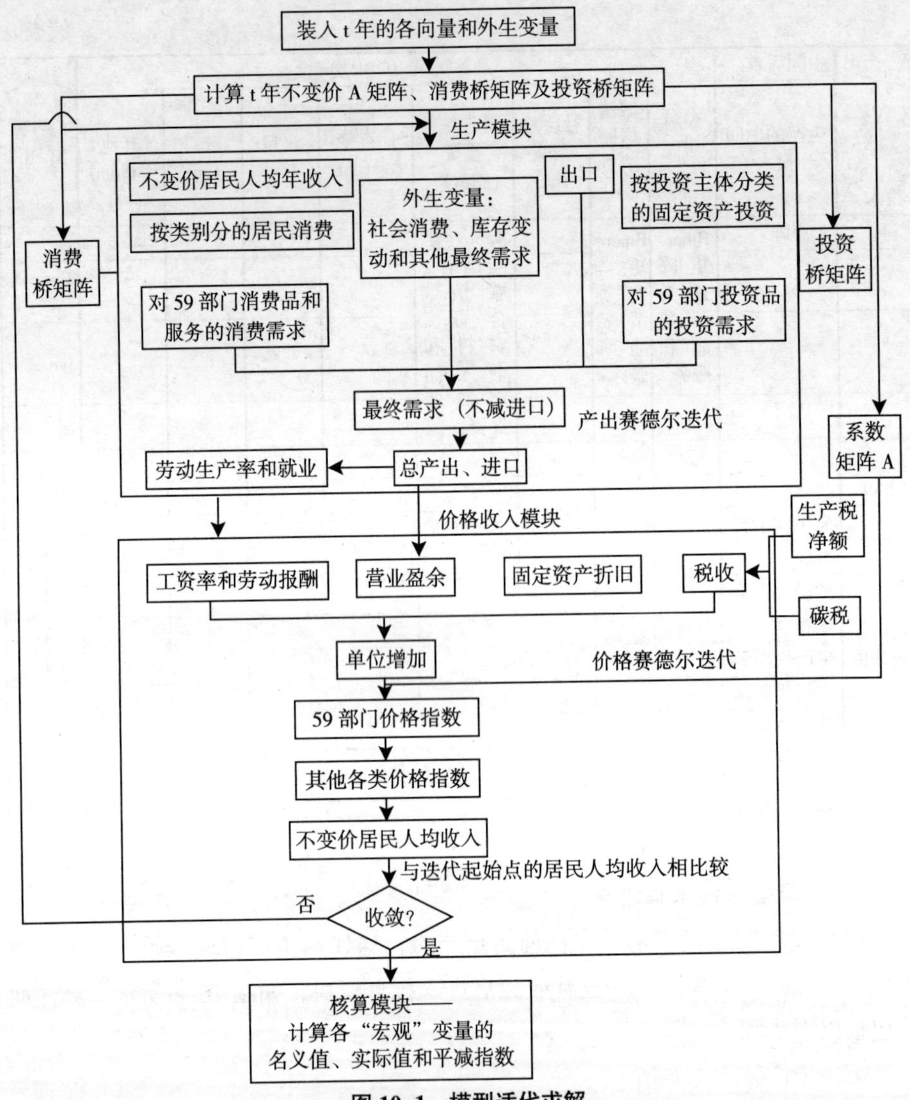

图 10–1　模型迭代求解

10 类消费品、城镇居民对 24 类消费品的不变价人均消费，农村、城镇人均消费乘以相应的农村和城镇人口，得出农村、城镇居民的总消费，再通过消费桥矩阵 Bmcr 和 Bmcu 将其转换为对 59 部门产品的消费需求。然后根据出口函数计算各部门的出口额。接下来，由固定资产投资函数计算按投资主体分类的 52 部门固定资产投资额，并由投资桥矩阵 Bminv 将其转换为对 59 部门的投资品需求。社会总消费、存货变动和其他最终需求外生决定。然后居民消费、社会总消费、固定资产投资、存货变动、出口和其他最终需求加在一起，得到没有减去进口的不变价最终需求。这一最终需求进入投入产出方程的产出赛德尔迭代，产出和进口被联立地计算出来（因进口依赖于产出）。然后将计算出的进口从最终需求中减去。这样便得到了生产方不变价的最终需求。

第三步：计算就业人数。

这一步计算每个部门的劳动生产率，接着用产出除以部门劳动生产率便得到该部门的就业人数。

第四步：价格模块。

接下来进入价格收入模块，首先，由工资方程计算出农业部门工资率和非农业部门各部门工资率，并用该工资率乘以各部门就业人数即得到各部门的工资收入；其次，根据碳税系数表和产出流量矩阵，计算碳排放量，与碳税税率相乘后得到碳税收入，再加上根据税收方程求出生产税净额，得到税收收入总额；再次，由固定资产折旧、利润分别计算出各部门的折旧、利润；最后，将工资收入、税收收入、折旧和利润 4 项增加值加总后可得到各部门的名义增加值。各部门名义增加值除以不变价总产出，得到单位不变价产出增加值向量 Unitva。单位不变价产出增加值进入价格方程的赛德尔迭代就可求出各部门的价格指数。用此价格向量分别乘以桥矩阵 Bmcr、Bmcu，就可得出农村、城镇各类消费品价格指数以及农村和城镇居民消费总指数。

对于碳税返还政策模拟而言，和上述步骤一样，我们将得到税收收入总额，不同的是将其中的碳税收入直接加到企业利润上，并同时在税收收入总额中减去碳税收入。然后将得到的工资收入、税收收入、折旧和利润 4 项增加值加总，可得到各部门的名义增加值，以下步骤和上面相同。

第五步：进入迭代。

t 年迭代的最后一步是分别加总农业和非农业部门的名义总产出，进入农村和城镇人均名义收入方程分别计算出农村和城镇人均名义收入。农村和城镇人均名义收入分别除以相应的居民消费价格指数，得出农村和城镇居民的人均实际收入。计算结果与迭代始点的农村和城镇居民人均实际收入相比较，如果小于某一个精度标准（如≤1‰）则收敛，t 年迭代求解结束，且上述价格指数和实际人均收入作为 t+1 年计算各最终需求的初始迭代值。如果大于此精度标准，则计算出的价格指数、农村城镇实际人均收入成为 t 年下一轮迭代的初始值，并重新计算消费、投资、出口……迭代继续进行，直至收敛。

第六步：核算。

t 年度迭代收敛结束后，进入核算模块。由已得到的 t 年各部门价格指数、进口价格指数、总产出、各最终需求分量以及各类桥矩阵，得到相应的各最终需求分量的价格指数。

用生产模块计算出的最终需求诸元素各部门实际值乘以其相应的价格指数，便得到各总量的名义值（如农村居民消费、城镇居民消费、投资、出口、进口等)，与相应总量的实际值相除，就得出各宏观变量 t 年度的平减指数。

第二节　多部门模型方程体系的构建

上一节主要对模型的框架性模块进行了介绍，本节将对生产模块和价格收入模块中方程的具体形式进行一一介绍。

一、 生产模块方程

在生产模块中，模型计算分部门的不变价最终需求包括居民消费、固定资产投资、进出口、社会消费、库存变动和其他最终需求。其中，社会消费和库存变动为外生决定，其他由行为方程确定。

(一) 居民消费方程

在一国经济中，居民消费往往是最终需求中份额最大的一部分。在西方市场经济国家，居民消费占 GDP 的比重一般在 60%~70%。即使在中国，这一比例也高于 40%。这充分说明了消费对宏观经济，特别是对短期波动的重要影响。

比起投资等其他变量，经济学界对消费需求的研究是比较彻底的。因为影响个人消费需求决策的不外乎收入、价格等因素，通常，居民个人消费应该是经济模型包括的各种经济变量中最容易解释的。但是在中国，情况似乎并没有这么简单。

农村居民收入和城镇居民收入差别显著，而且这种差别还有逐渐扩大的趋势。显著的收入差别直接导致了农村居民和城镇居民的主要消费对象和消费模式大不相同。而且我们可获得的城镇居民和农村居民的消费品分类也有很大差别，这两点因素使得我们不得不将农村居民消费和城镇居民消费分开研究，建立不同的回归方程进行估计。

1. 农村居民消费

在中国的统计体系中，对农村的统计相对较为薄弱。我们能够得到的消费数据中，农村居民消费只被粗略地分成了 10 个类别，如表 10–5 所示。

本书求解居民消费过程与以往版本 Mudan 模型有所不同，如农村居民消费

表 10-5　农村居民消费支出分类

序号	农村居民消费支出分类
1	主食
2	副食
3	其他食品
4	衣着
5	居住
6	家庭设备用品及服务
7	医疗保健
8	交通通信
9	文教娱乐用品及服务
10	其他商品及服务

额是通过先求解储蓄率变量再通过名义收入与（1-储蓄率）相乘而得到的。

农村居民消费求解过程如下：

$$\begin{cases} hriRsum = hriNsum/crD \\ grir = (\frac{hriRsum}{hriRsum[1]} - 1) \times 100 \\ rsavrat = \alpha_0 + \alpha_1 \times uunemp[1] + \alpha_2 \times grir + \alpha_3 \times intratN \\ hcrNsum = hriNsum \times 1 - rsavrat/100) \end{cases}$$

其中，hriRsum = 农村居民年人均实际收入，2002 年为基年，hriRsum［1］为滞后一期；

hriNsum = 农村居民年人均名义收入；

crD = 农村价格平减指数，是农村消费品价格指数（rp）加权平均数；

grir = 农村居民年人均实际收入增长率；

rsavrat = 农村居民年人均储蓄率；

uunemp［1］ = 上一年失业率；

intratN = 名义利率；

hcrNsum = 农村居民年人均名义消费额。

此外，α_0、α_1、α_2、α_3 分别表示待估计系数，变量后缀［1］表示其一期滞后值（下同，从略）。

在农村居民消费求解过程中，人均储蓄率方程的求解是其关键，我们使用名义利率作为解释变量借以捕捉消费成本的收入和替代效应，我们还引入了收入的增长率，测算其收入增长对居民储蓄行为的影响，此外，我们还把上一年的失业率作为解释变量，在失业率高企的时候，人们理所应当地动用储蓄来应对失业，它在回归方程中应该是一个负向变化的变量，具有负回归系数；由于受农村居民收入增长乏力的影响，结果表明，中国农村居民的消费一直停留在较低水平，储蓄率仍未出现明显的下降。

2. 城镇居民消费方程

城镇居民消费按消费品和服务类别分为24类，如表10-6所示。

表10-6 城镇居民消费支出种类

序号	城镇居民消费支出分类	序号	城镇居民消费支出分类
1	主食	13	鞋袜帽及其他衣着
2	肉禽蛋及其制品	14	耐用消费品及家具
3	水产品	15	家庭日用杂品及其他用品
4	蔬菜	16	医疗保健
5	调味品及糖类	17	交通
6	烟草	18	通信
7	酒和饮料	19	文娱用耐用消费品
8	干鲜瓜果	20	教育
9	糕点及奶制品	21	文化娱乐
10	在外用餐	22	住房
11	服装	23	水电燃料及其他
12	衣着材料及衣着加工服务	24	杂项商品

城镇居民消费求解过程如下：

$$\begin{cases} huiRsum = huiNsum/cuD \\ griu = \left(\dfrac{hriRsum}{huiRsum[1]} - 1\right) \times 100 \\ usavrat = \alpha_0 + \alpha_1 \times uunemp[1] + \alpha_2 \times griu + \alpha_3 \times intratN \\ hcuNsum = huiNsum \times (1 - usavrat/100) \end{cases}$$

其中，huiRsum = 城镇居民年人均实际收入，2002年为基年；

huiNsum = 城镇居民年人均名义收入；

cuD = 城镇价格平减指数，是城镇消费品价格指数（up）加权平均数；

griu = 城镇居民年人均实际收入增长率；

usavrat = 城镇居民年人均储蓄率；

uunemp [1] = 上一年失业率；

intratN = 名义利率；

hcuNsum = 城镇居民年人均名义消费额。

随着中国由商品短缺时代到商品过剩时代的变迁以及改革开放给城镇居民

带来的可支配收入的不断增长，城镇居民的消费自主性大大增强，收入变动被认为是影响人们未来预期和消费决策的有利因素，因此，和农村居民一样，在城镇居民储蓄方程中我们也使用了收入的增长率作为解释变量。此外，随着我国劳动力成本的不断上升以及机械化的替代作用，用失业率作为其解释变量有其合理性；随着住房、汽车等消费信贷的扩展，城镇居民的储蓄率相对农村居民要低。

（二）固定资产投资方程

由于可得到的固定资产投资统计数据是按照投资主体给出的，模型依照现有的统计口径将固定资产投资分为52个部门（见表10-7），然后使用投资桥矩阵将其转换为对59个I-O部门的投资品需求。

表10-7　固定资产投资部门分类

序号	部门名称	序号	部门名称
1	农林牧渔业	27	有色金属冶炼及压延加工业
2	煤炭采选业	28	金属制品业
3	石油和天然气开采业	29	机械制造业
4	黑色金属矿采选业	30	交通运输设备制造业
5	有色金属矿采选业	31	电气机械及器材制造业
6	非金属矿和其他矿采选业	32	电子及通信设备制造业
7	木材及竹材采运业	33	仪器仪表及其他计量器具制造业
8	食品加工制造业	34	其他制造业
9	饮料制造业	35	电力、蒸汽和热水生产和供应业
10	烟草加工业	36	煤气的生产和供应业
11	纺织业	37	自来水生产和供应业
12	服装及其他纤维品制造业	38	建筑业
13	皮革毛皮羽绒及其制品业	39	铁路运输业
14	木材加工及竹藤棕草制品业	40	公路运输业
15	家具制造业	41	水运业
16	造纸及纸制品业	42	航空运输业
17	印刷业	43	管道运输业
18	文教、体育用品制造业	44	邮电通信业
19	石油加工及炼焦业	45	商业
20	化学工业	46	饮食业
21	医药工业	47	金融保险业
22	化学纤维工业	48	房地产、公用事业及居民服务业
22	化学纤维工业	49	卫生、体育和社会福利事业
23	橡胶制品业	50	文化、教育、艺术和广播娱乐业
24	塑料制品业	51	科学研究和综合技术服务事业
25	非金属矿物制品业	52	行政机关
26	黑色金属冶炼及压延加工业		

固定资产的投资虽然在一国最终使用中所占份额要小于个人消费，其在经济中的作用却未必如此。其原因主要有两点：其一，从长期来看，它是一国经济长期增长和生产能力提高的主要决定因素；其二，投资在面对通货膨胀和经济的周期性波动时，常常比个人消费变动更为频繁和剧烈；其三，它是实施扩张财政政策的重要手段。因此，在建立旨在研究中长期经济发展趋势的宏观经济模型时，建模者总是非常关注投资方程的设计，尤其是对于我国这种"以投资拉动经济增长"著称的经济体而言更是如此。虽然这样，对于投资的研究和预测仍是建立任何总量计量经济模型的难点。

在 Mudan 模型中，我们采用加速原理对 52 个部门的固定资产投资进行估计和解释，取得了较满意的结果。在一个典型的加速模型中，总产出的变动通常被用作主要的解释变量，但我们在实际的回归过程中发现，对于某些部门，使用增加值的变化量来代替总产出的变化量作为主要解释变量，可以取得更加令人满意的回归结果。产生这种现象的原因大致可以归咎于以下两个方面：①对于某些部门，增加值可以比总产出更好地解释该部门的产出水平；②由于统计制度和口径的变化（主要是由企业所有制成分发生变化而引起的），使前后各期的固定资产投资统计数据口径不一致。

52 部门方程采用总产出的变化量作为主要解释变量，方程的一般形式如下：

$$capnew_{it} = a_0 + a_1 \times dq_{it} + a_2 \times dq_{it-1} + a_3 \times dq_{it-2} + a_4 \times wear_{it} + a_5 \times fdiyuanR_t$$

其中，$capnew_{it}$ = i 部门的第 t 年固定资产投资额，下同；

dq_{it} = i 部门总产出的变化量，即该部门当年总产出与上年总产出的差额；

$wear_{it}$ = i 部门固定资产折旧额；

$fdiyuanR_t$ = 以人民币计价的名义外商直接投资额。

在固定资产投资 52 个部门中，除部门 36 和部门 48 外，固定资产投资均采用这种形式的回归方程确定。

第三十六个部门（即煤气的生产和供应业）和第四十八个部门（即房地产、公用事业及居民服务业）除了使用产出变化量和外商直接投资额之外，还添加了虚拟变量 dum，一般方程形式如下：

$$capnew_{it} = a_0 + a_1 \times dq_{it} + a_2 \times dq_{it-1} + a_3 \times dq_{it-2} + a_4 \times wear_{it} + a_5 \times fdiyuanR_t + a_6 \times dum_t$$

其中，$capnew_{it}$ = i 部门的固定资产投资额；

dq_{it} = i 部门总产出的变化量，即该部门当年总产出与上年总产出的差额；

$wear_{it}$ = i 部门固定资产折旧额；

$fdiyuanR_t$ = 以人民币计价的名义外商直接投资额；

dum_t = 1（1992~2000），0.5（2001），0（其他年份）。

由于某些部门的固定资产投资存在比较多的异常数据，个别方程加入了虚拟变量是为了提高解释变量的显著性和总体拟合情况。

（三）进出口方程

中国经济与世界正在日益紧密地连接在一起。作为刻画中国经济外向性的重要指标，进出口额在我国经济最终使用中的比重逐年提高。这种变化促使我们在设计回归方程时给予了进出口模块更多的关注。

在进出口模块的设计中，我们主要考虑了三种因素的影响。其一，国内外需求变动的刺激，在进口方程中这种影响由中国的国内需求决定，在出口方程中则由 INFORUM 国际系统提供的国外需求指数确定。其二，国外竞争产品价格和国内生产价格的交互作用，其作用分别通过进口和出口相对价格指数体现出来，在方程中应该具有负的回归系数。其三，对于进出口强劲增长的中国，用一个时间趋势来捕捉这种"自然"增长因素是非常适合的，并且回归结果也验证了这一假设的正确性。

进口方程采用的解释变量为相对价格、国内需求（= 总产出 + 进口 - 出口）和简单时间趋势；出口方程采用的解释变量为相对价格、国外需求指数和简单时间趋势。

进口方程的形式如下：

对于部门 1~41，采用方程：

$$lshare_{it} = a_0 + a_1 \times lrpgo_{it} + a_2 \times timitmp_{it} + a_3 \times wtodum_t$$

$$im_{it} = lshare_{it} * dd$$

其中，$lshare_{it}$ = 进口占国内需求的比例（取对数）；

$lrpgo_{it}$ = 相对价格对数，等于 i 部门进口价格指数与 i 部门国内价格指数之比（取对数），2002 = 100；

$timimp_{it}$ = @cum（$timimp_{it}$，1-进口占国内需求的比例，0）；

$wtodum_t$ = 软约束；

im_{it} = i 部门的进口额；

dd = i 部门的国内需求（= 总产出 + 进口 - 出口）。

对于部门 42~59，采用方程：

$$lshare_{it} = a_0 + a_1 \times trmimp_{it} + a_2 \times wtodum_t$$

$$im_{it} = lshare_{it} * dd$$

其中，$lshare_{it}$ = 进口占国内需求的比例（取对数）；

$timimp_{it}$ = @cum（$timimp_{it}$，1-进口占国内需求的比例，0）；

$wtodum_t$ = 软约束；

im_{it} = i 部门的进口额；

dd = i 部门的国内需求（= 总产出 + 进口 - 出口）。

出口方程采用对数形式，其一般形式如下：

$$lnex_{it} = a_0 + a_1 \times lnrpex_{it} + a_2 \times lnfdm_{it} + a_3 \times lntime_t$$

其中，ex_{it} = i 部门的出口额；

$rpex_{it}$ = 相对价格指数，等于 i 部门国内价格指数与 i 部门出口者竞争价格指数之比，2002 = 100；

fdm_{it} = i 部门国外需求指数，2002 = 100；

$time_t$ = 简单时间趋势。

对于进出口的某些部门，我们加入了虚拟变量，以取得更好的回归结果，此外，由于个别部门使用线性方程无法取得有意义的回归结果，我们还使用了软约束条件或采用非线性方程形式对其进行解释。

（四）劳动生产率和就业方程

每个部门的总产出水平确定之后，下一步是计算各部门的劳动生产率和就业人数。劳动生产率定义为人均年产出，即年产出与就业人数之比，用行为方程估计。当劳动生产率得出之后，就业人数就可以显式地用总产出除以劳动生产率得到。

在 Mudan 模型中，劳动生产率和固定资产投资一样，被视作长期经济增长的重要影响因素，同时，它也被认为是真正可以衡量一国产业竞争力的重要指标。劳动生产率方程的确定是回归方程设定工作中的又一个难点。按照西方经济学理论，我们使用了部门产出增长率、固定资产存量以及简单时间趋势 3 个变量。其中，产出增长本身就是生产率的反应成果，同时，产出的变化量又反映某产业发展的周期，是处于发展期、稳定期，或是衰退期。而很明显，产业发展的周期又与生产率有着非常密切的相关关系。一个产业由兴起，到成熟，伴随着的总是生产率的提高。而固定资产则刻画产业的资本规模和机械化水平，通常认为这一存量越高，则生产率水平也相应的高。在之前 Mudan 模型中用固定资产投资作为解释变量之一，但是回归效果并不很理想，这其中主要原因是单期投资额波动比较剧烈，容易受经济总体形势的影响。所以，在新 Mudan 模型中，我们将其换成了固定资产存量，这样既保留了这种相关关系，又规避了个别产业个别时期投资短暂波动的影响。另外，在国外生产率水平的研究中，外在的科学技术的进步是生产率提高的决定因素之一，而在很多研究生产率的模型中，常常用时间趋势来作为科技进步的测度，这也是我们在 Mudan 模型中引入简单时间趋势的原因。

劳动生产率方程的一般形式为：

$lprt_{it} = a_0 + a_1 \times grow_{it} + a_2 \times laugks_{it-1} + a_3 \times prttime_t$

$emp_{it} = q_{it}/prt_{it}$

其中，$lprt_{it}$ = i 部门的劳动生产率（prt）取对数；

$grow_{it}$ = i 部门的产出变化增长率，等于当年总产出与上年总产出之间的差额和上一年总产出的比值；

$laugks_{it-1}$ = i 部门固定资产存量与时间指数的乘积，反应固定资产存量对生产率的影响；

$prttime_t$ = 简单时间趋势；

emp_{it} = i 部门的就业人数；

q_{it} = i 部门的总产出。

消费方程、固定资产投资方程、进出口方程和劳动生产率与就业方程以及之前介绍过的投入产出方程构成了 Mudan 模型生产模块的主要方程。

二、价格收入模块方程

价格收入模块决定各个部门的名义增加值（最初投入），并由此计算分部门价格指数和其他价格指数。每个部门的增加值由 4 部分组成：劳动者报酬（工资收入）、固定资产折旧、营业盈余（利润）和生产税净额（税收）。价格收入模块的各变量均以名义值表示。

（一）工资方程

工资模块由两个分部门方程和一个总量方程组成，两个分部门方程分别用于估计农业部门和非农部门人均工资。

农业部门人均工资方程采用对数形式：

$lgwpcag_t = a_0 + a_1 \times lgcuD_t + a_2 \times time + a_3 \times uunemp_t + a_4 \times dum$

其中，$lgwpcag_t$ = 农业部门人均工资（取对数）；

$lgcuD_t$ = 城镇消费价格指数（取对数）；

time = 简单时间趋势；

$uunemp_t$ = 失业率；

dum = 虚拟变量。

非农业部门人均工资方程为：

$pcnoagwage_t = a_0 + a_1 \times pcmoneyreal_t + a_2 \times pcagprod_t + a_3 \times pccuD_t + a_4 \times pcimD_t$

其中，$pcnoagwage_t$ = 非农部门人均工资；

$pcmoneyreal_t$ = "真实货币"增长率，此处真实货币指的是货币发行量与名义 GDP 的比值；

$pcagprod_t$ = 农业部门劳动生产率增长率；

$pccuD_t$ = 城镇消费价格指数增长率；

$pcimD_t$ = 进口产品价格指数增长率。

（二）固定资产折旧方程

$dep_{it} = a_0 + a_1 \times capstk_{it} \times ipricesa_t$

其中，dep_{it} = i 部门的固定资产折旧；

$capstkN_{it}$ = i 部门的名义固定资产存量；

$ipricesa_t$ = Bminv/pricepmx，Bminv 为投资桥矩阵，pricepmx 为混合价格指数即国内价格指数和进口产品价格指数加权平均数。

对于某些部门，我们使用了上述方程的对数形式以取得更好的回归结果。

（三）税收方程

在过去的十几年中，中国的税收一直稳步增长，这一方面是经济发展的结果，同时也是我国的税收体制不断改革完善的结果。我们使用税收产出比作为被解释变量，用于反映单位产出税收的增长比例，使用简单时间趋势来作为解释变量，来解释这种增长比例的变化。

$taxout_{it} = a_0 + a_1 \times taxtime_t$

其中，$taxout_{it} = tax_{it}/outN_{it}$，i 部门的税收产出比；

$taxtime_t$ = 简单时间趋势。

因此，对于生产税净额而言，我们将用得到的税收产出比乘以名义产出得到。即 $tax_{it} = taxout_{it} * outN_{it}$。

本书研究的是开征碳税对我国产业的影响，通过添加的碳排放模块，我们引入了碳税之后，总税收将等于以往的生产税净额和碳税之和。

（四）利润方程

在价格收入模块中，利润方程属于比较特殊的，利润方程和工资、折旧、税收方程不一样，它是总的名义产出与工资、折旧、税收、中间产出的差。

$profit_j = outN_j - wages_j - dep_j - taxes_j - A_{ij} \times out_j \times pricepmx_i$

$profit_j$ = j 部门的利润额；

$outN_j$ = j 部门的名义产出；

$wages_j$ = j 部门的折旧额；

$taxes_j$ = j 部门的税收；

A_{ij} = A 矩阵（投入产出矩阵）；

out_j = j 部门实际产出。

pricepmx = 混合价格指数即国内价格指数和进口产品价格指数加权平均数。

（五）增加值和单位不变价产出增加值方程

根据国民经济核算原理，增加值由下列恒等式决定：

$$va_{it} = wage_{it} + dep_{it} + prf_{it} + tax_{it}$$

其中，va_{it} = i 部门的名义增加值；

$wage_{it}$ = i 部门的劳动者报酬；

dep_{it} = i 部门的固定资产折旧；

prf_{it} = i 部门的利润额；

tax_{it} = i 部门的税额。

在 Mudan 模型中，单位不变价产出增加值定义为：

$$unitva_{it} = va_{it}/out_{it}$$

其中，$unitva_{it}$ = i 部门的单位不变价产出增加值；

va_{it} = i 部门的名义增加值；

out_{it} = i 部门的不变价总产出。

单位不变价产出增加值即名义增加值与不变价总产出之比。

（六）价格方程

$$p \times A + unitva = p$$

其中，p = 价格行向量（1×59）；

A = 不变价中间消耗系数矩阵（59×59）；

unitva = 单位不变价产出增加值行向量（1×59）。

（七）居民人均名义收入方程

居民人均名义收入按农村居民和城镇居民分别计算。

农村居民名义总收入方程：

$$hriNTsum_t = a_0 + a_1 \times agwage_t + a_2 \times agprofit_t + a_3 \times noagwage_t + a_4 \times noagprofit_t$$

其中，hriNTsumt = 农村居民名义总收入；

$agwage_t$ = 农业部门名义工资收入；

$agprofit_t$ = 农业部门利润总额；

$noagwage_t$ = 非农部门名义工资收入；

$noagprofi_t$ = 非农部门利润总额。

城镇居民名义总收入方程：

$huiNTsum_t = a_0 + a_1 \times agwage_t + a_2 \times agprofit_t + a_3 \times noagwage_t + a_4 \times noagprofit_t$

其中，$huiNTsum_t$ = 城镇居民名义总收入；

$agwage_t$ = 农业部门名义工资收入；

$agprofit_t$ = 农业部门利润总额；

$noagwage_t$ = 非农部门名义工资收入；

$noagprofit_t$ = 非农部门利润总额。

农村居民名义总收入和城镇居民名义总收入分别除以农村人口和城镇人口就得到了相应的居民人均名义收入。

在价格收入模块中，价格同产出一样，也是通过一个赛德尔（PSeidel）迭代以求解方程，从而得到各部门的价格指数。进一步地，利用消费桥矩阵和投资桥矩阵，模型可以求得按类别分的消费品和服务价格指数以及按投资主体分类的固定资产投资价格指数、出口者竞争价格指数等。

第三节　多部门模型的历史模拟与基准运行

在过去的30年中，随着我国经济的起飞，能源消耗呈现爆炸式的上涨，国际能源署的资料显示，2009年，中国的二氧化碳排放量达到70亿吨，占全球碳排放量的24%，中国的排放量远超过“金砖四国”中的其他三个国家。尽管从累积和人均碳排放量上来看，美国仍然是世界第一，2009年我国人均碳排放量只有OECD成员国均值的一半，但事实上，中国在2007年就已经超过美国成为世界上最大的二氧化碳排放国。1990~2009年，中国碳排放量增长了3倍，过去的10年是增长最快的年份。虽然我国是可再生能源最大投资国，但这并不足以抵消因电力行业对煤炭需求大幅增长所产生二氧化碳的增幅。

作为控制二氧化碳排放的一种手段，碳税已经在欧美发达国家普遍实施，欧盟征收航空税的案例就是最好的佐证。为了实现我国经济的转型升级和可持续发展战略，节能减排势在必行，因此，做好开征碳税对我国经济影响的评估就显得尤为重要。本章第一节主要介绍Mudan模型的历史模拟，第二节、第三节提出基准方案和模拟方案，进行2010~2020年基准运行和政策模拟，分析开征碳税对宏观经济各产业的影响。

一、多部门模型的历史模拟

模型单个方程都拟合得好，并不表示模型就是一个好模型，因此，模型建立完成后应对模型进行历史模拟。任何经济模型都是现实性和可操作性之间的一种折中。现实性要求它必须是实际经济系统的一种合理的表达，也就是说，它应该抓住所描述的经济系统的主要脉络，包括系统的主要元素，能比较准确地刻画这些元素之间的相互关系和作用。可操作性则要求它必须是充分简化，易于理解，易于用它对现实经济现象进行分析，得出有关实际经济系统的结论。成功的模型应该既是相当现实的，又是可操作的。这是检验和改进模型的两个基本点。模型的历史模拟就是在样本期内运行模型，检验模型中各宏观经济变量与历史值之间的关系。历史模拟是检验一个模型的重要手段，历史模拟好是检验一个模型是好模型的必要条件，如果一个模型历史模拟不好，那么这个模型肯定不是好模型。

本书模型的估计区间为 1992~2009 年，也是历史模拟的区间。下面给出一些主要宏观经济变量的历史模拟结果，历史模拟结果列于表 10-8。表中的每个变量都对应两行数字，第一行表示该变量的历史值，第二行数字表示模拟值偏离历史值的绝对值，即第二行数字为模拟值减去历史值。限于篇幅，只列出 2002~2009 年度的历史模拟值。

表 10-8 部分年份历史模拟结果（2002 年不变价）

单位：亿元

指标	2002 年	2003 年	2004 年	2005 年	2006 年	2007 年	2008 年	2009 年
国内生产总值	120341	134016	150597	167660	186826	214148	231432	249714
误差	7	680	1538	2952	5018	5070	6995	27734
个人消费	52573	54934	58039	61577	66618	72509	77228	85033
误差	−1	336	715	1136	1635	2230	3342	8930
农村居民消费	16272	16328	16886	18170	19697	21272	21570	23032
误差	0	55	114	185	266	360	1643	3356
城镇居民消费	36301	38606	41153	43407	46921	51237	55658	62000
误差	−1	281	601	951	1369	1870	1699	5574
政府消费（*）	19129	20032	21721	24252	26119	28010	30191	33366
误差	1	−39	−133	−309	−479	−936	−719	−794
固定投资总额	43629	52410	60940	70522	77986	86686	102736	123100
误差	−1	1	−81	−285	−243	−967	−8690	−5781

续表

指标	2002 年	2003 年	2004 年	2005 年	2006 年	2007 年	2008 年	2009 年
存货投资	1933	2476	3869	3113	3957	5406	-8	-1977
误差	0	2	-130	-109	-89	-890	-4496	6245
净出口	3999	4745	6554	13320	20648	26601	26347	15254
误差	-1481	-956	-1274	-1390	-1526	-1764	7303	8879
出口（*）	30943	39583	51736	64906	79783	93409	105423	94307
误差	-3995	-3653	-4390	-4639	-4617	-5289	-1585	5793
进口	-26944	-34837	-45182	-51586	-59135	-66809	-79076	-79052
误差	2514	2698	3116	3249	3091	3525	8888	3086
其他消费	-922	-581	-526	-5124	-8502	-5063	-5063	-5063
误差	1490	1336	2441	3909	5721	7398	10255	10255
就业数（百万）	547	547	541	542	546	555	551	545
误差	9	0	0	-1	0	-1	-7	11
农业部门人均工资	3969	4179	4437	4509	4924	5527	5854	6187
误差	45	674	1518	2047	2566	3967	3836	4521
非农部门人均工资	20257	21660	23998	25465	28092	31943	36248	39782
误差	-877	-627	-1331	-1422	-1383	-1839	-1699	-2906
碳税税率（元/吨二氧化碳）	0	0	0	0	0	0	0	0
误差	0	0	0	0	0	0	0	0
收入法 GDP，现价	120341	135832	159888	183228	211934	257319	294182	322893
误差	7	900	2163	3821	5933	8728	13154	61207
折旧总额	18506	21096	24736	27982	31279	40035	46881	54429
误差	0	-293	-687	-1165	-1737	-2779	-2527	-2412
工资总额	58683	63733	69922	75131	86800	103966	116426	125714
误差	0	745	1636	2636	4061	6081	7276	12320
利润总额	25908	31059	41547	52613	60921	73534	84126	91614
误差	-125	535	1446	2675	4207	6372	6600	44854
税收	17244	19944	23684	27502	32934	39783	47298	51241
误差	-21	-132	-309	-550	-868	-1309	-2207	4455
二氧化碳税	0	0	0	0	0	0	0	0
误差	0	0	0	0	0	0	0	0

表 10-8 为主要宏观经济指标部分年份的历史模拟结果。从历史模拟结果看，仅有少数变量如存货投资、进出口及其他消费等变量的部分值历史模拟效果不好，其主要原因是这些变量很难拟合，另外这些变量的历史数据不平滑。总体来说模拟值相对历史值的误差基本都保持在正负 10%的范围内，取得了较好的历史模拟效果。

为了更直观地表示模型的历史模拟效果，下面列举了几个主要宏观经济变量的预测图（图中带“+”的连线表示历史值，图中带“▫”的连线表示模拟值）。

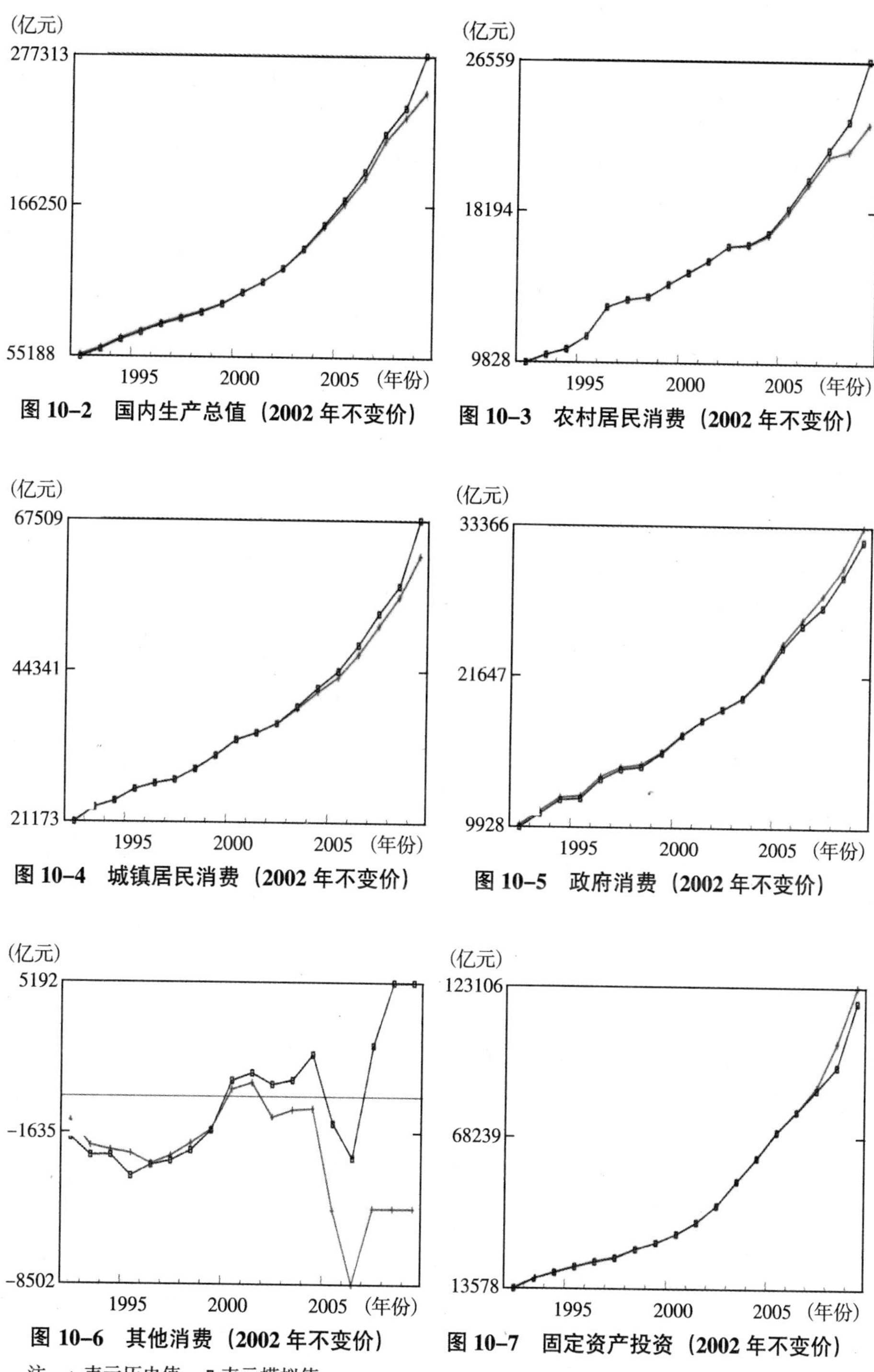

图 10-2 国内生产总值（2002 年不变价）

图 10-3 农村居民消费（2002 年不变价）

图 10-4 城镇居民消费（2002 年不变价）

图 10-5 政府消费（2002 年不变价）

图 10-6 其他消费（2002 年不变价）

图 10-7 固定资产投资（2002 年不变价）

注：+ 表示历史值 ▯ 表示模拟值。

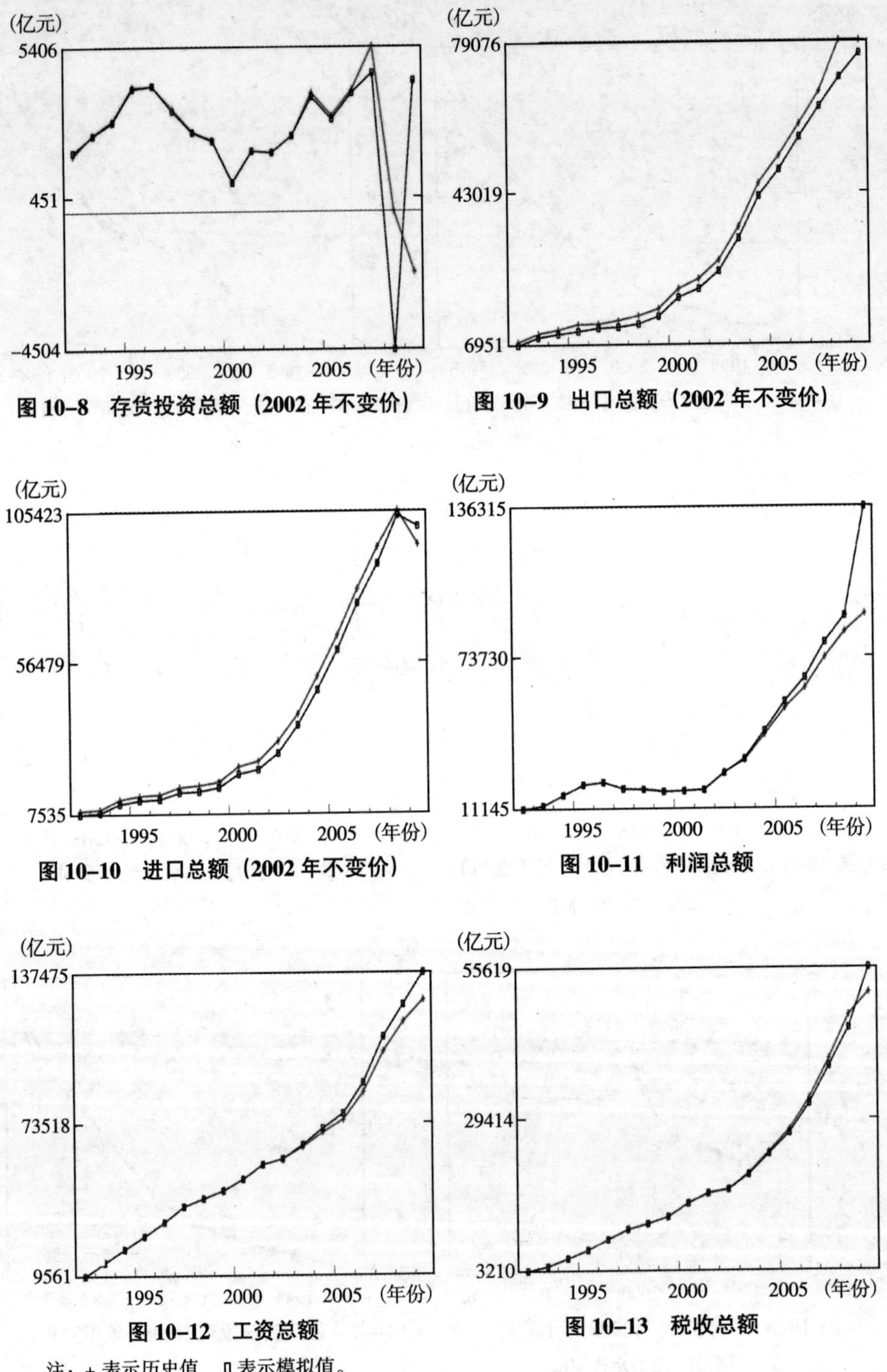

图 10-8 存货投资总额（2002 年不变价）

图 10-9 出口总额（2002 年不变价）

图 10-10 进口总额（2002 年不变价）

图 10-11 利润总额

图 10-12 工资总额

图 10-13 税收总额

注：+ 表示历史值 ▫ 表示模拟值。

二、多部门模型的基准运行

基准运行是在预测期内做的一种政策模拟，此处为 2010~2020 年碳税税率为 0 时的政策模拟，它是接下来政策模拟的参考基准。

(一) 外生变量设定

模型的外生变量包括农村人口、城镇人口、劳动力人数、政府消费、居民储蓄率、货币增长率、固定资产折旧率、汇率、二氧化碳税率等。目前我国在推进农村城市化建设，农村人口在 1999 年之后出现下降趋势，而城镇人口则一直是上升的，对未来城乡人口本书采用简单时间趋势外推的方式进行推测；政府消费按照削减政府开支的规划，从目前的 17%缓慢下降至 10%的增长率；货币增长率为 11%，这一数值大约等于政府发展规划的 GDP 增长率 7%和通货膨胀率 4%之和；折旧率均取值 8%；人民币汇率是作为外生变量取自 INFORUM 研究所研制的世界模型；具体数据如表 10-9 所示。

表 10-9 外生变量设定

年份	M2 增长率 (money) (%)	经济活动人口 (totlabor) (%)	城镇居民人口 (增长率) (upop) (%)	农村居民人口 (下降率) (rpop) (%)	储蓄率 (ratesavinhhin) (%)	政府消费增长率 (csRsum) (%)	汇率升值幅度 (exrate) (%)	二氧化碳碳税税率 (元/吨) (CO_2 taxrate) (%) 基准运行
2010	20	79464.14	3.80	−2.65	−0.25	17.80	6.0787	0
2011	14	80236.01	3.60	−2.45	−0.25	16.00	5.8356	0
2012	11	80915.12	3.40	−2.25	−0.25	15.00	5.6605	0
2013	11	81448.68	3.20	−2.05	−0.25	14.00	5.5095	0
2014	11	81946.28	3.00	−2.00	−0.25	13.00	5.381	0
2015	11	82370.03	3.00	−2.00	−0.25	12.00	5.2734	0
2016	11	82675.51	3.00	−2.00	−0.25	11.00	5.1784	0
2017	11	83025.57	3.00	−2.00	−0.25	10.00	5.0956	0
2018	11	83239.62	3.00	−2.00	−0.25	10.00	5.0242	0
2019	11	83339.89	3.00	−2.00	−0.25	10.00	4.964	0
2020	11	83462.12	3.00	−2.00	−0.25	10.00	4.9143	0

(二) 主要宏观经济指标运行结果

模型从 2010 年开始迭代运行，得到 1992~2009 年历史模拟结果和 2010~2020 年基准运行值，首先，可以了解基准运行方案对我国国民经济的综合影响，由于篇幅原因，表 10-10 仅列出部分年份运行结果。其次，可以知道基准运行方案对能源部门的影响。

表 10-10 基准运行结果（主要宏观经济指标）

指标	2015 年	2016 年	2017 年	2018 年	2019 年	2020 年
2002 年不变价						
国内生产总值（亿元）	436003	461582	490987	518582	548458	578301
个人消费（亿元）	150389	158794	169960	179687	190664	201511
农村居民消费（亿元）	28296	28280	28831	28901	29245	29450
城镇居民消费（亿元）	122094	130514	141128	150785	161419	172061
政府消费（*）（亿元）	69417	76973	84391	91480	98048	103903
固定投资总额（亿元）	203271	216105	229949	243661	259143	276025
存货投资（亿元）	9025	7258	7078	5882	5619	5042
净出口（亿元）	−1292	−2741	−5583	−7321	−10209	−13372
出口（*）（亿元）	166906	177528	188490	199744	211269	222824
进口（亿元）	−168198	−180269	−194073	−207064	−221478	−236197
其他消费（亿元）	5192	5192	5192	5192	5192	5192
价格指数，2002 年=100						
国内生产总值	152	154	156	158	160	163
农村居民消费价格	128	129	130	132	134	135
城镇居民消费价格	161	164	166	168	171	173
固定资产投资价格	139	139	139	140	141	142
出口价格	125	127	129	130	132	134
进口价格	115	117	119	121	123	125
现价						
国内生产总值（亿元）	661834	708825	765378	820008	879953	941292
个人消费（亿元）	233004	249672	271428	291537	314215	337283
农村居民消费（亿元）	36114	36461	37589	38124	39034	39782
城镇居民消费（亿元）	196889	213211	233839	253414	275181	297501
固定投资总额（亿元）	282001	299882	320727	341455	364868	390944
存货投资（亿元）	11085	8815	8781	7291	7039	6354
政府消费（亿元）	114448	130290	146979	163682	180515	196851
出口（亿元）	208841	224898	242225	260387	279370	298866
进口（亿元）	−193620	−210779	−230798	−250369	−272098	−295068
其他消费（亿元）	6074	6048	6036	6024	6045	6062
总收入						
农村居民名义收入（亿元）	43522	44152	45327	46060	47101	48007
农村居民实际收入（亿元）	34092	34212	34783	34889	35263	35512
城镇居民名义收入（亿元）	250342	271681	296514	321263	348070	375636
城镇居民实际收入（亿元）	155206	166143	179038	190998	204025	217090

续表

指标	2015年	2016年	2017年	2018年	2019年	2020年
人民生活数据						
可支配收入总额	317185	341768	371105	399772	431410	463699
消费总额	220728	237227	258464	278707	301359	324387
储蓄总额	96457	104541	112641	121065	130051	139312
储蓄率	30	31	30	30	30	30
人口总数（百万）	1378	1389	1400	1411	1423	1434
农村人口	618	608	599	591	585	579
城镇人口	760	781	801	820	838	855
总劳动力（百万）	824	827	830	832	833	835
就业数（百万）	562	562	563	562	561	560
农业	231	227	224	221	218	216
工业	147	146	144	143	141	139
服务业	184	189	195	199	202	205
实际 GDP/就业数（元/人）	77547	82078	87236	92262	97715	103250
失业率（%）	31.7	32.0	32.2	32.5	32.7	32.9
汇率（100美元/元）	527	518	510	502	496	491
农业部门人均工资	13172	13466	13888	14109	14439	14685
非农部门人均工资	64268	70385	76875	83924	91432	99460
收入法 GDP，现价（亿元）	661834	708825	765378	820008	879953	941292
折旧总额	110075	120281	131284	142472	153861	165834
工资总额	241491	264494	289504	315093	342558	371221
利润总额	208189	213379	227769	234801	247075	258141
税收	98891	105885	114249	122243	130897	139839
二氧化碳税	0	0	0	0	0	0

表10-10为主要宏观经济指标部分年份的基准运行结果。为了更形象地表示模型的基准运行效果，下面列举了几个主要宏观经济变量的基准运行结果。

1. 经济增长

根据模型测算，以2002年不变价计量，我国国内生产总值1992~2009年年均增长率达到9.97%，2010~2015年的增长率降为年均7.82%，2010~2020年则更低至年均6.90%，从而结束我国长达30年年均增长8%以上的超高速增长率。

2. 企业利润

基准运行结果显示，1992~2009年利润总额年均增长率为20.88%，2010~2015年这一数值下滑至16.29%，2010~2020年进一步下跌到15.97%，很明显，

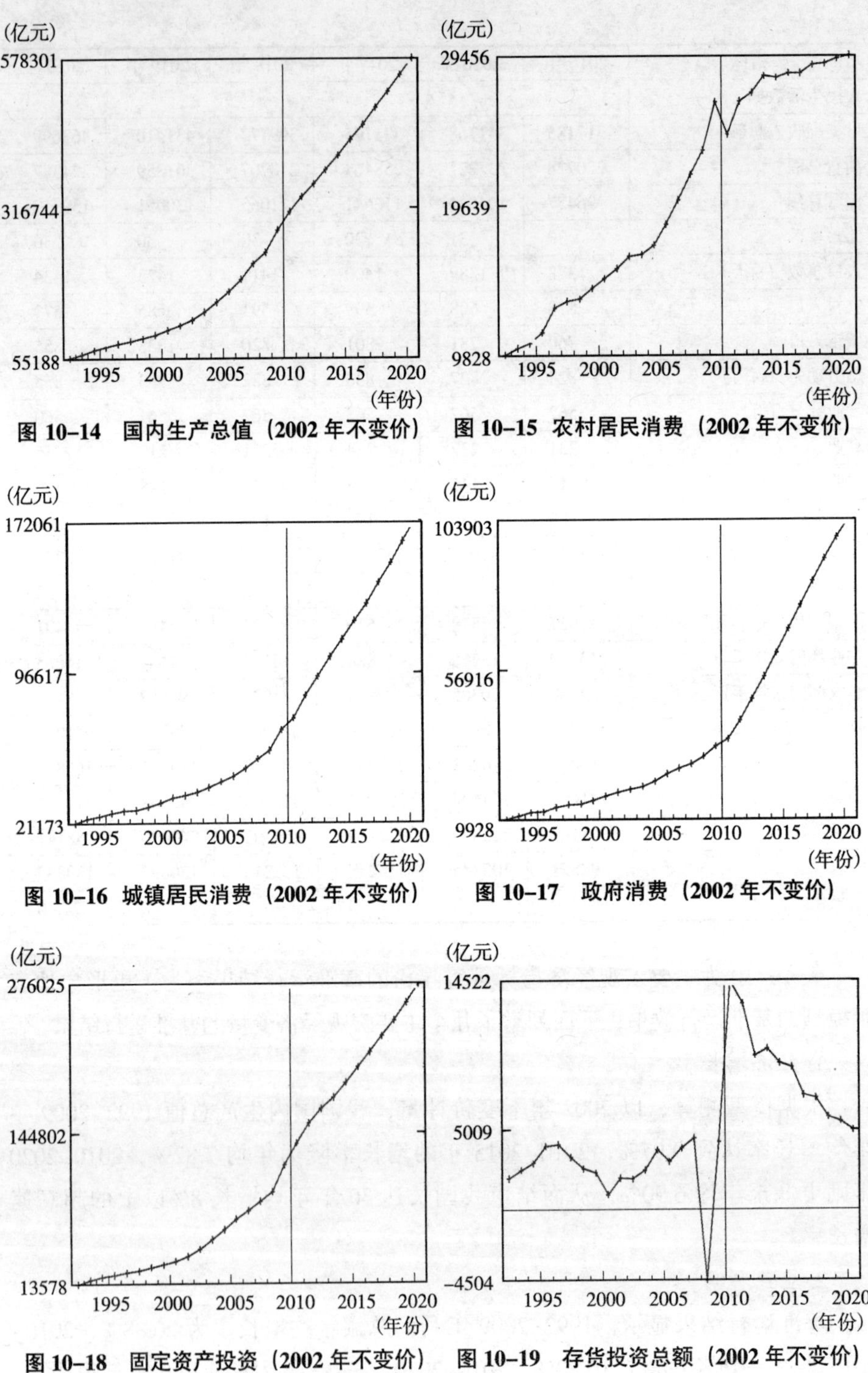

图 10-14 国内生产总值（2002 年不变价）

图 10-15 农村居民消费（2002 年不变价）

图 10-16 城镇居民消费（2002 年不变价）

图 10-17 政府消费（2002 年不变价）

图 10-18 固定资产投资（2002 年不变价）

图 10-19 存货投资总额（2002 年不变价）

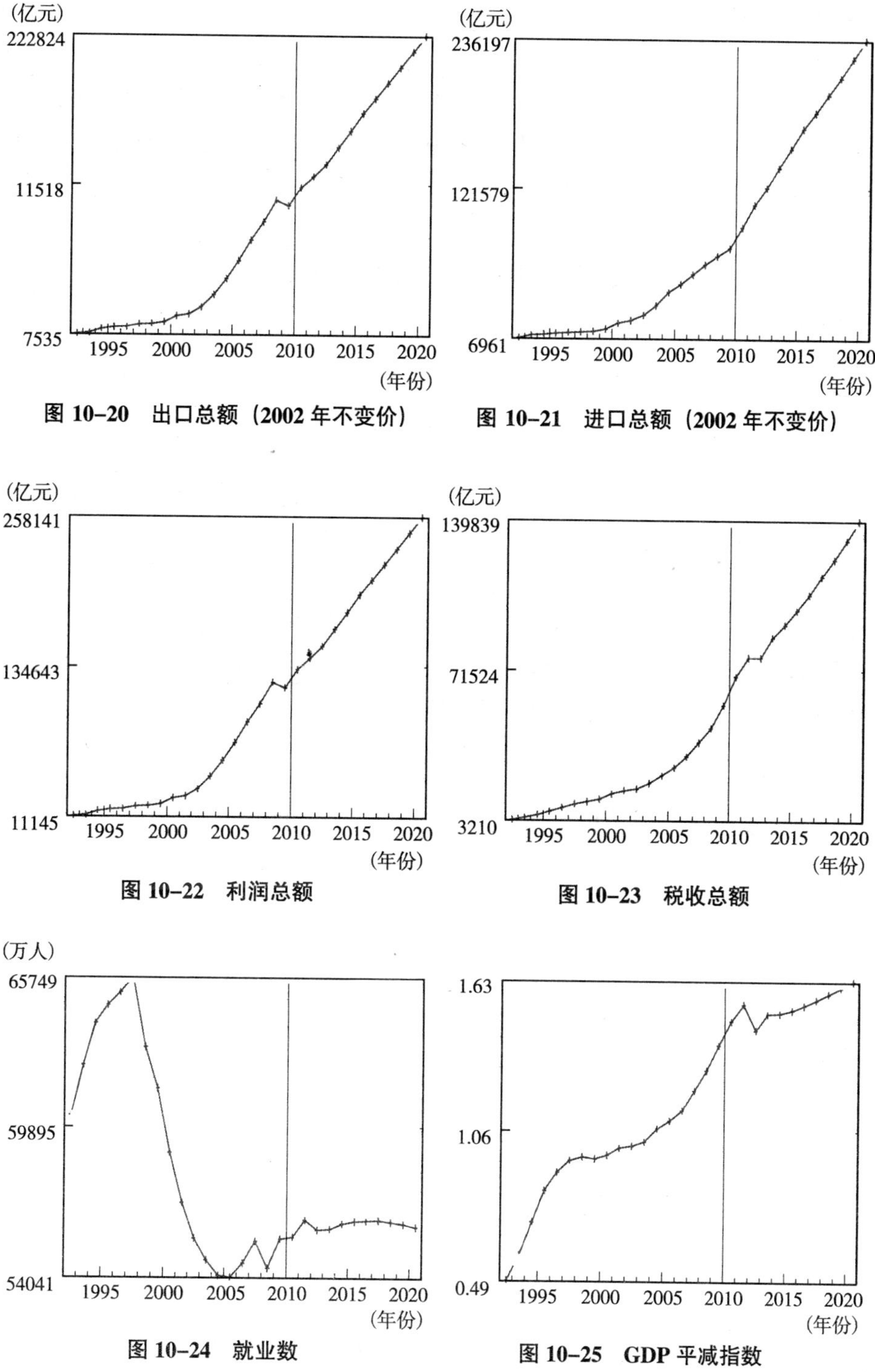

图 10-20　出口总额（2002 年不变价）

图 10-21　进口总额（2002 年不变价）

图 10-22　利润总额

图 10-23　税收总额

图 10-24　就业数

图 10-25　GDP 平减指数

未来10年企业的利润增长率将趋于放缓。

3. 税收

就税收绝对值而言，2020年年底达到13.98万亿元，占同期名义GDP比重的14.86%。2010~2020年年平均增长率分别为13.73%，高于同期名义GDP 8.49%的年均增长率，税收增长率仍显过快。

4. 就业

2010~2020年就业数的年均增长率为0.8%。就第一、二、三产业而言，2009~2020年，服务业以年均2.62%的增长率领跑第一、二产业。这与我国提高服务业产值和比重的发展规划是相符的。

5. 价格指数

就国内生产总值价格平减指数而言，2010~2020年总体价格增幅是趋缓的，从1992~2009年的6.33%下降至2010~2020年的1.48%。模型得到的这一结果可能会低估我国的通货膨胀率。

(三) 能源部门运行结果

由表10-11可知，标准煤2010~2020年期间消耗量年均增长率为5.13%，与此同时，标准煤与实际GDP的比例却在下降，这说明单位实际产出的能源消耗量在下降，与我国实施节能减排的预期相符。

就碳排放强度（即排放量/名义GDP）而言，2010~2020年年均增长率为-1.64%。人均碳排放量2020年达到9.83吨/人，超过OECD欧盟国家2009年6.85吨/人的排放量，因此，使用“人均碳排放”的概念对我国缓解减排的国际压力已经不那么有效了。

就能源分类而言，碳排放强度有升有降，其中上升和下降最大的是分别是天然气和精炼油行业，2010~2020年碳排放强度年均增长率分别为3.8%和-2.43%。就能源价格指数而言，国内价格增长率也是涨跌不一，其中以精炼油、电力和原油涨势最为凶猛，3种能源2010~2020年国内价格年均增长率分别为4.63%、3.17%、2.31%。

表10-11 能源消费与二氧化碳排放量

指标	2015年	2016年	2017年	2018年	2019年	2020年	2010~2020年增长率
标准煤（万吨）	603006	609667	621009	623410	626737	629017	5.13
标准煤/真实GDP	138	132	126	120	114	109	-1.66
二氧化碳排放量（百万吨）	13249	13435	13733	13842	13977	14094	5.15

续表

指标	2015年	2016年	2017年	2018年	2019年	2020年	2010~2020年增长率
碳排放强度（千克/元）	0.3039	0.2911	0.2797	0.2669	0.2549	0.2437	-1.64
人均碳排放量（吨/人）	9.61	9.67	9.81	9.81	9.83	9.83	4.47
碳税税率（元/吨二氧化碳）	0	0	0	0	0	0	
碳税总额（亿元）	0	0	0	0	0	0	
以燃料种类分：煤碳							
产出（亿元，2002年价格计量）	15456	15873	16541	17058	17728	18498	6.69
国内消费（亿元，2002年价格计量）	15698	16149	16864	17427	18153	18989	6.92
总消费量（万吨）	594562	600464	610859	612299	614572	615761	5.15
排放强度（公斤/元）	0.1364	0.1301	0.1244	0.1181	0.1121	0.1065	-1.64
国内价格	1.34	1.34	1.34	1.34	1.34	1.34	-0.11
煤炭价格与GDP平减指数的比	0.89	0.89	0.87	0.86	0.85	0.84	-1.44
以燃料总类分：原油							
产出（亿元，2002年价格计量）	3537	3529	3555	3533	3518	3495	1.18
国内消费（亿元，2002年价格计量）	8760	9116	9591	9970	10393	10826	5.92
总消费量（万吨）	41207	42662	44633	46176	47917	49705	4.83
排放强度（千克/元）	0.01	0.01	0.01	0.01	0.01	0.01	-1.94
国内价格	2.99	3.04	3.09	3.13	3.18	3.22	2.31
价格与GDP平减指数的比	1.72	1.75	1.77	1.79	1.80	1.81	1.94
以燃料种类分：精炼油							
产出（亿元，2002年价格计量）	14236	14774	15500	16077	16726	17398	5.06
国内消费（亿元，2002年价格计量）	15107	15711	16524	17175	17908	18670	5.50
总消费量（万吨）	38275	39658	41506	42990	44638	46275	4.30
排放强度（千克/元）	0.0088	0.0086	0.0085	0.0083	0.0081	0.0080	-2.43
国内价格	2.32	2.42	2.52	2.63	2.73	2.84	4.63
价格与GDP平减指数的比	1.50	1.55	1.59	1.63	1.66	1.70	2.97
以燃料种类分：电力							
产出（亿元，2002年价格计量）	52037	54703	57880	60415	63280	66418	9.04
国内消费（亿元，2002年价格计量）	53279	56096	59449	62152	65202	68544	9.18
总消费量（亿千瓦时）	110670	116455	123319	128848	135079	141893	9.00
排放强度（千瓦时/元）	0.2538	0.2523	0.2512	0.2485	0.2463	0.2454	1.96
国内价格	2.05	2.13	2.19	2.26	2.31	2.35	3.17
价格与GDP平减指数的比	1.35	1.38	1.39	1.42	1.43	1.43	1.64
以燃料种类分：天然气							
产出（亿元，2002年价格计量）	1838	1940	2072	2198	2341	2492	8.13
国内消费（亿元，2002年价格计量）	1969	2126	2326	2526	2754	3001	10.75
总消费量（亿立方米）	1378	1483	1622	1757	1914	2086	10.97

续表

指标	2015年	2016年	2017年	2018年	2019年	2020年	2010~2020年增长率
排放强度（立方米/元）	0.0032	0.0032	0.0033	0.0034	0.0035	0.0036	3.80
国内价格	1.65	1.66	1.68	1.70	1.71	1.73	0.95
价格与GDP平减指数的比	1.06	1.06	1.06	1.06	1.05	1.05	-0.31

第十一章　多部门模型的碳税政策模拟

多部门模型是将投入产出模型与动态计量建模技术相结合的多部门模型，兼具投入产出模型与动态计量模型的优势，通过对各年数据的迭代，模型形成了各年的时间序列和投入产出表，可以动态模拟外生变量变动的影响。本章通过调整碳税税率、增加碳税返还途径的方法，分别进行以下三种政策模拟：①2020 年碳排放强度较 2005 年降低 40%；②2020 年人均碳排放量达到 OECD 欧盟国家 2009 年的排放水平，即达到 6.85 吨/人的水平以下；③税收返还，也叫税收中性，在政策模拟 1 的基础上，将相关行业的碳排放税税额返给能源使用行业，力图使碳税开征前后税收总额不变。

第一节 政策模拟

一、政策模拟 1：碳排放降低 40%

（一）对宏观经济的影响

2009 年哥本哈根会议召开前夕，国务院总理温家宝主持召开国务院常务会议，研究部署应对气候变化工作，决定到 2020 年我国控制温室气体排放的行动目标，并提出相应的政策措施和行动。会议提出，面对气候变化的严峻挑战，我们必须深入贯彻落实科学发展观，采取更加强有力的政策措施与行动，加快转变发展方式，努力控制温室气体排放，建设资源节约型和环境友好型社会。会议决定，到 2020 年我国单位国内生产总值二氧化碳排放比 2005 年下降 40%~45%，作为约束性指标纳入国民经济和社会发展中长期规划，并制定相应的国内统计、监测、考核办法。

本模型中模拟的 2005 年的二氧化碳碳排放量为 50.6 亿吨，以 2002 年价格计算的 gdpR 为 17.06 万亿元人民币，得到 2005 年的碳排放强度为 0.2966 公斤/元，意味着生产一元人民币的产品或服务将向大气中排放 296.6 克的二氧化碳，根据会议规划，本书将模拟 2020 年碳排放强度较 2005 年降低 40%的情形，即降至大约 0.1779 公斤/元。通过反复试验，当碳税税率取值为 200 元/吨时，所得到的 2020 年碳排放强度为 0.1770，达到所设定的目标；模型开征碳税作用于宏观经济的传导路径是：改变碳税税率→碳税改变→税收总额发生改变→价格收入模块中“税收变量”发生改变→改变能源部门名义增加值（体现在单位不变价产出增加值向量 unitva 发生改变）→改变相关部门的价格指数→影响相关行业生产者和消费者的使用量→改变整个国民经济，此时对国民经济的影响情况如表 11-1 所示。

表 11-1 中每个指标的第一行是基准运行值，第二行为政策模拟 1（即碳税税率为 200 元/吨）的值。

表 11-1 政策模拟 1——碳排放强度降低 40%对主要宏观指标的影响

指标	2015 年	2016 年	2017 年	2018 年	2019 年	2020 年
国内生产总值（亿元，2002 年不变价）	436003	461582	490987	518582	548458	578301
	428314	452869	480115	511011	541411	570775
个人消费	150389	158794	169960	179687	190664	201511
	143330	150704	160869	171948	182512	193190
农村居民消费	28296	28280	28831	28901	29245	29450
	27826	27507	27968	28428	28610	28821
城镇居民消费	122094	130514	141128	150785	161419	172061
	115503	123197	132901	143520	153902	164369
政府消费（*）	69417	76973	84391	91480	98048	103903
	69417	76973	84391	91480	98048	103903
固定投资总额	203271	216105	229949	243661	259143	276025
	192516	205833	217732	233012	249431	265723
存货投资	9025	7258	7078	5882	5619	5042
	8069	6020	5190	5413	5024	4144
出口（*）	166906	177528	188490	199744	211269	222824
	166906	177528	188490	199744	211269	222824
进口	-168198	-180269	-194073	-207064	-221478	-236197
	-157116	-169382	-181749	-195780	-210064	-224203
其他消费	5192	5192	5192	5192	5192	5192
	5192	5192	5192	5192	5192	5192
国内生产总值指数（2002=100）	152	154	156	158	160	163
	153	155	156	160	161	163
农村居民名义收入	43522	44152	45327	46060	47101	48007
	42399	42862	43807	44928	45841	46615
农村居民实际收入	34092	34212	34783	34889	35263	35512
	32960	32796	33246	33772	34076	34346
城镇居民名义收入	250342	271681	296514	321263	348070	375636
	237847	259302	281970	308303	335168	361558
城镇居民实际收入	155206	166143	179038	190998	204025	217090
	145329	155451	166985	180217	193142	205839
可支配收入总额	317185	341768	371105	399772	431410	463699
	302478	326917	353476	384454	415837	446824

续表

指标	2015年	2016年	2017年	2018年	2019年	2020年
消费总额	220728	237227	258464	278707	301359	324387
	213271	229462	249133	271028	293082	315455
储蓄总额	96457	104541	112641	121065	130051	139312
	89207	97456	104343	113426	122755	131369
储蓄率	30	31	30	30	30	30
	29	30	30	30	30	29
人口总数（百万）	1378	1389	1400	1411	1423	1434
	1378	1389	1400	1411	1423	1434
农村人口	618	608	599	591	585	579
	618	608	599	591	585	579
城镇人口	760	781	801	820	838	855
	760	781	801	820	838	855
总劳动力（百万）	824	827	830	832	833	835
	824	827	830	832	833	835
就业数（百万）	562	562	563	562	561	560
	551	552	551	553	553	552
农业	231	227	224	221	218	216
	231	227	224	221	218	216
工业	147	146	144	143	141	139
	140	139	138	137	136	134
服务业	184	189	195	199	202	205
	180	185	189	196	199	202
实际GDP/就业数（元/人）	77547	82078	87236	92262	97715	103250
	77682	82108	87124	92424	97893	103449
农业部门人均工资	13172	13466	13888	14109	14439	14685
	13246	13444	13900	14206	14456	14718
非农部门人均工资	64268	70385	76875	83924	91432	99460
	65388	71601	78316	85128	92601	100747
碳税税率（元/吨二氧化碳）	0	0	0	0	0	0
	200	200	200	200	200	200
收入法GDP（亿元，现价）	661834	708825	765378	820008	879953	941292
	648808	698252	749347	809373	870547	928661
折旧总额	110075	120281	131284	142472	153861	165834
	106234	116529	126575	137344	148462	159734
工资总额	241491	264494	289504	315093	342558	371221
	238551	261005	285334	311872	339215	367449

续表

指标	2015 年	2016 年	2017 年	2018 年	2019 年	2020 年
利润总额	208189	213379	227769	234801	247075	258141
	165203	171342	178826	190419	201814	209836
税收	98891	105885	114249	122243	130897	139839
	136420	145200	153982	164859	175647	185926
二氧化碳税	0	0	0	0	0	0
	18596	18956	19192	19669	20009	20204

在政策模拟 1 的条件下得到表 11-1，这是建立在纯碳税政策模式下的所得结果，基于此结果，我们可以得到以下启示：

1. 对经济增长的影响不大

基准运行模型结果显示，当基准运行时，以 2002 年不变价计量，我国国内生产总值 2010~2020 年的增长率降为年均 6.90%，而在政策模拟 1 即碳税税率为 200 元每吨时，增长率的绝对值仅下降 0.22 个百分点，说明大幅度地提高碳税税率并未对经济增长形成太大的负面冲击。

2. 企业利润增长趋于放缓

政策模拟 1 的结果同样延续着前面指标的特点，政策模拟 1 显著低于基准运行值。2010~2020 年利润总额年均增长率为 13.99%，低于基准运行值的 15.97%，模型运行结果说明未来 10 年企业的利润增长率将趋于放缓。

3. 政府税收收入增加

在政策模拟 1 即单纯采用碳税方法的情况下，大幅提高了政府税收收入的增幅。就税收绝对值而言，2020 年年底政策模拟 1 达到 18.59 万亿元，超过基准运行值 4.6 万亿元，占同期名义 GDP 比重的 20.02%，高于基准运行值 5.16 个百分点。2010~2020 年政策模拟 1 年平均增长率为 15.58%，大大高于同期名义 GDP 8.49%的年均增长率。就二氧化碳碳税绝对值而言，开征碳税之后 2020 年达到 20203.85 亿元人民币，占同期税收总额的比例为 10.87%。说明如此大力度地开征碳税，其结果是碳税收入“一枝独秀”。与此同时，企业利润增长加速下滑，说明单纯开征碳税将不利于企业的发展和竞争力的培育，因此单纯使用碳税手段达到削减碳排放强度 40%的目标负面作用明显。

4. 就业

如果说 2010~2020 年就业数的基准运行值乏善可陈，那么政策模拟 1 的−0.06%则让人沮丧，模型运行结果告诉我们开征碳税会使本已恶劣的就业形势变得更加严峻。就第一、第二、第三产业而言，2010~2020 年，服务业同样受到一定程度的冲击，但仍以年均 2.46%的增长率领跑第一、第二产业，其冲击较第一、第二产业要小，这与我国产业发展规划相符。

表 11–2 政策模拟 1——碳排放强度降低 40%对主要能源指标的影响

指标	2015 年	2016 年	2017 年	2018 年	2019 年	2020 年
标准煤（万吨）	603006.44	609666.75	621009.06	623410.13	626737.25	629017.06
	430027.03	437321.81	441330.09	450776.34	456939.16	459446.38
标准煤/真实 GDP	138.30	132.08	126.48	120.21	114.27	108.77
	100.40	96.57	91.92	88.21	84.40	80.50
二氧化碳排放量（百万吨）	13249.10	13435.49	13733.02	13842.07	13977.46	14094.29
	9298.00	9477.81	9596.02	9834.56	10004.44	10101.92
碳排放强度（千克/元）	0.3039	0.2911	0.2797	0.2669	0.2549	0.2437
	0.2171	0.2093	0.1999	0.1925	0.1848	0.1770
人均碳排放量（吨/人）	9.61	9.67	9.81	9.81	9.83	9.83
	6.75	6.82	6.85	6.97	7.03	7.05
碳税税率（元/吨二氧化碳）	0.00	0.00	0.00	0.00	0.00	0.00
	200.00	200.00	200.00	200.00	200.00	200.00
碳税总额（亿元）	0.00	0.00	0.00	0.00	0.00	0.00
	18596.00	18955.62	19192.04	19669.13	20008.88	20203.85
以燃料种类分：煤炭						
产出（亿元，2002 年价格计量）	15456.26	15872.92	16541.46	17057.64	17727.71	18497.89
	10886.40	11250.20	11603.44	12184.83	12743.41	13297.20
国内消费（亿元，2002 年价格计量）	15697.75	16149.15	16863.63	17426.80	18153.06	18988.53
	11054.61	11449.01	11836.29	12463.56	13071.28	13678.95
总消费量（万吨）	594562.06	600463.75	610858.69	612299.38	614571.50	615760.50
	426239.94	433071.59	436429.94	445126.34	450505.88	452139.50
排放强度（公斤/元）	0.1364	0.1301	0.1244	0.1181	0.1121	0.1065
	0.0995	0.0956	0.0909	0.0871	0.0832	0.0792
国内价格	1.34	1.34	1.34	1.34	1.34	1.34
	2.70	2.73	2.73	2.72	2.71	2.69
煤炭价格与 GDP 平减指数的比	0.89	0.89	0.87	0.86	0.85	0.84
	1.77	1.76	1.74	1.70	1.67	1.65
以燃料种类分：原油						
产出（亿元，2002 年价格计量）	3537.14	3529.00	3554.61	3533.21	3518.14	3495.00
	2053.32	2086.43	2121.82	2188.92	2238.93	2272.25
国内消费（亿元，2002 年价格计量）	8759.74	9115.84	9590.66	9970.10	10392.78	10825.64
	5051.36	5360.37	5691.03	6138.45	6569.31	6985.92

续表

指标	2015 年	2016 年	2017 年	2018 年	2019 年	2020 年
以燃料种类分：原油						
总消费量（万吨）	41206.52	42661.85	44632.92	46176.45	47916.86	49705.36
	23534.61	24782.90	26138.13	28007.43	29813.67	31579.47
排放强度（千克/元）	0.0095	0.0092	0.0091	0.0089	0.0087	0.0086
	0.0055	0.0055	0.0054	0.0055	0.0055	0.0055
国内价格	2.99	3.04	3.09	3.13	3.18	3.22
	3.07	3.12	3.16	3.21	3.24	3.28
价格与 GDP 平减指数的比	1.72	1.75	1.77	1.79	1.80	1.81
	1.75	1.76	1.78	1.80	1.81	1.82
以燃料种类分：精炼油						
产出（亿元，2002 年价格计量）	14235.80	14773.75	15499.53	16076.85	16726.37	17398.16
	7372.79	7809.73	8277.00	8938.34	9584.22	10223.03
国内消费（亿元，2002 年价格计量）	15107.03	15710.82	16523.62	17175.38	17908.49	18669.54
	7641.11	8122.87	8638.96	9369.27	10083.73	10792.82
总消费量（万吨）	38275.34	39658.38	41506.25	42990.25	44637.92	46275.10
	24259.58	25269.82	26448.23	28012.83	29499.37	30965.10
排放强度（千克/元）	0.0088	0.0086	0.0085	0.0083	0.0081	0.0080
	0.0057	0.0056	0.0055	0.0055	0.0054	0.0054
国内价格	2.32	2.42	2.52	2.63	2.73	2.84
	5.21	5.34	5.45	5.56	5.65	5.74
价格与 GDP 平减指数的比	1.50	1.55	1.59	1.63	1.66	1.70
	3.34	3.36	3.38	3.39	3.38	3.38
以燃料种类分：电力						
产出（亿元，2002 年价格计量）	52036.90	54702.66	57880.14	60415.40	63279.67	66417.84
	45715.55	48431.33	50941.65	54201.36	57418.77	60513.68
国内消费（亿元，2002 年价格计量）	53278.59	56096.18	59448.80	62151.51	65201.82	68543.64
	46801.81	49660.08	52316.30	55753.21	59157.16	62444.30
总消费量（亿千瓦时）	110670.16	116454.59	123319.11	128848.42	135079.00	141892.72
	97493.92	103322.42	108741.97	115751.09	122684.30	129371.90
排放强度（千瓦时/元）	0.2538	0.2523	0.2512	0.2485	0.2463	0.2454
	0.2276	0.2282	0.2265	0.2265	0.2266	0.2267
国内价格	2.05	2.13	2.19	2.26	2.31	2.35
	2.19	2.27	2.34	2.38	2.42	2.45
价格与 GDP 平减指数的比	1.35	1.38	1.39	1.42	1.43	1.43
	1.44	1.46	1.49	1.49	1.49	1.50

续表

指标	2015年	2016年	2017年	2018年	2019年	2020年
以燃料种类分：天然气						
产出（亿元，2002年价格计量）	1838.14	1939.62	2071.81	2198.11	2341.21	2492.21
	900.90	949.04	989.64	1042.07	1090.27	1136.76
国内消费（亿元，2002年价格计量）	1968.55	2126.03	2325.52	2525.61	2753.91	3001.08
	907.62	984.07	1054.62	1142.11	1227.87	1315.02
总消费量（亿立方米）	1377.99	1483.05	1622.28	1756.96	1913.53	2085.91
	552.44	600.09	644.05	699.04	746.65	800.24
排放强度（立方米/元）	0.0032	0.0032	0.0033	0.0034	0.0035	0.0036
	0.0013	0.0013	0.0013	0.0014	0.0014	0.0014
国内价格	1.65	1.66	1.68	1.70	1.71	1.73
	3.43	3.49	3.54	3.61	3.66	3.72
价格与GDP平减指数的比	1.06	1.06	1.06	1.06	1.05	1.05
	2.16	2.17	2.18	2.19	2.20	2.21

5. 对总体价格指数和能源价格指数影响不同

GDP 平减指数虽然上升了，但变化并不明显，与预期不符。总结原因是在模型中 GDP 平减指数是通过名义 GDP 除以实际 GDP 得到的，某几个特定行业的价格指数上涨不会在 GDP 平减指数中得到明显的体现。但是开征碳税导致能源类产品的价格飙升，其中以煤炭、精炼油、天然气为代表，基准运行值和政策模拟 1 的国内价格 2010~2020 年年均增长率分别为–0.11%和 6.44%，4.63%和 11.56%，0.95%和 8.23%。能源类产品价格大幅跃升不利于控制通货膨胀，参考国外开征碳税的案例，这是政策制定者最为忧虑的地方之一。

6. 能源使用量及碳排放急剧下降

基准运行和政策模拟 1 的标准煤使用量 2009~2020 年年均增长率分别为 5.13%和 2.17%，显然因为价格飙涨人们会减少能源使用量并提高能源使用效率。碳排放强度达到政策模拟 1 所设定的减排目标，与此同时，人均碳排放量也大幅下降，政策模拟 1 2009~2020 年人均碳排放量年均增长率分别为 1.36%，较基准运行的 4.47%有大幅的下降；就绝对值而言，2020 年的绝对值也才 7.05 吨/人，低于 2010 年基准运行值。

总体而言，通过设定碳税税率为 200 元/吨，可以达到政策模拟 1 所设定削减碳排放强度 40%的目标，总体经济仍能保持平稳运行，经济增长率没有出现大幅下滑，GDP 价格平减指数也未出现大幅飙升，因碳税收入的增加使得政府税收总额大幅跃升，与此同时，企业利润大幅下滑，就业人数下降，能源行业价格指数快速上升，种种这些负面影响将随着时间的推移慢慢显现，这也是单纯使用碳税手段所不可忽视的负面影响。

（二）对产业部门的影响

上面已经指出，多部门模型优点之一在于它能够从部门层面动态的分析经济结构，将开征碳税对经济的影响深入到产业一级，下面将对按商品种类的消费量，以及部门的产出、固定资产投资、就业、外贸进出口进行影响分析。

1. 对各类消费品的影响

政策模拟 1 时，农村、城镇按消费品种类支出 2010~2020 年年平均增长率如表 11–3 所示。模型将农村消费按消费品种类分为 10 类，将城镇消费按消费品种类分为 24 类。模型预测结果显示：开征碳税对农村居民消费中各主要消费品支出都有影响，其中对居住和交通通信类支出影响较大。政策模拟 1 时年平均增速分别为 0.28%和 2.14%，基准运行时农村居民居住类和交通通信类支出 2010~2020 年平均增速分别为 0.96%和 3.17%，很明显，随着碳税税率的升高，农村居民对居住和交通类的能源价格将会上升，消费的增长率则随之下降。开征碳税对城镇居民消费中影响较大的消费品有：交通、住房、水电燃料及其他，政策模拟 1 增长率分别为 11.41%、6.41%、3.61%，对应的基准运行增长率分别为 12.79%、6.73%、5.64%，分别下降 1.38、0.32 和 2.03 个百分点。

表 11–3　农村居民分类别消费支出 2009~2020 年平均增长率

	食品	肉类和家禽	其他食物	衣着	居住	家庭设备用品及服务	医疗保健	交通通信	文教娱乐用品及服务	其他商品及服务
基准运行	0.22	2.30	2.21	0.81	0.96	5.37	3.69	3.17	3.46	6.55
政策模拟 1	0.14	2.31	2.37	1.04	0.28	5.39	3.52	2.14	3.41	6.52

表 11–4　城镇居民分类别消费支出 2009~2020 年平均增长率

类别	主食	肉禽蛋及其制品	水产品	蔬菜	调味品及糖类	烟草	酒和饮料	干鲜瓜果
基准运行	2.15	2.47	4.09	4.44	4.23	–0.81	2.63	1.88
政策模拟 1	1.95	2.69	3.47	3.65	4.07	–0.76	2.48	1.66

续表

类别	糕点及奶制品	在外用餐	服装	衣着材料及衣着加工服务费	鞋袜帽及其他衣着	耐用消费品及家具	家庭日用杂品及其他用品	医疗保健
基准运行	5.45	4.57	6.16	–3.84	5.42	5.92	6.88	7.49
政策模拟 1	5.23	4.25	6.04	–3.83	5.23	5.66	6.60	7.10
类别	交通	通信	文娱用耐用消费品	教育	文化娱乐	住房	水电燃料及其他	杂项商品
基准运行	12.79	8.77	1.72	7.36	4.40	6.73	5.64	6.84
政策模拟 1	11.41	8.50	1.63	6.99	4.19	6.41	3.61	6.57

2. 对各部门固定资产投资的影响

开征碳税将直接波及能源消耗较大的行业，金属制品行业 2009~2020 年政策模拟 1 和基准运行对应的年均增长率分别为 7.41%和 7.86%，铁路运输设备制造行业对应的年均增长率则分别为 10.92%和 9.50%，道路运输行业为 12.85%和 11.23%，显示出过高的碳税税率将给企业带来过高的成本压力，导致投资增长乏力。

3. 对各部门出口的影响

由于碳税开征带动能源类产品和相关商品价格上涨，国内生产和出口商利润空间被大大压缩，对我国部分产业部门出口造成了不利影响。模型测算结果显示受碳税开征影响较大的产业部门包括：石油和天然气开采业，石油加工、炼焦及核燃料加工业，燃气生产和供应业等。模型数据显示，就 2010~2020 年政策模拟 1 和基准运行而言，石油和天然气开采业年均增长率分别为 7.10%和 9.47%，石油加工、炼焦及核燃料加工业的年均增长率分别为 7.85%和 10.54%，燃气生产和供应业的年均增长率分别为 29.39%和 36.09%。

4. 对各部门就业的影响

投资增长率的下降和上游原材料价格的上涨影响了部分产业部门对劳动力需求；同时，由于出口增长率的下降，一部分出口导向型产业部门的劳动力需求增长率也会有所减少。

从模型运行结果看，第一产业就业增长率呈现下降趋势，2009~2020 年政策模拟 1 和基准运行第一产业对应的年均增长率分别为–1.68%和 –1.66%。这一结果符合我国农业产业化和城镇化高速发展的预期，预计随着我国劳动力成本的提高，这一趋势将会一直延续。第二产业就业增长率有升有降，其中电力、蒸汽和热水生产和供应业，医药工业位列冠亚军，两个产业 2009~2020 年对应政策模拟 1 和基准运行的年均增长率分别为 19.35%、20.42%和 5.55%、5.76%，其他大多数行业都是负增长，数据结果说明未来 10 年我国工业化将接近尾声，第二产业的就业容量将逐步下降，其中以非金属矿和其他矿采选业、烟草制品业为代表，两个产业 2009~2020 年政策模拟 1 和基准运行对应的年均增长率分别为-6.77%、-6.47%和-5.09%、-4.99%。第三产业部门是就业增长最快的部门，其中航空运输业、科学研究和综合技术服务行业，卫生、体育和社会福利事业位列第三产业的前三甲，2009~2020 年政策模拟 1 和基准运行对应的年均增长率分别为 8.06%、8.21%；5.55%、5.67%和 4.94%、5.13%。批发零售业就业规模和增长速度也较快，成为我国解决就业问题的主力军。

5. 对各部门产出的影响

模型运行结果显示，产出增长率较快的部门主要包括：医药工业，机械工业，航空及其运输设备制造业，电力、蒸汽和热水生产和供应业，航空运输业，卫生、体育和社会福利事业，科学研究和综合技术服务事业等。数据显示，医药工业 2010~2020 年政策模拟 1 和基准运行对应的年均增长率分别为 10.47%和 10.69%，机械工业产出年均增长率分别为 8.18%和 8.51%，航空及其运输设备制造业产出年均增长率分别为 9.48%和 9.73%，电力、蒸汽和热水生产和供应业产出年均增长率分别为 8.12%和 9.04%，航空运输业产出年均增长率分别为 10.16%和 10.32%，卫生、体育和社会福利事业产出年均增长率分别为 9.53%和 9.74%，科学研究和综合技术服务事业产出年均增长率分别为 10.36%和 10.52%，电力、蒸汽和热水生产和供应业产出年均增长率分别为 8.12%和 9.04%。因此，绝大多数部门产出是处于增长势头当中，产出增长较快的多属于符合国家产业升级和产业结构调整定位的部门，并随着碳税税率的增加产出增长率呈现下降趋势。

二、政策模拟 2：人均碳排放达到 OECD 欧盟国家水准

国际能源署（IEA）在华盛顿发布了《世界能源展望 2011》（World Energy Outlook 2011）报告。该报告称，中国的“历史碳排放量”和“人均碳排放量”到 2015 年均会超过欧洲，并将非常接近美国的水平。

表 11-5 1975~2009 年人均碳排放数据

单位：吨/人

国家	1975 年	1980 年	1985 年	1990 年	1995 年	2000 年	2005 年	2007 年	2008 年	2009 年	1990~2009 年变化比例
OECD 欧盟国家	8.15	8.74	8.10	7.90	7.57	7.58	7.65	7.57	7.39	6.85	-13.20%
中国（包含中国香港）	1.15	1.44	1.63	1.97	2.50	2.42	3.89	4.58	4.92	5.14	161.20%

资料来源：国际能源署《燃料燃烧二氧化碳排放报告》2011 版（CO_2 Emissions From Fuel Combustion highlights，2011）。

由表 11-5 国际能源署的统计数据可知，我国人均碳排放量一直稳步增加，2009 年达到 5.14 吨/人，与 OECD 欧盟国家的差距缩小至 24.96%。因此，本书将模拟 2020 年人均碳排放达到 OECD 欧盟国家 2009 年排放标准时的情形，即大约 6.85 吨/人。通过反复试验，当碳税税率取值为 250 元/吨时，所得到的 2020 年碳排放强度为 6.83，达到所设定的目标，政策模拟 2 开征碳税影响经济的传导路径与政策模拟 1 类似，对国民经济的影响情况如表 11-6 所示。表中每个指标的第一行是基准运行值，第二行是政策模拟 2 的值，即人均排放量降低至 OECD 国家 2009 年排放量时（6.85 吨/人，所对应的碳税税率为 250 元/吨）的值。

表 11-6 政策模拟 2——人均碳排放量达到 OECD 欧盟国家水准对主要宏观经济指标的影响

指标	2015 年	2016 年	2017 年	2018 年	2019 年	2020 年
国内生产总值（亿元，2002 年不变价）	436003	461582	490987	518582	548458	578301
	426951	454048	479950	507681	541107	568945
个人消费	150389	158794	169960	179687	190664	201511
	141727	151589	160075	170453	182427	191920
农村居民消费	28296	28280	28831	28901	29245	29450
	27732	27869	27764	28198	28743	28625
城镇居民消费	122094	130514	141128	150785	161419	172061
	113995	123721	132311	142255	153684	163294
政府消费（*）	69417	76973	84391	91480	98048	103903
	69417	76973	84391	91480	98048	103903
固定投资总额	203271	216105	229949	243661	259143	276025
	191499	204757	217861	230192	248334	264256
存货投资	9025	7258	7078	5882	5619	5042
	8204	6826	5221	4471	5416	3898

续表

指标	2015年	2016年	2017年	2018年	2019年	2020年
净出口	-1292	-2741	-5583	-7321	-10209	-13372
	10912	8710	7210	5892	1689	-224
出口（*）	166906	177528	188490	199744	211269	222824
	166906	177528	188490	199744	211269	222824
进口	-168198	-180269	-194073	-207064	-221478	-236197
	-155995	-168818	-181280	-193852	-209581	-223049
其他消费	5192	5192	5192	5192	5192	5192
	5192	5192	5192	5192	5192	5192
国内生产总值平减指数（2002年=100）	152	154	156	158	160	163
	156	158	159	163	164	166
可支配收入总额	317185	341768	371105	399772	431410	463699
	302896	325934	353588	381913	416143	445232
储蓄率	30	31	30	30	30	30
	30	30	30	29	29	29
就业数（百万）	562	562	563	562	561	560
	552	552	551	550	553	551
农业	231	227	224	221	218	216
	231	227	224	221	218	216
工业	147	146	144	143	141	139
	138	139	138	136	135	134
服务业	184	189	195	199	202	205
	182	185	189	194	200	201
碳税税率（元/吨二氧化碳）	0	0	0	0	0	0
	250	250	250	250	250	250
收入法GDP（亿元，现价）	661834	708825	765378	820008	879953	941292
	653744	695182	752507	805620	872926	927809
折旧总额	110075	120281	131284	142472	153861	165834
	106729	115341	126650	136914	148173	159233
工资总额	241491	264494	289504	315093	342558	371221
	240222	263080	286938	312811	341461	369235
利润总额	208189	213379	227769	234801	247075	258141
	159849	161782	173417	178316	195201	198138
税收	98891	105885	114249	122243	130897	139839
	144332	153518	163248	172761	185441	195561
二氧化碳税	0	0	0	0	0	0
	22204	23097	23293	23570	24266	24474

碳税税率为250元/吨时，即使2020年人均碳排放达到OECD欧盟国家2009年的排放标准（大约6.85吨/人），我国国民经济的主要指标概况如表11-6所示。同样的，这是在纯碳税政策模式下得到的结果，基于此结果，我们可以得到以下启示：

1. 对经济增长影响不大

同样的，当基准运行时我国国内生产总值2010~2020年的增长率降为年均6.90%，而当人均碳排放达到6.85吨/人标准时（即碳税税率为250元/吨时），这一增长率仅降为6.75%，大幅度地提高碳税税率并未对经济增长造成毁灭性的冲击。

2. 企业利润增长趋于放缓

政策模拟1的结果同样延续着前面指标的特点，政策模拟1显著低于基准运行值。2010~2020年利润总额年均增长率为13.45%，低于基准运行值的15.97%，模型运行结果说明未来10年企业的利润增长率将趋于放缓。

3. 提高政府税收

就总税收而言，开征前后2010~2020年平均增长率分别为13.73%和18.10%，在政策模拟2即单纯采用碳税方法的情况下，大幅提高了政府税收收入的增幅，就二氧化碳碳税绝对数而言，开征碳税之后2020年达到24474亿元人民币，占同期税收总额的比例为12.52%。

4. 减少就业人数

就业数量增长率从基准运行时2010~2020年平均增长率的0.8%降为现在的-0.08%。就第一、第二、第三产业而言，同样地，农业部门由于其产业特点碳之所以没有受碳税开征的影响，工业部门增长率从基准运行时2010~2020年平均增长率的-0.17%扩大为现在的-0.53%，服务业就业人数仍保持正增长率，但同样受到一定程度的冲击，其冲击较第二产业要小，仅下降0.18%。

表11-7　政策模拟2——人均碳排放量达到OECD欧盟国家水准对主要能源指标的影响

指标	2015年	2016年	2017年	2018年	2019年	2020年
标准煤（万吨）	603006	609667	621009	623410	626737	629017
	410755	426524	428753	432253	443494	445524
标准煤/真实GDP	138	132	126	120	114	109
	96	94	89	85	82	78

续表

指标	2015 年	2016 年	2017 年	2018 年	2019 年	2020 年
二氧化碳排放量（百万吨）	13249	13435	13733	13842	13977	14094
	8882	9239	9317	9428	9706	9790
碳排放强度（千克/元）	0.3039	0.2911	0.2797	0.2669	0.2549	0.2437
	0.2080	0.2035	0.1941	0.1857	0.1794	0.1721
人均碳排放量（吨/人）	9.61	9.67	9.81	9.81	9.83	9.83
	6.44	6.65	6.65	6.68	6.82	6.83
碳税税率（元/吨二氧化碳）	0.00	0.00	0.00	0.00	0.00	0.00
	250	250	250	250	250	250
碳税总额（亿元）	0	0	0	0	0	0
	22204	23097	23293	23570	24266	24474

同样的，GDP 平减指数变化并不明显，但是开征碳税导致以煤炭、精炼油、天然气为代表的能源类产品的价格飙升。

5. 能源使用量及碳排放急剧下降

能源使用量大幅下降，开征前后的标准煤使用量 2010~2020 年年均增长率分别为 5.13%和 1.88%，人均碳排放量达到 OECD 欧盟国家 2009 年标准（6.85 吨/人），模型模拟数值为 6.83 吨/人。与此同时，碳排放强度也大幅下降，开征前后碳排放强度 2010~2020 年年均增长率分别为-1.64%和-4.70%，2020 年的绝对值为 0.1721 千克/元，低于政策模拟 1 的碳排放强度。

总体而言，政策模拟 2 设定的目标与政策模拟 1 相比较，是一个问题的两个方面，前者为人均碳排放，后者为碳排放强度，两者既有区别又有联系，区别是两者指标计算不同，人口普遍较多的发展中国家较为喜欢使用人均碳排放指标，以减轻本国减排压力，而欧美发达国家可能更趋向于选择碳排放强度指标。联系是两者都是碳排放指标，对同一国家而言，其中一个指标数值的下降常常意味着另一个指标数值也会下降，但是下降幅度有所不同。而政策模拟 2 的结果说明我国使用“人均碳排放”的概念对我国缓解减排的国际压力已经不那么有效了。这也是我国政府最近倾向于提“历史累积碳排放”概念的主要原因。

三、政策模拟 3：碳税返还

根据苏明领导的财政部财政科学研究所碳税研究小组 2009 年的碳税制度设计思路，开征碳税势必会对企业、居民造成不利影响，不易得到民众的支持，为了尽量避免碳税开征所带来的不利冲击，提出了税收中性制度设计的思路，即先对能源消耗征收碳税以减少碳排放，然后将这部分碳税通过某种途径返还给企业以减弱对产业造成的不利冲击，保持产业的现有竞争力。本书针对这一思路，力图将税收返还制度嵌入 Mudan 模型当中，以揭示税收返还与否的异同及其影响。

政策模拟 3 的具体实施思路是，在政策模拟 1 降低碳排放强度 40%，即开征碳税税率 200 元/吨的基础上，将征收到的碳税税额返还给各能源行业，返还的途径是在收入价格模块中“利润”的基础上直接加上征收到的碳税税额，并同时在税收总额中减去相应的碳税税额，即对相关行业征收碳税后通过增加其利润的办法再返还给这个行业，使征税和返税的途径不同，期望既能够改变能源使用者的消费习惯以使其减少能源使用量，以达到碳减排的目的，又不至于对宏观经济造成太大的负面冲击。此时，模型开征碳税影响经济的传导路径是：设定固定碳税税率（200 元/吨）→得到相关行业碳税税额→改变能源部门名义增加值（体现在单位不变价产出增加值向量 unitva 发生改变）→改变相关部门的价格指数→生产者和消费者的使用量→将征收到的碳税税额直接加到价格收入模块的“利润变量”当中→增加被增收碳税行业的利润，减少价格收入模块中“税收变量”与碳税收入等量的税额→影响相关行业价格→生产者和消费者的使用量→改变整个国民经济。表 11-8 中每个指标的第一行是基准运行值，第二行是政策模拟 1 时（即所对应的碳税税率为 200 元/吨）的值，第三行为政策模拟 3 的值。

表 11-8 政策模拟 3——税收返还对主要宏观经济指标的影响

指标	2015 年	2016 年	2017 年	2018 年	2019 年	2020 年
国内生产总值 (亿元，2002 年不变价)	436003	461582	490987	518582	548458	578301
	428314	452869	480115	511011	541411	570775
	436882	464059	490618	520628	551783	581413
个人消费	150389	158794	169960	179687	190664	201511
	143330	150704	160869	171948	182512	193190
	149627	158773	168112	179073	189934	200809
农村居民消费	28296	28280	28831	28901	29245	29450
	27826	27507	27968	28428	28610	28821
	28407	28508	28679	29143	29394	29606

续表

指标	2015 年	2016 年	2017 年	2018 年	2019 年	2020 年
城镇居民消费	122094	130514	141128	150785	161419	172061
	115503	123197	132901	143520	153902	164369
	121220	130264	139433	149930	160540	171203
政府消费（*）	69417	76973	84391	91480	98048	103903
	69417	76973	84391	91480	98048	103903
	69417	76973	84391	91480	98048	103903
固定投资总额	203271	216105	229949	243661	259143	276025
	192516	205833	217732	233012	249431	265723
	199592	213189	225410	239557	256469	273002
存货投资	9025	7258	7078	5882	5619	5042
	8069	6020	5190	5413	5024	4144
	8179	6721	5405	5202	5078	4204
净出口	−1292	−2741	−5583	−7321	−10209	−13372
	9791	8147	6742	3964	1205	−1378
	4875	3211	2107	125	−2939	−5697
出口（*）	166906	177528	188490	199744	211269	222824
	166906	177528	188490	199744	211269	222824
	166906	177528	188490	199744	211269	222824
进口	−168198	−180269	−194073	−207064	−221478	−236197
	−157116	−169382	−181749	−195780	−210064	−224203
	−162031	−174317	−186383	−199619	−214208	−228521
其他消费	5192	5192	5192	5192	5192	5192
	5192	5192	5192	5192	5192	5192
	5192	5192	5192	5192	5192	5192
国内生产总值平减指数（2002 年=100）	152	154	156	158	160	163
	153	155	156	160	161	163
	155	157	158	162	163	165
总劳动力（百万）	824	827	830	832	833	835
	824	827	830	832	833	835
	824	827	830	832	833	835
就业数（百万）	562	562	563	562	561	560
	551	552	551	553	553	552
	556	558	556	557	558	556
农业	231	227	224	221	218	216
	231	227	224	221	218	216
	231	227	224	221	218	216

续表

指标	2015年	2016年	2017年	2018年	2019年	2020年
工业	147	146	144	143	141	139
	140	139	138	137	136	134
	142	142	140	139	138	136
服务业	184	189	195	199	202	205
	180	185	189	196	199	202
	183	188	192	197	202	204
实际GDP/就业数（元/人）	77547	82078	87236	92262	97715	103250
	77682	82108	87124	92424	97893	103449
	78513	83219	88174	93439	98971	104575
碳税税率（元/吨二氧化碳）	0	0	0	0	0	0
	200	200	200	200	200	200
	200	200	200	200	200	200
收入法GDP（亿元，现价）	661834	708825	765378	820008	879953	941292
	648808	698252	749347	809373	870547	928661
	668153	713901	761609	821610	884744	943228
折旧总额	110075	120281	131284	142472	153861	165834
	106234	116529	126575	137344	148462	159734
	109236	118915	129042	140338	151846	163387
工资总额	241491	264494	289504	315093	342558	371221
	238551	261005	285334	311872	339215	367449
	240411	263620	287666	314078	341763	370187
利润总额	208189	213379	227769	234801	247075	258141
	165203	171342	178826	190419	201814	209836
	218061	223773	227556	240699	255383	265144
税收	98891	105885	114249	122243	130897	139839
	136420	145200	153982	164859	175647	185926
	98175	105027	112111	120783	129848	138381
二氧化碳税	0	0	0	0	0	0
	18596	18956	19192	19669	20009	20204
	19148	19628	19957	20235	20548	20728

表11–8中容易看出，政策模拟3的结果基本达到预期设想目标。

从宏观经济指标而言，不变价GDP增长率不但没有下滑，反而出现了提升。数据显示，2010~2020年不变价GDP年平均增长率为6.96%，高于基准运行碳税时6.90%的增长率；利润总额在政策模拟3时最高，2020年绝对值达到

26.5 万亿，高于基准运行碳税时的 25.8 万亿；税收总额政策模拟 3 比基准运行碳税时略低，2010~2020 年年均增长率为 12.89%，基准运行碳税时为 13.73%；碳税税额方面，政策模拟 3 的碳税收入额与政策模拟 1 相当，前者为 2.07 万亿，后者为 2.02 万亿；GDP 平减指数增长率不但没有提高反而比基准运行碳税时还低，2010~2020 年年平均增长率为 1.45%，基准运行碳税时的增长率为 1.48%；就业方面，政策模拟 3 在 2010~2020 年的就业人口数量年均增长率为 0.01%，远高于政策模拟 1 的-0.06%，其中工业就业人数年均增长率从政策模拟 1 的-0.50%缩小至-0.37%，服务业从政策模拟 1 的 2.46%增加至 2.57%。表 11-7 中，第一行是基准运行值，第二行是政策模拟 1 时（即所对应的碳税税率为 200 元/吨）的值，第三行为政策模拟 3 的值。

表 11-9 政策模拟 3——税收返还对主要能源指标的影响

指标	2015 年	2016 年	2017 年	2018 年	2019 年	2020 年
标准煤（万吨）	603006	609667	621009	623410	626737	629017
	430027	437322	441330	450776	456939	459446
	442779	452843	459111	463843	469289	471415
标准煤/真实 GDP	138	132	126	120	114	109
	100	97	92	88	84	80
	101	98	94	89	85	81
二氧化碳排放量（百万吨）	13249	13435	13733	13842	13977	14094
	9298	9478	9596	9835	10004	10102
	9574	9814	9978	10118	10274	10364
碳排放强度（千克/元）	0.3039	0.2911	0.2797	0.2669	0.2549	0.2437
	0.2171	0.2093	0.1999	0.1925	0.1848	0.1770
	0.2191	0.2115	0.2034	0.1943	0.1862	0.1783
人均碳排放量（吨/人）	9.61	9.67	9.81	9.81	9.83	9.83
	6.75	6.82	6.85	6.97	7.03	7.05
	6.95	7.07	7.13	7.17	7.22	7.23
碳税税率（元/吨二氧化碳）	0	0	0	0	0	0
	200	200	200	200	200	200
	200	200	200	200	200	200
碳税总额（亿元）	0	0	0	0	0	0
	18596	18956	19192	19669	20009	20204
	19148	19628	19957	20235	20548	20728

续表

指标	2015 年	2016 年	2017 年	2018 年	2019 年	2020 年
以燃料种类分：煤碳						
产出（亿元，2002 年价格计量）	15456	15873	16541	17058	17728	18498
	10886	11250	11603	12185	12743	13297
	11180	11633	12039	12498	13057	13612
国内消费（亿元，2002 年价格计量）	15698	16149	16864	17427	18153	18989
	11055	11449	11836	12464	13071	13679
	11357	11843	12285	12787	13395	14005
总消费量（万吨）	594562	600464	610859	612299	614572	615761
	426240	433072	436430	445126	450506	452140
	438885	448455	454119	458082	462713	463957
排放强度（公斤/元）	0.1364	0.1301	0.1244	0.1181	0.1121	0.1065
	0.0995	0.0956	0.0909	0.0871	0.0832	0.0792
	0.1005	0.0966	0.0926	0.0880	0.0839	0.0798
国内价格	1.34	1.34	1.34	1.34	1.34	1.34
	2.70	2.73	2.73	2.72	2.71	2.69
	2.71	2.71	2.71	2.70	2.70	2.68
煤炭价格与 GDP 平减指数的比	0.89	0.89	0.87	0.86	0.85	0.84
	1.77	1.76	1.74	1.70	1.67	1.65
	1.76	1.75	1.73	1.70	1.67	1.64
以燃料种类分：原油						
产出（亿元，2002 年价格计量）	3537	3529	3555	3533	3518	3495
	2053	2086	2122	2189	2239	2272
	2132	2183	2223	2270	2318	2348
国内消费（亿元，2002 年价格计量）	8760	9116	9591	9970	10393	10826
	5051	5360	5691	6138	6569	6986
	5256	5611	5957	6353	6790	7208
总消费量（万吨）	41207	42662	44633	46176	47917	49705
	23535	24783	26138	28007	29814	31579
	24408	25841	27253	28903	30735	32505
排放强度（千克/元）	0.0095	0.0092	0.0091	0.0089	0.0087	0.0086
	0.0055	0.0055	0.0054	0.0055	0.0055	0.0055
	0.0056	0.0056	0.0056	0.0056	0.0056	0.0056
国内价格	2.99	3.04	3.09	3.13	3.18	3.22
	3.07	3.12	3.16	3.21	3.24	3.28
	3.08	3.11	3.14	3.18	3.22	3.26
价格与 GDP 平减指数的比	1.72	1.75	1.77	1.79	1.80	1.81
	1.75	1.76	1.78	1.80	1.81	1.82
	1.73	1.76	1.79	1.80	1.81	1.82

续表

指标	2015 年	2016 年	2017 年	2018 年	2019 年	2020 年
以燃料种类分：精炼油						
产出（亿元，2002 年价格计量）	14236	14774	15500	16077	16726	17398
	7373	7810	8277	8938	9584	10223
	7685	8180	8673	9253	9908	10549
国内消费（亿元，2002 年价格计量）	15107	15711	16524	17175	17908	18670
	7641	8123	8639	9369	10084	10793
	7984	8530	9075	9716	10441	11154
总消费量（万吨）	38275	39658	41506	42990	44638	46275
	24260	25270	26448	28013	29499	30965
	24961	26140	27338	28734	30240	31703
排放强度（千克/元）	0.0088	0.0086	0.0085	0.0083	0.0081	0.0080
	0.0057	0.0056	0.0055	0.0055	0.0054	0.0054
	0.0057	0.0056	0.0056	0.0055	0.0055	0.0055
国内价格	2.32	2.42	2.52	2.63	2.73	2.84
	5.21	5.34	5.45	5.56	5.65	5.74
	5.19	5.31	5.41	5.53	5.62	5.71
价格与 GDP 平减指数的比	1.50	1.55	1.59	1.63	1.66	1.70
	3.34	3.36	3.38	3.39	3.38	3.38
	3.30	3.34	3.37	3.38	3.37	3.38
以燃料种类分：电力						
产出（亿元，2002 年价格计量）	52037	54703	57880	60415	63280	66418
	45716	48431	50942	54201	57419	60514
	47012	50139	53044	55856	59030	62178
国内消费（亿元，2002 年价格计量）	53279	56096	59449	62152	65202	68544
	46802	49660	52316	55753	59157	62444
	48130	51412	54478	57457	60819	64163
总消费量（亿千瓦时）	110670	116455	123319	128848	135079	141893
	97494	103322	108742	115751	122684	129372
	100164	106890	113173	119258	126101	132905
排放强度（千瓦时/元）	0.2538	0.2523	0.2512	0.2485	0.2463	0.2454
	0.2276	0.2282	0.2265	0.2265	0.2266	0.2267
	0.2293	0.2303	0.2307	0.2291	0.2285	0.2286
国内价格	2.05	2.13	2.19	2.26	2.31	2.35
	2.19	2.27	2.34	2.38	2.42	2.45
	2.20	2.24	2.30	2.36	2.40	2.43
价格与 GDP 平减指数的比	1.35	1.38	1.39	1.42	1.43	1.43
	1.44	1.46	1.49	1.49	1.49	1.50
	1.43	1.45	1.47	1.49	1.49	1.49

续表

指标	2015 年	2016 年	2017 年	2018 年	2019 年	2020 年
以燃料种类分：天然气						
产出（亿元，2002 年价格计量）	1838	1940	2072	2198	2341	2492
	901	949	990	1042	1090	1137
	932	981	1026	1072	1121	1168
国内消费（亿元，2002 年价格计量）	1969	2126	2326	2526	2754	3001
	908	984	1055	1142	1228	1315
	942	1021	1097	1178	1266	1354
总消费量（亿立方米）	1378	1483	1622	1757	1914	2086
	552	600	644	699	747	800
	575	624	672	722	771	824
排放强度（立方米/元）	0.0032	0.0032	0.0033	0.0034	0.0035	0.0036
	0.0013	0.0013	0.0013	0.0014	0.0014	0.0014
	0.0013	0.0013	0.0014	0.0014	0.0014	0.0014
国内价格	1.65	1.66	1.68	1.70	1.71	1.73
	3.43	3.49	3.54	3.61	3.66	3.72
	3.43	3.48	3.53	3.58	3.64	3.70
价格与 GDP 平减指数的比	1.06	1.06	1.06	1.06	1.05	1.05
	2.16	2.17	2.18	2.19	2.20	2.21
	2.14	2.16	2.18	2.19	2.19	2.21

从能源表来看，政策模拟 3 在 2020 年标准煤消耗量绝对值为 471415 万吨，虽然比政策模拟 1 的 459446 万吨略高一些，但是与基准运行碳税时的 629017 万吨有本质区别；从碳排放强度而言，政策模拟 3 在 2020 年的绝对值为 0.1783 千克/元，仅仅高出政策模拟 0.0013 千克/元；政策模拟 3 在 2020 年的人均碳排放量也仅为 7.23 吨/人，比政策模拟 1 高 0.18 吨/人。价格指数方面，GDP 平减指数依然未发生太大变化。能源产品方面，政策模拟 3 同样导致能源类产品的价格飙升，其中以煤炭、精炼油、天然气为代表，这说明减排的力量仍然来自于能源产品价格。

总体而言，政策模拟 3 不但可以达到政策模拟 1 的目标：碳排放强度削减 40%，总体经济仍能保持平稳运行，经济增长率没有出现大幅下滑，GDP 价格平减指数也未出现大幅飙升；而且因为碳税返还使得部分指标出现了可喜的结果，如政府税收总额未出现大幅跃升、企业利润得以保持高增长率、就业人数下降情况大幅放缓，不过，能源行业价格指数仍快速上升，但这是节能减排所不可避免的，政策模拟 3 的结果说明，模型模拟结果近乎完美，与政策模拟 1

的单纯碳税手段相比，碳税返还不但可以达到节能减排效果，而且可以保持企业的竞争力，这说明碳税返还的制度设计是可行的，相比单纯开征碳税而言是一种占优策略。

第二节　主要结论和启示

一、主要结论和启示

从以上政策模拟结果来看，我们可以得到以下启示：

1. 开征碳税并不可怕

无论从上述碳税变动分析和政策模拟结果来看，开征碳税并未导致我国经济出现严重的衰退，相反我们认为，我国经济有足够的抗风险能力和自我调整能力。

2. 开征碳税宜从低税率起步

低税率的好处显而易见，不但容易推广，而且对宏观经济的影响也较小，缺点是其抑制碳排放的效果稍差，高税率对快速抑制碳排放效果显著但是其副作用仍不可忽略，如能源产品价格指数上升、企业利润下滑、就业人数下降等。

3. 达到碳排放强度下降 40%的目标不容易

从政策模拟 1 来看，要达到我国政府关于到 2020 年我国单位国内生产总值二氧化碳排放比 2005 年下降 40%的目标不容易，模拟结果显示，如果单纯运用碳税手段需要征收 200 元/吨的碳税才能勉强达到这一碳排放强度的目标，而这一手段的副作用十分明显，如企业利润大幅下滑、就业人数下降、能源行业价格指数快速上升等。

4. 人均碳排放指标无助于缓解我国碳减排国际压力

总体而言，政策模拟 2 设定的目标与政策模拟 1 相比是一个问题的两个方面，前者为人均碳排放，后者为碳排放强度，两者既有区别也有联系，区别是两者指标计算不同，人口普遍较多的发展中国家较为喜欢使用人均碳排放指标，以减轻本国减排压力，而欧美发达国家可能更趋向于选择碳排放强度指标。联系是两者都是碳排放指标，对同一国家而言，其中一个指标数值的下降常常意味着另一个指标数值也会下降，但是下降幅度有所不同。而政策模拟 2 的结果说明我国使用“人均碳排放”的概念对我国缓解减排的国际压力已经不那么有效了，这也是我国政府最近倾向于提“历史累积碳排放”概念的主要原因。

5. 单纯依靠碳税手段并非最优选项

从政策模拟1和模拟2可以看出，当我们竭尽全力为了达到某一目标时(如碳排放强度或人均碳排放量等)，虽然经济增长率没有出现大幅下滑，GDP价格平减指数也未出现大幅飙升，但企业利润大幅下滑，就业人数下降，能源行业价格指数快速上升，种种这些负面影响将随着时间的推移慢慢显现，这也是单纯使用碳税手段所不可忽视的负面影响。这就提醒我们：单纯依靠一种或几种手段进行节能减排可能并非最优选项，其效果并不一定理想，需要我们结合其他方式，诸如碳税返还、碳汇、替代能源、提高能源利用效率及改善人们使用能源的习惯等，多管齐下地进行节能减排。

6. 返还碳税的制度设计优点突出

政策模拟3不但可以达到政策模拟1的目标：碳排放强度削减40%，总体经济仍能保持平稳运行，经济增长率没有出现大幅下滑，GDP价格平减指数也未出现大幅飙升；而且碳税返还使得部分指标出现了可喜的结果，如政府税收总额未出现大幅跃升，企业利润得以保持高增长率，就业人数下降情况大幅放缓，不过，能源行业价格指数仍快速上升，但这是节能减排所难以避免的，政策模拟3的种种结果说明，模型模拟结果近乎完美，与政策模拟1的单纯碳税手段相比，碳税返还不但可以达到节能减排效果，而且可以保持企业的竞争力，这说明碳税返还的制度设计是可行的，相比单纯开征碳税而言是一种占优策略。

7. 能源使用量及碳排放急剧下降

基准运行和政策模拟1的标准煤使用量2009~2020年年均增长率分别为5.13%和2.17%，显然因为价格飙涨人们会减少能源使用量并提高能源使用效率。碳排放强度达到政策模拟1所设定的减排目标，与此同时，人均碳排放量也大幅下降，政策模拟1在2009~2020年人均碳排放量年均增长率分别为1.36%，较基准运行的4.47%有大幅的下降；就绝对值而言，2020年的绝对值也才7.05吨/人，低于2010年基准运行值。总体而言，通过设定碳税税率为200元/吨，可以达到政策模拟1所设定削减碳排放强度40%的目标，总体经济仍能保持平稳运行，经济增长率没有出现大幅下滑，GDP价格平减指数也未出现大幅飙升，因碳税收入的增加使得政府税收总额大幅跃升，与此同时，企业利润大幅下滑，就业人数下降，能源行业价格指数快速上升，种种这些负面影响将随着时间的推移慢慢显现，这也是单纯使用碳税手段所不可忽视的负面影响。

8. 对经济增长的影响不大

基准运行模型结果显示，当基准运行时，以2002年不变价计量，我国国内生产总值2010~2020年的增长率降为年均6.90%，而在政策模拟1即碳税税率为200元/吨时，增长率的绝对值仅下降0.22个百分点，说明大幅度地提高碳税税率并未对经济增长造成太大的负面冲击。

二、未来进一步扩展的方向

限于目前数据的可获得性以及时间要求，本书的研究还存在可以进一步完善、改进之处，主要有以下几个方面：

1. 进一步扩充和完善相关数据

多部门模型数据库数据量巨大，现有的统计资料不能提供所有部门的详细数据，因此一些分部门数据是通过总量数据的拆分得来的，需要进一步参考新的统计资料以取得精确数据。

2. 扩充和完善财政模块

扩展和充实财政政策模块，尤其是在碳税收入的返还途径和措施的制度设计方面。

3. 完善碳排放模块

扩展碳排放模块至所有能源模块，比如在目前的模型中进行政策模拟，仍无法对创新型和节能环保型企业进行奖励等。

4. 进一步加强政策模拟分析

政策分析是经济模型的应用之一，今后应做更多的经济政策分析，通过实战经验发现模型中的问题，从而进一步完善模型。

附　录

附录1　模型 MASTER 文件

```
# CHINA'S QUARTERLY MACROECONOMIC MODEL total equation 80+48
checkdup y
fex TIME=TIME
# GDP PRODUCT MODEL 18+15
add RAFSFTP.sav
add RFII.sav
add RIND.sav
add RCON.sav
f RSII=RIND+RCON
add TRASAVINC.sav
add WHORETINC.sav
add ACCINC.sav
add FININC.sav
add HOUINC.sav
add OTHTHIINC.sav
f RTII=TRASAVINC+WHORETINC+ACCINC+FININC+HOUINC+OTHTHIINC
f RPGDP=RFII+RSII+RTII
f RAGDP=RPGDP/TPOP*10000
add PPGDP.sav
add PAFSFTP.sav
add PFII.sav
add PSII.sav
add PTII.sav
add PIND.sav
add PCON.sav
f PGDP=RPGDP*PPGDP/100
f AGDP=PGDP/TPOP*10000
f FII=RFII*PFII/100
f AFSFTP=RAFSFTP*PAFSFTP/100
f IND=RIND*PIND/100
f CON=RCON*PCON/100
f SII=RSII*PSII/100
```

```
f TII=RTII*PTII/100
add POTENGDP.sav
f GAPGDP=POTENGDP-RPGDP
f RATEGAPGDP=GAPGDP/POTENGDP

# EMPLOYMENT AND INCOME MODEL 13+6
add RWORAVESAR.sav
add PWORAVESAR.sav
f WORAVESAR=RWORAVESAR*PWORAVESAR/100
add EFIIPOP.sav
add INDPOP.sav
add CONPOP.sav
f ESIIPOP=INDPOP+CONPOP
add TRAPOP.sav
add WHOPOP.sav
add ACCPOP.sav
add FINPOP.sav
add ESTPOP.sav
add OTHTHIPOP.sav
f ETIIPOP=TRAPOP+WHOPOP+ACCPOP+FINPOP+ESTPOP+OTHTHIPOP
f EPOP=EFIIPOP+ESIIPOP+ETIIPOP
f UMEMPRATE= （ENPOP-EPOP） /ENPOP
add RURINC.sav
add URBINC.sav
f TOTINCOME=URBINC+RURINC
# CONSUMPTION MODEL 8+6
add RURBCON.sav
add RRURCON .sav
add PSOCCONRET.sav
add PURBCON.sav
add PRURCON.sav
add PCICON.sav
```

```
f URBTOTCON=RURBCON*PURBCON/100
f RURTOTCON=RRURCON *PRURCON/100
f RCICON=RURBCON+RRURCON
f CITITOTCON=RCICON*PCICON/100
add URBRET.sav
add RURRET.sav
f RSOCRET=URBRET+RURRET
f SOCCONRET=RSOCRET*PSOCCONRET/100

# INVESTMENT AND CAPITAL FORMING 15+6
add FIIINV.sav
add FINDINV.sav
add FCOINV.sav
f SIIINV=FINDINV+FCOINV
add TRANINV.sav
add RETWHOINV.sav
add ACCRESINV.sav
add FINAINV.sav
add ESTINV.sav
add OTHINV.sav
f TIIINV=TRANINV+RETWHOINV+ACCRESINV+FINAINV+ESTINV+OTHINV
f RTFINV=FIIINV+SIIINV+TIIINV
add PFIINV.sav
f TFCINV=RTFINV*PFIINV/100
add COAMININV.sav
add OILMININV.sav
add ELEMANINV.sav
f ENEINV=COAMININV+OILMININV+ELEMANINV
add FIFTOT.sav
add STOINC.sav
f CAPFOR=FIFTOT+STOINC
```

```
# IMPORT AND EXPORT MODEL 11+6
add AGRMANIND.sav
add FUEMATIND.sav
add PINDPRO.sav
add PIMPORT.sav
add PEXPORT.sav
add INFLRAT.sav
add GENEXP.sav
add PROEXP.sav
f RTOEXP=GENEXP+PROEXP
f TOTEXP=RTOEXP*PEXPORT/100
add GENIMP.sav
add PROIMP.sav
f RTOIMP=GENIMP+PROIMP
f TOTIMP=RTOIMP*PIMPORT/100
f RPUREXP=RTOEXP-RTOIMP
f PUREXP=TOTEXP-TOTIMP
add FDI.sav

# FISCAL MODEL 7+5
add GOVCON.sav
f RTOTCON=RCICON+GOVCON
f TOTCON=RTOTCON*PCICON/100
f EXPGDP=RTOTCON+CAPFOR+PUREXP
add INCVALTAX.sav
add RETTAX.sav
add CONTAX.sav
add IMPTAX.sav
add PERGETTAX.sav
add ENTGETTAX.sav
f  GOVTAX=INCVALTAX+RETTAX+CONTAX+IMPTAX+PERGETTAX
            +ENTGETTAX
```

```
f GOVFISINC=GOVTAX+GOVNONTAX

# FINANCE MODEL 8+2
add DEPTOT.sav
add RESDEP.sav
add EXCSTO.sav
add INDLOA.sav
add COMLOA.sav
add ARCLOA.sav
add AGRLOA.sav
add LONLOA.sav
f SHOLOA=INDLOA+COMLOA+ARCLOA+AGRLOA
f LOATOT=LONLOA+SHOLOA

# ENERGY MODEL  6+2
add OILMAN.sav
add ELECTRICITYMAN.sav
add COALMAN.sav
f POWMAN=OILMAN+ELECTRICITYMAN+COALMAN
add COALCON.sav
add OILCON.sav
add ELECTRICTIYCON.sav
f POWCON=COALCON+OILCON+ELECTRICTIYCON
check  RTOTCON  1.2
end
```

附录2　方程拟合图

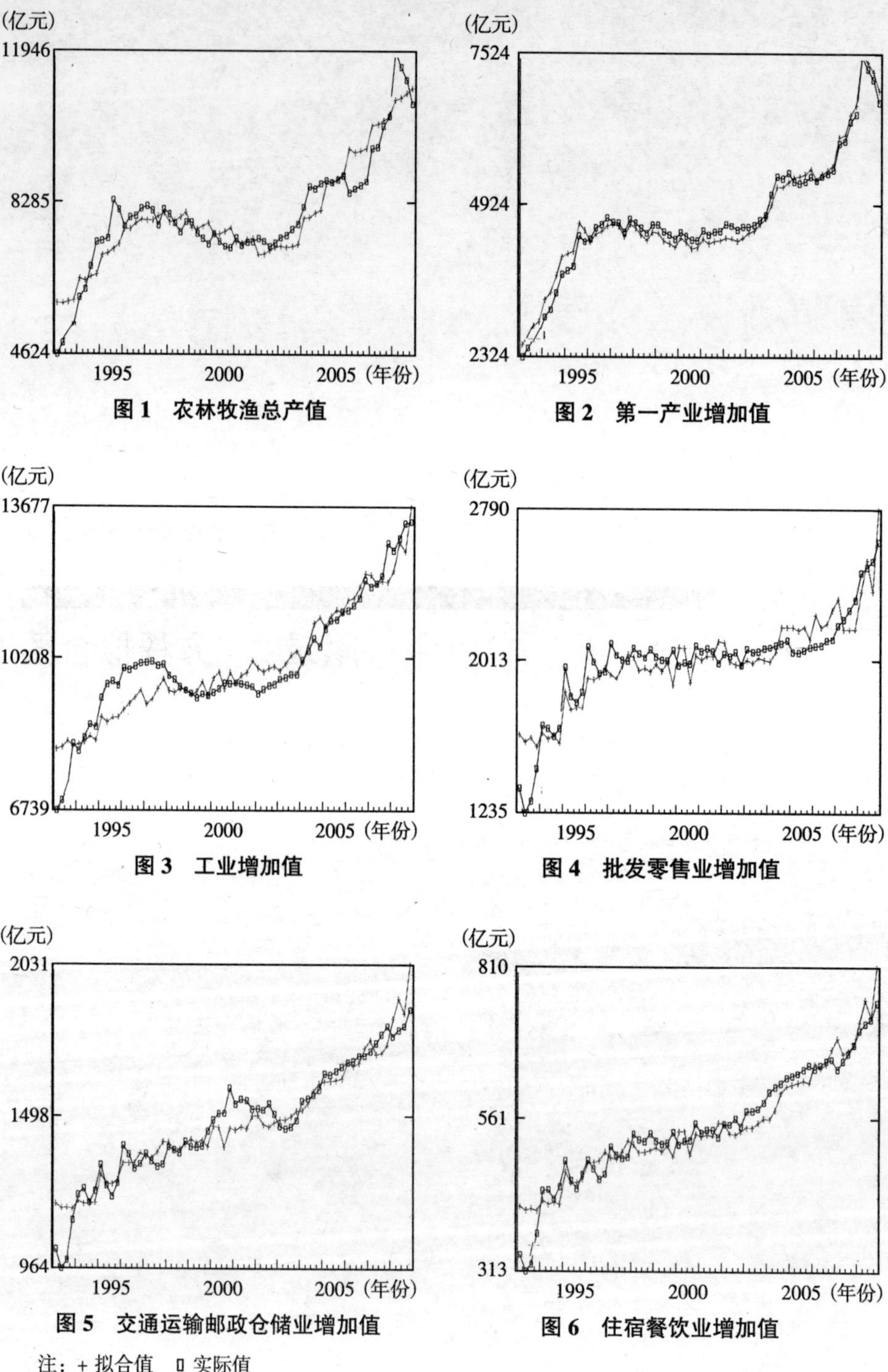

图 1　农林牧渔总产值

图 2　第一产业增加值

图 3　工业增加值

图 4　批发零售业增加值

图 5　交通运输邮政仓储业增加值

图 6　住宿餐饮业增加值

注：+ 拟合值　□ 实际值

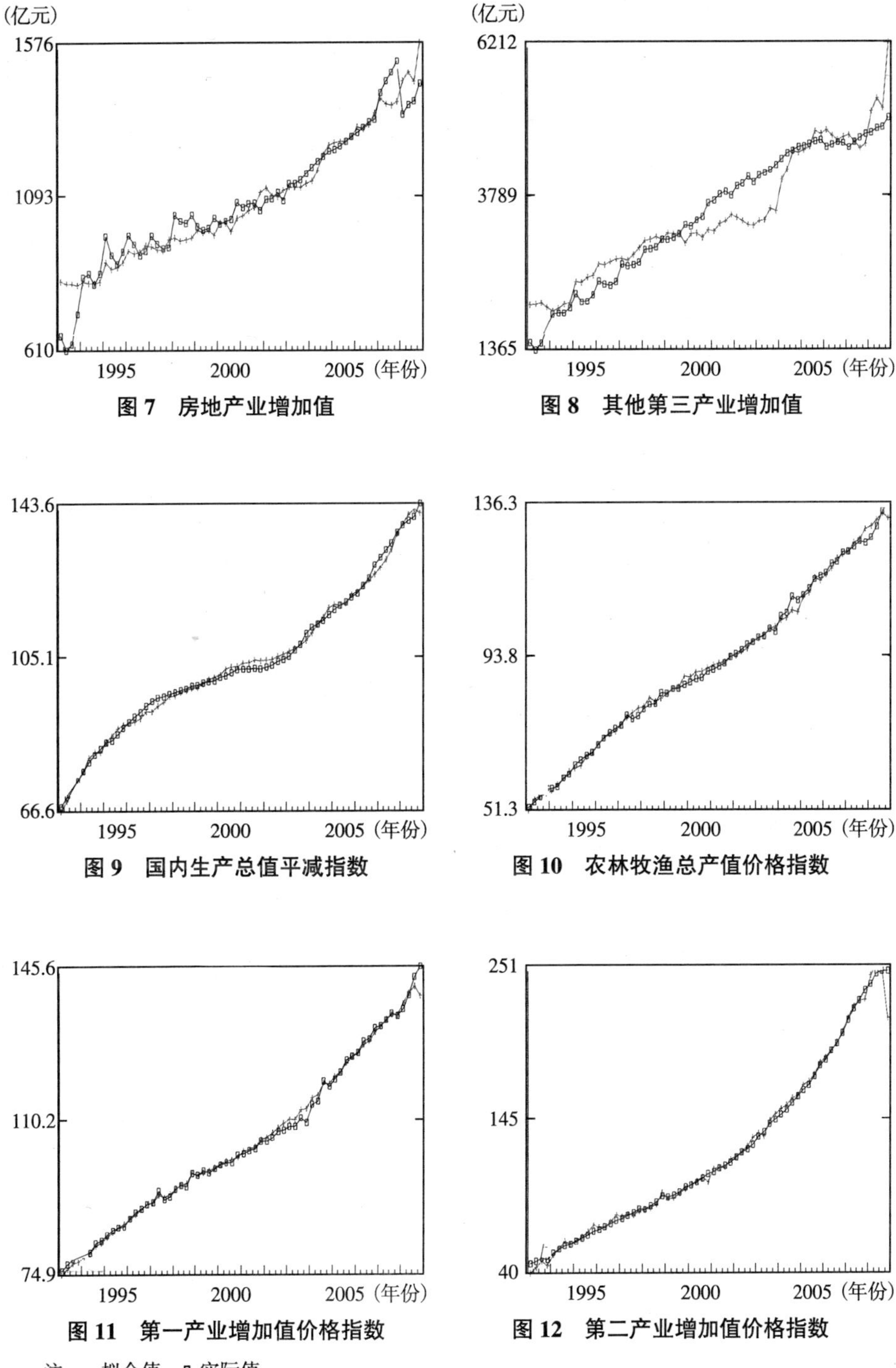

图 7　房地产业增加值

图 8　其他第三产业增加值

图 9　国内生产总值平减指数

图 10　农林牧渔总产值价格指数

图 11　第一产业增加值价格指数

图 12　第二产业增加值价格指数

注：+ 拟合值　□ 实际值

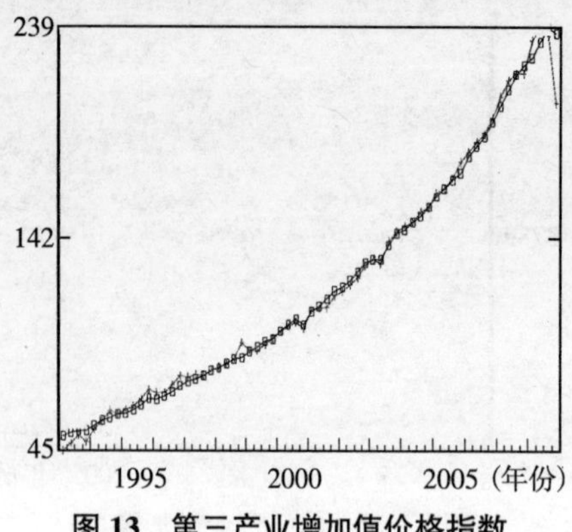

图 13　第三产业增加值价格指数

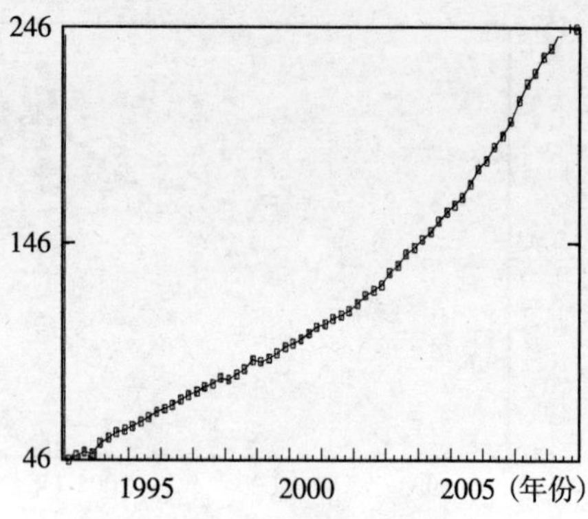

图 14　工业增加值价格指数

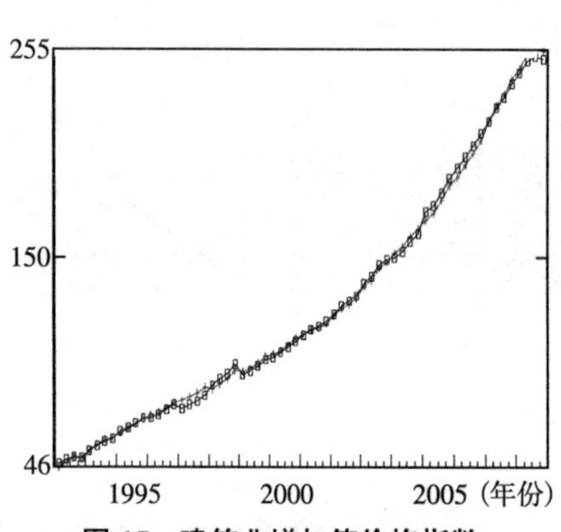

图 15　建筑业增加值价格指数

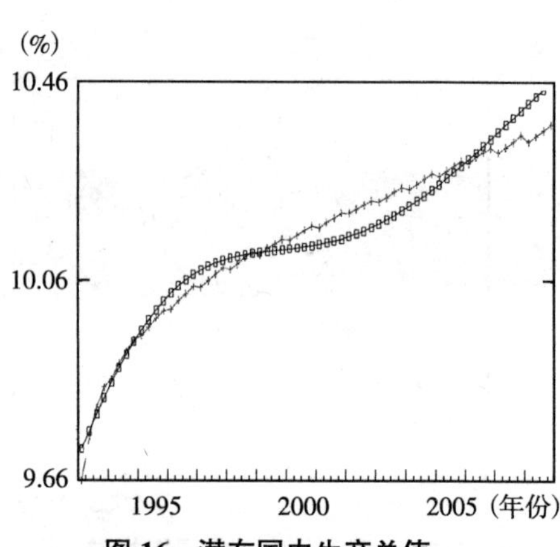

图 16　潜在国内生产总值

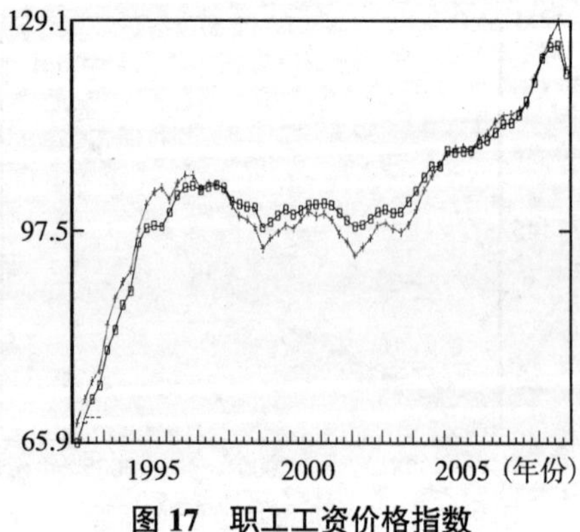

图 17　职工工资价格指数

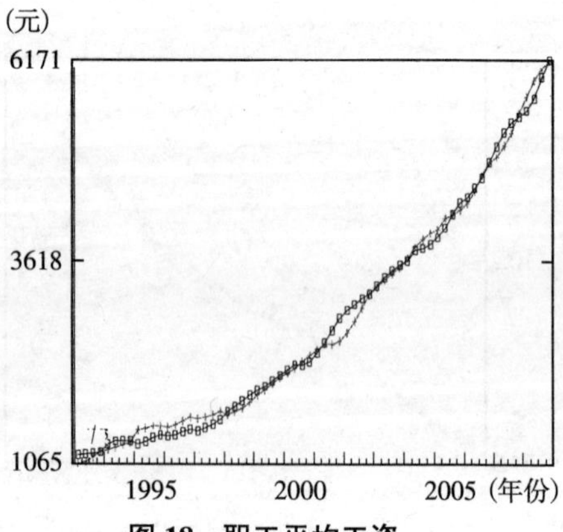

图 18　职工平均工资

注：+ 拟合值　▫ 实际值

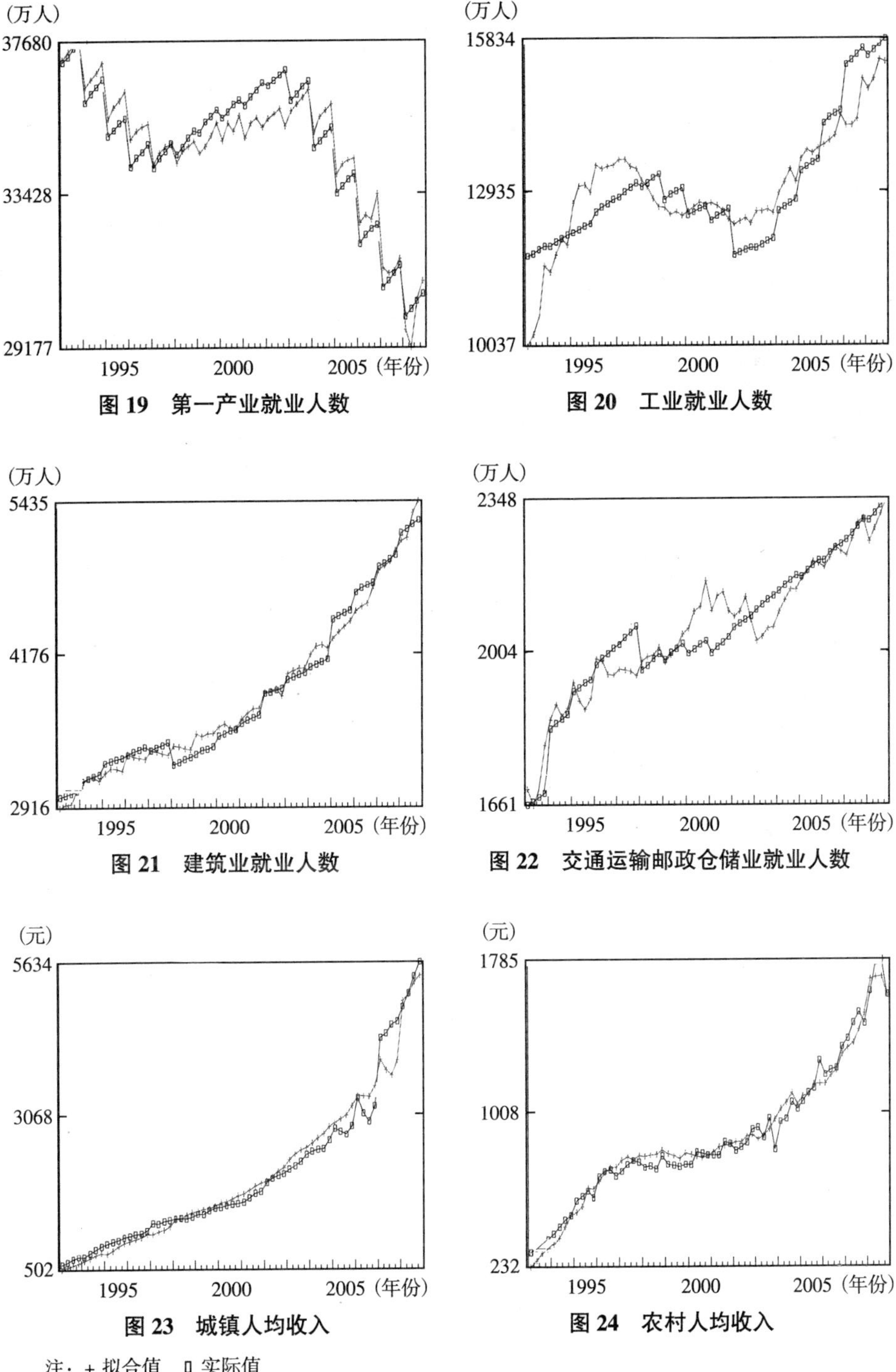

图 19 第一产业就业人数

图 20 工业就业人数

图 21 建筑业就业人数

图 22 交通运输邮政仓储业就业人数

图 23 城镇人均收入

图 24 农村人均收入

注：+ 拟合值 ▯ 实际值

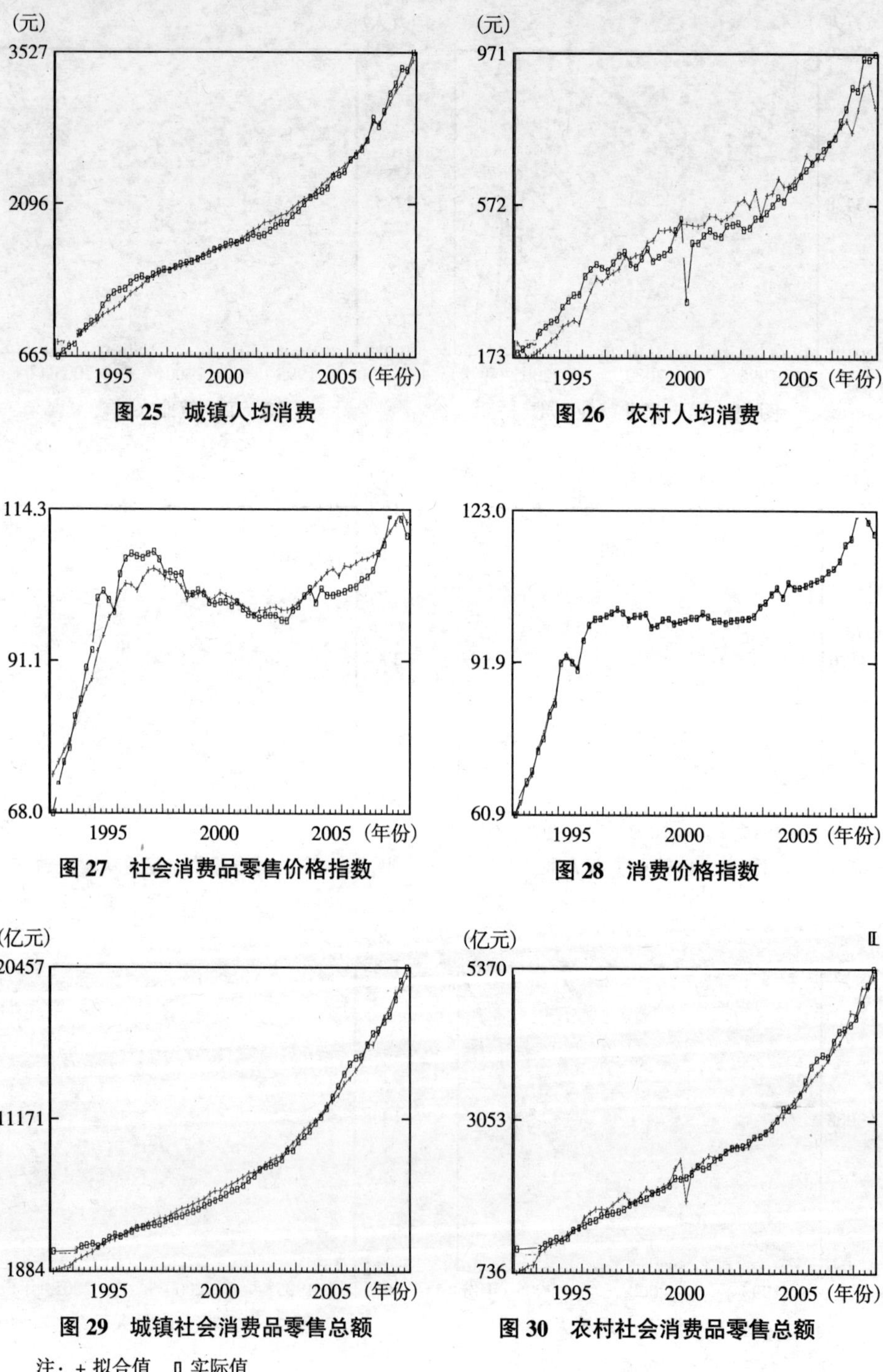

图 25 城镇人均消费

图 26 农村人均消费

图 27 社会消费品零售价格指数

图 28 消费价格指数

图 29 城镇社会消费品零售总额

图 30 农村社会消费品零售总额

注：+ 拟合值 ▫ 实际值

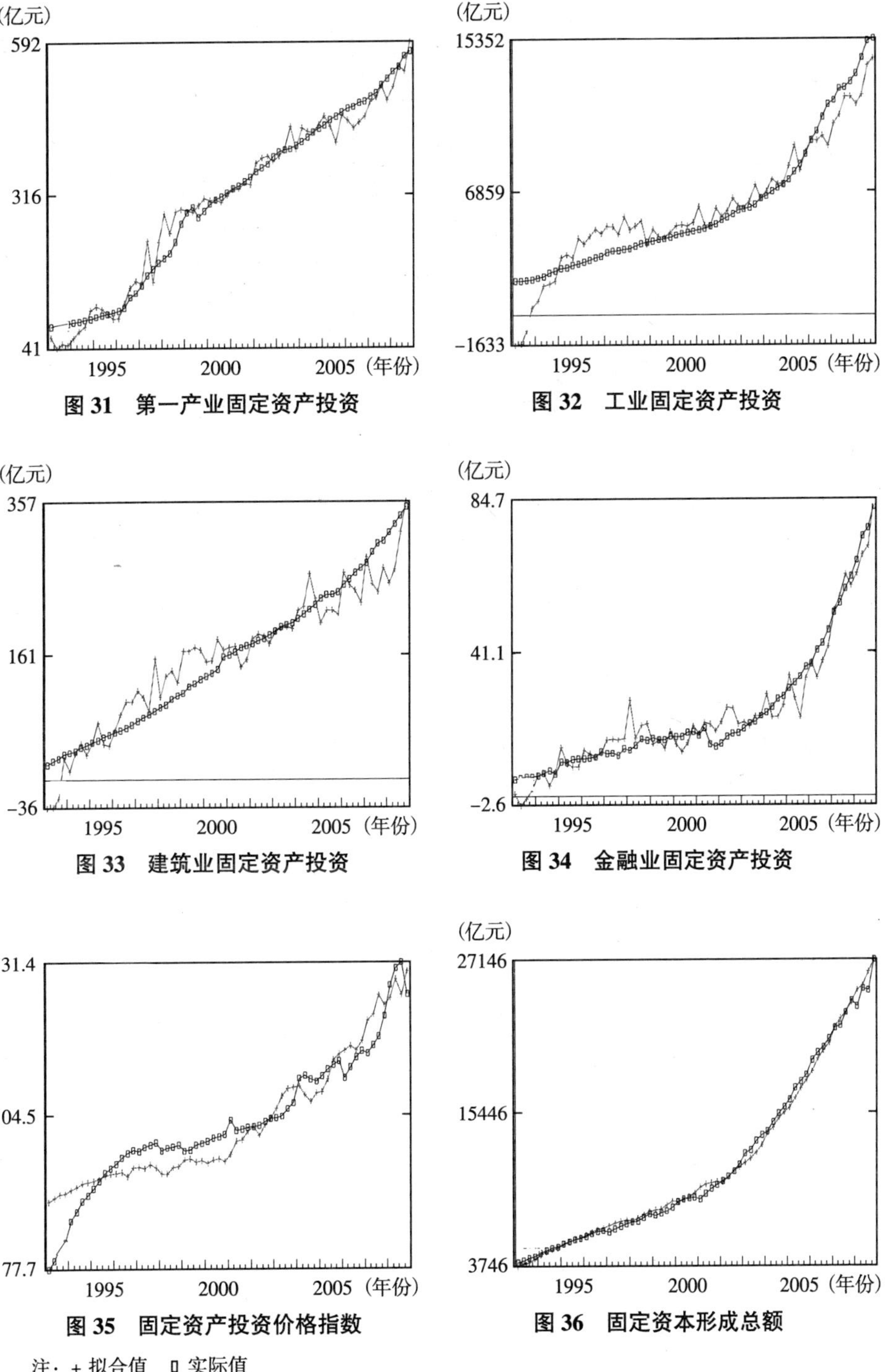

图 31　第一产业固定资产投资

图 32　工业固定资产投资

图 33　建筑业固定资产投资

图 34　金融业固定资产投资

图 35　固定资产投资价格指数

图 36　固定资本形成总额

注：+ 拟合值　▯ 实际值

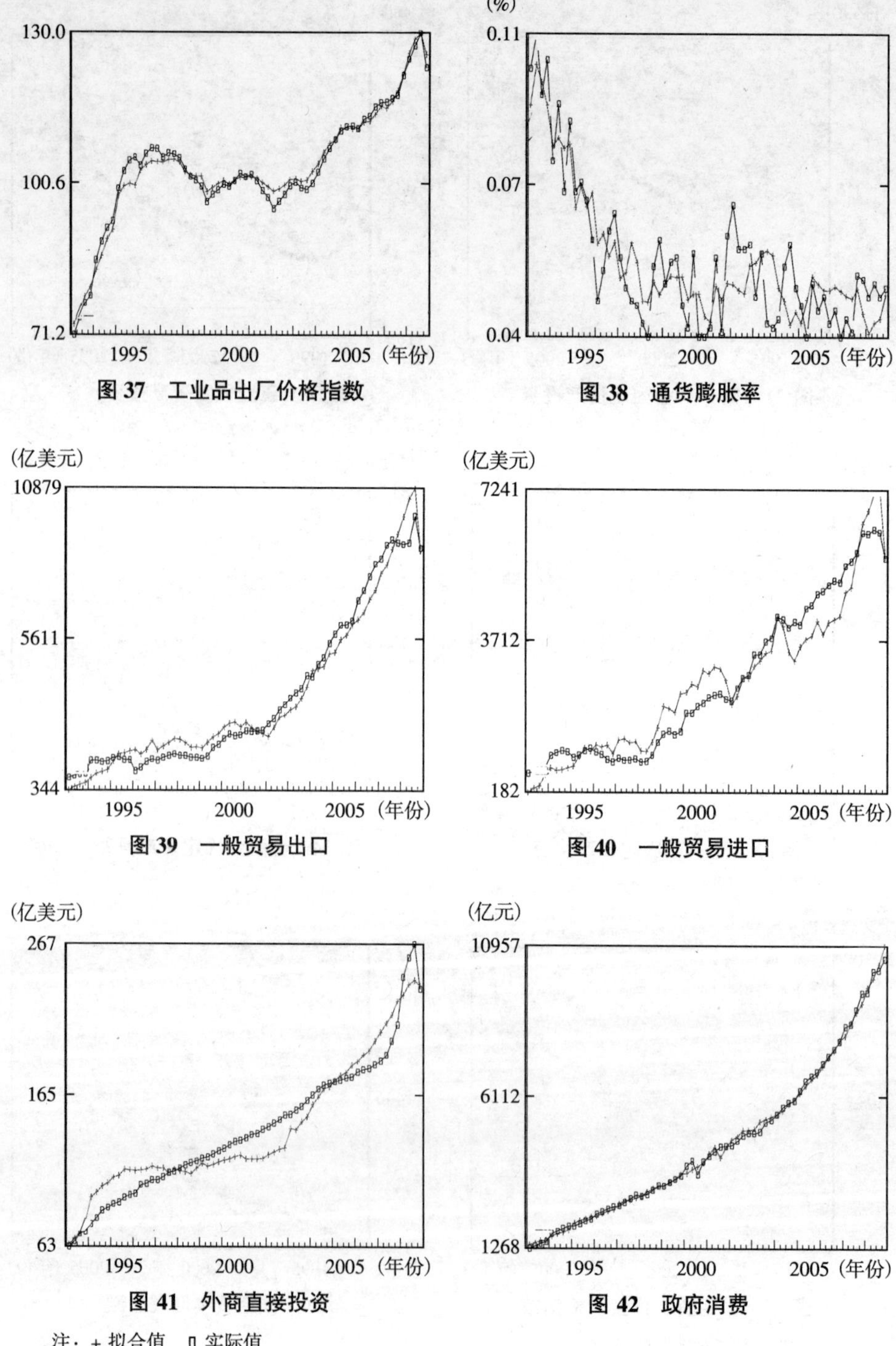

图 37　工业品出厂价格指数

图 38　通货膨胀率

图 39　一般贸易出口

图 40　一般贸易进口

图 41　外商直接投资

图 42　政府消费

注：+ 拟合值　▯ 实际值

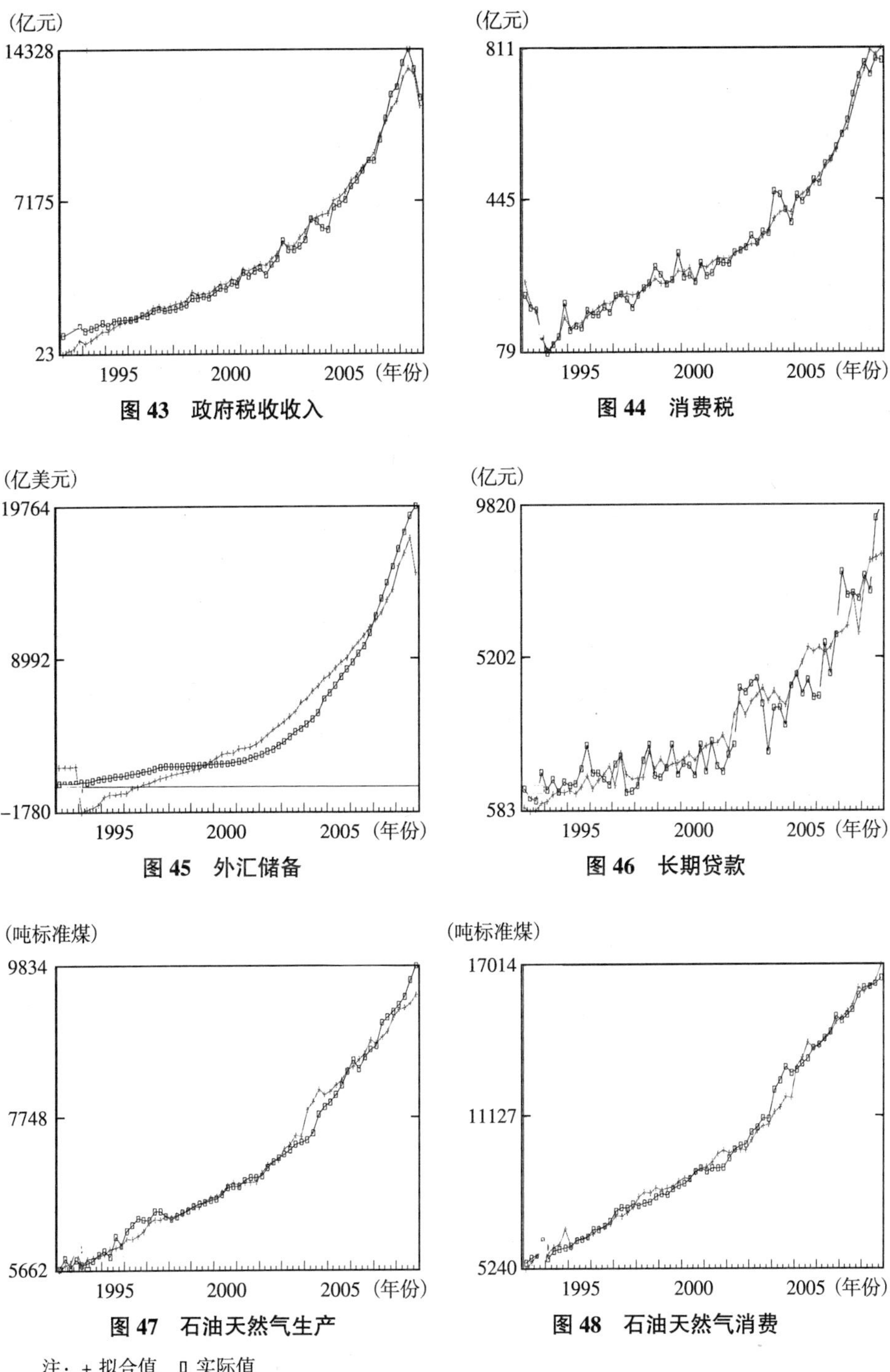

图 43 政府税收收入

图 44 消费税

图 45 外汇储备

图 46 长期贷款

图 47 石油天然气生产

图 48 石油天然气消费

注：+ 拟合值 ▫ 实际值

附录3　模型历史模拟图

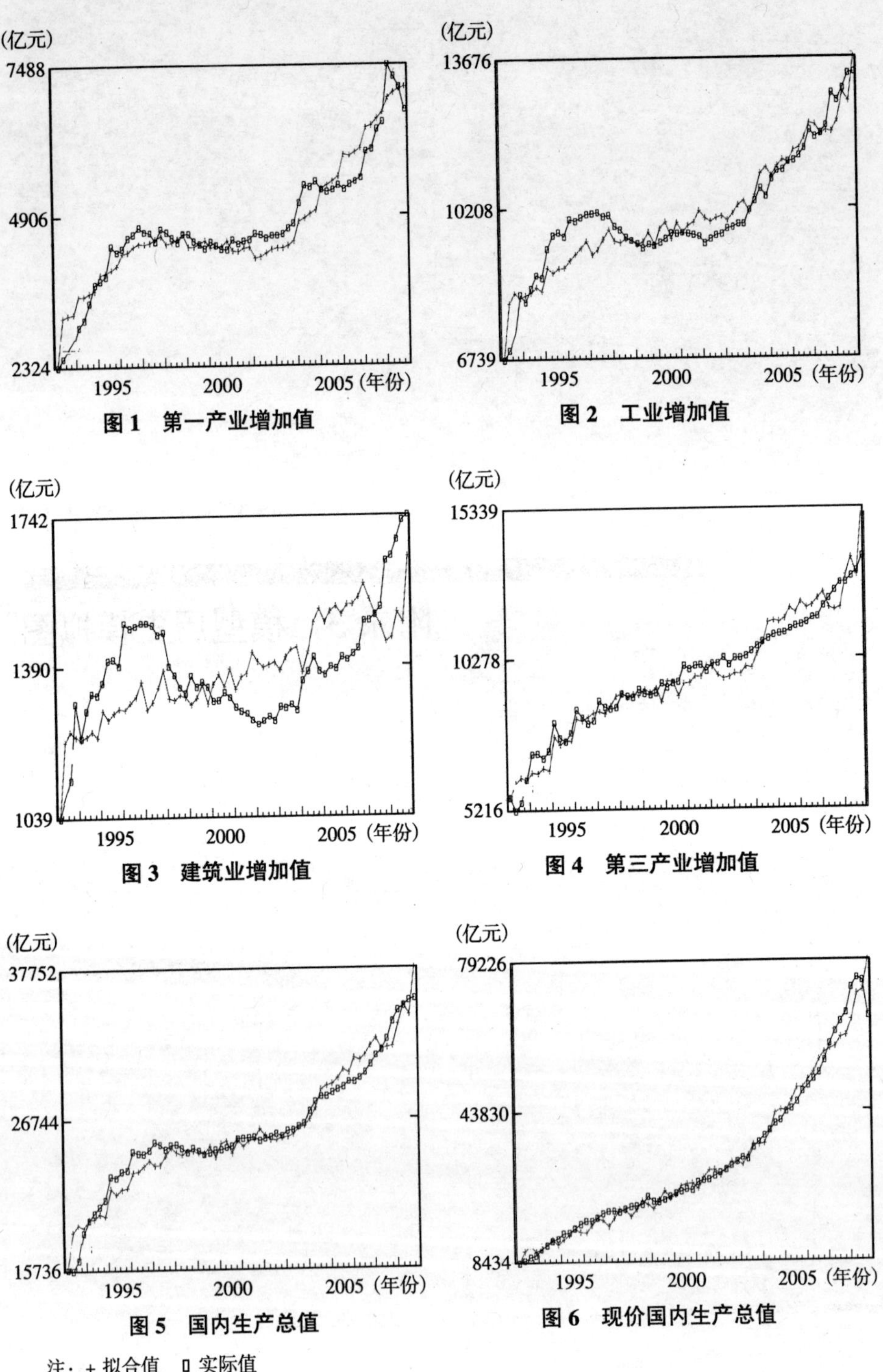

图 1　第一产业增加值

图 2　工业增加值

图 3　建筑业增加值

图 4　第三产业增加值

图 5　国内生产总值

图 6　现价国内生产总值

注：+ 拟合值　▯ 实际值

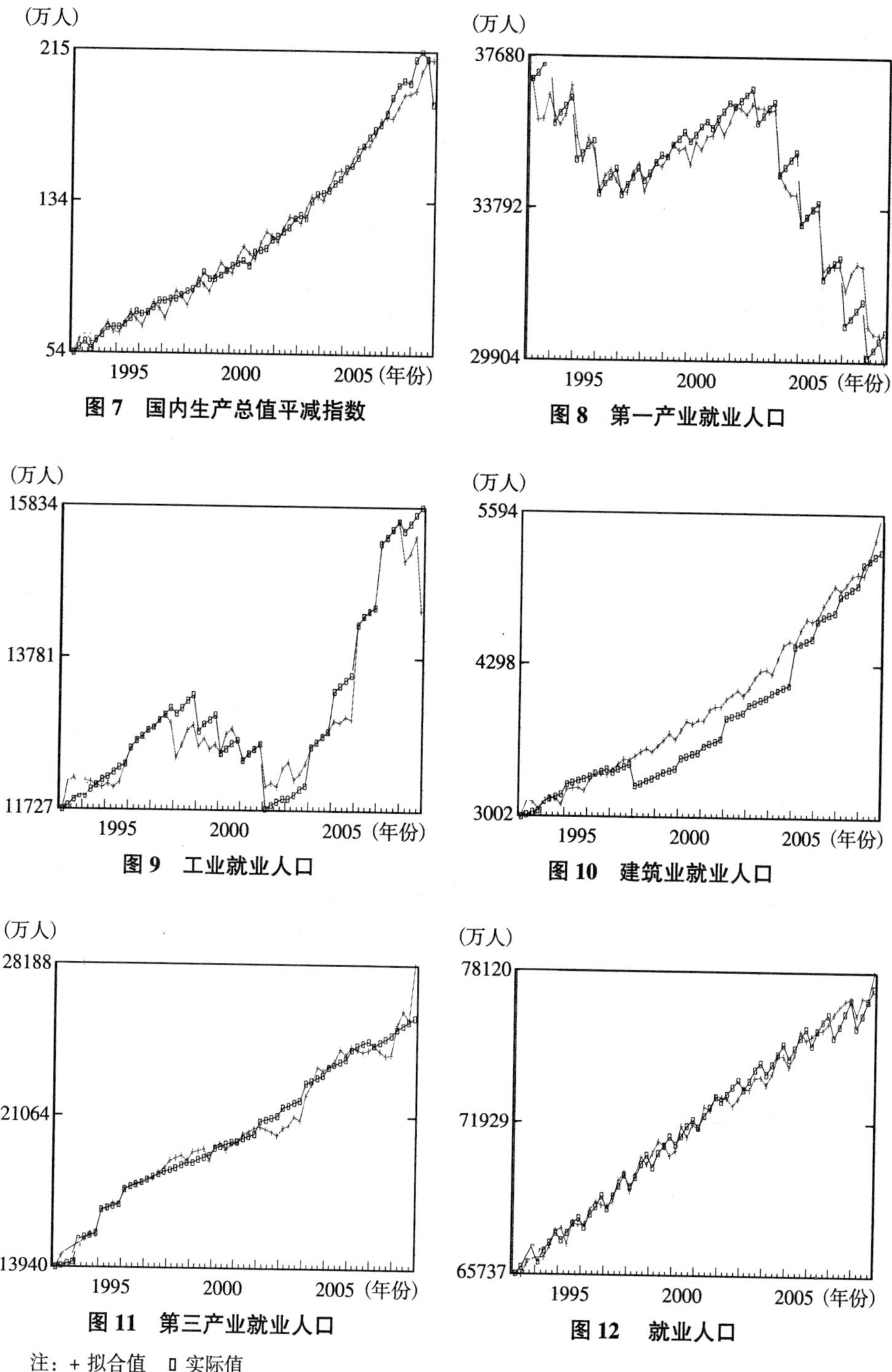

图 7 国内生产总值平减指数

图 8 第一产业就业人口

图 9 工业就业人口

图 10 建筑业就业人口

图 11 第三产业就业人口

图 12 就业人口

注：+ 拟合值 ▫ 实际值

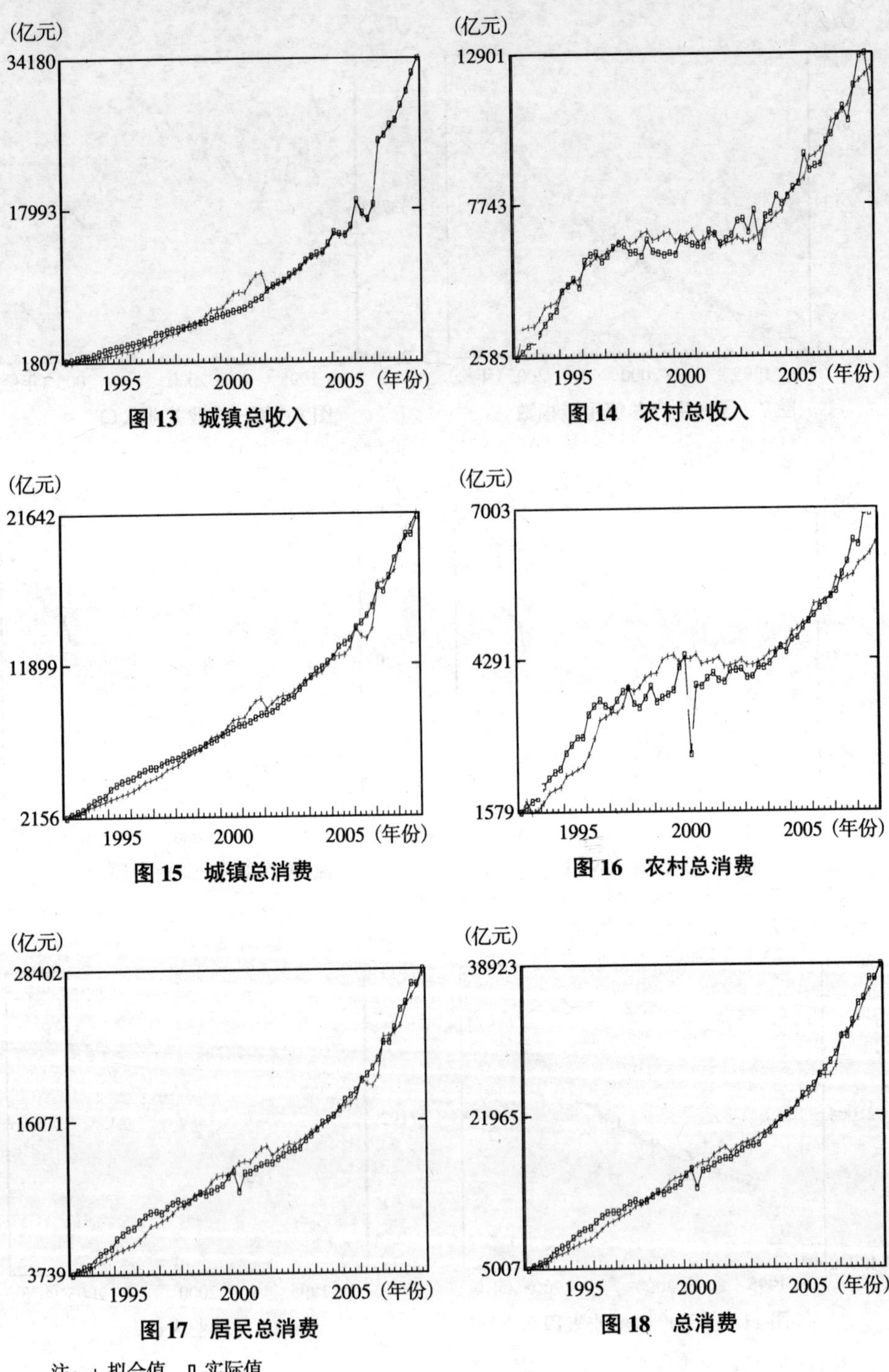

图 13 城镇总收入

图 14 农村总收入

图 15 城镇总消费

图 16 农村总消费

图 17 居民总消费

图 18 总消费

注：+ 拟合值 ▯ 实际值

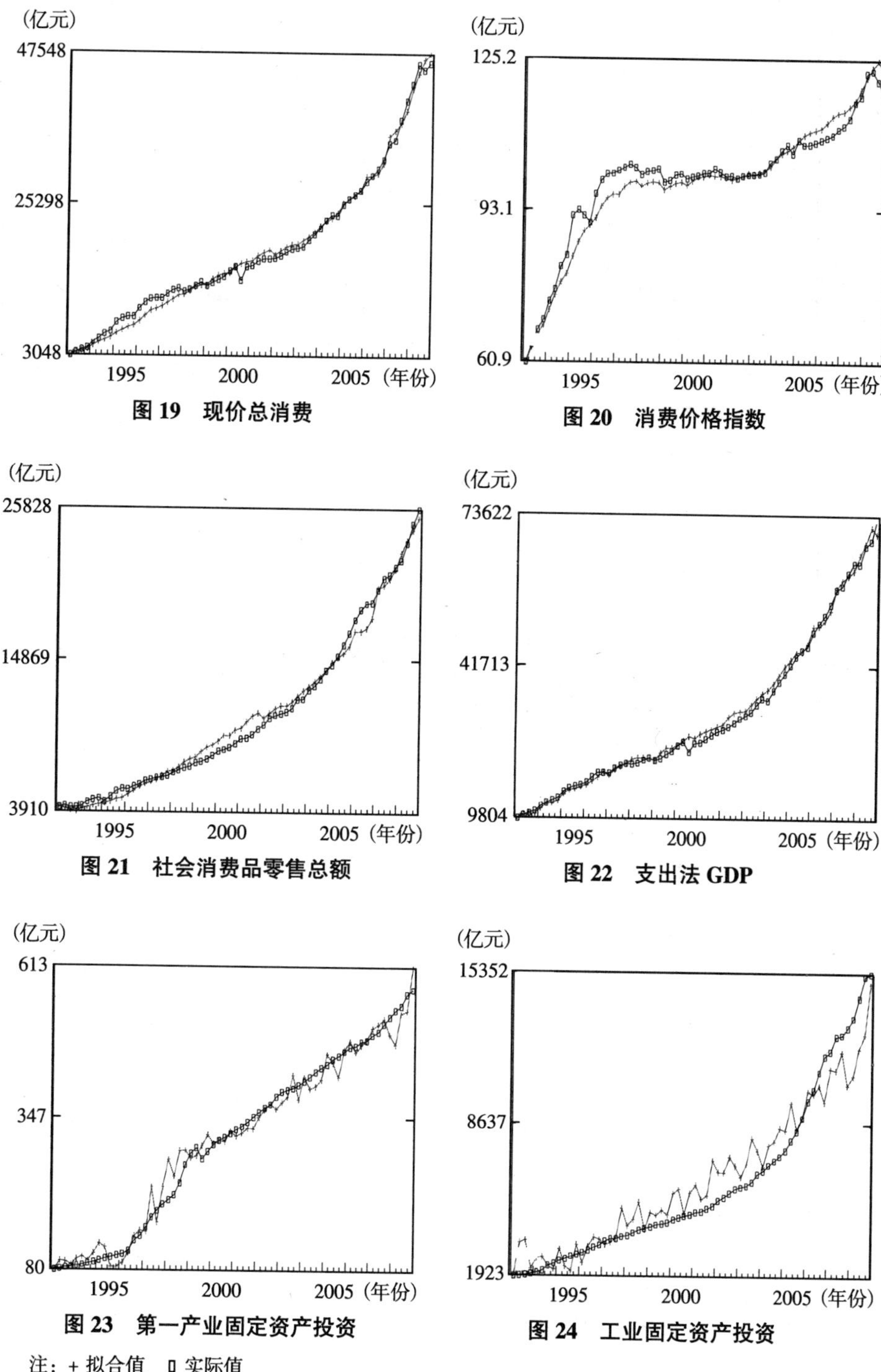

图 19 现价总消费

图 20 消费价格指数

图 21 社会消费品零售总额

图 22 支出法 GDP

图 23 第一产业固定资产投资

图 24 工业固定资产投资

注：+ 拟合值 ▫ 实际值

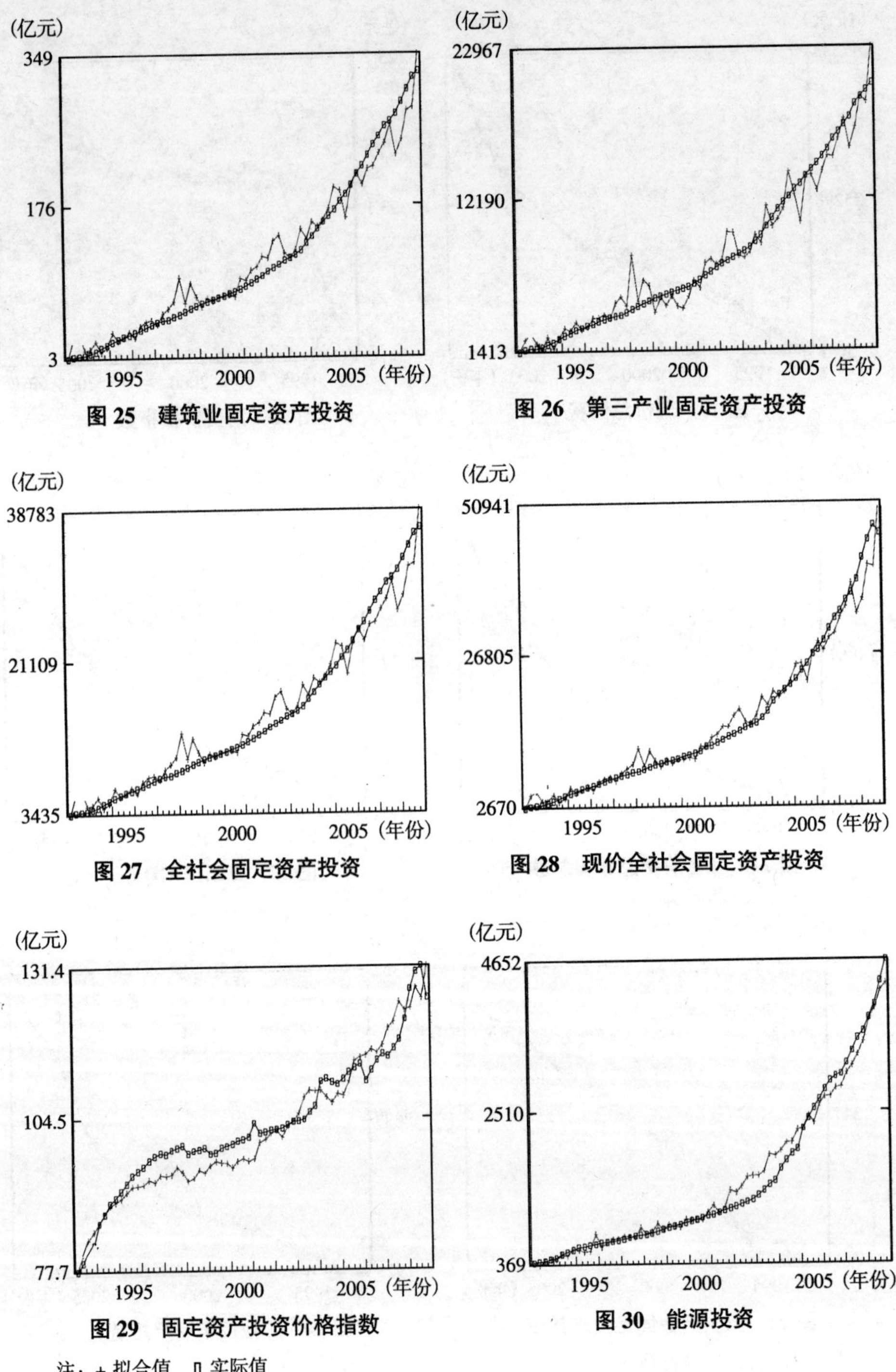

图 25　建筑业固定资产投资

图 26　第三产业固定资产投资

图 27　全社会固定资产投资

图 28　现价全社会固定资产投资

图 29　固定资产投资价格指数

图 30　能源投资

注：+ 拟合值　□ 实际值

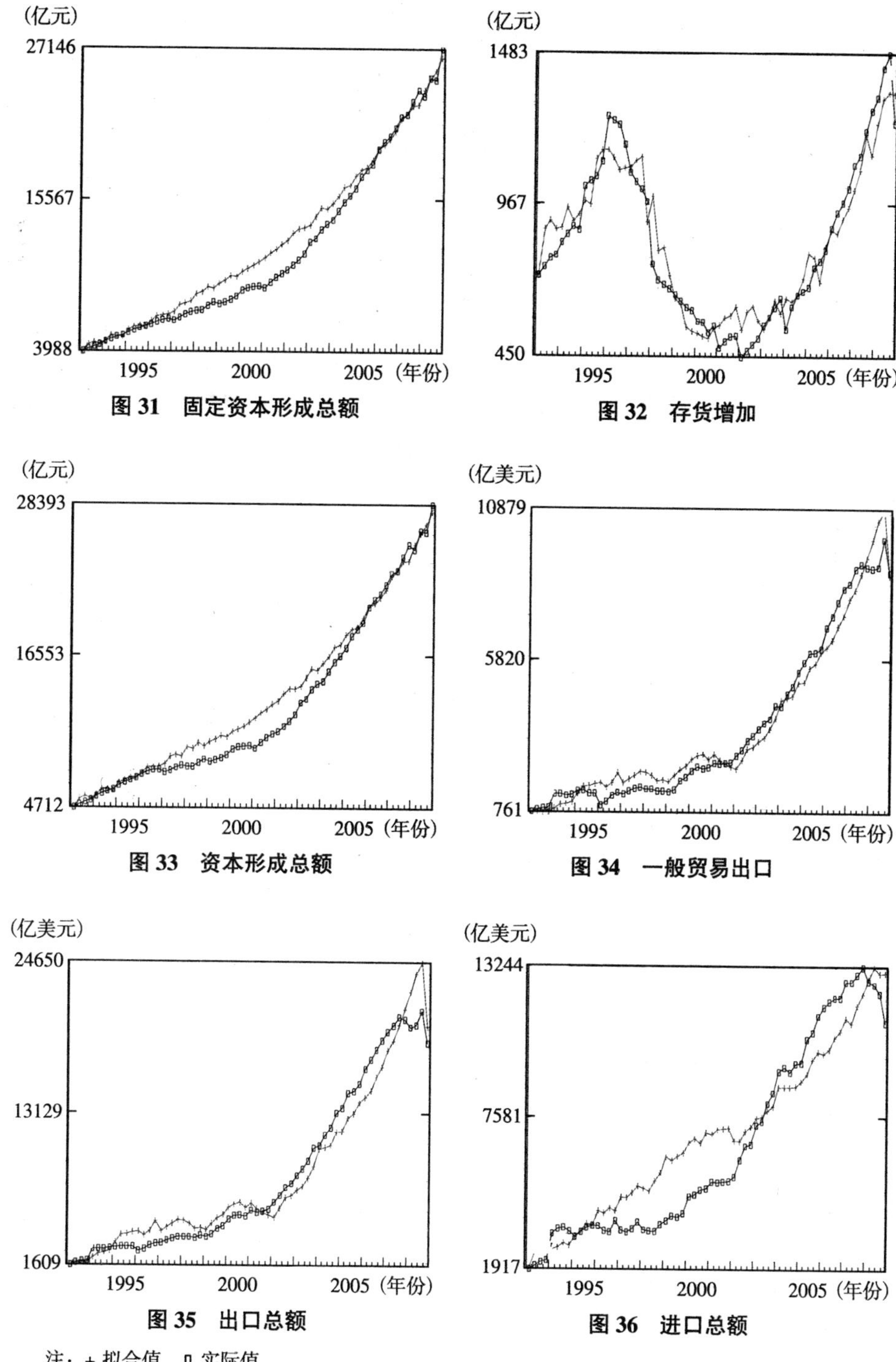

图 31　固定资本形成总额

图 32　存货增加

图 33　资本形成总额

图 34　一般贸易出口

图 35　出口总额

图 36　进口总额

注：+ 拟合值　▯ 实际值

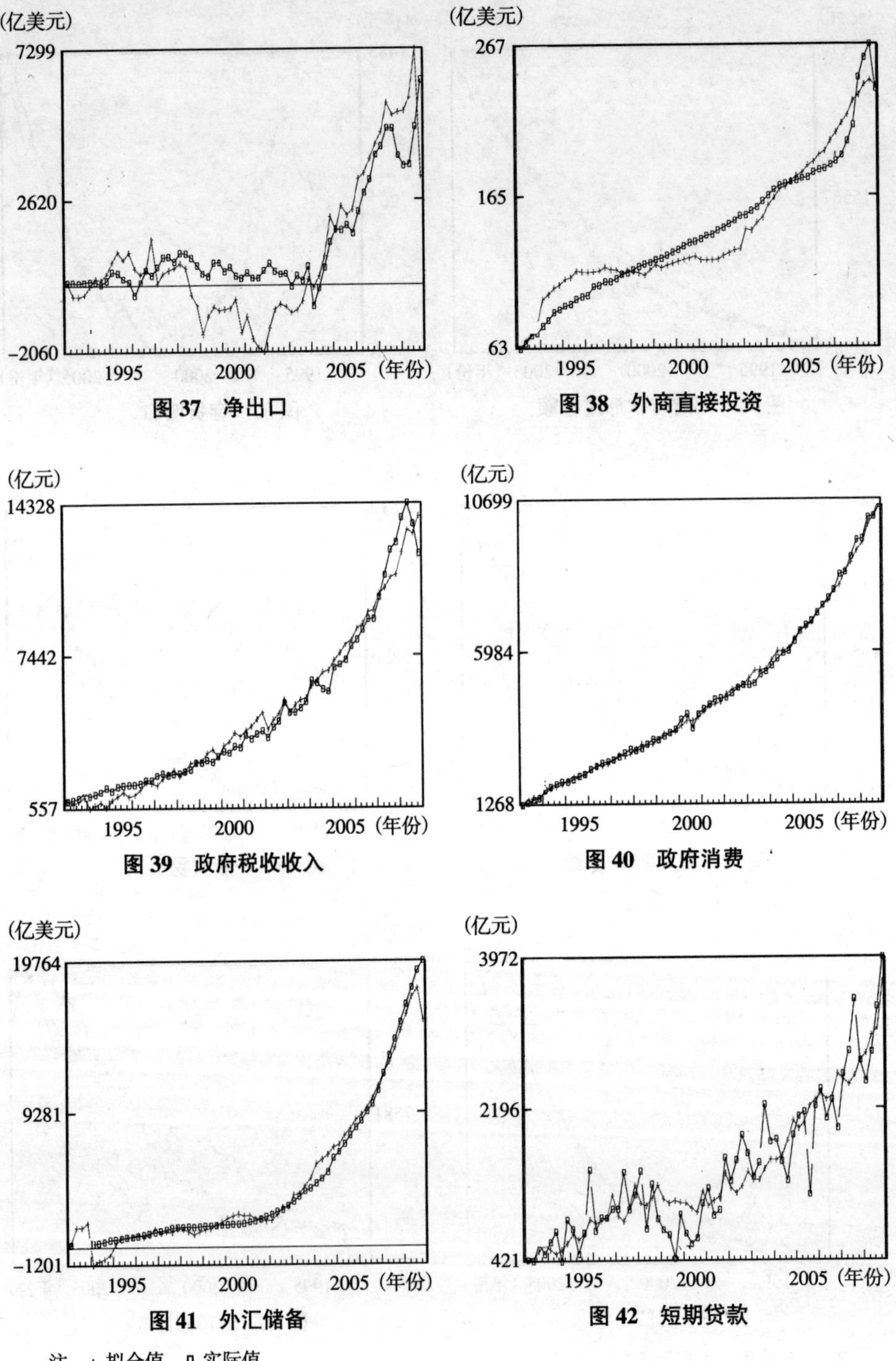

图 37 净出口

图 38 外商直接投资

图 39 政府税收收入

图 40 政府消费

图 41 外汇储备

图 42 短期贷款

注：+ 拟合值 ▯ 实际值

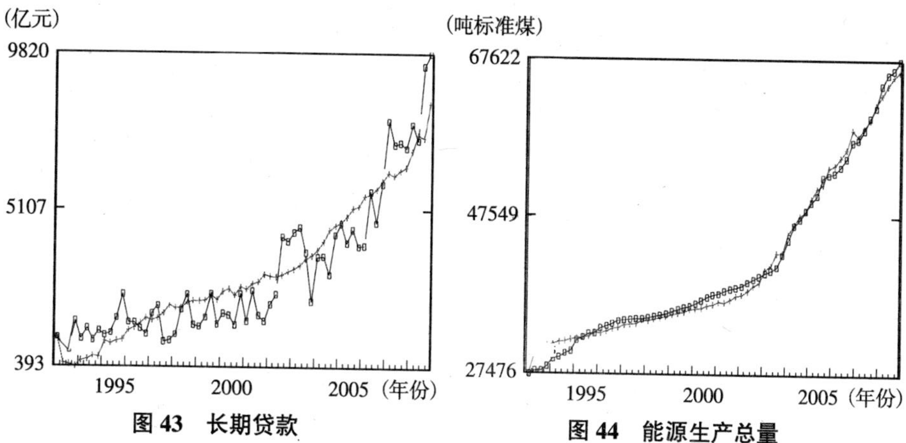

图 43 长期贷款

图 44 能源生产总量

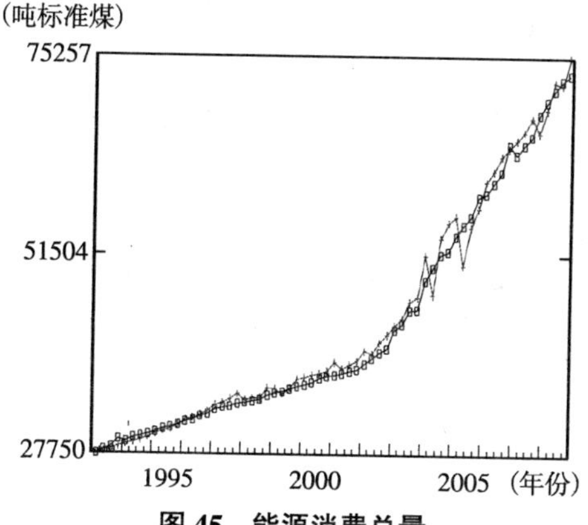

图 45 能源消费总量

注：+ 拟合值 ▯ 实际值

附录4 外生变量列表

ARABLE 耕地面积（千公顷）

2009.1~2019.4	154301.33	154732.91	155752.73	155970.21
2010.1~2010.4	154022.17	154993.50	155992.14	156010.94
2011.1~2011.4	154239.51	154806.04	155717.36	155871.47
2012.1~2012.4	154239.38	153917.81	155491.27	155913.39

RPOP 城镇人口（万人）

2009.1~2009.4	62037.59	62266.14	62494.69	62723.24
2010.1~2010.4	63353.71	63466.85	63608.33	63829.80
2011.1~2011.4	64467.35	64567.33	64677.43	64863.46
2012.1~2012.4	65530.37	65579.73	65679.70	65845.48

UPOP 农村人口（万人）

2009.1~2009.4	71053.21	70994.25	70935.28	70876.32
2010.1~2010.4	70213.09	70247.53	70281.97	70316.41
2011.1~2011.4	69422.52	69550.36	69678.20	69806.04
2012.1~2012.4	68731.05	68902.74	69123.98	69345.23

TPOP 总人口（万人）

2009.1~2010.1	133090.81	133260.39	133429.98	133599.56
2010.1~2010.4	133566.81	133714.38	133890.30	134146.20
2011.1~2011.4	133889.88	134117.69	134355.63	134669.50
2012.1~2012.4	134261.43	134482.47	134803.69	135190.71

ENPOP 经济活动人口（万人）

2009.1~2010.1	81739.34	81906.88	82074.42	82241.96
2010.1~2010.4	82483.92	82626.54	82769.17	82911.79
2011.1~2011.4	83228.50	83346.21	83463.91	83581.62
2012.1~2012.4	83873.08	83965.87	84058.66	84151.45

GOVNONTAX 政府非税收收入（亿元）

2009.1~2009.4	2198.30	2115.16	1743.35	2403.74
2010.1~2010.4	2657.03	2480.98	1873.18	2842.19
2011.1~2011.4	3115.77	2846.80	2003.01	3280.64
2012.1~2012.4	3574.51	3212.62	2132.84	3719.09

PWOREXP 世界出口价格指数（亿美元）

2009.1~2009.4	140.84	148.15	150.50	137.50

2010.1~2010.4	148.56	159.59	162.11	141.51
2011.1~2011.4	157.14	166.52	169.24	145.65
2012.1~2012.4	159.68	170.36	172.29	149.89

WORTOTTRA 世界贸易总额（亿美元）

2009.1~2009.4	104735.84	111141.45	114412.51	111797.63
2010.1~2010.4	111857.88	118699.07	122192.56	119399.87
2011.1~2011.4	120247.22	127601.50	131357.00	128354.86
2012.1~2012.4	129987.24	137937.22	141996.92	138751.60

WORGDP 世界 GDP（亿美元）

2009.1~2009.4	151745.32	156566.79	158532.77	156686.07
2010.1~2010.4	156297.68	161263.79	163288.75	161386.65
2011.1~2011.4	161455.50	166585.50	168677.28	166712.41
2012.1~2012.4	167106.45	172415.99	174580.99	172547.35

LONDEPRAT 中长期存款利率

2009.1~2010.1	0.0225	0.0225	0.0225	0.0225
2010.1~2010.4	0.0225	0.0225	0.0252	0.0252
2011.1~2011.4	0.0279	0.0279	0.0306	0.0306
2012.1~2012.4	0.0306	0.0306	0.0306	0.0306

LONLOARAT 中长期贷款利率

2009.1~2009.4	0.0540	0.0540	0.0540	0.0540
2010.1~2010.4	0.0540	0.0540	0.0567	0.0567
2011.1~2011.4	0.0594	0.0594	0.0621	0.0621
2012.1~2012.4	0.0621	0.0621	0.0621	0.0621

SHOLOARAT 短期贷款利率

2009.1~2009.4	0.0486	0.0486	0.0486	0.0486
2010.1~2010.4	0.0486	0.0486	0.0513	0.0513
2011.1~2011.4	0.0540	0.0540	0.0567	0.0567
2012.1~2012.4	0.0567	0.0567	0.0567	0.0567

DEPRAT 短期存款利率

2009.1~2009.4	0.0198	0.0198	0.0198	0.0198
2010.1~2010.4	0.0198	0.0198	0.0225	0.0225
2011.1~2011.4	0.0252	0.0252	0.0279	0.0279

2012.1~2012.4	0.0279	0.0279	0.0279	0.0279
M2 货币和准货币（亿元）				
2009.1~2009.4	530626.71	568916.20	585405.34	606225.01
2010.1~2010.4	650017.72	685544.02	693705.33	703221.01
2011.1~2011.4	776771.18	819225.11	828977.87	840349.11
2012.1~2012.4	916589.99	966685.62	978193.88	991611.95
M0 流通中现金（亿元）				
2009.1~2009.4	33746.42	33640.98	36787.89	38245.97
2010.1~2010.4	39078.35	38754.41	42526.80	44135.85
2011.1~2011.4	44353.93	43986.25	48267.92	50094.19
2012.1~2012.4	49676.40	49264.60	54060.07	56105.49
EXCRATE 汇率（元/美元）				
2009.1~2009.4	6.8360	6.8296	6.8280	6.8276
2010.1~2010.4	6.7676	6.7613	6.6573	6.6569
2011.1~2011.4	6.6323	6.6261	6.5242	6.5238
2012.1~2012.4	6.5328	6.5267	6.4263	6.4259
GOVFISEXP 政府财政支出（亿元）				
2009.1~2009.4	12810.92	16091.64	16300.22	30671.22
2010.1~2010.4	13707.68	17378.97	17930.24	33738.34
2011.1~2011.4	16312.14	20680.98	21336.99	40148.63
2012.1~2012.4	19248.33	24403.55	25177.65	47375.38
TAXRAT 宏观税率				
2009.1~2009.4	0.2287	0.2373	0.1728	0.1293
2010.1~2010.4	0.2237	0.2323	0.1698	0.1263
2011.1~2011.4	0.2187	0.2273	0.1668	0.1233
2012.1~2012.4	0.2137	0.2223	0.1638	0.1203

附录5　世界二氧化碳排放量及《京都议定书》缔约方协议目标

	1990年	2009年	百分比变化	京都议定书目标
京都议定书缔约方国家[1]	8785.6	7497.2	-14.70%	-4.70%
北美	432.3	520.7	20.40%	—
加拿大	432.3	520.7	20.40%	-6%
欧洲	3154.2	3001.2	-4.90%	—
奥地利	56.5	63.4	12.20%	-13%
比利时	107.9	100.7	-6.70%	-7.50%
丹麦	50.4	46.8	-7.20%	-21%
芬兰	54.4	55	1.10%	0%
法国[2]	352.3	354.3	0.60%	0%
德国	950.4	750.2	-21.20%	-21%
希腊	70.1	90.2	28.60%	25%
冰岛	1.9	2	6.20%	10%
爱尔兰	29.8	39.5	32.40%	13%
意大利	397.4	389.3	-2.00%	-6.50%
卢森堡	10.4	10	-4.40%	-28%
荷兰	155.8	176.1	13%	-6%
挪威	28.3	37.3	31.90%	1%
葡萄牙	39.3	53.1	35.30%	27%
西班牙	205.8	283.4	37.70%	15%
瑞典	52.8	41.7	-20.90%	4%
瑞士	41.4	42.4	2.50%	-8%
英国	549.3	465.8	-15.20%	-12.50%
亚洲大洋洲	1347.8	1519	12.70%	
澳大利亚	260.1	394.9	51.80%	8%
日本	1064.4	1092.9	2.70%	-6%
新西兰	23.3	31.3	34.30%	0%
经济转型国家	3851.3	2456.2	-36.20%	
保加利亚	74.9	42.2	-43.70%	-8%
克罗地亚	21.6	19.8	-8.40%	-5%
捷克共和国	155.1	109.8	-29.20%	-8%
爱沙尼亚	36.1	14.7	-59.40%	-8%
匈牙利	66.7	48.2	-27.80%	-6%
拉脱维亚	18.6	6.8	-63.80%	-8%
立陶宛	33.1	12.4	-62.60%	-8%
波兰	342.1	286.8	-16.20%	-6%
罗马尼亚	167.1	78.4	-53.10%	-8%
俄罗斯	2178.8	1532.6	-29.70%	0%
斯洛伐克	56.70%	33.2	-41.50%	-8%

续表

	1990 年	2009 年	百分比变化	京都议定书目标
斯洛文尼亚	12.5	15.2	21.20%	–8%
乌克兰	687.9	256.4	–62.70%	0%
其他国家	11566.8	20486.5	77.10%	
非缔约方附件一国家	5122.4	5514.6	7.70%	
白俄罗斯	124.6	60.8	–51.20%	无
马耳他	2.3	2.4	7%	无
土耳其	126.9	256.3	102%	无
美国	4868.7	5195	6.70%	–7%
其他地区	6333.8	14815	133.90%	
非洲	545.4	927.5	70.10%	无
中东	556.8	1509	171%	无
非经合组织[3]	641.9	458.4	–28.60%	无
拉丁美洲[3]	843.3	1374.2	63%	无
亚洲（除中国外）[3]	1502.3	3668.7	144.20%	无
中国	2244.1	6877.2	206.50%	无
全球海洋燃料排放	357.9	592.2	65.50%	
全球航空燃料排放	255.9	423.4	65.50%	
全球总排放量[4]	20966.3	28999.4	38.30%	

注:［1］协议目标适用于 6 种温室气体，并且可以使用碳汇和国际碳交易来冲抵目标。议定书中约定欧盟 15 国的总体目标是 8%，但成员国之间达成了内部责任分担的制度安排。由于缺乏基年气体的数据和信息，我们无法精确计算总《京都议定书》签署国协议目标，不过，根据国际能源署能源数据估算的目标大约是总排放量的 4.7%。［2］法国排放量中包含摩纳哥。［3］组成的地区不同于其他地方《京都议定书》未签约国的情况。［4］《京都议定书》协议目标是计算是基于 1990 燃料燃烧二氧化碳的排放量的百分比，因此它并不代表 6 种气体的总目标，这里假设 6 种温室气体的减排目标相同。

附录6 《IPCC 国家温室气体清单指南》二氧化碳排放量估算系数

燃料种类	单位	排放因子(tc/TJ)	碳氧化率(%)	低位发热量(MJ/t，km³)	二氧化碳排放量（吨）
原煤	万吨	25.8	98	20908	19383.39
洗精煤	万吨	25.8	98	26344	24423
其他洗煤	万吨	25.8	98	8363	7753.17
焦炭	万吨	29.5	98	28435	30142.05
焦炉煤气	亿立方米	13	99.5	16726	79328.63
其他煤气	亿立方米	13	99.5	5227	24790.79
原油	万吨	20	99	41816	30358.42
汽油	万吨	18.9	99	43070	29549.03
柴油	万吨	20.2	99	42652	31275.01
燃料油	万吨	21.1	99	41816	32028.13
液化石油气	万吨	17.2	99.5	50179	31487.99
炼厂干气	万吨	18.2	99.5	46055	30580.37
天然气	亿立方米	15.3	99.5	38931	21731.9

注：TJ为热值（净卡路里值），单位为千兆焦耳。MJ为兆焦耳。

资料来源：《IPCC国家温室气体清单指南》。

参考文献

中文参考文献

[1] 奥托·埃可斯坦. 美国经济模型 [M]. 蒋怙译. 北京：中国计划出版社，1990.

[2] 曹正. 杭州市季度经济预测模型的初步研究 [J]. 统计与决策，2005 (7).

[3] 陈杰. 转型时期我国经济周期波动特征及影响因素研究 [D]. 中央财经大学博士学位论文，2009.

[4] 陈乐一. 湖南经济波动实证研究 [J]. 湖南大学学报（社会科学版），2001 (2).

[5] 陈磊. 中国经济周期波动的测定和理论研究 [M].大连：东北财经大学出版社，2005.

[6] 陈燕武，吴承业. 论宏观经济计量模型的发展 [J]. 华侨大学学报，2002 (2).

[7] 谌伟，诸大建，白竹岚. 上海市工业碳排放总量与碳生产率关系 [J]. 中国人口·资源与环境，2010 (9).

[8] 程伟力. 中国宏观经济多部门动态模型 Mudan IV 的研制 [D]. 中央财经大学学位博士论文，2006.

[9] 董承章. 投入产出分析 [M]. 北京：中国财政经济出版社，2000.

[10] 杜婷. 国际贸易冲击与中国经济的周期波动 [J]. 国际贸易问题，2006 (12).

[11] 范维，张磊，石刚. 季节调整方法综述及比较 [J]. 统计研究，2006 (2).

[12] 费明硕. 国际油价变动趋势及其对我国宏观经济和各产业部门的影响 [D]. 中央财经大学学位博士论文，2008.

[13] 甘寿国. 广东宏观经济模型及预测研究 [J]. 统计与预测，2000 (6).

[14] 高鹏飞，陈文颖. 碳税与碳排放 [J]. 清华大学学报（自然科学版），2002（10）.

[15] 高铁梅，梁云芳，何光剑. 中国季度宏观经济政策分析模型 [J]. 数量经济技术经济研究，2007（11）.

[16] 高铁梅. 计量经济分析方法与建模 [M]. 北京：清华大学出版社，2005.

[17] 葛新权. 宏观经济模型技术研究 [M]. 北京：经济科学出版社，2007.

[18] 龚刚. 积极财政政策宏观经济效益分析——基于宏观计量模型的研究 [J]. 数量经济技术经济研究，2006（12）.

[19] 巩永丽，张德生，武新乾. 人口增长率的非参数自回归预测模型 [J]. 数理统计与管理，2007（9）.

[20] 郭庆旺，贾俊雪. 中国潜在产出与产出缺口估算 [J]. 经济研究，2004（5）.

[21] 国家财政模型课题组. 我国宏观经济计量模型及政策模拟分析 [J]. 中国软科学，2000（8）.

[22] 国家统计局. 中国经济景气月报 [M]. 中国经济景气月报，2000~2008.

[23] 国家统计局. 中国统计年鉴 [M]. 北京：中国统计出版社，1991~2009.

[24] 韩德瑞，秦朵. 动态经济计量学 [M].上海：上海人民出版社，1998.

[25] 何新华，吴海英等. 中国宏观经济季度模型 China_QEM [M]. 北京：社会科学文献出版社，2005.

[26] 贺菊煌，沈可挺，徐嵩龄. 碳税与二氧化碳减排的 CGE 模型 [J]. 数量经济技术经济研究，2002（10）.

[27] 胡乃武，刘睿. 潜在产出估计的文献综述 [J]. 山西财经大学学报，2004（6）.

[28] 湖南大学经贸学院课题组. 湖南宏观经济模型与经济波动 [J]. 财经理论与实践，2007（5）.

[29] 黄德权. 加入基尼系数的 IS-LM 模型分析——收入分配因素影响宏观经济的模型分析 [J]. 经济评论，2008（1）.

[30] 蒋中一. 数理经济学的基本方法 [M]. 北京：北京大学出版社，2006.

[31] 凯恩斯. 就业、利息和货币通论 [M]. 北京：商务印书馆，1979.

[32] 李辉. 基于 MUDAN 模型的中国碳税政策研究 [D]. 中央财经大学博士学位论文，2012.

[33] 李军. 经济模型基础理论与应用 [M]. 北京：中国社会科学出版社，2006.

[34] 李治国. 转型期的中国宏观经济运行机制及其计量模型研究 [M]. 上海：上海财经大学出版社，2005.

[35] 李子奈，叶阿中. 高等计量经济学 [M]. 北京：清华大学出版社，2004.

[36] 刘斌. 国内外中央银行经济模型的开发与应用 [M]. 北京：中国金融出版社，2003.

[37] 刘成杰. 基于机构部门账户的中国宏观经济模型研究 [M]. 北京：经济科学出版社，2007.

[38] 刘国光. 研究宏观经济形势要注重收入分配问题 [J]. 经济学动态，2003 (5).

[39] 刘树成. 中国经济周期研究报告 [M]. 北京：社会科学文献出版社，2006.

[40] 刘巍. 中国南方九省区宏观经济模型——泛珠三角区域经济协作基础研究 [M]. 广州：中山大学出版社，2003.

[41] 刘晓越. 中国年度宏观经济计量模型与模拟研究 [M]. 北京：中国统计出版社，2004.

[42] 罗伯特 R.伯德金，劳伦斯 R.克莱因等. 宏观经济计量模型史 [M]. 李善同等译. 北京：中国财政经济出版社，1993.

[43] 潘省初，吴海英，赵韵东. 新一代 Mudan 模型：结构和计算逻辑，数量经济技术经济研究 [J],2002 (5).

[44] 潘省初. 中国宏观经济多部门动态模型 Mudan IV.见许宪春，刘起运编. 中国投入产出论文精粹 [M]. 中国统计出版社，2004.

[45] 潘省初. 计量经济学 [M]. 北京：中国人民大学出版社，2007.

[46] 潘省初. 中国宏观经济多部门动态模型 Mudan 的应用 [J]. 中国统计，2003 (9).

[47] 潘文卿，李子奈，张伟. 21 世纪前 20 年中国经济增长前景展望——基于供给导向模型与需求导向模型的对比分析 [J]. 预测，2001 (3).

[48] 庞军，邹骥，傅莎. 应用 CGE 模型分析中国征收燃油税的经济影响 [J]. 经济问题探索，2008 (11).

[49] 庞军，邹骥. 可计算一般均衡 (CGE) 模型与环境政策分析 [J]. 中国

人口·资源与环境，2005（15）.

[50] 全林. 我国宏观经济物价模型与“九五”物价走势分析 [J]. 上海交通大学学报，2000（11）.

[51] 申树斌. 一个生产基础的宏观经济模型 [J]. 经济师，2008（12）.

[52] 石柱鲜，石圣东，黄红梅. 区域型宏观经济模型的开发与预测研究 [J]. 预测，2003（1）.

[53] 宋德生. 广西宏观经济模型及景气预测 [M]. 北京：科学出版社，2005.

[54] 苏明，傅志华等. 财科所课题组. 我国开征碳税的效果预测和影响评价 [J]. 经济研究参考，2009（72）.

[55] 谭旭东. 中国货币政策的有效性分析——基于政策时间不一致的分析 [J]. 经济研究，2008（9）.

[56] 汪同三，沈利生. 中国社会科学院数量经济与技术经济研究所经济模型集 [M]. 北京：社会科学文献出版社，2001.

[57] 汪同三. 宏观经济模型论述 [M]. 北京：经济管理出版社，1992.

[58] 王灿，陈吉宁，邹骥. 基于 CGE 模型的 CO_2 减排对中国经济的影响 [J]. 清华大学学报（自然科学版），2008（11）.

[59] 王慧炯，李泊溪，李善同主编. 中国实用宏观经济模型 1999 [M]. 北京：中国财政经济出版社，1999.

[60] 王少平. 宏观计量的若干前沿理论与应用 [M]. 天津：南开大学出版社，2003.

[61] 王燕. 应用时间序列分析 [M]. 北京：中国人民大学出版社，2005.

[62] 吴海英. 中国宏观经济多部门动态经济模型——MudanIII 的研制 [D]. 中央财经大学硕士学位论文，1999.

[63] 吴俊培，毛飞. 经济波动理论与财政宏观调控政策 [J]. 中国软科学，2005（6）.

[64] 武康平. 高级宏观经济学 [M]. 北京：清华大学出版社，2004.

[65] 厦门大学宏观经济研究中心课题组. 福建省季度经济模型的开发与预测 [J]. 东南学术，2008（6）.

[66] 厦门大学宏观经济研究中心课题组. 中国季度宏观经济模型的开发与应用 [J]. 厦门大学学报（哲学社会科学版），2007（4）.

[67] 许宪春. 中国国民经济核算理论方法与实践 [M]. 北京：中国统计出

版社，1999.

[68] 许宪春著. 中国国民经济核算与分析 [M]. 北京：中国财政经济出版社，2001.

[69] 许宪春著. 中国国民经济核算与宏观经济问题研究 [M]. 北京：中国统计出版社，2003.

[70] 杨公仆，夏大慰. 产业经济学教程 [M]. 上海：上海财经大学出版社，2000.

[71] 叶阿中. 非参数半参数理论 [M]. 北京：科学出版社，2007.

[72] 尹恒. 宏观经济模型的时间框架 [J]. 北京大学学报（哲学社会科学版），2003 (3).

[73] 尹世杰. 消费经济学 [M]. 长沙：湖南人民出版社，1999.

[74] 袁志刚. 中国就业报告. 北京：经济科学出版社，2002.

[75] 张艾莲. 含有货币变量的宏观经济模型简析 [J]. 税务与经济，2006 (4).

[76] 张成思. 中国通胀惯性特征与货币政策启示 [J]. 经济研究，2008(2).

[77] 张军，章元. 对中国资本存量 K 再估计 [J]. 经济研究，2003 (7).

[78] 张鸣芳. 中国季度 GDP 季节调整分析 [J]. 财经研究，2005 (7).

[79] 张前荣. 货币供应、通胀预期管理与物价调控手段 [J]. 改革，2011 (10).

[80] 张前荣. 中国季度宏观经济模型的研究与应用研究 [D]. 中央财经大学博士学位论文，2010.

[81] 张晓峒. Eviews 使用指南与案例 [M]. 北京：机械工业出版社，2008.

[82] 赵春燕. 动态计量经济学建模理论与方法研究 [J]. 生产力研究，2005 (6).

[83] 赵韵东. 中国宏观经济多部门动态经济模型——Mudan2000 的研制 [D]. 中央财经大学硕士学位论文，2001.

[84] 郑超愚. 需求管理定向的小型中国宏观经济计量模型 [J]. 经济研究，2002 (12).

[85] 郑玉歆，樊明太. 中国 CGE 模型及政策分析 [M]. 北京：中央文献出版社，1999.

[86] 周凌瑶. 中国宏观经济多部门动态模型 Mudan IV 数据库研制 [D]. 中央财经大学硕士学位论文，2003.

[87] 周源，何伦志. 中国宏观计量经济模型发展的四个阶段 [J]. 生产力研究，2005 (8).

[88] 祝宝良. 联合国世界计量经济联接模型系统中的中国宏观计量经济模型 [J]. 预测，1997 (5).

外文参考文献

[1] Almon Clopper.The INFORUM Approach to Interindustry Modeling [J]. Economic Systems Research，1991 (3).

[2] Arnold L.G. .Business Cycle Theory [M] .Oxford University Press，2002.

[3] Barker T. S. and Peterson A. W. A..The Cambridge Multisectoral Dynamic Model of the British Economy [M] .Cambridge University Press，1987.

[4] Basdevant. An Econometric Model of the Russian Federation [J]. Economic Modelling，2000 (17).

[5] Cantwell，John. The Globalization of Technology：What Remains of the Product Cycle Model [J]. Cambridge Journal of Economics，1995 (19).

[6] Clopper Almon.The Craft of Economic Modeling-4th [M]. Havard Wniversity. Press，2002.

[7] Diebold F. X.. On Cointegration and Exchange Rate Dynamics [J]. Journal of Finance，1994 (7).

[8] DIEBOLD F.. The Past Present and Future of Macroeconomic Forecasting [J]. Journal of Economic Perspectives，1998 (2).

[9] Flashchel，G1 Gong and W1 Semmler.A Keynesian Economeric Framework for Studying Monetary Policy Rules [J]. Journal of Economic Behavior and Organization，2001 (1).

[10] Gary Koop. Analysis of Economic Data [M]. Wiley Springer，2003.

[11] Hall S.，GRAYHAM EM. Modeling Economies in Transition：an Introduction [J]. Economic Modeling，2000 (17).

[12] Hendry D.F.. V *Dynamic Economics* [M]. Oxford University Press，2001.

[13] HURD J. M.. The Transformation of Scientific Communication：A Model for 2020 [J]. Journal of the American Society for Information Science，2000 (14).

[14] Jeffrey M. Wooldridge. Econometric Analysis of Cross Section and Panel Data [M]. MIT Lniversity Press，2002.

[15] Jones, C1, R&D B. Models of Economic Growth [J]. Journal of Political Economy, 1995 (2).

[16] K.S.Im, M.H Pesaranand Y.Shin.Testing Unit Roots in Heterogeneous Panels [J]. Journal of Econometrics, 2003.

[17] Kerry Patterson, Gary Robison and John Ryding. The Bank of England Quarterly Model of the UK Economy. Butterworth Ltd, 1987.

[18] McNab, Moore.Grade Policy and Human Capital and Growth [J]. Journal of International Trade and Economic Development, 1998 (7).

[19] Nyhus Douglas.The INFORUM International System, Economic Systems Research [J]. 1991 (3).

[20] Pan Shengchu. INFORUM Model: Modeling &Applications [M]. China Financial & Economic Publishing House, 2002.

[21] Podrecca P. and Carmeci G.. Fixed Investment and Economic Growth: New Results on Causality [J]. Applied Economics, 2001 (33).

[22] Qi Li. Nonparametric Econometrics: Theory and Application [M]. Springer, 2007.

[23] Qingyang Gu, Kang Chen. A multiregional model of China and its Application [J]. Economic Modeling, 2005 (22).

[24] R. Atje and B. Jovanovic. Stock Markets and Development [J]. European Economis Review, 2003 (11).

[25] Semmler, W1 and G1 Gong.Estimati g Parameters in Real Business Cycle Models [J]. Journal of Economic Behavior and Organization , 1996 (3).

[26] Smith P.R.. Emergent Policy Making with Macroeconometric Models [J]. Economic Modeling, 1998 (10).

[27] Sneh, Gulati. Parametric and Nonparametric Inference [M]. Springer, 2001.

[28] Taylor J1.Discretion versus Pol icy in Practice [J]. Carnegie Rochester Conference Series on Public Policy, 1993 (9).

[29] William H.Greene. Econometric Analysis [M]. Prentice Hall, 2001.

[30] Yu Qisheng.MuDan: A China Model for Multisectoral Development Analysis [D]. University of Maryland, 1999.

[31] Zhao Yundong and Pan Shengchu.An Introduction to Mudan 2000.The 8th I

NFORUM World Conference, Bertinoro, Italy, 2000.

参考网站

[1] 国家统计局 http: //www.stats.gov.cn.

[2] 中国人民银行 http: //www.pbc.gov.cn.

[3] 国家统计数据库 http: //219.235.129.58.

[4] 中经网统计数据库 http: //db.cei.gov.cn.

[5] 中宏数据库 http: //www.macrochina.com.cn/macro-data.

后 记

本书是在我的博士论文和工作期间研制的宏观经济模型的基础上形成的。在本书出版之际，首先我要感谢我的导师潘省初教授对我的指导和帮助。潘老师长期从事宏观经济模型的研制与应用研究工作，擅长利用宏观经济模型分析宏观经济形势和评估宏观经济政策，对宏观经济具有敏锐的洞察力。潘老师引领我进入了宏观经济模型的研究领域，使我领悟到了研究宏观经济模型的乐趣，为我以后的研究工作奠定了基础并指明了方向。为了使本书能够顺利完成，在繁忙的教学及研究工作之余，潘老师倾注了大量的时间和精力。从他身上，我不仅学到了丰富的专业知识，而且学会了如何去发现问题、分析问题、解决问题的方法。更重要的是，潘老师让我明白了严谨的治学态度、认真的求是精神是一个科技工作者的最高宗旨和职责所在，所有的这一切都让我终生受益。在此，谨向导师潘省初教授表示最衷心的感谢和最崇高的敬意。

在此还要感谢师兄高兴波副院长为我出国学习提供了帮助，师姐周凌瑶老师和师兄费明硕在写作中给予了很多指导，师弟李辉在本书的写作过程中给予了极大的帮助，本书的第三篇李辉做了大量的工作。

2010 年我进入国家信息中心预测部工作以来，在工作和科研上得到了中心预测部范剑平、祝宝良、王远鸿、李若愚和刘玉红等领导和同事的帮助，使我对宏观经济模型的研制与应用有了更深刻的认识，在此表示衷心的感谢。

衷心感谢经济管理出版社的徐雪女士和他的先生、我的同事徐策，正是由于他们的帮助和努力，本书才得以尽早出版。

最后要特别感谢我的父母、岳父母、我的妻子王鑫，感谢他们多年来对我的支持和帮助，他们的鼓励是我不断前进和探索的动力。

张前荣

2012 年 9 月于北京

图书在版编目（CIP）数据

中国宏观经济模型的研制与应用/张前荣著. —北京：经济管理出版社，2012.10
ISBN 978-7-5096-2113-4

Ⅰ.①中… Ⅱ.①张… Ⅲ.①宏观经济模型—研究—中国 Ⅳ.①F123.16

中国版本图书馆 CIP 数据核字（2012）第 225005 号

组稿编辑：徐　雪
责任编辑：徐　雪
责任印制：杨国强
责任校对：熊兰华

出版发行：经济管理出版社（北京市海淀区北蜂窝 8 号中雅大厦 A 座 11 层　100038）
网　　址：www. E-mp. com. cn
电　　话：（010）51915602
印　　刷：三河市延风印装厂
经　　销：新华书店
开　　本：720mm × 1000mm/16
印　　张：24
字　　数：418 千字
版　　次：2012 年 10 月第 1 版　2012 年 10 月第 1 次印刷
书　　号：ISBN 978-7-5096-2113-4
定　　价：58.00 元